철도왕 철도관련법

3주 완성

(입교시험, 면허, 입사시험 대비)

▶ 유튜버 1타 강사 철도왕 무료강의 제공!

- 현존하는 가장 '완벽한' 책!
- 실제 기출문제 수록!
- 전직 코레일 서교공 기관사 출신 실무이야기, 빨리 붙는 팁 수록!
- 중요 부분 밑줄, 요약 독학 가능!

▶ 철도안전법
▶ 철도차량운전규칙
▶ 도시철도운전규칙
▶ 교육훈련시행지침
▶ 자율보고 지침

완벽대비!

오픈채팅　　유튜브　　네이버 카페

2026 개정판

실제 입교 필기 기출 포함

저자 직강 무료 강의

관제대비 철도교통관제 운영빈출포함

기본 이론 핵심 정리

철도왕 편저

머리말 preface

왜 철도 수험서는 마음에 드는 책이 없지?

저 또한 기관사를 준비했을 때 공부하면서 느꼈던 생각입니다.

시중에 나온 책은 전부 오래되고, 결이 안맞는 문제가 풀지 못할 정도로 양만 많거나,

단순히 법만 갖다 붙인 경우가 많았습니다.

그 결과 독학으로는 절대 초시 합격하기가 힘든 구조입니다. (실제 40%만 입교 초시 합격)

따라서 철도왕 아카데미에서는 기출 수록, 핵심 요약, 중요 부분 체크된 책을 만들었고

전직 코레일 서울교통공사 정규직 기관사 출신 1타강사의 무료 강의를 제공하고 있습니다.

실제 기출로 커트를 매번 확인할 수 있고, 잘 정리된 강의를 통해

누구나 쉽고 재미있게 합격할 수 있도록 만들었습니다.

(아울러, 철도는 정보가 중요합니다. 실시간 수백 명 정보 교류하는 철도왕 오픈 카톡 이용 추천해 드립니다)

철도 시험은 누구에게나 쉽지 않은 과정이지만, 올바른 자료와 꾸준한 학습이라면 반드시 합격할 수 있습니다.

이 책이 여러분의 준비 과정에서 길잡이가 되어, 최종 합격까지 이어지는 든든한 동반자가 되기를 바랍니다.

철도왕 약력

- 서울 명문대 K대 졸업

- 미국, 유럽(라트비아 Turiba Univ) 유학

- 전) 서울교통공사 5호선 정규직 기관사 근무

- 전) 코레일 1호선 정규직 기관사 근무

- 현) 철도 1타강사로 '철도왕 아카데미' 운영 및 강의

- 현) 철도교통안전관리자, 산업안전기사

철도왕 올림

시험정보 information

🚆 기관사 과정

1단계: 입교기관 시험 준비 (2 ~ 3개월)

초시 합격률 30%, 재시 합격률 60% 정도입니다. 평균 2~3번의 입교기관 시험을 보게 됩니다.

좋은 입교기관 선정과 커트라인 등은 뒤 표를 참고해 주시기 바랍니다. 커트는 평균적으로 80 초반입니다.

입교 시험은 한번 응시 보통 3만원의 가격입니다. (+ 현재는 입교 전에도 면허 필기를 보시는 것을 권장합니다)

면허 과목들은 안전법보다 난이도가 높아 1타강사 철도왕 인터넷 강의를 들으시는 것은 권장합니다.

2단계: 입교기관 교육 (6개월)

입교기관은 평균 600만원의 가격이고, 필기 교육 3개월, 기능 교육 3개월로 놓치면 안 될 매우 길고 중요한 시기입니다.

하지만 대부분의 입교기관 교수들의 강의력은 떨어지는 현실입니다. (교수들은 시험 면허 세대가 아니고 철도 업무 분위기 특성상)

내부 시험은 합격률 100% 수준이니 걱정 안 하셔도 됩니다.

3단계: 2종 면허 필기와 기능 시험 (2025년 기준 2 ~ 3개월)

현재는 시험 응시 규정이 다소 변화하여, 입교 교육 이수 전에도 응시할 수 있습니다.

과거 필기 및 기능 입교 교육을 필수적으로 마무리한 뒤 응시가 가능했을 때는 필기 합격률 85%, 기능 합격률 85% 정도로

높은 수준이었으나, 현재는 필기 문제가 다소 변화했고, 응시 규정이 완화되어 합격률이 30% 정도로 낮아졌습니다.

대부분 검증되지 않은 유튜브 강의를 듣거나 독학으로 포인트를 잡기 힘들기 때문입니다.

1타강사 철도왕 인터넷 강의를 들으시는 것은 권장합니다.

4단계: 입사시험과 면접 (평균 3년)

초시 합격률 5% 수준

입사시험이 가장 중요한 관문이며, 합격할 만한 계획을 잘 짜는 것이 매우 중요합니다.

철도왕은 과거 코레일 기관사 입사 시, 30명 중 혼자서 기능 합격 후 7일 만에 초시로 합격했습니다.

즉, 처음 입교가 5월, 코레일 입사가 4월로, 처음 입교해서 약 11개월 만에 거의 기관사로서는 제일 빠른 기록으로 입사했습니다.

이것은 열심히 준비하기보다는 NCS 모임과 가산점 등 '잘' 준비했기 때문입니다.

기관사나 관제의 입사는 사무 등 제한이 없는 직렬에 비하면 커트가 10점 정도 낮습니다.

따라서 여러분들도 철도왕 아카데미의 인터넷 강의와 오픈 채팅 등을 활용하여 잘 준비하여 초단기로 합격하는 것이

금전적으로나 시간상으로 이득입니다. 평균적으로는, 3년 정도에 입교 교육생의 절반이 붙는 통계를 보입니다.

(계약직이나 사칙 포함, 나머지 절반은 철도 입사 포기)

면접은 필기 점수에 큰 영향을 받으며, 10% 정도가 본인의 필기 점수가 높은데 떨어지거나 필기 점수가 낮은데 붙는 수준입니다.

기관사가 되고자 결심하고 실제 철도회사에서 월급을 받기까지 평균 3 ~ 4년이 소요됩니다.
철도왕은 11개월로 빠르게 입사했던 만큼, 많은 노하우와 정보를 받아 가면 좋겠습니다.

철도왕의 입교 정복

운전면허 교육기관과 커트라인, 단순 참고용으로 모집요강을 꼭 확인하시기 바랍니다.

입교기관명	위치	비용	교육기간	시험범위	커트라인	모집인원, PTS등	비고	
서울 교통공사	서울동부 답십리역	531만원	702,88일	40, 20, 20문항 80분 4장, 7장 제외	82/ 25.07月	60명/ PTS10, FTS3	4차례 뽑음	
과학기술 대학교	서울동부 석계역	510만원		40, 20문항 4, 7장 제외 운전이론, 자율보고 포함	70점/ 24.06月		경쟁률 3대1	먼저 적성, 신체필요
송원대	전남광주/ 서울 3시간	487만원		30, 10, 10 4장, 7장 제외	66점/ 23.12月		경쟁률 3 : 1	
동양대	경북영주/ 서울 2시간	484만원		25, 19, 6	72점/ 23.12月	30	경쟁률 2 : 1	
BTC부산	부산 호포역	508만원	688시간	30, 10, 10 4, 7장 제외	84점/ 24.12月		경쟁률 4 : 1	
철도공사	경기남부 의왕역	485만원		30, 10, 10 4, 7장 제외	82점/ 22.12月		경쟁률 6 : 1	
우송대학교	대전, 2시간	485만원		40, 9, 9, 1, 1 4, 7장 제외	70점 (60문제 42문제)	신체, 적성미리 받아	2.43 : 1	
교통대학교	경기남부 의왕	510만원		30, 8, 8, 2, 2 4, 7장 제외	86점/ 23.12月	60人, PTS10, FTS3	15 : 1	

시험정보 information

입교기관명	위치	비용	교육기간	시험범위	커트라인	모집인원, PTS등	비고	
경일대학교	대구, 3시간 30분	512만원	19주 (697시간)	30, 10, 10 4, 7장 제외	64점 /24.06月	30人		먼저 적성, 신체 필요
인천 교통공사	동암역, 서쪽	518만원	696시간	30, 10, 10 4, 7장 제외	86점 /25.07月	30人 (인천 20, 전국 10)		
한라대학교	강원도	511만원		20, 10, 10 4, 7장 제외	75점 /24.06月	기숙사 제공		
교통대학교	경기남부 의왕역		688시간	30, 8, 8, 2, 2 4, 7장 제외				

관제 교육기관

서울교통공사 인재개발원	서울동부 답십리역	565시간 71일	648만원	무시험 선착순
교통대학교	경기남부 의왕역	568시간	650만원	철도관련법 30문제, 철도교통관제 운영규정 10문제
송원대학교	전남 광주/서울 3시간	565시간	648만원	무시험 선착순
부산교통공사 인재개발원	부산 호포역	568시간	645만원	철도관련법 40문제, 철도교통관제 운영규정 10문제

🚆 2025 운전면허 시험일정과 비용

(필기비용: 77,000/ 기능비용: 242,000)

회차	필기(학과)시험			기능(실기)시험		
	접수	시험일	비고	접수	시험일	비고
제1차	1/2~3	1/9 10:00, 13:30 1/16 10:00, 13:30	제2종	1/20~21	2/3~3/21	제2종
제2차	2/3~4	2/13 10:00	디젤, 장비	2/17~18	2/24~4/4	디젤, 장비
		2/13 13:30	고속, 철도관제, 도시철도관제			고속, 철도관제, 도시철도관제
제3차	4/1~2	4/10 10:00	제2종	4/21~23	4/28~6/20	제2종, 노면전차
		4/10 13:30	제2종, 노면전차			
		4/17 10:00, 13:30	제2종			
제4차	5/7~8	5/15 10:00	디젤, 장비	5/19~20	5/26~7/4	디젤, 장비
		6/15 13:30	고속, 철도관제, 도시철도관제			고속, 철도관제, 도시철도관제
제5차	7/1~2	7/10 10:00	제2종	7/21~22	7/28~9/19	제2종, 노면전차
		7/10 13:30	제2종, 노면전차			
		7/17 10:00, 13:30	제2종			
제6차	8/4~5	8/14 10:00	디젤, 장비	8/18~19	8/25~10/3	디젤, 장비
		8/14 13:00	고속, 철도관제, 도시철도관제			고속, 철도관제, 도시철도관제
제7차	10/1~2	10/16 10:00	제2종	10/20~21	10/27~12/19	제2종, 노면전차
		10/16 13:30	제2종, 노면전차			
		10/17 10:00, 13:30	제2종			
제8차	11/3~4	11/13 10:00	디젤, 장비	11/17~18	11/24~12/26	디젤, 장비
		11/13 13:30	고속, 철도관제, 도시철도관제			고속, 철도관제, 도시철도관제

시험정보 information

🚅 2종 면허 필기 과목과 커트라인

시험과목(문항 수/배점)	시험시간
1. 철도관련법(1~20번/5점)	
2. 철도(도시철도)시스템 일반(1~20번/5점)	
3. 구조 및 기능(1~40번/2.5점)	10:00 ~ 종료 시까지 과목 간 휴게시간 없음
4. 비상 시 조치 등(1~20번/5점)	
5. 운전 이론 일반(1~20번/5점)	

합격기준: 과목당 100점 기준, 매과목 40점 이상 (철도관련법의 경우 60점 이상)
총점 평균 60점 이상 득점 시 합격, 합격 꿀팁 등은 철도왕 실무이야기 참고

🚅 2종 면허 실기 과목과 커트라인

시험과목	시험시간
준비점검	
제동취급	
제동기 외 기기취급	전체 50분 (1명 기준)
신호준수, 운전취급, 선로숙지	
비상시 조치 등	

합격기준: 시험 과목당 60점 이상, 총점 평균 80점 이상 득점한 자

🚆 부록: 관제사 학과 필기시험 안내

시험교시	시험과목	문항수	시험시간
1	철도관련법	1~20번	10 : 00 ~ 10 : 40
	철도(도시철도)시스템 일반	21~40번	
2	관제관련규정	1~20번	10 : 50 ~ 11 : 30
	철도(도시철도)교통관제운영	21~40번	
3	비상시 조치등	1~20번	

(비용: 77,000원, 출제 범위 및 꿀팁 오픈채팅 참고)
합격기준: 과목당 100점 기준, 매과목 40점 이상 (관제관련규정의 경우 60점 이상)
총점 평균: 60점 이상 득점 시 합격

🚆 부록: 관제사 학과 실기시험 안내

시험과목	시험시간
1. 열차 운행계획	
2. 열차(도시열차) 운행선 관리	총 60분 내외
3. 철도(도시철도) 관제시스템 운용 및 실무	
4. 비상시 조치 등	

(비용: 206,500원, 출제 범위 및 꿀팁 오픈채팅 참고)
합격기준:시험 과목당 60점 이상, 총점 평균 80점 이상 득점한 자

합격을 위한 노하우 knowhow

🚈 기관사가 되는 것이 쉬운 이유

기관사의 장점과 실무 이야기는 책 내부에 수록되어 있습니다.
(낮은 업무 난이도와 많은 여가시간)

2025 상반기 철도 공사 필기 커트라인

사무 영업 수도권 : 83점

운전 전동차 수도권 : 72점

서울교통공사 2025 필기 커트라인

사무 : 78점

승무 : 68점

승무 직렬은 600만원의 준비비용과, 1년의 면허 취득 기간 때문에
평균 10점 정도가 낮습니다. 이는 공기업 준비할 때 매우 큰 장점입니다.
하지만 입사한 뒤에는 휴무 초과근무와 야간 근무 등으로 월급은 더 높습니다.

철도왕과 함께 자주 소통하며, 쉽고 빠르게 합격하시기 바랍니다.

🚃 철도왕 책 장점

1. 1타강사 철도왕의 완전 무료 인터넷 강의를 제공합니다. 유튜브와 철도왕 공식 홈페이지 이용
2. 실제 입교기관, 면허 필기 기출 변형 문제들을 수록하여, 이해도와 합격률을 높였습니다.
3. 법령을 단순히 복사하지 않고 형광펜, 밑줄, 철도왕 암기법, 핵심 요약으로 독학하는 분들도 쉽게 중요 포인트를 파악할 수 있게 만들었습니다. 그리고 중복되는 내용은 줄였습니다.
4. 법령 쉽게 암기하는 법, 실무 이야기 등을 참고해서 코레일과 서교공 정규직 기관사로 근무했던 경험을 모두 녹였습니다.
5. 매 파트 커트라인을 말해주고, 마지막 유형별 모의고사로 입교기관에 맞춰 쉽게 대비할 수 있습니다.

🚃 책 3주 완성 플래너(하루 4시간 기준)

1일차	2일차	3일차	4일차	5일차	6일차	7일차
1장, 2장	3장	5장, 6장	8장, 9장	철도차량 운전규칙	도시철도 운전규칙	1회분 모의고사 + 전체 문제들만 복습

8일차	9일차	10일차	11일차	12일차	13일차	14일차
1장, 2장 2회독	3장 2회독	5장, 6장 2회독	8장, 9장 2회독	철도차량 운전규칙 2회독	도시철도 운전규칙 2회독	2회분 모의고사 + 전체 문제들만 복습

15일차	16일차	17일차	18일차	19일차	20일차	21일차
1장, 2장	3장	5장, 6장	8장, 9장	철도차량 운전규칙	도시철도 운전규칙	1회분 모의고사 + 전체 문제들만 복습

목차 contents

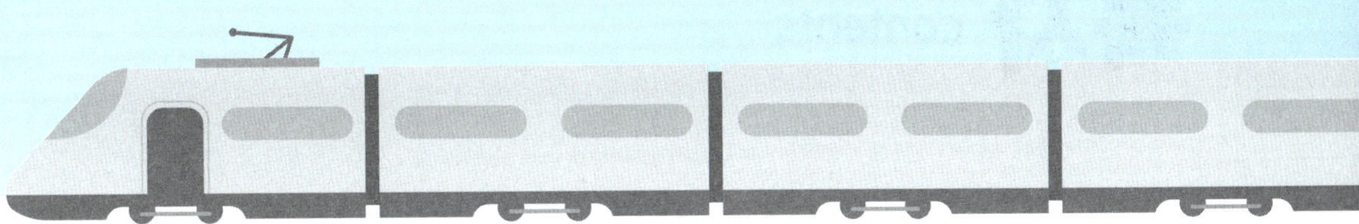

목차 contents

목차 contents

CHAPTER 1

총칙

All our dreams can come true if we have the courage to pursue them.
우리의 '모든' 꿈은 현실이 될 수 있습니다.
우리가 그걸 도전할 '용기'만 있다면. – 월트 디즈니

총칙

법 제1조(목적)

이 법은 철도안전을 확보하기 위하여 필요한 사항을 규정하고 철도안전 관리체계를 확립함으로써 공공복리의 증진에 이바지함을 목적으로 한다.

> **철도왕의 암기 TIP!**
>
> 철도왕의 앞글자: 안관복으로 외우자!

법 제2조(정의)

1. "철도"란 「철도산업발전기본법」에 따른 철도를 말한다.
2. "전용철도"란 「철도사업법」에 따른 전용철도를 말한다.
3. "철도시설"이란 기본법 제3조제2호에 따른 철도시설을 말한다.
4. "철도운영"이란 기본법 제3조제3호에 따른 철도운영을 말한다.
5. "철도차량"이란 기본법 제3조제4호에 따른 철도차량을 말한다.

5의 2. "철도용품"이란 철도시설 및 철도차량 등에 사용되는 부품·기기·장치 등을 말한다.

6. "열차"란 선로를 운행할 목적으로 철도운영자가 편성하여 열차번호를 부여한 철도차량을 말한다.
7. "선로"란 철도차량을 운행하기 위한 궤도와 이를 받치는 노반(路盤) 또는 인공 구조물로 구성된 시설을 말한다.
8. "철도운영자"란 철도운영에 관한 업무를 수행하는 자를 말한다.
9. "철도시설관리자"란 철도시설의 건설 또는 관리에 관한 업무를 수행하는 자를 말한다.
10. "철도종사자"란 다음 각 목의 어느 하나에 해당하는 사람을 말한다.

    가. 철도차량의 운전 업무에 종사하는 사람(이하 "운전업무종사자"라 한다)

    나. 철도차량의 운행을 집중 제어·통제·감시하는 업무(이하 "관제업무"라 한다)에 종사하는 사람

> **철도왕의 암기 TIP!**
>
> 2항 포스코의 내부 운반 철도처럼 자체적으로 운영하는 철도를 말함
>
> 7항 선로는 궤노인으로 외우자.

다. 여객에게 승무(乘務) 서비스를 제공하는 사람(이하 "여객승무원"이라 한다)

라. 여객에게 역무(驛務) 서비스를 제공하는 사람(이하 "여객역무원"이라 한다)

마. 철도차량의 운행선로 또는 그 인근에서 철도시설의 건설 또는 관리와 관련한 작업의 협의·지휘·감독·안전관리 등의 업무에 종사하도록 철도운영자 또는 철도시설관리자가 지정한 사람(이하 "작업책임자"라 한다)

바. 철도차량의 운행 선로 또는 그 인근에서 철도시설의 건설 또는 관리와 관련한 작업의 일정을 조정하고 해당 선로를 운행하는 열차의 운행 일정을 조정하는 사람(이하 "철도운행안전관리자"라 한다)

사. 그 밖에 철도운영 및 철도시설관리와 관련하여 철도차량의 안전운행 및 질서유지와 철도차량 및 철도시설의 점검·정비 등에 관한 업무에 종사하는 사람으로서 대통령령으로 정하는 사람

11. "철도사고"란 철도 운영 또는 철도시설 관리와 관련하여 사람이 죽거나 다치거나 물건이 파손되는 사고로, 국토교통부령으로 정하는 것을 말한다.

12. "철도준사고"란 철도 안전에 중대한 위해를 끼쳐 철도사고로 이어질 수 있었던 것으로, 국토교통부령으로 정하는 것을 말한다.

13. "운행장애"란 철도사고 및 철도준사고 외에 철도차량의 운행에 지장을 주는 것으로써 국토교통부령으로 정하는 것을 말한다.

14. "철도차량정비"란 철도차량(철도차량을 구성하는 부품·기기·장치를 포함한다)을 점검·검사, 교환 및 수리하는 행위를 말한다.

15. "철도차량정비기술자"란 철도차량 정비에 관한 자격, 경력 및 학력 등을 갖추어 제24조의2에 따라 국토교통부장관의 인정을 받은 사람을 말한다.

> **철도왕의 암기 TIP!**
>
> 다. 운전 승무 역무의 차이는 뭘까? 승무는 열차에 탑승하는 기관사, 차장, 승무원들을 일컫습니다. 기관사는 운전, 차장은 출입문 취급, 승무원들은 표 검사 등의 업무를 합니다. 역무는 역에서 근무하는 종사자입니다.
>
> 사. 국토교통부령이 아님을 주의!

📋 영 제2조(정의)

1. "정거장"이란 여객의 승하차(여객 이용시설 및 편의시설을 포함한다), 화물의 적하(積下), 열차의 조성(組成: 철도차량을 연결하거나 분리하는 작업을 말한다), 열차의 교차통행 또는 대피를 목적으로 사용되는 장소를 말한다.

2. "선로전환기"란 철도차량의 운행선로를 변경시키는 기기를 말한다.

> **철도왕의 암기 TIP!**
>
> 정거장은 여화조교로 외우자.

📋 영 제3조(안전운행 또는 질서유지 철도종사자)

「철도안전법」 제2조제10호사목에서 "대통령령으로 정하는 사람"이란 다음 각 호의 어느 하나에 해당하는 사람을 말한다.

1. 철도사고, 철도준사고 및 운행장애가 발생한 현장에서 조사·수습·복구 등의 업무를 수행하는 사람
2. 철도차량의 운행 선로 또는 그 인근에서 철도시설의 건설 또는 관리와 관련된 작업의 현장감독 업무를 수행하는 사람
3. 철도시설 또는 철도차량을 보호하기 위한 순회 점검 업무 또는 경비 업무를 수행하는 사람
4. 정거장에서 철도신호기·선로전환기 또는 조작판 등을 취급하거나 열차의 조성 업무를 수행하는 사람
5. 철도에 공급되는 전력의 원격제어장치를 운영하는 사람
6. 「사법경찰관리의 직무를 수행할 자와 그 직무범위에 관한 법률」에 따른 철도공안 사무에 종사하는 국가공무원
7. 철도차량 및 철도시설의 점검·정비 업무에 종사하는 사람

철도왕의 암기 TIP!

중요! 시험에 자주 나온다. 1. 무력을 쓰는 사람: 경비, 사법경찰 2.사고조사 및 현장감독으로 외우자!

📝 규칙 제1조의2(철도사고의 범위)

「철도안전법」 제2조제11호에서 "국토교통부령으로 정하는 것"이란 다음 각 호의 어느 하나에 해당하는 것을 말한다.

1. 철도교통사고: 철도차량의 운행과 관련된 사고로서 다음 각 목의 어느 하나에 해당하는 사고
    가. 충돌사고: 철도차량이 다른 철도차량 또는 장애물(동물 및 조류는 제외한다)과 충돌하거나 접촉한 사고
    나. 탈선사고: 철도차량이 궤도를 이탈하는 사고
    다. 열차화재사고: 철도차량에서 화재가 발생하는 사고
    라. 기타철도교통사고: 가목부터 다목까지의 사고에 해당하지 않는 사고로서 철도차량의 운행과 관련된 사고

철도왕의 암기 TIP!

교안으로 먼저 외우고 충탈화로 외우자.

2. 철도안전사고: 철도시설 관리와 관련된 사고로서 다음 각 목의 어느 하나에 해당하는 사고. 다만, 자연재난으로 인한 사고는 제외한다.

    가. 철도화재사고: 철도역사, 기계실 등 철도시설에서 화재가 발생하는 사고

    나. 철도시설파손사고: 교량·터널·선로, 신호·전기·통신 설비 등의 철도시설이 파손되는 사고

    다. 기타철도안전사고: 가목 및 나목에 해당하지 않는 사고로서 철도시설 관리와 관련된 사고

철도왕의 암기 TIP!

다. 열차에서 화재가 발생하면 철도교통사고, 철도역사 등에서 발생하면 철도안전사고다.

📝 규칙 제1조의3(철도준사고의 범위)

"국토교통부령으로 정하는 것"이란 다음 각 호의 어느 하나에 해당하는 것을 말한다.

1. 운행 허가를 받지 않은 구간으로 열차가 주행하는 경우
2. 열차가 운행하려는 선로에 장애가 있음에도 진행을 지시하는 신호가 표시되는 경우. 다만, 복구 및 유지보수를 위한 경우로서 관제 승인을 받은 경우에는 제외한다.
3. 열차 또는 철도차량이 승인 없이 정지신호를 지난 경우
4. 열차 또는 철도차량이 역과 역 사이로 미끄러진 경우
5. 열차 운행을 중지하고 공사 또는 보수 작업을 시행하는 구간으로 열차가 주행한 경우
6. 안전 운행에 지장을 주는 레일 파손이나 유지보수 허용범위를 벗어난 선로 뒤틀림이 발생한 경우
7. 안전 운행에 지장을 주는 철도차량의 차륜, 차축, 차축베어링에 균열 등의 고장이 발생한 경우
8. 철도차량에서 화약류 등 위험물 또는 위해물품이 누출된 경우
9. 제1호부터 제8호까지의 준사고에 준하는 것으로서 철도사고로 이어질 수 있는 것

철도왕의 암기 TIP!

4. 역과 역 사이가 정거장과 정거장 사이로 자주 나온다.

📝 규칙 제1조의4(**운행장애**의 범위)

"국토교통부령으로 정하는 것"이란 다음 각 호의 어느 하나에 해당하는 것을 말한다.

1. 관제의 사전승인 없는 정차역 통과
2. 다음 각 목의 구분에 따른 운행 지연. 다만, 다른 철도사고 또는 운행장애로 인한 운행 지연은 제외한다.
    가. 고속열차 및 전동열차: 20분 이상
    나. 일반여객열차: 30분 이상
    다. 화물열차 및 기타열차: 60분 이상

> **철도왕의 암기 TIP!**
>
> 다. 236의 숫자와 고속열차 여객열차 화물열차라는 차이를 기억하자!

📄 법 제3조(다른 법률과의 관계)

철도안전에 관하여 다른 법률에 특별한 규정이 있는 경우를 제외하고는 이 법에서 정하는 바에 따른다.

📄 법 제3조의2(조약과의 관계)

국제철도(대한민국을 포함한 둘 이상의 국가에 걸쳐 운행되는 철도를 말한다)를 이용한 화물 및 여객 운송에 관하여 대한민국과 외국 간 체결된 조약에 이 법과 다른 규정이 있는 때에는 그 조약의 규정에 따른다. 다만, 이 법의 규정 내용이 조약의 안전기준보다 강화된 기준을 포함하는 때에는 그러하지 아니하다.

📄 법 제4조(국가 등의 책무)

① 국가와 지방자치단체는 국민의 생명·신체 및 재산을 보호하기 위하여 철도안전시책을 마련하여 성실히 추진하여야 한다.

② 철도운영자 및 철도시설관리자는 철도 운영이나 철도시설 관리를 할 때에는 법령에서 정하는 바에 따라 철도 안전을 위하여 필요한 조치를 하고, 국가나 지방자치단체가 시행하는 철도 안전 시책에 적극 협조하여야 한다.

> **💯 이것만 알아도 합격한다! – 철도왕 1장 핵심 요약**
>
> 목적: 안관복 / 선로의 정의: 궤노인
> 철도종사자의 종류 / 정거장의 정의: 여화조교 / 철도사고의 범위: 교안 충탈화
> 철도준사고의 범위 / 운행장애의 범위

01.

철도안전법의 목적이 아닌 것은?

① 철도안전을 확보하기 위해서
② 철도안전관리체계를 확립하기 위해서
③ 국민경제에 이바지 하기 위해서
④ 공공복리를 증진하기 위해서

답 ③

해 제1조 목적, 안관복으로 외우자!

02.

철도안전법의 용어의 정의로 틀린 것은?

① "전용철도"란 「철도사업법」에 따른 전용철도를 말한다.
② "철도운영자"란 철도 운영에 관한 업무를 수행하는 자를 말한다.
③ "철도용품"이란 철도시설 및 철도차량 등에 사용되는 부품 · 기기 · 장치 등을 말한다.
④ "차량"이란 선로를 운행할 목적으로 철도운영자가 편성하여 열차번호를 부여한 철도차량을 말한다.

답 ④

해 제2조 정의, 열차의 정의

03.

철도안전법의 용어의 정의로 틀린 것은?

① "정거장"이란 여객의 승하차(여객이용시설 및 편의시설을 포함한다), 화물의 적하(積下), 열차의 조성(組成: 철도차량을 연결하거나 분리하는 작업을 말한다), 열차의 교차 통행 또는 대피를 목적으로 사용되는 장소를 말한다.
② "선로"란 철도차량을 운행하기 위한 궤도와 이를 받치는 노반(路盤) 또는 인공 구조물로 구성된 시설을 말한다.
③ "철도용품"이란 철도시설 및 철도차량 등에 사용되는 부품 · 기기 · 장치 등을 말한다.
④ "철도전환기"란 철도차량의 운행 선로를 변경시키는 기기를 말한다.

답 ④
해 영 제2조 정의, 선로전환기의 정의

04.

철도안전법에서 말하는 철도종사자가 아닌 것은?

① 철도차량의 운전업무에 종사하는 사람
② 철도차량의 운행을 집중 제어 · 통제 · 감시하는 업무에 종사하는 사람
③ 여객에게 역무(驛務) 서비스를 제공하는 사람
④ 철도차량의 설계 및 제작을 담당하는 사람

답 ④
해 제2조 정의

05.

철도안전법의 용어의 정의로 틀린 것은?

① "운행장애"란 철도사고 및 철도준사고 외에 철도차량의 운행에 지장을 주는 것으로써 국토교통부령으로 정하는 것을 말한다.

② "열차"란 선로를 운행할 목적으로 철도운영자가 편성하여 열차번호를 부여한 철도차량을 말한다.

③ "철도차량정비"란 철도차량(철도차량을 구성하는 부품 · 기기 · 장치를 포함한다)을 점검 · 검사, 교환 및 수리하는 행위를 말한다.

④ "철도준사고"란 철도 운영 또는 철도시설 관리와 관련하여 사람이 죽거나 다치거나 물건이 파손되는 사고로, 국토교통부령으로 정하는 것을 말한다.

답 ④

해 제2조 정의, 철도사고의 정의

06.

철도교통사고에 해당하지 않는 것은?

① 탈선사고: 철도차량이 궤도를 이탈하는 사고

② 충돌사고: 철도차량이 다른 철도차량 또는 장애물(동물 및 조류는 제외한다)과 충돌하거나 접촉한 사고

③ 철도화재사고: 철도역사, 기계실 등 철도시설에서 화재가 발생하는 사고

④ 기타 철도 교통사고: 가목부터 다목까지의 사고에 해당하지 않는 사고로서 철도차량의 운행과 관련된 사고

답 ③

해 규칙 제1조의 2 철도사고의 범위, 철도안전사고

07.

철도준사고의 범위에 해당하지 않는 것은?

① 철도차량에서 화약류 등 위험물 또는 위해물품이 누출된 경우

② 운행 허가를 받지 않은 구간으로 열차가 주행하는 경우

③ 열차 또는 철도차량이 역과 정거장 사이로 미끄러진 경우

④ 안전 운행에 지장을 주는 철도차량의 차륜, 차축, 차축베어링에 균열 등의 고장이 발생한 경우

답 ③

해 규칙 제1조의 3 철도준사고의 범위, 역과 역

08.

운행장애에 해당하지 않는 것은?

① 관제의 사전승인 없는 정차역 통과

② 전동열차: 30분 이상 운행 지연

③ 기타열차: 60분 이상 운행 지연

④ 다른 철도사고 또는 운행장애로 인한 운행 지연은 제외한다.

답 ②

해 규칙 제1조의 4 운행장애의 범위, 20분이다. '고전 – 일 – 화'로 외우자!

✋ 철도왕의 실무이야기 ①

코레일과 서울교통공사 및 기관사는 실제 연봉이 어느 정도인가요? (전직자로서)

물론 호봉마다 다르고, 또 야간 수당 얼마냐에 따라 조금씩은 다르겠지만 참고용으로만 말씀드리자면

코레일에 입사하면 첫 월급은 실수령 330 정도입니다. (성과급 및 기타 수당 넣을 시)

즉, 연봉 5천 정도입니다. 경의중앙선처럼 1인 승무일 경우에는 현금 50만원 더 받습니다.

서울교통공사는 실수령 280 정도입니다. (복지포인트 120만 원, 평가급 400정도 제외)

60살 정도까지 근무 시 코레일 기관사는 충당 포함 실수령 600(연봉 1억)

서울교통공사는 2025년 현재 500 언더입니다. (연봉 약 8~9천)

대기업에 비하면 적지만, 90%가 정년까지 다니고(이 부분이 타 직장과 다름)

근무 강도가 매우 낮은 것이 큰 장점입니다.

철도 안전관리체계

"인디언이 기우제를 지내면 무조건, 100% 비가 옵니다."
현대 과학으로도 증명이 되었습니다. 그 이유는 무엇일까요?
그 이유는 인디언들은 기우제를 비가 올 때까지 지내기 때문입니다.
때로는 어려워 보이는 일이라도, 꾸준하게 한다면 뭐든지 이뤄낼 수 있습니다.

철도 안전관리체계

법 제5조(철도안전 종합계획)

① 국토교통부장관은 5년마다 철도안전에 관한 종합계획을 수립하여야 한다.

② 철도안전 종합계획에는 다음 각 호의 사항이 포함되어야 한다.

  1. 철도 안전 종합계획의 추진 목표 및 방향

  2. 철도 안전에 관한 시설의 확충, 개량 및 점검 등에 관한 사항

  3. 철도차량의 정비 및 점검 등에 관한 사항

  4. 철도 안전 관계 법령의 정비 등 제도개선에 관한 사항

  5. 철도 안전 관련 전문 인력의 양성 및 수급 관리에 관한 사항

  6. 철도종사자의 안전 및 근무 환경 향상에 관한 사항

  7. 철도 안전 관련 교육훈련에 관한 사항

  8. 철도 안전 관련 연구 및 기술개발에 관한 사항

  9. 그 밖에 철도 안전에 관한 사항으로서 국토교통부장관이 필요하다고 인정하는 사항

③ 국토교통부장관은 철도 안전 종합계획을 수립할 때는 미리 관계 중앙행정기관의 장 및 철도운영자등과 협의한 후 철도산업위원회의 심의를 거쳐야 한다. 수립된 철도 안전 종합계획을 변경(대통령령으로 정하는 경미한 사항의 변경은 제외한다)할 때에도 또한 같다.

④ 국토교통부장관은 철도 안전 종합계획을 수립하거나 변경하기 위하여 필요하다고 인정하면 관계 중앙행정기관의 장 또는 특별시장·광역시장·특별자치시장·도지사·특별자치도지사에게 관련 자료의 제출을 요구할 수 있다. 자료 제출 요구를 받은 관계 중앙행정기관의 장 또는 시·도지사는 특별한 사유가 없으면 이에 따라야 한다.

⑤ 국토교통부장관은 철도 안전 종합계획을 수립하거나 변경하였을 때는 이를 관보에 고시하여야 한다.

철도왕의 암기 TIP!

② 철도안전 종합계획의 9개나 되는 사항을 다 외우기 힘들다면 처음에는 3개, 그 후에 점점 늘려나가자.

계획에는 목표가 있어야 하고, 안전과 관련한 사항이 2개 있었다는 내용을 중심으로 기억하자. 시험에 자주 나온다.

📋 영 제4조(철도안전 종합계획의 경미한 변경)

법 제5조제3항 후단에서 "대통령령으로 정하는 경미한 사항의 변경"이란 다음 각 호의 어느 하나에 해당하는 변경을 말한다.

1. 철도 안전 종합계획에서 정한 총사업비를 원래 계획의 100분의 10 이내에서의 변경
2. 철도 안전 종합계획에서 정한 시행기한 내에 단위 사업의 시행 시기의 변경
3. 법령의 개정, 행정구역의 변경 등과 관련하여 철도 안전 종합계획을 변경하는 등 당초 수립된 철도 안전 종합계획의 기본 방향에 영향을 미치지 아니하는 사항의 변경

📄 법 제6조(시행계획)

① 국토교통부장관, 시·도지사 및 철도운영자등은 철도 안전 종합계획에 따라 소관별로 철도 안전 종합계획의 단계적 시행에 필요한 연차별 시행 계획을 수립·추진하여야 한다.
② 시행 계획의 수립 및 시행 절차 등에 관하여 필요한 사항은 대통령령으로 정한다.

📋 영 제5조(시행계획 수립절차 등)

① 특별시장·광역시장·특별자치시장·도지사 또는 특별자치도지사와 철도운영자 및 철도시설 관리자는 다음 연도의 시행 계획을 매년 10월 말까지 국토교통부장관에게 제출하여야 한다.
② 시·도지사 및 철도운영자등은 전년도 시행 계획의 추진 실적을 매년 2월 말까지 국토교통부장관에게 제출하여야 한다.
③ 국토교통부장관은 시·도지사 및 철도운영자등이 제출한 다음 연도의 시행 계획이 철도 안전 종합계획에 위반되거나 철도 안전 종합계획을 원활하게 추진하기 위하여 보완이 필요하다고 인정될 때는 시·도지사 및 철도운영자등에 시행 계획의 수정을 요청할 수 있다.
④ 수정 요청을 받은 시·도지사 및 철도운영자등은 특별한 사유가 없는 한 이를 시행 계획에 반영하여야 한다.

📄 법 제6조의2(철도안전투자의 공시)

① 철도운영자는 철도차량의 교체, 철도시설의 개량 등 철도 안전 분야에 투자하는 예산 규모를 매년 공시하여야 한다.
② 철도 안전 투자의 공시 기준, 항목, 절차 등에 필요한 사항은 국토교통부령으로 정한다.

📝 규칙 제1조의5(철도안전투자의 공시 기준 등)

① 철도운영자는 철도 안전 투자의 예산 규모를 공시하는 경우에는 다음 각 호의 기준에 따라야 한다.

  1. 예산 규모에는 다음 각 목의 예산이 모두 포함되도록 할 것

    가. 철도차량 교체에 관한 예산

    나. 철도시설 개량에 관한 예산

    다. 안전설비의 설치에 관한 예산

    라. 철도안전 교육훈련에 관한 예산

    마. 철도안전 연구개발에 관한 예산

    바. 철도안전 홍보에 관한 예산

    사. 그 밖에 철도 안전에 관련된 예산으로서 국토교통부장관이 정해 고시하는 사항

  2. 다음 각 목의 사항이 모두 포함된 예산 규모를 공시할 것

    가. 과거 3년간 철도 안전 투자의 예산 및 그 집행 실적

    나. 해당 연도 철도 안전 투자의 예산

    다. 향후 2년간 철도 안전 투자의 예산

  3. 국가의 보조금, 지방자치단체의 보조금 및 철도운영자의 자금 등 철도 안전 투자 예산의 재원을 구분해 공시할 것

  4. 그 밖에 철도 안전 투자와 관련된 예산으로서 국토교통부장관이 정해 고시하는 예산을 포함해 공시할 것

② 철도운영자는 철도안전 투자의 예산 규모를 매년 5월 말까지 공시해야 한다.

③ 제2항에 따른 공시는 구축된 철도안전정보종합관리시스템과 해당 철도운영자의 인터넷 홈페이지에 게시하는 방법으로 한다.

④ 규정한 사항 외에 철도안전 투자의 공시 기준 및 절차 등에 관해 필요한 사항은 국토교통부장관이 정해 고시한다.

📄 법 제7조(안전관리체계의 승인)

① 철도운영자등(전용철도의 운영자는 제외한다)은 철도 운영을 하거나 철도시설을 관리하려는 경우에는 인력, 시설, 차량, 장비, 운영 절차, 교육훈련 및 비상 대응 계획 등 철도 및 철도시설의 안전관리에 관한 유기적 체계를 갖추어 국토교통부장관의 승인을 받아야 한다.

② 전용철도의 운영자는 자체적으로 안전관리 체계를 갖추고 지속적으로 유지하여야 한다.

③ 철도운영자등은 승인받은 안전관리 체계를 변경(제5항에 따른 안전관리 기준의 변경에 따른 안전관리 체계의 변경을 포함한다)하려는 경우에는 국토교통부장관의 변경 승인을 받아야 한다. 다만, 국토교통부령으로 정하는 경미한 사항을 변경하려는 경우에는 국토교통부장관에게 신고하여야 한다.

④ 국토교통부장관은 안전관리 체계의 승인 또는 변경 승인의 신청을 받은 경우에는 해당 안전관리 체계가 안전관리 기준에 적합한지를 검사한 후 승인 여부를 결정하여야 한다.

⑤ 국토교통부장관은 철도 안전 경영, 위험관리, 사고 조사 및 보고, 내부 점검, 비상 대응 계획, 비상 대응 훈련, 교육훈련, 안전 정보 관리, 운행 안전관리, 차량·시설의 유지관리(차량의 기대수명에 관한 사항을 포함한다) 등 철도 운영 및 철도시설의 안전관리에 필요한 기술기준을 정하여 고시하여야 한다.

⑥ 규정에 따른 승인절차, 승인방법, 검사기준, 검사방법, 신고절차 및 고시방법 등에 관하여 필요한 사항은 국토교통부령으로 정한다.

📝 규칙 제2조(안전관리체계 승인 신청 절차 등)

① 철도운영자 및 철도시설 관리자가 안전관리 체계를 승인받으려는 경우에는 철도 운용 또는 철도시설 관리 개시 예정일 90일 전까지 철도 안전관리 체계 승인신청서에 다음 각 호의 서류를 첨부하여 국토교통부장관에게 제출하여야 한다.

1. 「철도사업법」 또는 「도시철도법」에 따른 철도사업 면허증 사본
2. 조직·인력의 구성, 업무 분장 및 책임에 관한 서류
3. 다음 각 호의 사항을 적시한 철도안전관리시스템에 관한 서류
   가. 철도안전관리시스템 개요
   나. 철도 안전 경영
   다. 문서화
   라. 위험 관리
   마. 요구사항 준수
   바. 철도사고 조사 및 보고
   사. 내부 점검
   아. 비상 대응
   자. 교육 훈련
   차. 안전 정보
   카. 안전 문화
4. 다음 각 호의 사항을 적시한 열차운행체계에 관한 서류
   가. 철도운영 개요
   나. 철도사업면허
   다. 열차운행 조직 및 인력

라. 열차운행 방법 및 절차

마. 열차 운행계획

바. 승무 및 역무

사. 철도관제업무

아. 철도보호 및 질서유지

자. 열차운영 기록관리

차. 위탁 계약자 감독 등 위탁업무 관리에 관한 사항

5. 다음 각 호의 사항을 적시한 유지관리체계에 관한 서류

가. 유지관리 개요

나. 유지관리 조직 및 인력

다. 유지관리 방법 및 절차(종합시험운행 실시 결과(완료된 결과를 말한다)를 반영한 유지관리 방법을 포함한다)

라. 유지관리 이행계획

마. 유지관리 기록

바. 유지관리 설비 및 장비

사. 유지관리 부품

아. 철도차량 제작 감독

자. 위탁 계약자 감독 등 위탁업무 관리에 관한 사항

6. 종합시험운행 실시 결과 보고서

② 철도운영자등이 승인받은 안전관리 체계를 변경하려는 경우에는 변경된 철도 운용 또는 철도시설 관리 개시 예정일 30일 전(제3조제1항제4호에 따른 변경 사항(철도노선의 신설 또는 개량)의 경우에는 90일 전)까지 철도 안전관리 체계 변경승인신청서에 다음 각 호의 서류를 첨부하여 국토교통부장관에게 제출하여야 한다.

1. 안전관리체계의 변경내용과 증빙서류

2. 변경 전후의 대비표 및 해설서

③ 제1항 및 제2항에도 불구하고 철도운영자등이 안전관리 체계의 승인 또는 변경 승인을 신청하는 경우 제1항제5호다목 및 같은 항 제6호(종합시험운행 실시 결과 보고서)서류는 철도 운용 또는 철도시설 관리 개시 예정일 14일 전까지 제출할 수 있다.

④ 국토교통부장관은 안전관리 체계의 승인 또는 변경 승인 신청을 받은 경우에는 15일 이내에 승인 또는 변경 승인에 필요한 검사 등의 계획서를 작성하여 신청인에게 통보하여야 한다.

안전관리 체계 승인서류는 안운유라고 먼저 외우자.

📝 규칙 제3조(안전관리체계의 경미한 사항 변경)

① "국토교통부령으로 정하는 경미한 사항"이란 다음 각 호의 어느 하나에 해당하는 사항을 제외한 변경
  사항을 말한다.
  1. 안전 업무를 수행하는 전담 조직의 변경(조직 부서명의 변경은 제외한다)
  2. 열차 운행 또는 유지관리 인력의 감소
  3. 철도차량 또는 다음 각 목의 어느 하나에 해당하는 철도시설의 증가
    가. 교량, 터널, 옹벽
    나. 선로(레일)
    다. 역사, 기지, 승차장 안전문
    라. 전차선로, 변전설비, 수전실, 수·배전선로
    마. 연동장치, 열차제어장치, 신호기장치, 선로전환기장치, 궤도회로장치, 건널목 보안장치
    바. 통신선로설비, 열차무선설비, 전송설비
  4. 철도노선의 신설 또는 개량
  5. 사업의 합병 또는 양도·양수
  6. 유지관리 항목의 축소 또는 유지관리 주기의 증가
  7. 위탁 계약자의 변경에 따른 열차 운행 체계 또는 유지관리 체계의 변경
② 철도운영자등은 경미한 사항을 변경하려는 경우에는 철도안전관리체계 변경신고서에 다음 각 호의
  서류를 첨부하여 국토교통부장관에게 제출하여야 한다.
  1. 안전관리 체계의 변경 내용과 증빙서류
  2. 변경 전후의 대비표 및 해설서
③ 국토교통부장관은 변경 신고를 받은 때에는 첨부서류를 확인한 후 철도안전관리체계 변경신고확인서를
  발급하여야 한다.

📝 규칙 제4조(안전관리체계의 승인 방법 및 증명서 발급 등)

① 안전관리 체계의 승인 또는 변경승인을 위한 검사는 다음 각 호에 따른 서류 검사와 현장검사로 구분하여
  실시한다. 다만, 서류 검사만으로 안전관리에 필요한 기술기준에 적합 여부를 판단할 수 있는 경우에는
  현장검사를 생략할 수 있다.
  1. 서류검사: 철도운영자등이 제출한 서류가 안전관리 기준에 적합한지 검사
  2. 현장검사: 안전관리 체계의 이행가능성 및 실효성을 현장에서 확인하기 위한 검사
② 국토교통부장관은 도시철도 또는 도시철도건설 사업 또는 도시철도 운송 사업을 위탁받은 법인이 건설·운영
  하는 도시철도에 대하여 안전관리 체계의 승인 또는 변경 승인을 위한 검사를 하는 경우에는 해당 도시철도의
  관할 시·도지사와 협의할 수 있다. 이 경우 협의 요청을 받은 시·도지사는 협의를 요청받은 날부터 20일
  이내에 의견을 제출하여야 하며, 그 기간 내에 의견을 제출하지 아니하면 의견이 없는 것으로 본다.

③ 국토교통부장관은 검사 결과 안전관리 기준에 적합하다고 인정하는 경우에는 철도
　안전관리체계승인증명서를 신청인에게 발급하여야 한다.

④ 검사에 관한 세부적인 기준, 절차 및 방법 등은 국토교통부장관이 정하여 고시한다.

📝 규칙 제5조(안전관리기준의 고시)

① 국토교통부장관은 안전관리 기준을 정할 때 전문 기술적인 사항에 대해 철도기술심의위원회의 심의를
　거칠 수 있다.

② 국토교통부장관은 안전관리 기준을 정한 경우에는 이를 관보에 고시해야 한다.

📄 법 제8조(안전관리체계의 유지 등)

① 철도운영자등은 철도 운영을 하거나 철도시설을 관리하는 경우에는 승인받은 안전관리 체계를
　지속적으로 유지하여야 한다.

② 국토교통부장관은 안전관리 체계 위반 여부 확인 및 철도사고 예방 등을 위하여 철도운영자등이 안전관리
　체계를 지속적으로 유지하는지 다음 각 호의 검사를 통해 국토교통부령으로 정하는 바에 따라 점검 ·
　확인할 수 있다.

　1. 정기검사: 철도운영자등이 국토교통부장관으로부터 승인 또는 변경 승인 받은 안전관리 체계를
　　 지속적으로 유지하는지를 점검 ·확인하기 위하여 정기적으로 실시하는 검사

　2. 수시검사: 철도운영자등이 철도사고 및 운행장애 등을 발생시키거나 발생시킬 우려가 있는 경우에
　　 안전관리 체계 위반 사항 확인 및 안전관리 체계 위해 요인 사전 예방을 위해 수행하는 검사

③ 국토교통부장관은 검사 결과 안전관리 체계가 지속적으로 유지되지 아니하거나 그 밖에 철도 안전을
　위하여 필요하다고 인정하는 경우에는 국토교통부령으로 정하는 바에 따라 시정조치를 명할 수 있다.

📝 규칙 제6조(안전관리체계의 유지 · 검사 등)

① 국토교통부장관은 정기 검사를 1년마다 1회 실시해야 한다.

② 국토교통부장관은 정기 검사 또는 수시검사를 시행하려는 경우에는 검사 시행일 7일 전까지 다음 각 호의
내용이 포함된 검사계획을 검사 대상 철도운영자등에 통보해야 한다. 다만, 철도사고, 철도준사고 및
운행장애의 발생 등으로 긴급히 수시검사를 실시하는 경우에는 사전 통보를 하지 않을 수 있고, 검사 시작
이후 검사계획을 변경할 사유가 발생한 경우에는 철도운영자등과 협의하여 검사계획을 조정할 수 있다.

   1. 검사반의 구성

   2. 검사 일정 및 장소

   3. 검사 수행 분야 및 검사 항목

   4. 중점 검사 사항

   5. 그 밖에 검사에 필요한 사항

철도왕의 암기 TIP!

구일분중으로 외운다.

③ 국토교통부장관은 다음 각 호의 사유로 철도운영자등이 안전관리 체계 정기 검사의 유예를 요청한 경우에
검사 시기를 유예하거나 변경할 수 있다.

   1. 검사 대상 철도운영자등이 사법기관 및 중앙행정기관의 조사 및 감사를 받는 경우

   2. 항공 · 철도사고조사위원회가 철도사고에 대한 조사를 하고 있는 경우

   3. 대형 철도사고의 발생, 천재지변, 그 밖의 부득이한 사유가 있는 경우

④ 국토교통부장관은 정기 검사 또는 수시검사를 마친 경우에는 다음 각 호의 사항이 포함된 검사
결과보고서를 작성하여야 한다.

   1. 안전관리 체계의 검사 개요 및 현황

   2. 안전관리 체계의 검사 과정 및 내용

   3. 시정조치 사항

   4. 제출된 시정조치계획서에 따른 시정조치 명령의 이행 정도

   5. 철도사고에 따른 사망자 · 중상자의 수 및 철도사고 등에 따른 재산피해액

⑤ 국토교통부장관은 철도운영자등에게 시정조치를 명하는 경우에는 시정에 필요한 적정한 기간을 주어야
한다.

⑥ 철도운영자등이 시정 조치명령을 받은 경우에 14일 이내에 시정조치계획서를 작성하여
국토교통부장관에게 제출하여야 하고, 시정조치를 완료한 경우에는 지체 없이 그 시정 내용을
국토교통부장관에게 통보하여야 한다.

⑦ 정기 검사 또는 수시검사에 관한 세부적인 기준 · 방법 및 절차는 국토교통부장관이 정하여 고시한다.

① 국토교통부장관은 안전관리 체계의 승인을 받은 철도운영자등이 다음 각 호의 어느 하나에 해당하는 경우에는 그 승인을 취소하거나 6개월 이내의 기간을 정하여 업무의 제한이나 정지를 명할 수 있다. 다만, 제1호에 해당하는 경우에는 그 승인을 취소하여야 한다.

  1. 거짓이나 그 밖의 부정한 방법으로 승인을 받은 경우

  2. 변경 승인을 받지 아니하거나 변경 신고를 하지 아니하고 안전관리 체계를 변경한 경우

  3. 안전관리 체계를 지속적으로 유지하지 아니하여 철도 운영이나 철도시설의 관리에 중대한 지장을 초래한 경우

  4. 시정 조치명령을 정당한 사유 없이 이행하지 아니한 경우

② 승인 취소, 업무의 제한 또는 정지의 기준 및 절차 등에 관하여 필요한 사항은 국토교통부령으로 정한다.

철도안전법 시행규칙[별표 1]
안전관리체계 관련 처분기준(제7조 관련)

1. 일반 기준

가. 위반행위의 횟수에 따른 행정처분의 가중된 부과 기준은 최근 2년간 같은 위반행위로 행정처분을 받은 경우에 적용한다. 이 경우 기간의 계산은 위반행위에 대하여 행정처분을 받은 날과 그 처분 후 다시 같은 위반행위를 하여 적발된 날을 기준으로 한다.

나. 가목에 따라 가중된 부과 처분을 하는 경우 가중 처분의 적용 차수는 그 위반행위 전 부과 처분 차수(가목에 따른 기간 내에 행정처분이 둘 이상 있었던 경우에는 높은 차수를 말한다)의 다음 차수로 한다.

다. 위반행위가 둘 이상인 경우로서 그에 해당하는 각각의 처분기준이 다른 경우에는 그중 무거운 처분기준(무거운 처분기준이 같을 때는 그중 하나의 처분기준을 말한다)에 따르며, 둘 이상의 처분기준이 같은 업무 제한 · 정지인 경우에는 무거운 처분기준의 2분의 1 범위에서 가중할 수 있되, 각 처분기준을 합산한 기간을 초과할 수 없다.

라. 국토교통부장관은 다음의 어느 하나에 해당하는 경우에는 제2호의 개별 기준에 따른 업무 제한 · 정지 기간의 2분의 1 범위에서 그 기간을 줄일 수 있다.

  1) 위반행위가 사소한 부주의나 오류로 인한 것으로 인정되는 경우

  2) 위반 행위자가 법 위반 상태를 시정하거나 해소하기 위한 노력이 인정되는 경우

  3) 그 밖에 위반행위의 정도, 위반행위의 동기와 그 결과 등을 고려하여 업무 제한 · 정지 기간을 줄일 필요가 있다고 인정되는 경우

마. 국토교통부장관은 다음의 어느 하나에 해당하는 경우에는 제2호의 개별 기준에 따른 업무 제한 · 정지 기간의 2분의 1 범위에서 그 기간을 늘릴 수 있다. 다만, 법 제9조제1항에 따른 업무 제한 · 정지 기간의 상한을 넘을 수 없다.

  1) 위반의 내용 및 정도가 중대하여 공중에게 미치는 피해가 크다고 인정되는 경우

  2) 법 위반 상태의 기간이 6개월 이상인 경우

  3) 그 밖에 위반행위의 정도, 위반행위의 동기와 그 결과 등을 고려하여 업무 제한 · 정지 기간을 늘릴 필요가 있다고 인정되는 경우

    : 일반기준은 출제된 적 없다. 비고도 거의 출제된 적 없다, 개별기준표는 무조건 나온다.

2. 개별기준

위반행위	근거 법조문	처분 기준
가. 거짓이나 그 밖의 부정한 방법으로 승인을 받은 경우 　　1) 1차 위반	법 제9조 제1항제1호	승인취소
나. 변경승인을 받지 않고 안전관리체계를 변경한 경우 　　1) 1차 위반 업무정지 　　2) 2차 위반 　　3) 3차 위반 　　4) 4차 이상 위반	법 제9조 제1항제2호	업무정지(업무제한) 10일 업무정지(업무제한) 20일 업무정지(업무제한) 40일 업무정지(업무제한) 80일
다. 변경신고를 하지 않고 안전관리체계를 변경한 경우 　　1) 1차 위반 　　2) 2차 위반 　　3) 3차 이상 위반	법 제9조 제1항제2호	경고 업무정지(업무제한) 10일 업무정지(업무제한) 20일
라. 안전관리체계 를 지속적으로 유지하지 않아 철도운영이나 철도시설의 관리에 중대한 지장을 초래한 경우 　　1) 철도사고로 인한 사망자 수 　　　　가) 1명 이상 3명 미만 　　　　나) 3명 이상 5명 미만 　　　　다) 5명 이상 10명 미만 　　　　라) 10명 이상 　　2) 철도사고로 인한 중상자 수 　　　　가) 5명 이상 10명 미만 　　　　나) 10명 이상 30명 미만 　　　　다) 30명 이상 50명 미만 　　　　라) 50명 이상 100명 미만 　　　　마) 100명 이상 　　3) 철도사고 또는 운행장애로 인한 재산피해액 　　　　가) 5억원 이상 10억원 미만 　　　　나) 10억원 이상 20억원 미만 　　　　다) 20억원 이상	법 제9조 제1항 제3호	업무정지(업무제한) 30일 업무정지(업무제한) 60일 업무정지(업무제한) 120일 업무정지(업무제한) 180일 업무정지(업무제한) 15일 업무정지(업무제한) 30일 업무정지(업무제한) 60일 업무정지(업무제한) 120일 업무정지(업무제한) 180일 업무정지(업무제한) 15일 업무정지(업무제한) 30일 업무정지(업무제한) 60일
마. 시정조치명령을 정당한 사유 없이 이행하지 않은 경우 　　1) 1차 위반 　　2) 2차 위반 　　3) 3차 위반 　　4) 4차 이상 위반	법 제9조 제1항제4호	업무정지(업무제한) 20일 업무정지(업무제한) 40일 업무정지(업무제한) 80일 업무정지(업무제한) 160일

비고

1. "사망자"란 철도사고가 발생한 날부터 30일 이내에 그 사고로 사망한 경우를 말한다.

2. "중상자"란 철도사고로 인해 부상을 입은 날부터 7일 이내 실시된 의사의 최초 진단 결과 24시간 이상 입원 치료가 필요한 상해를 입은 사람(의식불명, 시력상실을 포함)을 말한다.

3. "재산피해액"이란 시설피해액(인건비와 자재비등 포함), 차량피해액(인건비와 자재비등 포함), 운임환불 등을 포함한 직접 손실액을 말한다.

① 국토교통부장관은 철도운영자등에 대하여 업무의 제한이나 정지를 명하여야 하는 경우로서 그 업무의
  제한이나 정지가 철도 이용자 등에게 심한 불편을 주거나 그 밖에 공익을 해할 우려가 있는 경우에는
  업무의 제한이나 정지를 갈음하여 30억원 이하의 과징금을 부과할 수 있다.

② 과징금을 부과하는 위반행위의 종류, 과징금의 부과 기준 및 징수 방법, 그 밖에 필요한 사항은
  대통령령으로 정한다.

③ 국토교통부장관은 과징금을 내야 할 자가 납부 기한까지 과징금을 내지 아니하는 경우에는 국세
  체납처분의 예에 따라 징수한다.

철도안전법 시행령 [별표 1]
안전관리체계 관련 과징금의 부과기준(제6조 관련)

2. 개별기준

(단위 : 백만원)

위반행위	근거 법조문	과징금 금액
가. 변경승인을 받지 않고 안전관리체계를 변경한 경우		
1) 1차 위반	법 제9조 제1항제2호	120
2) 2차 위반		240
3) 3차 위반		480
4) 4차 이상 위반		960
나. 변경신고를 하지 않고 안전관리체계를 변경한 경우		
1) 1차 위반	법 제9조 제1항제2호	경고
2) 2차 위반		120
3) 3차 이상 위반		240
다. 안전관리체계 를 지속적으로 유지하지 않아 철도운영이나 철도시설의 관리에 중대한 지장을 초래한 경우		
1) 철도사고로 인한 사망자 수		
가) 1명 이상 3명 미만		360
나) 3명 이상 5명 미만		720
다) 5명 이상 10명 미만		1,440
라) 10명 이상		2,160
2) 철도사고로 인한 중상자 수	법 제9조 제1항제3호	
가) 5명 이상 10명 미만		180
나) 10명 이상 30명 미만		360
다) 30명 이상 50명 미만		720
라) 50명 이상 100명 미만		1,440
마) 100명 이상		2,160
3) 철도사고 또는 운행장애로 인한 재산피해액		
가) 5억원 이상 10억원 미만		180
나) 10억원 이상 20억원 미만		360
다) 20억원 이상		720

위반행위	근거 법조문	과징금 금액

라. 시정조치명령을 정 당한 사유 없이 이행하지 않은 경우
   1) 1차 위반
   2) 2차 위반
   3) 3차 위반
   4) 4차 이상 위반
	법 제9조 제1항제4호	
		240
		480
		960
		1,920

비고 :

1. "사망자"란 철도사고가 발생한 날부터 30일 이내에 그 사고로 사망한 사람을 말한다.

2. "중상자"란 철도사고로 인해 부상을 입은 날부터 7일 이내 실시된 의사의 최초진단결과 24시간 이상 입원 치료가 필요한 상해를 입은 사람(의식불명, 시력상실을 포함)을 말한다.

3. "재산피해액"이란 시설피해액(인건비와 자재비등 포함), 차량피해액(인건비와 자재비등 포함), 운임환불 등을 포함한 직접 손실액을 말한다.

4. 위 표의 다목 1)부터 3)까지의 규정에 따른 과징금을 부과하는 경우에 사망자, 중상자, 재산피해가 동시에 발생한 경우는 각각의 과징금을 합산하여 부과한다. 다만, 합산한 금액이 법 제9조의2제1항에 따른 과징금 금액의 상한을 초과하면 법 제9조의2제1항에 따른 상한금액을 과징금으로 부과한다.

5. 위 표 및 제4호에 따른 과징금 액수가 해당 철도운영자등의 전년도(위반행위가 발생한 날이 속하는 해의 직전 연도를 말한다) 매출액의 100분의 4를 초과하면 전년도 매출액의 100분의 4에 해당하는 금액을 과징금으로 부과한다.

📄 영 제7조(과징금의 부과 및 납부)

① 국토교통부장관은 과징금을 부과할 때는 그 위반행위의 종류와 해당 과징금의 액수를 명시하여 이를 납부할 것을 서면으로 통지하여야 한다.

② 통지를 받은 자는 통지를 받은 날부터 20일 이내에 국토교통부장관이 정하는 수납기관에 과징금을 내야 한다.

③ 과징금을 받은 수납기관은 그 과징금을 낸 자에게 영수증을 내주어야 한다.

④ 과징금의 수납기관은 과징금을 받으면 지체 없이 그 사실을 국토교통부장관에게 통보하여야 한다.

📄 법 제9조의3(철도운영자등에 대한 안전관리 수준평가)

① 국토교통부장관은 철도운영자등의 자발적인 안전관리를 통한 철도 안전 수준의 향상을 위하여 철도운영자등의 안전관리 수준에 대한 평가를 실시할 수 있다.

② 국토교통부장관은 안전관리 수준평가를 실시한 결과 그 평가 결과가 미흡한 철도운영자등에 대하여 검사를 시행하거나 시정조치 등 개선을 위하여 필요한 조치를 명할 수 있다.

③ 안전관리 수준 평가의 대상, 기준, 방법, 절차 등에 필요한 사항은 국토교통부령으로 정한다.

① 철도운영자등의 안전관리 수준에 대한 평가의 대상 및 기준은 다음 각 호와 같다. 다만, 철도시설관리자에 대해서 안전관리 수준 평가를 하는 경우 제2호(철도안전투자 분야)를 제외하고 실시할 수 있다.

  1. 사고 분야

    가. 철도 교통사고 건수

    나. 철도 안전사고 건수

    다. 운행장애 건수

    라. 사상자 수

  2. 철도안전투자 분야: 철도 안전 투자의 예산 규모 및 집행 실적

  3. 안전관리 분야

    가. 안전 성숙도 수준

    나. 정기 검사 이행 실적

    4. 그 밖에 안전관리 수준 평가에 필요한 사항으로서 국토교통부장관이 정해 고시하는 사항

② 국토교통부장관은 매년 3월 말까지 안전관리 수준평가를 실시한다.

③ 안전관리 수준 평가는 서면 평가의 방법으로 실시한다. 다만, 국토교통부장관이 필요하다고 인정하는 경우에는 현장평가를 실시할 수 있다.

④ 국토교통부장관은 안전관리 수준 평가 결과를 해당 철도운영자등에게 통보해야 한다. 이 경우 해당 철도운영자등이 지방공사인 경우에는 해당 지방공사의 업무를 관리·감독하는 지방자치단체의 장에게도 함께 통보할 수 있다.

⑤ 안전관리 수준 평가의 기준, 방법 및 절차 등에 관해 필요한 사항은 국토교통부장관이 정해 고시한다.

철도왕의 암기 TIP!

안전관리 수준평가는 사철안으로 외운다.

📄 법 제9조의4(철도안전 우수운영자 지정)

① 국토교통부장관은 안전관리 수준 평가 결과에 따라 철도운영자등을 대상으로 철도안전 우수운영자를 지정할 수 있다.

② 철도안전 우수운영자로 지정을 받은 자는 철도차량, 철도시설이나 관련 문서 등에 철도안전 우수운영자로 지정되었음을 나타내는 표시를 할 수 있다.

③ 지정을 받은 자가 아니면 철도차량, 철도시설이나 관련 문서 등에 우수운영자로 지정되었음을 나타내는 표시를 하거나 이와 유사한 표시를 하여서는 아니 된다.

④ 국토교통부장관은 제3항을 위반하여 우수운영자로 지정되었음을 나타내는 표시를 하거나 이와 유사한 표시를 한 자에 대하여 해당 표시를 제거하게 하는 등 필요한 시정조치를 명할 수 있다.

⑤ 철도안전 우수운영자 지정의 대상, 기준, 방법, 절차 등에 필요한 사항은 국토교통부령으로 정한다.

📝 규칙 제9조(철도안전 우수운영자 지정 대상 등)

① 국토교통부장관은 안전관리 수준 평가 결과가 최상위 등급인 철도운영자등을 철도안전 우수운영자로 지정하여 철도안전 우수운영자로 지정되었음을 나타내는 표시를 사용하게 할 수 있다.

② 철도안전 우수운영자 지정의 유효기간은 지정받은 날부터 1년으로 한다.

③ 철도안전 우수운영자는 철도안전 우수운영자로 지정되었음을 나타내는 표시를 하려면 국토교통부장관이 정해 고시하는 표시를 사용해야 한다.

④ 국토교통부장관은 철도안전 우수운영자에게 포상 등의 지원을 할 수 있다.

⑤ 철도안전 우수운영자 지정 표시 및 지원 등에 관해 필요한 사항은 국토교통부장관이 정해 고시한다.

📄 법 제9조의5(우수운영자 지정의 취소)

국토교통부장관은 철도안전 우수운영자 지정을 받은 자가 다음 각 호의 어느 하나에 해당하는 경우에는 그 지정을 취소할 수 있다. 다만, 제1호 또는 제2호에 해당하는 경우에는 지정을 취소하여야 한다.

1. 거짓이나 그 밖의 부정한 방법으로 철도안전 우수운영자 지정을 받은 경우
2. 안전관리 체계의 승인이 취소된 경우
3. 지정 기준에 부적합하게 되는 등 그 밖에 국토교통부령으로 정하는 사유가 발생한 경우

"지정 기준에 부적합하게 되는 등 그 밖에 국토교통부령으로 정하는 사유"란 다음 각 호의 사유를 말한다.

1. 계산 착오, 자료의 오류 등으로 안전관리 수준 평가 결과가 최상위 등급이 아닌 것으로 확인된 경우
2. 국토교통부장관이 정해 고시하는 표시가 아닌 다른 표시를 사용한 경우

💯 이것만 알아도 합격한다! – 철도왕 2장 핵심 요약

철도안전종합계획 5년마다, 내용 / 철도 안전 종합계획의 경미한 변경/ 시행 계획 수립 절차

다음 연도의 시행 계획을 매년 10월 말 / 전년도 시행 계획의 추진 실적을 매년 2월 말 /

철도 안전 투자의 예산 규모를 매년 5월 말까지 공시 /

안전관리 체계 승인 신청 절차 개시 예정일 90일 전, 서류 안운유 / 안전관리 체계의 경미한 사항 변경 /

안전관리 체계의 유지 안정수 / 검사 구일분중 / 유예 사유 3가지 / 승인의 취소 /

별표 1 / 안전관리 수준 평가의 대상 사철안 / 철도안전 우수운영자 취소 및 유효기간 1년

01.

철도안전 종합계획에 포함되어야 하는 사항이 <u>아닌</u> 것은?
① 철도차량의 정비 및 점검 등에 관한 사항
② 철도운행 서비스 증진 관한 사항
③ 철도안전 종합계획의 추진 목표 및 방향
④ 철도안전 관련 전문 인력의 양성 및 수급관리에 관한 사항

답 ②
해 제5조 철도안전 종합계획

02.

철도안전 종합계획에서 말하는 경미한 사항의 변경이 <u>아닌</u> 것은?
① 철도안전 종합계획에서 정한 총사업비를 원래 계획의 100분의 10 이내에서의 변경
② 철도안전 종합계획에서 정한 시행기한 외의 단위사업의 시행시기의 변경
③ 법령의 개정
④ 행정구역의 변경

답 ②
해 영 제4조 철도안전 종합계획의 경미한 변경, 내의

03.

괄호 속에 들어갈 말로 알맞은 것은?

철도운영자 및 철도시설관리자는 다음 연도의 시행계획을 매년 (　　　)월 말까지 국토교통부장관에게 제출하여야 한다.

① 2　　　　　　② 5　　　　　　③ 10　　　　　　④ 11

답 ③
해 영 제5조 시행계획 수립절차

04.

철도안전투자의 공시에 관한 내용으로 <u>틀린</u> 것을 고르시오.
① 철도운영자는 철도차량의 교체, 철도시설의 개량 등 철도안전 분야에 투자예산 규모를 매년 공시하여야 한다.
② 철도안전투자의 공시 기준, 항목, 절차 등에 필요한 사항은 국토교통부령으로 정한다.
③ 예산규모에 철도안전 교육훈련에 관한 예산이 포함되어야 한다.
④ 철도운영자는 철도안전투자의 예산 규모를 매년 3월 말까지 공시해야 한다.

답 ④
해 제6조의2 철도안전투자의 공시, 5월 말

안전관리체계의 승인에 관한 내용 중 옳은 것을 고르시오.

① 철도운영자가 안전관리 체계를 승인받으려는 경우 철도 운용 또는 철도시설 관리 개시 예정일 60일 전까지 국토교통부장관에게 제출하여야 한다.

② 안전관리 체계를 승인받으려는 경우 열차 운행 체계에 관한 서류(승무 및 역무, 철도 관제 업무, 철도사고 조사 및 보고)를 제출하여야 한다.

③ 국토교통부장관은 안전관리 체계 승인을 받은 경우 14일 이내에 승인 또는 변경승인에 필요한 검사 등의 계획서를 작성하여 신청인에게 통보하여야 한다.

④ 철도 안전관리 체계를 변경할 경우 안전관리 체계의 변경 내용과 증빙서류 변경 전후의 대비표 및 해설서를 국토교통부장관에게 제출하여야 한다.

답 ④

해 규칙 제2조 안전관리체계 승인 신청 절차 등
1번 90일, 2번 안전서류, 3번 15일

철도운영자등이 안전관리체계 승인을 신청할 때 국토교통부장관에게 제출하는 철도안전관리시스템에 관한 서류에 포함되지 않는 것은?

① 철도보호 및 질서유지   ② 위험관리

③ 비상대응   ④ 요구사항 준수

답 ①

해 규칙 제2조 안전관리체계 승인 신청 절차 등

07

안전관리체계의 경미한 사항 중 제외하는 변경사항이 아닌 것은?

① 교량 터널 옹벽의 증가   ② 안전업무를 수행하는 전담조직의 변경

③ 열차운행 또는 유지관리 인력의 증가   ④ 철도노선 신설 또는 개량

답 ③

해 규칙 제3조 안전관리체계의 경미한 사항 변경, 증가는 경미한 사항이다.

국토교통부장관이 정기 검사 또는 수시검사를 시행하려는 경우에 철도운영자등에게 통보해야 하는 내용으로 틀린 것은?

① 검사 수행 절차   ② 검사반의 구성

③ 검사 일정 및 장소   ④ 그 밖에 검사에 필요한 사항

답 ①

해 규칙 제6조 안전관리체계의 유지 검사 등, 구일분중으로 외운다.

09.

국토교통부장관이 안전관리체계 정기검사의 유예를 요청한 경우에 검사 시기를 유예하거나 변경할 수 있는 경우가 <u>아닌</u> 것은?

① 「항공 · 철도사고조사에 관한 법률」 항공 · 철도사고조사위원회가 철도사고에 대한 조사를 하고 있는 경우

② 검사 대상 철도운영자등이 재정난으로 인해 검사 연기를 요청한 경우

③ 대형 철도사고의 발생, 천재지변, 그 밖의 부득이한 사유가 있는 경우

④ 검사 대상 철도운영자등이 사법기관 및 중앙행정기관의 조사 및 감사를 받는 경우

답 ②

해 규칙 제6조(안전관리체계의 유지 · 검사 등)

10.

안전관리체계의 승인취소 및 업무제한에 관한 설명으로 <u>틀린</u> 것은?

① 국토교통부장관은 안전관리 체계의 승인을 취소하거나 1년 이내의 기간을 정하여 업무의 제한이나 정지를 명할 수 있다.

② 거짓이나 그 밖의 부정한 방법으로 승인을 받은 경우는 취소 사유이다.

③ 안전관리 체계를 지속적으로 유지하지 아니하여 철도 운영이나 철도시설의 관리에 중대한 지장을 초래한 경우에는 취소할 수 있다.

④ 승인 취소, 업무의 제한 또는 정지의 기준 및 절차 등에 관하여 필요한 사항은 국토교통부령으로 정한다.

답 ①

해 법 제9조(승인의 취소 등), 6개월이다.

11.

안전관리체계 관련 처분기준으로 <u>틀린</u> 것은?

① 시정 조치명령을 정당한 사유 없이 이행하지 않은 경우: 2차 위반 – 20일

② 거짓이나 그 밖의 부정한 방법으로 승인을 받은 경우: 승인취소

③ 철도사고로 인한 중상자 수 5명 이상 10명 미만: 업무정지 15일

④ 변경 신고를 하지 않고 안전관리 체계를 변경한 경우: 1차 위반 – 경고

답 ①

해 안전관리체계 관련 처분기준 별표, 시정조치 명령 불이행은 중징계다. (40일)

12.

국토교통부장관이 업무의 제한이나 정지를 갈음하여 철도운영자에게 부과할 수 있는 금액은?

① 20억 이하　　　　　　　　② 20억 미만
③ 30억 이하　　　　　　　　④ 30억 미만

답 ③

해 법 제9조의2 과징금

13

안전관리체계 관련 과징금의 부과기준으로 틀린 것은?

① 변경신고를 하지 않고 안전관리 체계를 변경한 경우: 2차 위반 – 120 백만원

② 철도사고로 인한 사망자 수 1명 이상 3명 미만 : 240 백만원

③ 시정 조치명령을 정당한 사유 없이 이행하지 않은 경우: 1차 위반 – 240 백만원

④ 변경승인을 받지 않고 안전관리 체계를 변경한 경우 1차 위반 – 120 백만원

답 ②

해 안전관리체계 관련 과징금의 부과기준 : 영 [별표 1] 360 백만원이다.

철도운영자등에 대한 안전관리 수준평가의 대상과 기준이 잘못 짝지어진 것은?

① 사고 분야 – 사상자 수

② 안전관리 분야 – 안전 성숙도 수준

③ 철도 안전투자 분야 – 철도 안전투자의 예산 규모 및 집행 실적

④ 안전관리 분야 – 수시검사 이행실적

답 ④

해 규칙 제8조 철도운영자등에 대한 안전관리 수준평가의 대상 및 기준, 정기검사 이행실적이다.

철도안전법 내용으로 틀린 것을 고르시오?

① 과징금을 부과하는 위반행위의 종류, 과징금의 부과기준 및 징수방법, 그 밖에 필요한 사항은 대통령령으로 정한다.

② 철도안전 우수운영자 지정의 유효기간은 지정받은 날부터 2년으로 한다.

③ 국토교통부장관은 매년 3월 말까지 안전관리 수준평가를 하여야 한다.

④ 거짓이나 그 밖의 부정한 방법으로 철도안전 우수운영자 지정을 받은 경우 취소하여야 한다.

답 ②

해 규칙 제9조(철도안전 우수운영자 지정 대상 등), 1년

✋ 철도왕의 실무이야기 ②

기관사의 장단점은 무엇인가요?

장점은 시간이 매우 많다는 것입니다, 코레일 전동차는 하루 12시간,

서울교통공사 등 도시철도는 9시간 근무하지만

중간에 쉬는 시간이 있어 하루 근무 중에 절반 정도는 쉽니다.

거기다 주야비휴 교대라고 한다면 한 달 15일밖에 일하지 않는 형태입니다. (주 3.5일제)

또한 낮은 업무강도를 보입니다. 물론 화재나, 이례 상황이 발생한다면 다른 얘기지만,

평상시에는 같은 노선을 몇십 년간 운행하게 되고 반복적인 업무라 근무 강도가 낮습니다.

단점은 대기업에 비하면 적은 연봉이라고 생각하지만, 정년까지 생각한다면

철도종사자도 괜찮은 직업이라고 생각합니다.

CHAPTER

철도종사자의 안전관리

철도종사자의 안전관리

📄 법 제10조(철도차량 운전면허)

① 철도차량을 운전하려는 사람은 국토교통부장관으로부터 철도차량 운전면허를 받아야 한다. 다만, 교육훈련 또는 운전면허 시험을 위하여 철도차량을 운전하는 경우 등 대통령령으로 정하는 경우에는 그러하지 아니하다.

② 노면전차를 운전하려는 사람은 운전면허 외에 「도로교통법」에 따른 운전면허를 받아야 한다.

③ 운전면허는 대통령령으로 정하는 바에 따라 철도차량의 종류별로 받아야 한다.

📄 영 제10조(운전면허 없이 운전할 수 있는 경우)

① "대통령령으로 정하는 경우"란 다음 각 호의 어느 하나에 해당하는 경우를 말한다.

1. 철도차량 운전에 관한 전문 교육훈련기관에서 실시하는 운전교육훈련을 받기 위하여 철도차량을 운전하는 경우
2. 운전면허시험을 치르기 위하여 철도차량을 운전하는 경우
3. 철도차량을 제작·조립·정비하기 위한 공장 안의 선로에서 철도차량을 운전하여 이동하는 경우
4. 철도사고 등을 복구하기 위하여 열차 운행이 중지된 선로에서 사고 복구용 특수차량을 운전하여 이동하는 경우

② 제1항제1호 또는 제2호에 해당하는 경우에는 해당 철도차량에 운전 교육훈련을 담당하는 사람이나 운전면허 시험에 대한 평가를 담당하는 사람을 승차시켜야 하며, 국토교통부령으로 정하는 표지를 해당 철도차량의 앞면 유리에 붙여야 한다.

📄 영 제11조(운전면허 종류)

① 철도차량의 종류별 운전면허는 다음 각 호와 같다.

1. 고속철도차량 운전면허
2. 제1종 전기차량 운전면허
3. 제2종 전기차량 운전면허
4. 디젤 차량 운전면허
5. 철도 장비 운전면허
6. 노면전차(路面電車) 운전면허

② 제1항 각 호에 따른 운전면허를 받은 사람이 운전할 수 있는 철도차량의 종류는 국토교통부령으로 정한다.

철도안전법 시행규칙 [별표 1의2]
철도차량 운전면허 종류별 운전이 가능한 철도차량(제11조 관련)

운전면허의 종류	운전할 수 있는 철도차량의 종류
1. 고속철도차량 운전면허	가. 고속철도차량 나. 철도 장비 운전면허에 따라 운전할 수 있는 차량
2. 제1종 전기차량 운전면허	가. 전기기관차 나. 철도 장비 운전면허에 따라 운전할 수 있는 차량
3. 제2종 전기차량 운전면허	가. 전기동차 나. 철도 장비 운전면허에 따라 운전할 수 있는 차량
4. 디젤차량 운전면허	가. 디젤기관차 나. 디젤동차 다. 증기기관차 라. 철도장비 운전면허에 따라 운전할 수 있는 차량
5. 철도 장비 운전면허	가. 철도 건설과 유지보수에 필요한 기계나 장비 나. 철도시설의 검측 장비 다. 철도·도로를 모두 운행할 수 있는 철도 복구 장비 라. 전용철도에서 시속 25킬로미터 이하로 운전하는 차량 마. 사고 복구용 기중기 바. 입환(入換) 작업을 위해 원격제어가 가능한 장치를 설치하여 시속 25킬로미터 이하로 운전하는 동력차
6. 노면전차 운전면허	노면전차

비고:

1. 시속 100킬로미터 이상으로 운행하는 철도시설의 검측 장비 운전은 고속철도차량 운전면허, 제1종 전기차량 운전면허, 제2종 전기차량 운전면허, 디젤 차량 운전면허 중 하나의 운전면허가 있어야 한다.

2. 선로를 시속 <u>200킬로미터</u> 이상의 최고 운행 속도로 주행할 수 있는 철도차량을 고속철도차량으로 구분한다.

3. 동력장치가 집중되어 있는 철도차량을 기관차, 동력장치가 분산되어 있는 철도차량을 동차로 구분한다.

4. 도로 위에 부설한 레일 위를 주행하는 철도차량은 노면전차로 구분한다.

5. 철도차량 운전면허(철도 장비 운전면허는 제외한다) 소지자는 철도차량 종류에 관계없이 차량기지 내에서 시속 25킬로미터 이하로 운전하는 철도차량을 운전할 수 있다. 이 경우 다른 운전면허의 철도차량을 운전하는 때에는 국토교통부장관이 정하는 교육훈련을 받아야 한다.

6. "전용철도"란 「철도사업법」에 따른 전용철도를 말한다.

📄 법 제11조(운전면허의 결격사유 등)

① 다음 각 호의 어느 하나에 해당하는 사람은 운전면허를 받을 수 없다.

   1. 19세 미만인 사람

   2. 철도차량 운전상의 위험과 장해를 일으킬 수 있는 정신질환자 또는 뇌전증 환자로서 대통령령으로 정하는 사람

   3. 철도차량 운전상의 위험과 장해를 일으킬 수 있는 약물(마약류 및 환각물질을 말한다) 또는 알코올 중독자로서 대통령령으로 정하는 사람

   4. 두 귀의 청력 또는 두 눈의 시력을 완전히 상실한 사람

   5. 운전면허가 취소된 날부터 2년이 지나지 아니하였거나 운전면허의 효력 정지 기간 중인 사람

② 국토교통부장관은 결격사유의 확인을 위하여 개인정보를 보유하고 있는 기관의 장에게 해당 정보의 제공을 요청할 수 있다. 이 경우 요청을 받은 기관의 장은 특별한 사유가 없으면 이에 따라야 한다.

③ 요청하는 대상 기관과 개인정보의 내용 및 제공 방법 등에 필요한 사항은 대통령령으로 정한다.

📄 영 제12조(운전면허를 받을 수 없는 사람)

법 제11조제1항제2호 및 제3호에서 "대통령령으로 정하는 사람"이란 해당 분야 전문의가 정상적인 운전을 할 수 없다고 인정하는 사람을 말한다.

📄 영 제12조의2(운전면허의 결격사유 관련 개인정보의 제공 요청)

① 국토교통부장관은 법 제11조제2항 전단에 따라 운전면허의 결격사유 확인을 위하여 다음 각 호의 기관의 장에게 해당 기관이 보유하고 있는 개인정보의 제공을 요청할 수 있다.

   1. 보건복지부 장관

   2. 병무청장

   3. 시·도지사 또는 시장·군수·구청장(자치구의 구청장을 말한다)

   4. 육군참모총장, 해군 참모총장, 공군 참모총장 또는 해병대사령관

③ 제1항 각 호의 대상 기관의 장은 개인정보를 제공하는 경우에는 국토교통부령으로 정하는 서식에 따라 서면 또는 전자적 방법으로 제공해야 한다.

철도안전법 시행령 [별표 1의2] 

운전면허의 결격사유 확인을 위하여 요청할 수 있는 개인정보의 내용(제12조의2제2항 관련)

보유기관	개인정보의 내용	근거 법조문
1. 보건복지부장관 또는 시 · 도지사	마약류 중독자로 판명되거나 마약류 중독으로 치료보호 기관에서 치료 중인 사람에 대한 자료	「마약류 관리에 관한 법률」 제40조
2. 병무청장	정신질환 및 뇌전증으로 신체 등급 이 5급 또는 6급으로 판정된 사람에 대한 자료	「병역법」 제12조
3. 특별자치시장 · 특별 자치도지사 · 시장 · 군 수 또는 구청장	가. 시각장애인 또는 청각장애인으로 등록된 사람에 대한 자료	「장애인복지법」 제 32조
	나. 정신질환으로 6개월 이상 입원 · 치료 중인 사람에 대한 자료	「정신건강증진 및 정 신질환자 복지서비스 지원에 관한 법률」 제43조 및 제44조
4. 육군참모총장, 해군참 모총장, 공군참모총장 또는 해병대사령관	군 재직 중 정신질환 또는 뇌전증으로 전역 조치된 사람에 대한 자료	「군인사법」 제37조

📄 법 제12조(운전면허의 신체검사)

① 운전면허를 받으려는 사람은 철도차량 운전에 적합한 신체 상태를 갖추고 있는지를 판정받기 위하여 국토교통부장관이 실시하는 신체검사에 합격하여야 한다.

② 국토교통부장관은 신체검사를 제13조에 따른 의료기관에서 실시하게 할 수 있다.

③ 신체검사의 합격 기준, 검사방법 및 절차 등에 관하여 필요한 사항은 국토교통부령으로 정한다.

📝 규칙 제12조(신체검사 방법 · 절차 · 합격기준 등)

① 운전면허의 신체검사 또는 관제 자격 증명의 신체검사를 받으려는 사람은 신체검사 판정서에 성명 · 주민등록번호 등 본인의 기록 사항을 작성하여 신체검사 실시 의료기관에 제출하여야 한다.

③ 신체검사 의료기관은 신체검사 판정서의 각 신체검사 항목별로 신체검사를 실시한 후 합격 여부를 기록하여 신청인에게 발급하여야 한다.

④ 그 밖에 신체검사의 방법 및 절차 등에 관하여 필요한 세부 사항은 국토교통부장관이 정하여 고시한다.

신체검사 항목 및 불합격 기준(제12조제2항 및 제40조제4항 관련)

1. 운전면허 또는 관제자격증명 취득을 위한 신체검사

검사 항목	불합격 기준
가. 일반 결함	1) 신체 각 장기 및 각 부위의 악성종양 2) 중증인 고혈압증(수축기 혈압 180mmHg 이상이고, 확장기 혈압 110mmHg 이상인 사람) 3) 이 표에서 달리 정하지 아니한 법정 감염병 중 직접 접촉, 호흡기 등을 통하여 전파가 가능한 감염병
나. 코·구강·인후 계통	의사소통에 지장이 있는 언어장애나 호흡에 장애를 가져오는 코, 구강, 인후, 식도의 변형 및 기능장애
다. 피부 질환	다른 사람에게 감염될 위험성이 있는 만성 피부질환자 및 한센병 환자
라. 흉부 질환	1) 업무 수행에 지장이 있는 급성 및 만성 늑막질환 2) 활동성 폐결핵, 비결핵성 폐질환, 중증 만성천식증, 중증 만성기관지염, 중증 기관지확장증 3) 만성폐쇄성 폐질환
마. 순환기 계통	1) 심부전증 2) 업무수행에 지장이 있는 발작성 빈맥(분당 150회 이상)이나 기질성 부정맥 3) 심한 방실전도장애 4) 심한 동맥류 5) 유착성 심낭염 6) 폐성심 7) 확진된 관상동맥질환(협심증 및 심근경색증)
바. 소화기 계통	1) 빈혈증 등의 질환과 관계있는 비장종대 2) 간경변증이나 업무 수행에 지장이 있는 만성 활동성 간염 3) 거대결장, 게실염, 회장염, 궤양성 대장염으로 고치기 어려운 경우
사. 생식이나 비뇨기 계통	1) 만성 신장염 2) 중증 요실금 3) 만성 신우염 4) 고도의 수신증이나 농신증 5) 활동성 신결핵이나 생식기 결핵 6) 고도의 요도협착 7) 진행성 신기능 장애를 동반한 양측성 신결석 및 요관결석 8) 진행성 신기능 장애를 동반한 만성신증후군
아. 내분비 계통	1) 중증의 갑상샘 기능 이상 2) 거인증이나 말단비대증 3) 애디슨병 4) 그 밖에 쿠싱증후군 등 뇌하수체의 이상에서 오는 질환 5) 중증인 당뇨병(식전 혈당 140 이상) 및 중증의 대사질환(통풍 등)
자. 혈액이나 조혈 계통	1) 혈우병 2) 혈소판 감소성 자반병 3) 중증의 재생불능성 빈혈 4) 용혈 빈혈(용혈 황달) 5) 진성적혈구 과다증 6) 백혈병

구분	내용
차. 신경 계통	1) 다리·머리·척추 등 그 밖에 이상으로 앉아 있거나 걷지 못하는 경우 2) 중추신경계 염증성 질환에 따른 후유증으로 업무 수행에 지장이 있는 경우 3) 업무에 적응할 수 없을 정도의 말초신경 질환 4) 머리뼈 이상, 뇌 이상이나 뇌 순환장애로 인한 후유증(신경이나 신체 증상)이 남아 업무 수행에 지장이 있는 경우 5) 뇌 및 척추 종양, 뇌 기능 장애가 있는 경우 6) 전신성·중증 근무력증 및 신경근 접합부 질환 7) 유전성 및 후천성 만성 근육 질환 8) 만성 진행성·퇴행성 질환 및 탈수 조성 질환(유전성 무도병, 근위축성 측색경화증, 보행실조증, 다발성경화증)
카. 사지	1) 손의 필기 능력과 두 손의 악력이 없는 경우 2) 난치의 뼈관절 질환이나 기형으로 업무 수행에 지장이 있는 경우 3) 한쪽 팔이나 한쪽 다리 이상을 쓸 수 없는 경우(운전 업무에만 해당한다)
타. 귀	귀의 청력이 500Hz, 1,000Hz, 2,000Hz에서 측정하여 측정치의 산술평균이 두 귀 모두 40dB 이상인 사람
파. 눈	1) 두 눈의 나안(맨눈) 시력 중 어느 한쪽의 시력이라도 0.5 이하인 경우(다만, 한쪽 눈의 시력이 0.7 이상이고 다른 쪽 눈의 시력이 0.3 이상이면 제외한다)로서 두 눈의 교정시력 중 어느 한쪽의 시력이라도 0.8 이하인 경우(다만, 한쪽 눈의 교정시력이 1.0 이상이고 다른 쪽 눈의 교정시력이 0.5 이상인 경우는 제외한다) 2) 시야의 협착이 1/3 이상인 경우 3) 안구 및 그 부속기관의 기질성·활동성·진행성 질환으로 인하여 시력 유지에 위협이 되고, 시기능 장애가 되는 질환 4) 안구 운동장애 및 안구진탕 5) 색각이상(색약 및 색맹)
하. 정신 계통	1) 업무 수행에 지장이 있는 지적장애 2) 업무에 적응할 수 없을 정도의 성격 및 행동장애 3) 업무에 적응할 수 없을 정도의 정신장애 4) 마약·대마·향정신성 의약품이나 알코올 관련 장애 등 5) 뇌전증 6) 수면장애(폐쇄성 수면 무호흡증, 수면발작, 몽유병, 수면 이상증 등)이나 공황장애

비고:

1. 철도차량 운전면허 소지자가 다른 철도차량 운전면허를 취득하려는 경우에는 운전면허 취득을 위한 신체검사를 받은 것으로 본다.

2. 도시철도 관제자격증명을 취득한 사람이 철도 관제자격증명을 취득하려는 경우에는 관제자격증명 취득을 위한 신체검사를 받은 것으로 본다.

3. 철도차량 운전면허 소지자가 관제자격증명을 취득하려는 경우 또는 관제자격증명 취득자가 철도차량 운전면허를 취득하려는 경우에는 관제자격증명 또는 운전면허 취득을 위한 신체검사를 받은 것으로 본다.

검사항목	불합격 기준	
	최초검사 · 특별검사	정기검사
가. 일반 결함	1) 신체 각 장기 및 각 부위의 악성종양 2) 중증인 고혈압증(수축기 혈압 180mmHg 이상이고, 확장기 혈압 110mmHg 이상인 경우) 3) 이 표에서 달리 정하지 아니한 법정 감염병 중 직접 접촉, 호흡기 등을 통하여 전파가 가능한 감염병	1) 업무 수행에 지장이 있는 악성종양 2) 조절되지 아니하는 중증인 고혈압증 3) 이 표에서 달리 정하지 아니한 법정 감염병 중 직접 접촉, 호흡기 등을 통하여 전파가 가능한 감염
나. 코 · 구강 · 인후 계통	의사소통에 지장이 있는 언어장애나 호흡에 장애를 가져오는 코 · 구강 · 인후 · 식도의 변형 및 기능장애	의사소통에 지장이 있는 언어장애나 호흡에 장애를 가져오는 코 · 구강 · 인후 · 식도의 변형 및 기능장애
다. 피부 질환	다른 사람에게 감염될 위험성이 있는 만성 피부 질환자 및 한센병 환자	
라. 흉부 질환	1) 업무 수행에 지장이 있는 급성 및 만성 늑막질환 2) 활동성 폐결핵, 비결핵성 폐질환, 중증 만성천식증, 중증 만성기관지염, 중증 기관지확장증 3) 만성 폐쇄성 폐질환	1) 업무 수행에 지장이 있는 활동성 폐결핵, 비결핵성 폐질환, 만성 천식증, 만성 기관지염, 기관지확장증 2) 업무 수행에 지장이 있는 만성 폐쇄성 폐질환
마. 순환기 계통	1) 심부전증 2) 업무 수행에 지장이 있는 발작성 빈맥(분당 150회 이상)이나 기질성 부정맥 3) 심한 방실전도장애 4) 심한 동맥류 5) 유착성 심낭염 6) 폐성심 7) 확진된 관상동맥질환(협심증 및 심근경색증)	1) 업무 수행에 지장이 있는 심부전증 2) 업무 수행에 지장이 있는 발작성 빈맥(분당 150회 이상)이나 기질성 부정맥 3) 업무 수행에 지장이 있는 심한 방실전도장애 4) 업무 수행에 지장이 있는 심한 동맥류 5) 업무 수행에 지장이 있는 유착성 심낭염 6) 업무 수행에 지장이 있는 폐성심 7) 업무 수행에 지장이 있는 관상동맥질환(협심증 및 심근경색증)
바. 소화기 계통	1) 빈혈증 등의 질환과 관계있는 비장종대 2) 간경변증이나 업무 수행에 지장이 있는 만성 활동성 간염 3) 거대결장, 게실염, 회장염, 궤양성 대장염으로 난치인 경우	업무 수행에 지장이 있는 만성 활동성 간염이나 간경변증
사. 생식이나 비뇨기 계통	1) 만성 신장염 2) 중증 요실금 3) 만성 신우염 4) 고도의 수신증이나 농신증 5) 활동성 신결핵이나 생식기 결핵 6) 고도의 요도협착 7) 진행성 신기능 장애를 동반한 양측성 신결석 및 요관결석 8) 진행성 신기능 장애를 동반한 만성신증후군	1) 업무 수행에 지장이 있는 만성 신장염 2) 업무 수행에 지장이 있는 진행성 신기능 장애를 동반한 양측성 신결석 및 요관결석

검사항목	불합격 기준	
	최초검사·특별검사	정기검사
아. 내분비 계통	1) 중증의 갑상샘 기능 이상 2) 거인증이나 말단비대증 3) 애디슨병 4) 그 밖에 쿠싱증후군 등 뇌하수체의 이상에서 오는 질환 5) 중증인 당뇨병(식전 혈당 140 이상) 및 중증의 대사질환(통풍 등)	업무수행에 지장이 있는 당뇨병, 내분비질환, 대사질환(통풍 등)
자. 혈액이나조혈 계통	1) 혈우병 2) 혈소판 감소성 자반병 3) 중증의 재생불능성 빈혈 4) 용혈성 빈혈(용혈성 황달) 5) 진성적혈구 과다증 6) 백혈	1) 업무 수행에 지장이 있는 혈우병 2) 업무 수행에 지장이 있는 혈소판 감소성 자반병 3) 업무 수행에 지장이 있는 재생불능성 빈혈 4) 업무 수행에 지장이 있는 용혈성 빈혈(용혈성 황달) 5) 업무 수행에 지장이 있는 진성적혈구 과다증 6) 업무 수행에 지장이 있는 백혈병
차. 신경 계통	1) 다리·머리·척추 등 그 밖에 이상으로 앉아 있거나 걷지 못하는 경우 2) 중추신경계 염증성 질환에 따른 후유증으로 업무 수행에 지장이 있는 경우 3) 업무에 적응할 수 없을 정도의 말초신경 질환 4) 머리뼈 이상, 뇌 이상이나 뇌 순환장애로 인한 후유증(신경이나 신체증상)이 남아 업무 수행에 지장이 있는 경우 5) 뇌 및 척추 종양, 뇌 기능 장애가 있는 경우 6) 전신성·중증 근무력증 및 신경근 접합부 질환 7) 유전성 및 후천성 만성 근육 질환 8) 만성 진행성·퇴행성 질환 및 탈수조성 질환(유전성 무도병, 근위축성 측색경화증, 보행 실조증, 다발성 경화증)	1) 다리·머리·척추 등 그 밖에 이상으로 앉아 있거나 걷지 못하는 경우 2) 중추신경계 염증성 질환에 따른 후유증으로 업무 수행에 지장이 있는 경우 3) 업무에 적응할 수 없을 정도의 말초신경 질환 4) 머리뼈 이상, 뇌 이상이나 뇌 순환장애로 인한 후유증(신경이나 신체 증상)이 남아 업무 수행에 지장이 있는 경우 5) 뇌 및 척추 종양, 뇌 기능 장애가 있는 경우 6) 전신성·중증 근무력증 및 신경근 접합부 질환 7) 유전성 및 후천성 만성 근육 질환 8) 업무 수행에 지장이 있는 만성 진행성·퇴행성 질환 및 탈수조성 질환(유전성 무도병, 근위축성 측색경화증, 보행 실조증, 다발성 경화증)
카. 사지	1) 손의 필기 능력과 두 손의 악력이 없는 경우 2) 난치의 뼈관절 질환이나 기형으로 업무 수행에 지장이 있는 경우 3) 한쪽 팔이나 한쪽 다리 이상을 쓸 수 없는 경우(운전 업무에만 해당한다)	1) 손의 필기 능력과 두 손의 악력이 없는 경우 2) 난치의 뼈관절 질환이나 기형으로 업무 수행에 지장이 있는 경우 3) 한쪽 팔이나 한쪽 다리 이상을 쓸 수 없는 경우(운전 업무에만 해당한다)
타. 귀	귀의 청력이 500Hz, 1,000Hz, 2,000Hz에서 측정하여 측정치의 산술평균이 두 귀 모두 40dB 이상인 경우	귀의 청력이 500Hz, 1,000Hz, 2,000Hz에서 측정하여 측정치의 산술평균이 두 귀 모두 40dB 이상인 경우

검사항목	불합격 기준	
	최초검사·특별검사	정기검사
파. 눈	1) 두 눈의 맨눈 시력 중 어느 한쪽의 시력이라도 0.5 이하인 경우(다만, 한쪽 눈의 시력이 0.7 이상이고 다른 쪽 눈의 시력이 0.3 이상이면 제외한다)로서 두 눈의 교정시력 중 어느 한쪽의 시력이라도 0.8 이하인 경우(다만, 한쪽 눈의 교정시력이 1.0 이상이고 다른 쪽 눈의 교정시력이 0.5 이상인 경우는 제외한다) 2) 시야의 협착이 1/3 이상인 경우 3) 안구 및 그 부속기관의 기질성, 활동성, 진행성 질환으로 인하여 시력 유지에 위협이 되고, 시기능 장애가 되는 질환 4) 안구 운동장애 및 안구진탕 5) 색각이상(색약 및 색맹)	1) 두 눈의 맨눈 시력 중 어느 한쪽의 시력이라도 0.5 이하인 경우(다만, 한쪽 눈의 시력이 0.7 이상이고 다른 쪽 눈의 시력이 0.3 이상이면 제외한다)로서 두 눈의 교정시력 중 어느 한쪽의 시력이라도 0.8 이하인 경우(다만, 한쪽 눈의 교정시력이 1.0 이상이고 다른 쪽 눈의 교정시력이 0.5 이상인 경우는 제외한다) 2) 시야의 협착이 1/3 이상인 경우 3) 안구 및 그 부속기관의 기질성, 활동성, 진행성 질환으로 인하여 시력 유지에 위협이 되고, 시기능 장애가 되는 질환 4) 안구 운동장애 및 안구진탕 5) 색각이상(색약 및 색맹)
하. 정신 계통	1) 업무 수행에 지장이 있는 지적장애 2) 업무에 적응할 수 없을 정도의 성격 및 행동장애 3) 업무에 적응할 수 없을 정도의 정신장애 4) 마약·대마·향정신성 의약품이나 알코올 관련 장애 등 5) 뇌전증 6) 수면장애(폐쇄성 수면 무호흡증, 수면발작, 몽유병, 수면 이상증 등)이나 공황장애	1) 업무 수행에 지장이 있는 지적장애 2) 업무에 적응할 수 없을 정도의 성격 및 행동장애 3) 업무에 적응할 수 없을 정도의 정신장애 4) 마약·대마·향정신성 의약품이나 알코올 관련 장애 등 5) 뇌전증 6) 업무 수행에 지장이 있는 수면장애(폐쇄성 수면 무호흡증, 수면발작, 몽유병, 수면 이상증 등)이나 공황장애

📄 법 제13조(신체검사 실시 의료기관)

신체검사를 실시할 수 있는 의료기관은 다음 각 호와 같다.

1. 「의료법」 제3조제2항제1호가목의 의원

2. 「의료법」 제3조제2항제3호가목의 병원

3. 「의료법」 제3조제2항제3호마목의 종합병원

📄 법 제15조(운전적성검사)

① 운전면허를 받으려는 사람은 철도차량 운전에 적합한 적성을 갖추고 있는지를 판정받기 위하여 국토교통부장관이 실시하는 적성검사에 합격하여야 한다.

② 운전 적성검사에 불합격한 사람 또는 운전 적성검사 과정에서 부정행위를 한 사람은 다음 각 호의 구분에 따른 기간 동안 운전 적성검사를 받을 수 없다.

    1. 운전 적성검사에 불합격한 사람: 검사일부터 3개월

    2. 운전 적성검사 과정에서 부정행위를 한 사람: 검사일부터 1년

③ 운전 적성검사의 합격 기준, 검사의 방법 및 절차 등에 관하여 필요한 사항은 국토교통부령으로 정한다.

④ 국토교통부장관은 운전 적성검사에 관한 전문 기관을 지정하여 운전 적성검사를 하게 할 수 있다.

⑤ 운전 적성검사 기관의 지정 기준, 지정 절차 등에 관하여 필요한 사항은 대통령령으로 정한다.

⑥ 운전 적성검사 기관은 정당한 사유 없이 운전 적성검사 업무를 거부하여서는 아니 되고, 거짓이나 그 밖의 부정한 방법으로 운전 적성검사 판정서를 발급하여서는 아니 된다.

📋 영 제13조(운전적성검사기관 지정절차)

① 운전 적성검사에 관한 전문 기관으로 지정을 받으려는 자는 국토교통부장관에게 지정 신청을 하여야 한다.

② 국토교통부장관은 운전 적성검사 기관 지정 신청을 받은 경우에는 지정 기준을 갖추었는지 여부, 운전 적성검사 기관의 운영계획, 운전 업무 종사자의 수급 상황 등을 종합적으로 심사한 후 그 지정 여부를 결정하여야 한다.

③ 국토교통부장관은 운전 적성검사 기관을 지정한 경우에는 그 사실을 관보에 고시하여야 한다.

④ 운전 적성검사 기관 지정 절차에 관한 세부적인 사항은 국토교통부령으로 정한다.

📋 영 제14조(운전적성검사기관 지정기준)

① 운전 적성검사 기관의 지정 기준은 다음 각 호와 같다.

    1. 운전 적성검사 업무의 통일성을 유지하고 운전 적성검사 업무를 원활히 수행하는 데 필요한 상설 전담 조직을 갖출 것

    2. 운전 적성검사 업무를 수행할 수 있는 전문 검사 인력을 3명 이상 확보할 것

    3. 운전 적성검사 시행에 필요한 사무실, 검사장과 검사 장비를 갖출 것

    4. 운전 적성검사 기관의 운영 등에 관한 업무규정을 갖출 것

② 운전 적성검사 기관 지정 기준에 관한 세부적인 사항은 국토교통부령으로 정한다.

📋 영 제15조(운전적성검사기관의 변경사항 통지)

① 운전 적성검사 기관은 그 명칭·대표자·소재지나 그 밖에 운전 적성검사 업무의 수행에 중대한 영향을 미치는 사항의 변경이 있는 경우에는 해당 사유가 발생한 날부터 15일 이내에 국토교통부장관에게 그 사실을 알려야 한다.

② 국토교통부장관은 통지를 받은 때에는 그 사실을 관보에 고시하여야 한다.

① 운전 적성검사 또는 관제 적성검사를 받으려는 사람은 적성검사 판정서에 성명 · 주민등록번호 등 본인의 기록 사항을 작성하여 운전 적성검사 기관 또는 관제 적성검사 기관에 제출하여야 한다.

③ 운전 적성검사 기관 또는 관제 적성검사 기관은 적성검사 판정서의 각 적성검사 항목별로 적성검사를 실시한 후 합격 여부를 기록하여 신청인에게 발급하여야 한다.

④ 그 밖에 운전 적성검사 또는 관제 적성검사의 방법 · 절차 · 판정기준 및 항목별 배점 기준 등에 관하여 필요한 세부 사항은 국토교통부장관이 정한다.

철도안전법 시행규칙 [별표 4]
적성검사 항목 및 불합격 기준(제16조제2항 관련) (암기법:문반, 일안, 주인판, 복선지 시공 추민)

검사대상	검사항목		불합격기준
	문답형 검사	반응형 검사	
1. 고속철도차량 - 제1종 전기차량 - 제2종 전기차량 - 디젤 차량 - 노면 전차 - 철도 장비 철도 차량 운전면허 시험 응시자	• 인성 - 일반성격 - 안전성향	• 주의력 - 복합기능 - 선택주의 - 지속주의 • 인식 및 기억력 - 시각변별 - 공간지각 • 판단 및 행동력 - 추론 - 민첩성	• 문답형 검사 항목 중 안전성향 검사에서 부적합으로 판정된 사람 • 반응형 검사 평가점수가 30점 미만인 사람
2. 철도교통관제사 자격증명 응시자	• 인성 - 일반성격 - 안전성향	• 주의력 - 복합기능 - 선택주의 • 인식 및 기억력 - 시각변별 - 공간지각 - 작업기억 • 판단 및 행동력 - 추론 - 민첩성	• 문답형 검사 항목 중 안전성향 검사에서 부적합으로 판정된 사람 • 반응형 검사 평가점수가 30점 미만인 사람

비고:

1. 문답형 검사 판정은 적합 또는 부적합으로 한다.

2. 반응형 검사 점수 합계는 70점으로 한다.

3. 안전 성향 검사는 전문의(정신건강의학) 진단 결과로 대체 할 수 있으며, 부적합 판정을 받은 자에 대해서는 당일 1회에 한하여 재검사를 실시하고 그 재검사 결과를 최종적인 검사 결과로 할 수 있다.

4. 철도차량 운전면허 소지자가 다른 철도차량 운전면허를 취득하려는 경우에는 운전 적성검사를 받은 것으로 본다. 다만, 철도 장비 운전면허 소지자(2020년 10월 8일 이전에 적성검사를 받은 사람만 해당한다)가 다른 종류의 철도차량 운전면허를 취득하려는 경우에는 적성검사를 받아야 한다.

5. 도시철도 관제 자격 증명을 취득한 사람이 철도 관제 자격 증명을 취득하려는 경우에는 관제 적성검사를 받은 것으로 본다.

📝 규칙 제17조(운전적성검사기관 또는 관제적성검사기관의 지정절차 등)

① 운전 적성검사 기관 또는 관제 적성검사 기관으로 지정받으려는 자는 적성검사 기관 지정 신청서에 다음 각 호의 서류를 첨부하여 국토교통부장관에게 제출하여야 한다. 이 경우 국토교통부장관은 행정정보의 공동이용을 통하여 법인 등기사항증명서(신청인이 법인인 경우만 해당한다)를 확인하여야 한다.

1. 운영계획서

2. 정관이나 이에 준하는 약정(법인 그 밖의 단체만 해당한다)

3. 운전 적성검사 또는 관제 적성검사를 담당하는 전문 인력의 보유 현황 및 학력·경력·자격 등을 증명할 수 있는 서류

4. 운전 적성검사 시설 또는 관제 적성검사 시설 내역서

5. 운전 적성검사 장비 또는 관제 적성검사 장비 내역서

6. 운전 적성검사 기관 또는 관제 적성검사 기관에서 사용하는 직인의 인영

② 국토교통부장관은 제1항에 따라 운전 적성검사 기관 또는 관제 적성검사 기관의 지정 신청을 받은 경우에는 그 지정 여부를 종합적으로 심사한 후 지정에 적합하다고 인정되는 경우 적성검사 기관 지정서를 신청인에게 발급해야 한다.

📝 규칙 제18조(운전적성검사기관 및 관제적성검사기관의 세부 지정기준 등)

② 국토교통부장관은 운전 적성검사 기관 또는 관제 적성검사 기관이 지정 기준에 적합한지를 2년마다 심사해야 한다.

1. 검사인력

등급	자격자	학력 및 경력자
책임 검사관	1) 정신건강임상심리사 1급 자격을 취득한 사람 2) 정신건강임상심리사 2급 자격을 취득한 사람으로서 2년 이상 적성검사 분야에 근무한 경력이 있는 사람 3) 임상심리사 1급 자격을 취득한 사람 4) 임상심리사 2급 자격을 취득한 사람으로서 2년 이상 적성검사 분야에 근무한 경력이 있는 사람	1) 심리학 관련 분야 박사학위를 취득한 사람 2) 심리학 관련 분야 석사학위 취득한 사람으로서 2년 이상 적성검사 분야에 근무한 경력이 있는 사람 3) 대학을 졸업한 사람(법령에 따라 이와 같은 수준 이상의 학력이 있다고 인정되는 사람을 포함한다)으로서 선임검사관 경력이 2년 이상 있는 사람
선임 검사관	1) 정신건강임상심리사 2급 자격을 취득한 사람 2) 임상심리사 2급 자격을 취득한 사람	1) 심리학 관련 분야 석사학위를 취득한 사람 2) 심리학 관련 분야 학사학위 취득한 사람으로서 2년 이상 적성검사 분야에 근무한 경력이 있는 사람 3) 대학을 졸업한 사람(법령에 따라 이와 같은 수준 이상의 학력이 있다고 인정되는 사람을 포함한다)으로서 검사관 경력이 5년 이상 있는 사람
검사관		학사학위 이상 취득자

가. 자격기준

  비고: 가목의 자격기준 중 책임검사관 및 선임검사관의 경력은 해당 자격·학위·졸업 또는 학력을 취득·인정받기 전과 취득·인정받은 후의 경력을 모두 포함한다.

나. 보유기준

  1) 운전 적성검사 또는 관제 적성검사 업무를 수행하는 상설 전담 조직을 1일 50명을 검사하는 것을 기준으로 하며, 책임 검사관과 선임검사관 및 검사관은 각각 1명 이상 보유하여야 한다.

  2) 1일 검사인원이 25명 추가될 때마다 적성검사를 진행할 수 있는 검사관을 1명씩 추가로 보유하여야 한다.

2. 시설 및 장비

가. 시설기준

  1) 1일 검사능력 50명(1회 25명) 이상의 검사장(70㎡ 이상이어야 한다)을 확보하여야 한다. 이 경우 분산된 검사장은 제외한다.

  2) 운전 적성검사 기관과 관제 적성검사 기관으로 함께 지정받으려는 경우, 1)에 따른 시설기준을 중복하여 갖추지 않을 수 있다.

나. 장비 기준

  1) 문답형 검사 및 반응형 검사를 할 수 있는 검사장비와 프로그램을 갖추어야 한다.

  2) 운전 적성검사 기관과 관제 적성검사 기관으로 함께 지정받으려는 경우 1)에 따른 장비 기준을 중복하여 갖추지 않을 수 있다.

  3) 적성검사 기관 공동으로 활용할 수 있는 프로그램(문답형 검사 및 반응형 검사)을 개발할 수 있어야 한다.

3. 업무규정

가. 조직 및 인원

나. 검사 인력의 업무 및 책임

다. 검사체제 및 절차

라. 각종 증명의 발급 및 대장의 관리

마. 장비운용·관리계획

📄 법 제15조의2(운전적성검사기관의 지정취소 및 업무정지)

① 국토교통부장관은 운전 적성검사 기관이 다음 각 호의 어느 하나에 해당할 때는 지정을 취소하거나 6개월 이내의 기간을 정하여 업무의 정지를 명할 수 있다. 다만, 제1호 및 제2호에 해당할 때는 지정을 취소하여야 한다.

1. 거짓이나 그 밖의 부정한 방법으로 지정을 받았을 때

2. 업무정지 명령을 위반하여 그 정지 기간에 운전 적성검사 업무를 하였을 때

3. 지정 기준에 맞지 아니하게 되었을 때

4. 정당한 사유 없이 운전 적성검사 업무를 거부하였을 때

5. 거짓이나 그 밖의 부정한 방법으로 운전 적성검사 판정서를 발급하였을 때

② 지정 취소 및 업무정지의 세부 기준 등에 관하여 필요한 사항은 국토교통부령으로 정한다.

③ 국토교통부장관은 지정이 취소된 운전 적성검사 기관이나 그 기관의 설립·운영자 및 임원이 그 지정이 취소된 날부터 2년이 지나지 아니하고 설립·운영하는 검사기관을 운전 적성검사 기관으로 지정하여서는 아니 된다.

📝 규칙 제19조(운전적성검사기관 및 관제적성검사기관의 지정취소 및 업무정지)

② 국토교통부장관은 운전 적성검사 기관 또는 관제 적성검사 기관의 지정을 취소하거나 업무정지의 처분을 한 경우에는 지체 없이 운전 적성검사 기관 또는 관제 적성검사 기관에 지정기관 행정 처분서를 통지하고, 그 사실을 관보에 고시하여야 한다.

위반사항	해당 법조문	처분기준			
		1차 위반	2차 위반	3차 위반	4차 위반
1. 거짓이나 그 밖의 부정한 방법으로 지정을 받은 경우	법 제15조의2 제1항제1호	지정취소			
2. 업무정지 명령을 위반하여 그 정지 기간에 운전 적성검사 업무 또는 관제 적성검사 업무를 한 경우	법 제15조의2 제1항제2호	지정취소			
3. 지정기준에 맞지 아니하게 된 경우	법 제15조의2 제1항제3호	경고 또는 보완명령	업무정지 1개월	업무정지 3개월	지정취소
4. 정당한 사유 없이 운전 적성검사 업무 또는 관제 적성검사 업무를 거부한 경우	법 제15조의2 제1항제4호	경고	업무정지 1개월	업무정지 3개월	지정취소
5. 거짓이나 그 밖의 부정한 방법으로 운전 적성검사 판정서 또는 관제 적성검사 판정서를 발급한 경우	법 제15조의2 제1항제5호	업무정지 1개월	업무정지 3개월	지정취소	

비고:

1. 위반행위가 둘 이상인 경우로서 그에 해당하는 각각의 처분기준이 다른 경우에는 그중 무거운 처분기준에 따르며, 위반행위가 둘 이상인 경우로서 그에 해당하는 각각의 처분기준이 같은 경우에는 무거운 처분기준의 2분의 1까지 가중할 수 있되, 각 처분기준을 합산한 기간을 초과할 수 없다.

2. 위반행위의 횟수에 따른 행정처분의 가중된 부과 기준은 최근 1년간 같은 위반행위로 행정처분을 받으면 적용한다. 이 경우 기간의 계산은 위반행위에 대하여 행정처분을 받은 날과 그 처분 후 다시 같은 위반행위를 하여 적발된 날을 기준으로 한다.

3. 비고 제2호에 따라 가중된 행정처분을 하는 경우 가중 처분의 적용 차수는 그 위반행위 전 부과 처분 차수(비고 제2호에 따른 기간 내에 행정처분이 둘 이상 있었던 경우에는 높은 차수를 말한다)의 다음 차수로 한다.

4. 처분권자는 위반행위의 동기·내용 및 위반의 정도 등 다음 각 목에 해당하는 사유를 고려하여 그 처분을 감경할 수 있다. 이 경우 그 처분이 업무정지 인 경우에는 그 처분기준의 2분의 1범위에서 감경할 수 있고, 지정 취소인 경우(거짓이나 그 밖의 부정한 방법으로 지정을 받은 경우나 업무정지 명령을 위반하여 그 정지 기간에 적성검사 업무를 한 경우는 제외한다)에는 3개월의 업무정지 처분으로 감경할 수 있다.

   가. 위반행위가 고의나 중대한 과실이 아닌 사소한 부주의나 오류로 인한 것으로 인정되는 경우

   나. 위반의 내용·정도가 경미하여 이해관계인에게 미치는 피해가 적다고 인정되는 경우

법 제16조(운전교육훈련)

① 운전면허를 받으려는 사람은 철도차량의 안전한 운행을 위하여 국토교통부장관이 실시하는 운전에 필요한 지식과 능력을 습득할 수 있는 교육훈련을 받아야 한다.

② 운전 교육훈련의 기간, 방법 등에 관하여 필요한 사항은 국토교통부령으로 정한다.

③ 국토교통부장관은 철도차량 운전에 관한 전문 교육훈련기관을 지정하여 운전 교육훈련을 실시하게 할 수 있다.

④ 운전교육훈련기관의 지정 기준, 지정 절차 등에 관하여 필요한 사항은 대통령령으로 정한다.

⑤ 운전교육훈련기관의 지정 취소 및 업무정지 등에 관해서는 "운전 적성검사 기관" 관련 규정을 준용함

규칙 제20조(운전교육훈련의 기간 및 방법 등)

① 교육훈련은 운전면허 종류별로 실제 차량이나 모의 운전 연습기를 활용하여 실시한다.

② 운전 교육훈련을 받으려는 사람은 운전교육훈련기관에 운전 교육훈련을 신청하여야 한다.

④ 운전교육훈련기관은 운전 교육훈련 과정별 교육훈련 신청자가 적어 그 운전 교육훈련 과정의 개설이
　곤란한 경우에는 국토교통부장관의 승인을 받아 해당 운전 교육훈련 과정을 개설하지 아니하거나 운전
　교육훈련 시기를 변경하여 시행할 수 있다.

⑤ 운전교육훈련기관은 운전 교육훈련을 수료한 사람에게 운전 교육훈련 수료증을 발급하여야 한다.

⑥ 그 밖에 운전 교육훈련의 절차·방법 등에 관하여 필요한 세부 사항은 국토교통부장관이 정한다.

철도안전법 시행규칙 [별표 7]
운전면허 취득을 위한 교육훈련 과정별 교육시간 및 교육훈련과목 (제20조제3항 관련)

1. 일반응시자

(　　　) : 시간

교육과정	교육과목 및 시간	
	이론교육	기능교육
가. 디젤 차량 운전면허 (810)	• 철도관련법(50) • 철도시스템 일반(60) • 디젤 차량의 구조 및 기능(170) • 운전이론 일반(30) • 비상시 조치(인적오류 예방 포함) 등(30)	• 현장실습교육 • 운전실무 및 모의운행 훈련 • 비상시 조치 등
	340시간	470시간
나. 제1종 전기 차량 운전면허 (810)	• 철도관련법(50) • 철도시스템 일반(60) • 전기기관차의 구조 및 기능(170) • 운전이론 일반(30) • 비상시 조치(인적오류 예방 포함) 등(30)	• 현장실습교육 • 운전실무 및 모의운행 훈련 • 비상시 조치 등
	340시간	470시간
다. 제2종 전기 차량 운전면허 (680)	• 철도관련법(40) • 도시철도시스템 일반(45) • 전기동차의 구조 및 기능(100) • 운전이론 일반(25) • 비상시 조치(인적오류 예방 포함) 등(30)	• 현장실습교육 • 운전실무 및 모의운행 훈련 • 비상시 조치 등
	240시간	440시간

교육과목 및 시간		
교육과정	이론교육	기능교육
라. 철도장비 운전 면허 (340)	• 철도관련법(50) • 철도시스템 일반(40) • 기계 · 장비의 구조 및 기능(60) • 비상시 조치(인적오류 예방 포함) 등(20)	• 현장실습교육 • 운전실무 및 모의운행 훈련 • 비상시 조치 등
	170시간	170시간
마. 노면전차 운전 면허 (440)	• 철도관련법(50) • 노면전차 시스템 일반(40) • 노면전차의 구조 및 기능(80) • 비상시 조치(인적오류 예방 포함) 등(30)	• 현장실습교육 • 운전실무 및 모의운행 훈련 • 비상시 조치 등
	200시간	240시간

*이론교육의 과목별 교육시간은 100분의 20 범위 내에서 조정 가능.

2. 운전면허 소지자

( ) : 시간

소지면허	교육과목 및 시간		
	교육과정	이론교육	기능교육
가. 디젤 차량 운전면허 • 제1종 전기차량 운전 면허 • 제2종 전기차량 운전면허	고속철도차량 운전면허 (420)	• 고속철도 시스템 일반(15) • 고속철도차량의 구조 및 기능(85) • 고속철도 운전이론 일반(10) • 고속철도 운전관련 규정(20) • 비상시 조치(인적오류 예방 포함) 등(10)	• 현장실습교육 • 운전실무 및 모의운행 훈련 • 비상시 조치 등
		140시간	280시간
나. 디젤 차량 운전면허	1) 제1종 전기 차량운전면허 (85)	• 전기기관차의 구조 및 기능(40) • 비상시 조치(인적오류 예방 포함) 등(10)	• 현장실습교육 • 운전실무 및 모의운행 훈련
		50시간	35시간
	2) 제2종 전기 차량운전면허 (85)	• 도시철도 시스템 일반(10) • 전기동차의 구조 및 기능(30) • 비상시 조치(인적오류 예방 포 함) 등(10)	• 현장실습교육 • 운전실무 및 모의운행 훈련
		50시간	35시간
	3) 노면전차 운전면허 (60)	• 노면전차 시스템 일반(10) • 노면전차의 구조 및 기능(25) • 비상시 조치(인적오류 예방 포함) 등(5)	• 현장실습교육 • 운전실무 및 모의운행 훈련
		40시간	20시간
다. 제1종 전기 차량운전면허	1) 디젤 차량 운전면허 (85)	• 디젤 차량의 구조 및 기능(40) • 비상시 조치(인적오류 예방 포함) 등(10)	• 현장실습교육 • 운전실무 및 모의운행 훈련
		50시간	35시간

소지면허	교육과목 및 시간		
	교육과정	이론교육	기능교육
다. 제1종 전기 차량운전면허	2) 제2종 전기차량 운전면허 (85)	• 도시철도 시스템 일반(10) • 전기동차의 구조 및 기능(30) • 비상시 조치(인적오류 예방 포함) 등(10)	• 현장실습교육 • 운전실무 및 모의운행 훈련
		50시간	35시간
	3) 노면전차 운전면허 (50)	• 노면전차 시스템 일반(10) • 노면전차의 구조 및 기능(15) • 비상시 조치(인적오류 예방 포함) 등(5)	• 현장실습교육 • 운전실무 및 모의운행 훈련
		30시간	20시간
라. 제2종 전기 차량운전면허	1) 디젤차량 운전면허 (130)	• 철도시스템 일반(10) • 디젤 차량의 구조 및 기능(45) • 비상시 조치(인적오류 예방 포함) 등(5)	• 현장실습교육 • 운전실무 및 모의운행 훈련
		60시간	70시간
	2) 제1종 전기차량 운전면허 (130)	• 철도시스템 일반(10) • 전기기관차의 구조 및 기능(45) • 비상시 조치(인적오류 예방 포함) 등(5)	• 현장실습교육 • 운전실무 및 모의운행 훈련
		60시간	70시간
	3) 노면전차 운전면허 (50)	• 노면전차 시스템 일반(10) • 노면전차의 구조 및 기능(15) • 비상시 조치(인적오류 예방 포함) 등(5)	• 현장실습교육 • 운전실무 및 모의운행 훈련
		30시간	20시간
마. 철도장비 운전면허	1) 디젤차량 운전면허 (460)	• 철도관련법(30) • 철도시스템 일반(30) • 디젤차량의 구조 및 기능(100) • 운전이론(30) • 비상시 조치(인적오류 예방 포함) 등(10)	• 현장실습교육 • 운전실무 및 모의운행 훈련 • 비상시 조치 등
		200시간	260시간
	2) 제1종 전기차량 운전면허 (460)	• 철도관련법(30) • 철도시스템 일반(30) • 전기기관차의 구조 및 기능(100) • 운전이론(30) • 비상시 조치(인적오류 예방 포함) 등(10)	• 현장실습교육 • 운전실무 및 모의운행 훈련 • 비상시 조치 등
		200시간	260시간
	3) 제2종 전기차량 운전면허 (340)	• 철도관련법(30) • 도시철도시스템 일반(30) • 전기동차의 구조 및 기능(70) • 운전이론(25) • 비상시 조치(인적오류 예방 포함) 등(10)	• 현장실습교육 • 운전실무 및 모의운행 훈련 • 비상시 조치 등
		165시간	175시간

소지면허	교육과목 및 시간		
	교육과정	이론교육	기능교육
마. 철도장비 운전면허	4) 노면전차 운전면허 (220)	• 철도관련법(30) • 노면전차시스템 일반(20) • 노면전차의 구조 및 기능(60) • 비상시 조치(인적오류 예방 포함) 등(10)	• 현장실습교육 • 운전실무 및 모의운행 훈련 • 비상시 조치 등
		120시간	100시간
바. 노면전차 운전면허	1) 디젤차량 운전면허 (320)	• 철도관련법(30) • 철도시스템 일반(30) • 디젤 차량의 구조 및 기능(100) • 운전이론(30) • 비상시 조치(인적오류 예방 포함) 등(10)	• 현장실습교육 • 운전실무 및 모의운행 훈련 • 비상시 조치 등
		200시간	120시간
	2) 제1종 전기차량 운전면허 (320)	• 철도관련법(30) • 철도시스템 일반(30) • 전기기관차의 구조 및 기능(100) • 운전이론(30) • 비상시 조치(인적오류 예방 포함) 등(10)	• 현장실습교육 • 운전실무 및 모의운행 훈련 • 비상시 조치 등
		200시간	120시간
	3) 제2종 전기차량 운전면허 (275)	• 철도관련법(30) • 도시철도시스템 일반(30) • 전기동차의 구조 및 기능(70) • 운전이론(25) • 비상시 조치(인적오류 예방 포함) 등(10)	• 현장실습교육 • 운전실무 및 모의운행 훈련 • 비상시 조치 등
		165시간	110시간
	4) 철도장비 운전면허 (165)	• 철도관련법(30) • 철도시스템 일반(20) • 기계 · 장비의 구조 및 기능(60) • 비상시 조치(인적오류 예방 포함) 등(10)	• 현장실습교육 • 운전실무 및 모의운행 훈련 • 비상시 조치 등
		120시간	45시간

* 이론교육의 과목별 교육시간은 100분의 20 범위 내에서 조정 가능.

3. 관제자격증명 취득자

( ) : 시간

소지면허	교육과목 및 시간		
	교육과정	이론교육	기능교육
가. 철도 관제 자격증명	1) 디젤차량 운전면허 (260)	• 디젤 차량의 구조 및 기능(100) • 운전이론(30) • 비상시 조치(인적오류 예방 포함) 등(10)	• 현장실습교육 • 운전실무 및 모의운행 훈련 • 비상시 조치 등
		140시간	120시간

소지면허	교육과목 및 시간		
	교육과정	이론교육	기능교육
가. 철도 관제 자격증명	2) 제1종 전기차량 운전면허 (260)	• 전기기관차의 구조 및 기능(100) • 운전이론(30) • 비상시 조치(인적오류 예방 포함) 등(10)	• 현장실습교육 • 운전실무 및 모의운행 훈련 • 비상시 조치 등
		140시간	120시간
	3) 제2종 전기차량 운전면허 (215)	• 전기동차의 구조 및 기능(70) • 운전이론(25) • 비상시 조치(인적오류 예방 포함) 등(10)	• 현장실습교육 • 운전실무 및 모의운행 훈련 • 비상시 조치 등
		105시간	110시간
	4) 철도장비 운전면허 (115)	• 기계 · 장비의 구조 및 기능(60) • 비상시 조치(인적오류 예방 포함) 등(10)	• 현장실습교육 • 운전실무 및 모의운행 훈련 • 비상시 조치 등
		70시간	45시간
	5) 노면전차 운전면허 (170)	• 노면전차의 구조 및 기능(60) • 비상시 조치(인적오류 예방 포함) 등(10)	• 현장실습교육 • 운전실무 및 모의운행 훈련 • 비상시 조치 등
		70시간	100시간
나. 도시철도관제 자격 증명	1) 디젤차량 운전면허 (290)	• 철도시스템 일반(30) • 디젤 차량의 구조 및 기능(100) • 운전이론(30) • 비상시 조치(인적오류 예방 포함) 등(10)	• 현장실습교육 • 운전실무 및 모의운행 훈련 • 비상시 조치 등
		170시간	120시간
	2) 제1종 전기차량 운전면허 (290)	• 철도시스템 일반(30) • 전기기관차의 구조 및 기능(100) • 운전이론(30) • 비상시 조치(인적오류 예방 포함) 등(10)	• 현장실습교육 • 운전실무 및 모의운행 훈련 • 비상시 조치 등
		170시간	120시간
	3) 제2종 전기차량 운전면허 (215)	• 전기동차의 구조 및 기능(70) • 운전이론(25) • 비상시 조치(인적오류 예방 포함) 등(10)	• 현장실습교육 • 운전실무 및 모의운행 훈련 • 비상시 조치 등
		105시간	110시간
	4) 철도장비 운전면허 (135)	• 철도시스템 일반(20) • 기계 · 장비의 구조 및 기능(60) • 비상시 조치(인적오류 예방 포함) 등(10)	• 현장실습교육 • 운전실무 및 모의운행 훈련 • 비상시 조치 등
		90시간	45시간
	5) 노면전차 운전면허 (170)	• 노면전차의 구조 및 기능(60) • 비상시 조치(인적오류 예방 포함) 등(10)	• 현장실습교육 • 운전실무 및 모의운행 훈련 • 비상시 조치 등
		70시간	100시간

* 이론교육의 과목별 교육시간은 100분의 20 범위 내에서 조정 가능.

( ) : 시간

경력	교육과목 및 시간		
	교육과정	이론교육	기능교육
가. 철도차량 운전업무 보조경력 1년 이상 (철도장비의 경우 철도장비운전업무 수행경력 3년 이상)	디젤 또는 제1종 차량 운전면허 (290)	• 철도관련법(30) • 철도시스템 일반(20) • 디젤 차량 또는 전기기관차 의 구조 및 기능(100) • 운전이론 일반(20) • 비상시 조치(인적오류 예방 포함) 등(20)	• 현장실습교육 • 운전실무 및 모의운행 훈련 • 비상시 조치 등
		190시간	100시간
나. 철도차량 운전업무 보조경력 1년 이상 또는 전동차 차장 경력이 2년 이상	1) 제2종 전기차량 운전면허 (290)	• 철도관련법(30) • 도시철도시스템 일반(30) • 전기동차의 구조 및 기능(90) • 운전이론 일반(25) • 비상시 조치(인적오류 예방 포함) 등(10)	• 현장실습교육 • 운전실무 및 모의운행 훈련 • 비상시 조치 등
		185시간	105시간
	2) 노면전차 운전면허 (140)	• 철도관련법(20) • 노면전차시스템 일반(10) • 노면전차의 구조 및 기능(40) • 비상시 조치(인적오류 예방 포함) 등(10)	• 현장실습교육 • 운전실무 및 모의운행 훈련 • 비상시 조치 등
		80시간	60시간
다. 철도차량 운전업무 보조경력 1년 이상	철도장비 운전면허 (100)	• 철도관련법(20) • 노면전차시스템 일반(10) • 노면전차의 구조 및 기능(40) • 비상시 조치(인적오류 예방 포함) 등(10)	• 현장실습교육 • 운전실무 및 모의운행 훈련 • 비상시 조치 등
		80시간	60시간
라. 철도건설 및 유지보수에 필요한 기계 또는 장비작업 경력 1년 이상	철도장비 운전면허 (185)	• 철도관련법(20) • 철도시스템 일반(20) • 기계·장비의 구조 및 기능(70) • 비상시 조치(인적오류 예방 포함) 등(10)	• 현장실습교육 • 운전실무 및 모의운행 훈련 • 비상시 조치 등
		120시간	65시간

* 이론교육의 과목별 교육시간은 100분의 20 범위 내에서 조정 가능.

( ) : 시간

경력	교육과목 및 시간		
	교육과정	이론교육	기능교육
철도운영자에 소속되어 철도관련 업무에 종사한 경력 3년 이상인 사람	1) 디젤 또는 제1종 차량 운전면허 (395)	• 철도관련법(30) • 철도시스템 일반(30) • 디젤 차량 또는 전기기관 차의 구조 및 기능(150) • 운전이론 일반(20) • 비상시 조치(인적오류 예방 포함) 등(20)	• 현장실습교육 • 운전실무 및 모의운행 훈련 • 비상시 조치 등
		250시간	145시간

경력	교육과목 및 시간		
	교육과정	이론교육	기능교육
철도운영자에 소속되어 철도관련 업무에 종사한 경력 3년 이상인 사람	2) 제2종 전기차량 운전면허 (340)	• 철도관련법(30) • 도시철도시스템 일반(30) • 전기동차의 구조 및 기능(90) • 운전이론 일반(20) • 비상시 조치(인적오류 예방 포함) 등(20)	• 현장실습교육 • 운전실무 및 모의운행 훈련 • 비상시 조치 등
		190시간	150시간
	3) 철도장비 운전면허 (215)	• 철도관련법(30) • 철도시스템 일반(20) • 기계·장비의 구조 및 기능(70) • 비상시 조치(인적오류 예방 포함) 등(10)	• 현장실습교육 • 운전실무 및 모의운행 훈련 • 비상시 조치 등
		130시간	85시간
	4) 노면전차 운전면허 (215)	• 철도관련법(30) • 노면전차시스템 일반(20) • 노면전차의 구조 및 기능(70) • 비상시 조치(인적오류 예방 포함) 등(10)	• 현장실습교육 • 운전실무 및 모의운행 훈련 • 비상시 조치 등
		130시간	85시간

* 이론교육의 과목별 교육시간은 100분의 20 범위 내에서 조정 가능.

6. 버스 운전 경력자

( ) : 시간

경력	교육과목 및 시간		
	교육과정	이론교육	기능교육
「여객자동차운수사업법 시행령」에 따른 노선 여객자동차운송사업에 종사한 경력이 1년 이상인 사람	노면 전차 운전면허 (250)	• 철도관련법(30) • 노면전차시스템 일반(20) • 노면전차의 구조 및 기능(70) • 비상시 조치(인적오류 예방 포함) 등(10)	• 현장실습교육 • 운전실무 및 모의운행 훈련 • 비상시 조치 등
		130시간	120시간

* 이론교육의 과목별 교육시간은 100분의 20 범위 내에서 조정 가능.

7. 일반사항

가. 철도 관련법은 「철도안전법」과 그 하위 법령 및 철도차량 운전에 필요한 규정을 말한다.

나. 고속철도차량 운전면허를 취득하기 위해 교육훈련을 받으려는 사람은 법 제21조에 따른 디젤 차량, 제1종 전기차량 또는 제2종 전기차량의 운전 업무 수행 경력이 3년 이상 있어야 한다. 이 경우 운전 업무 수행 경력이란 운전 업무 종사자로서 운전실에 탑승하여 전방 선로 감시 및 운전 관련 기기를 실제로 취급한 기간을 말한다.

다. 모의 운행 훈련은 전(全) 기능 모의 운전 연습기를 활용한 교육훈련과 함께 실시하는 기본기능 모의 운전 연습기 및 컴퓨터 지원교육 시스템을 활용한 교육훈련을 포함한다.

라. 노면전차 운전면허를 취득하기 위한 교육훈련을 받으려는 사람은 「도로교통법」 제80조에 따른 운전면허를 소지하여야 한다.

마. 법 제16조제3항에 따른 운전 훈련교육기관으로 지정받은 대학의 장은 해당 대학의 철도 운전 관련 학과의 정규과목 이수를 제1호부터 제5호까지의 규정에 따른 이론교육의 과목 이수로 인정할 수 있다.

바. 제1호부터 제6호까지에 동시에 해당하는 자에 대해서는 이론교육·기능 교육 훈련 시간의 합이 가장 적은 기준을 적용한다.

① 운전교육훈련기관으로 지정을 받으려는 자는 국토교통부장관에게 지정 신청을 하여야 한다.

② 국토교통부장관은 운전교육훈련기관의 지정 신청을 받은 경우에는 지정 기준을 갖추었는지 여부, 운전교육훈련기관의 운영계획 및 운전 업무 종사자의 수급 상황 등을 종합적으로 심사한 후 그 지정 여부를 결정하여야 한다.

③ 국토교통부장관은 운전교육훈련기관을 지정한 때에는 그 사실을 관보에 고시하여야 한다.

④ 운전교육훈련기관의 지정 절차에 관한 세부적인 사항은 국토교통부령으로 정한다.

📝 규칙 제21조(운전교육훈련기관의 지정절차 등)

① 운전교육훈련기관으로 지정받으려는 자는 운전교육훈련기관 지정 신청서에 다음 각 호의 서류를 첨부하여 국토교통부장관에게 제출하여야 한다. 이 경우 국토교통부장관은 행정정보의 공동이용을 통하여 법인 등기사항증명서(신청인이 법인인 경우만 해당한다)를 확인하여야 한다.

  1. 운전 교육훈련 계획서(운전 교육훈련 평가 계획을 포함한다)

  2. 운전교육훈련기관 운영 규정

  3. 정관이나 이에 준하는 약정(법인 그 밖의 단체에 한정한다)

  4. 운전 교육훈련을 담당하는 강사의 자격·학력·경력 등을 증명할 수 있는 서류 및 담당업무

  5. 운전 교육훈련에 필요한 강의실 등 시설 내역서

  6. 운전 교육훈련에 필요한 철도차량 또는 모의 운전 연습기 등 장비 내역서

  7. 운전교육훈련기관에서 사용하는 직인의 인영

② 국토교통부장관은 운전교육훈련기관의 지정 신청을 받은 때에는 그 지정 여부를 종합적으로 심사한 후 운전교육훈련기관 지정서를 신청인에게 발급하여야 한다.

📋 영 제17조(운전교육훈련기관 지정기준)

① 운전교육훈련기관 지정 기준은 다음 각 호와 같다.

  1. 운전 교육훈련 업무 수행에 필요한 상설 전담 조직을 갖출 것

  2. 운전면허의 종류별로 운전 교육훈련 업무를 수행할 수 있는 전문 인력을 확보할 것(적성 검사기관의 인력은 3명이다)

  3. 운전 교육훈련 시행에 필요한 사무실·교육장과 교육 장비를 갖출 것

  4. 운전교육훈련기관의 운영 등에 관한 업무규정을 갖출 것

② 운전교육훈련기관 지정 기준에 관한 세부적인 사항은 국토교통부령으로 정한다.

📄 영 제18조(운전교육훈련기관의 변경사항 통지)

① 운전교육훈련기관은 그 명칭·대표자·소재지나 그 밖에 운전 교육훈련 업무의 수행에 중대한 영향을 미치는 사항의 변경이 있는 경우에는 해당 사유가 발생한 날부터 15일 이내에 국토교통부장관에게 그 사실을 알려야 한다.

② 국토교통부장관은 통지를 받은 경우에는 그 사실을 관보에 고시하여야 한다.

📝 규칙 제22조(운전교육훈련기관의 세부 지정기준 등)

② 국토교통부장관은 운전교육훈련기관이 지정 기준에 적합한지 아닌지를 2년마다 심사하여야 한다.

철도안전법 시행규칙 [별표 8]
운전교육훈련기관의 세부 지정기준(제22조제1항 관련)

1. 인력기준

가. 자격기준

등급	학력 및 경력
책임교수	1) 박사학위 소지자로서 철도교통에 관한 업무에 10년 이상 또는 철도차량 운전 관련 업무에 5년 이상 근무한 경력이 있는 사람 2) 석사학위 소지자로서 철도교통에 관한 업무에 15년 이상 또는 철도차량 운전 관련 업무에 8년 이상 근무한 경력이 있는 사람 3) 학사학위 소지자로서 철도교통에 관한 업무에 20년 이상 또는 철도차량 운전 관련 업무에 10년 이상 근무한 경력이 있는 사람 4) 철도 관련 4급 이상의 공무원 경력 또는 이와 같은 수준 이상의 자격 및 경력이 있는 사람 5) 대학의 철도차량 운전 관련 학과에서 조교수 이상으로 재직한 경력이 있는 사람 6) 선임 교수 경력이 3년 이상 있는 사람
선임교수	1) 박사학위 소지자로서 철도교통에 관한 업무에 5년 이상 또는 철도차량 운전 관련 업무에 3년 이상 근무한 경력이 있는 사람 2) 석사학위 소지자로서 철도교통에 관한 업무에 10년 이상 또는 철도차량 운전 관련 업무에 5년 이상 근무한 경력이 있는 사람 3) 학사학위 소지자로서 철도교통에 관한 업무에 15년 이상 또는 철도차량 운전 관련 업무에 8년 이상 근무한 경력이 있는 사람 4) 철도차량 운전 업무에 5급 이상의 공무원 경력 또는 이와 같은 수준 이상의 자격 및 경력이 있는 사람 5) 대학의 철도차량 운전 관련 학과에서 전임강사 이상으로 재직한 경력이 있는 사람 6) 교수 경력이 3년 이상 있는 사람
교수	1) 학사학위 소지자로서 철도차량 운전 업무 수행자에 대한 지도 교육 경력이 2년 이상 있는 사람 2) 전문학사 학위 소지자로서 철도차량 운전 업무 수행자에 대한 지도 교육 경력이 3년 이상 있는 사람 3) 고등학교 졸업자로서 철도차량 운전 업무 수행자에 대한 지도 교육 경력이 5년 이상 있는 사람 4) 철도차량 운전과 관련된 교육기관에서 강의 경력이 1년 이상 있는 사람

비고:

1. "철도교통에 관한 업무"란 철도 운전·안전·차량·기계·신호·전기·시설에 관한 업무를 말한다.

2. "철도차량 운전 관련 업무"란 철도차량 운전 업무 수행자에 대한 안전관리 · 지도 교육 및 관리·감독 업무를 말한다.

3. 교수의 경우 해당 철도차량 운전 업무 수행 경력이 3년 이상인 사람으로서 학력 및 경력의 기준을 갖추어야 한다.

4. 노면전차 운전면허 교육과정 교수의 경우 국토교통부장관이 인정하는 해외 노면전차 교육훈련 과정을 이수한 경우에는 제3호에 따른 경력을 갖춘 것으로 본다.

5. 해당 철도차량 운전 업무 수행 경력이 있는 사람으로서 현장 지도 교육의 경력은 운전 업무 수행 경력으로 합산할 수 있다.

6. 책임교수 · 선임 교수의 학력 및 경력란 1)부터 3)까지의 "근무한 경력" 및 교수의 학력 및 경력란 1)부터 3)까지의 "지도 교육 경력"은 해당 학위를 취득 또는 졸업하기 전과 취득 또는 졸업한 후의 경력을 모두 포함한다.

나. 보유기준

1) 1회 교육생 30명을 기준으로 철도차량 운전면허 종류별 전임 책임교수, 선임 교수, 교수를 각 1명 이상 확보하여야 하며, 운전면허 종류별 교육 인원이 15명 추가될 때마다 운전면허 종류별 교수 1명 이상을 추가로 확보하여야 한다. 이 경우 추가로 확보하여야 하는 교수는 비전임으로 할 수 있다.

2) 두 종류 이상의 운전면허 교육을 하는 지정기관의 경우 책임교수는 1명만 둘 수 있다.

2. 시설기준 : 다음 각 목의 시설기준을 갖출 것. 다만, 관제 교육훈련기관 또는 정비교육훈련기관이 운전교육훈련기관으로 함께 지정받으려는 경우 중복되는 시설기준을 추가로 갖추지 않을 수 있다.

가. 강의실

- 면적은 교육생 30명 이상 한 번에 수용할 수 있어야 한다(60제곱미터 이상). 이 경우 1제곱미터당 수용인원은 1명을 초과하지 아니하여야 한다.

나. 기능 교육장

1) 전 기능 모의 운전 연습기 · 기본기능 모의 운전 연습기 등을 설치할 수 있는 실습장을 갖추어야 한다.

2) 30명이 동시에 실습할 수 있는 컴퓨터 지원시스템 실습장(면적 90㎡ 이상)을 갖추어야 한다.

다. 그 밖에 교육훈련에 필요한 사무실 · 편의시설 및 설비를 갖출 것

3. 장비기준 : 다음 각 목의 장비 기준을 갖출 것. 다만, 관제 교육훈련기관 또는 정비교육훈련기관이 운전교육훈련기관으로 함께 지정받으려는 경우 중복되는 장비 기준을 추가로 갖추지 않을 수 있다.

나. 모의운전연습기

장비명	성능기준	보유기준	비고
전 기능 모의운전연습기	• 운전실 및 제어용 컴퓨터시스템 • 선로영상시스템 • 음향시스템 • 고장처치시스템 • 교수제어대 및 평가시스템	1대 이상 보유	
	• 플랫폼시스템 • 구원운전시스템 • 진동시스템	권장	
기본기능 모의운전연습기	• 운전실 및 제어용 컴퓨터시스템 • 선로영상시스템 • 음향시스템 • 고장처치시스템	5대 이상 보유	1회 교육 수요(10명 이하)가 적어 실제 차량으로 대체하는 경우 1대 이상으로 조정할 수 있음
	• 교수제어대 및 평가시스템	권장	

> 비고:
>
> 1. "전 기능 모의 운전 연습기"란 실제 차량의 운전실과 유사하게 제작한 장비를 말한다.
>
> 2. "기본기능 모의 운전 연습기"란 철도차량의 운전 훈련에 꼭 필요한 부분만을 제작한 장비를 말한다.
>
> 3. "보유"란 교육훈련을 위하여 설비나 장비를 필수적으로 갖추어야 하는 것을 말한다.
>
> 4. "권장"이란 원활한 교육의 진행을 위하여 설비나 장비를 향후 갖추어야 하는 것을 말한다.
>
> 5. 교육훈련기관으로 지정받기 위하여 철도차량 운전면허 종류별로 모의 운전 연습기나 실제 차량을 갖추어야 한다. 다만, 부득이한 경우 등 국토교통부장관이 인정할 때는 기본기능 모의 운전 연습기의 보유 기준은 조정할 수 있다.

다. 컴퓨터지원교육시스템

성능기준	보유기준	비고
• 운전 기기 설명 및 취급법 • 운전 이론 및 규정 • 신호(ATS, ATC, ATO, ATP) 및 제동이론 • 차량의 구조 및 기능 • 고장처치 목록 및 절차 • 비상 시 조치 등	지원교육프로그램 및 컴퓨터 30대 이상 보유	컴퓨터지원교육시스템은 차종별 프로그램만 갖추면 다른 차종과 공유하여 사용할 수 있음

> 비고:
>
> "컴퓨터지원교육 시스템"이란 컴퓨터의 멀티미디어 기능을 활용하여 운전 · 차량 · 신호 등을 학습할 수 있도록 제작된 프로그램과 이를 지원하는 컴퓨터시스템 일체를 말한다.

라. 제1종 전기차량 운전면허 및 제2종 전기차량 운전면허의 경우는 팬터그래프, 변압기, 컨버터, 인버터, 견인전동기, 제동장치에 대한 설비 교육이 가능한 한 실제 장비를 추가로 갖출 것. 다만, 현장 교육이 가능한 경우에는 장비를 갖춘 것으로 본다.

4. 국토교통부장관이 정하는 필기시험 출제 범위에 적합한 교재를 갖출 것

5. 교육훈련기관 업무규정의 기준

가. 교육훈련기관의 조직 및 인원

나. 교육생 선발에 관한 사항

다. 연간 교육훈련 계획: 교육과정 편성, 교수 인력의 지정 교과목 및 내용 등

라. 교육기관 운영계획

마. 교육생 평가에 관한 사항

바. 실습 설비와 장비 운용 방안

사. 각종 증명의 발급 및 대장의 관리

아. 교수 인력의 교육훈련

자. 기술 도서 및 자료의 관리·유지

차. 수수료 징수에 관한 사항

카. 그 밖에 국토교통부장관이 철도 전문 인력 교육에 필요하다고 인정하는 사항

📝 규칙 제23조(운전교육훈련기관의 지정취소 및 업무정지 등)

② 국토교통부장관은 운전교육훈련기관의 지정을 취소하거나 업무정지의 처분을 한 경우에는 지체 없이 그 운전교육훈련기관에 지정기관 행정 처분서를 통지하고 그 사실을 관보에 고시하여야 한다.

위반사항	근거 법조문	처분기준			
		1차 위반	2차 위반	3차 위반	4차 위반
1. 거짓이나 그 밖의 부정한 방법으로 지정을 받은 경우	법 제15조의2 제1항제1호	지정취소			
2. 업무정지 명령을 위반하여 그 정지 기간에 운전 적성검사 업무 또는 관제 적성검사 업무를 한 경우	법 제15조의2 제1항제2호	지정취소			
3. 법 제16조제4항에 따른 지정기준에 맞지 아니한 경우	법 제15조의2 제1항제3호	경고 또는 보완명령	업무정지 1개월	업무정지 3개월	지정취소
4. 정당한 사유 없이 운전교육훈련 업무를 거부한 경우	법 제15조의2 제1항제4호	경고	업무정지 1개월	업무정지 3개월	지정취소
5. 거짓 이나 그 밖의 부정한 방법으로 운전교육훈련 수료증을 발급한 경우	법 제15조의2 제1항제5호	업무정지 1개월	업무정지 3개월	지정취소	

비고:

1. 위반행위가 둘 이상인 경우로서 그에 해당하는 각각의 처분기준이 다른 경우에는 그중 무거운 처분기준에 따르며, 위반행위가 둘 이상인 경우로서 그에 해당하는 각각의 처분기준이 같은 경우에는 무거운 처분기준의 2분의 1까지 가중할 수 있되, 각 처분기준을 합산한 기간을 초과할 수 없다.

2. 위반행위의 횟수에 따른 행정처분의 가중된 부과 기준은 최근 1년간 같은 위 반행위로 행정처분을 받으면 적용한다. 이 경우 기간의 계산은 위반행위에 대하여 행정처분을 받은 날과 그 처분 후 다시 같은 위반행위를 하여 적발된 날을 기준으로 한다.

3. 비고 제2호에 따라 가중된 행정처분을 하는 경우 가중 처분의 적용 차수는 그 위반행위 전 부과 처분 차수(비고 제2호에 따른 기간 내에 행정처분이 둘 이상 있었던 경우에는 높은 차수를 말한다)의 다음 차수로 한다.

4. 처분권자는 위반행위의 동기·내용 및 위반의 정도 등 다음 각 목에 해당하는 사유를 고려하여 그 처분을 감경할 수 있다. 이 경우 그 처분이 업무정지면 그 처분기준의 2분의 1 범위에서 감경할 수 있고, 지정 취소인 경우(거짓이나 그 밖의 부정한 방법으로 지정을 받은 경우나 업무정지 명령을 위반하여 정지 기간에 교육훈련 업무를 한 경우는 제외한다)에는 3개월의 업무정지 처분으로 감경할 수 있다.

   가. 위반행위가 고의나 중대한 과실이 아닌 사소한 부주의나 오류로 인한 것으로 인정되는 경우

   나. 위반의 내용·정도가 경미하여 이해 관계인에게 미치는 피해가 적다고 인정되는 경우

📄 법 제17조(운전면허시험)

① 운전면허를 받으려는 사람은 국토교통부장관이 하는 철도차량 운전면허 시험에 합격하여야 한다.

② 운전면허 시험은 결격사유에 해당하지 아니하는 사람으로서 신체검사 및 운전 적성검사에 합격한 후 운전교육훈련을 받은 사람이 응시할 수 있다.

③ 운전면허 시험의 과목, 절차 등에 관하여 필요한 사항은 국토교통부령으로 정한다.

📝 규칙 제24조(운전면허시험의 과목 및 합격기준)

① 철도차량 운전면허 시험은 운전면허의 종류별로 필기시험과 기능시험으로 구분하여 시행한다. 이 경우 기능시험은 실제 차량이나 모의 운전 연습기를 활용하여 시행한다.

② 기능시험은 필기시험을 합격한 경우에만 응시할 수 있다.

③ 필기시험에 합격한 사람에 대해서는 필기시험에 합격한 날부터 2년이 되는 날이 속하는 해의 12월 31일까지 실시하는 운전면허 시험에 있어 필기시험의 합격을 유효한 것으로 본다.

④ 운전면허 시험의 방법·절차, 기능시험 평가위원의 선정 등에 관하여 필요한 세부 사항은 국토교통부장관이 정한다.

철도안전법 시행규칙 [별표 10]
철도차량 운전면허시험의 과목 및 합격기준(제24조제2항 관련)

1. 운전면허 시험의 응시자별 면허시험 과목

가. 일반 응시자·철도차량 운전 관련 업무 경력자·철도 관련 업무 경력자·버스 운전 경력자

응시면허	필기시험	기능시험
디젤차량 운전면허	• 철도 관련 법 • 철도시스템 일반 • 디젤차량의 구조 및 기능 • 운전이론 일반 • 비상 시 조치 등	• 준비점검 • 제동취급 • 제동기 외의 기기 취급 • 신호준수, 운전취급, 신호·선로 숙지 • 비상 시 조치 등
제1종 전기차량 운전면허	• 철도 관련 법 • 철도시스템 일반 • 전기기관차의 구조 및 기능 • 운전이론 일반 • 비상 시 조치 등	• 준비점검 • 제동취급 • 제동기 외의 기기 취급 • 신호준수, 운전취급, 신호·선로 숙지 • 비상 시 조치 등
제2종 전기차량 운전면허	• 철도 관련 법 • 도시철도시스템 일반 • 전기동차의 구조 및 기능 • 운전이론 일반 • 비상 시 조치 등	• 준비점검 • 제동취급 • 제동기 외의 기기 취급 • 신호준수, 운전취급, 신호·선로 숙지 • 비상 시 조치 등
철도장비 운전면허	• 철도 관련 법 • 철도시스템 일반 • 기계·장비차량의 구조 및 기능 • 비상 시 조치 등	• 준비점검 • 제동취급 • 제동기 외의 기기 취급 • 신호준수, 운전취급, 신호·선로 숙지 • 비상 시 조치 등
노면전차 운전면허	• 철도 관련 법 • 노면전차 시스템 일반 • 노면전차의 구조 및 기능 • 비상 시 조치 등	• 준비점검 • 제동취급 • 제동기 외의 기기 취급 • 신호준수, 운전취급, 신호·선로 숙지 • 비상 시 조치 등

나. 운전면허 소지자

소지면허	응시면허	필기시험	기능시험
1) 디젤차량 운전면허 제1종 전기차량 운전면허 제2종 전기차량 운전면허	고속철도 차량 운전면허	• 고속철도 시스템 일반 • 고속철도차량의 구조 및 기능 • 고속철도 운전이론 일반 • 고속철도 운전 관련 규정 • 비상 시 조치 등	• 준비점검 • 제동 취급 • 제동기 외의 기기 취급 • 신호 준수, 운전 취급, 신호 · 선로 숙지 • 비상 시 조치 등
		주) 고속철도차량 운전면허 시험 응시자는 디젤 차량, 제1종 전기차량 또는 제2종 전기차량에 대한 운전 업무 수행 경력이 3년 이상 있어야 한다.	
2) 디젤차량 운전면허	제1종 전기차량 운전면허	• 전기기관차의 구조 및 기능	• 준비점검 • 제동 취급 • 제동기 외의 기기 취급 • 비상 시 조치 등 • 신호 준수, 운전 취급, 신호 · 선로 숙지
		주) 디젤 차량 운전 업무 수행 경력이 2년 이상 있고 별표 7 제2호에 따른 교육훈련을 받은 사람은 필기시험 및 기능시험을 면제한다.	
	제2종 전기차량 운전면허	• 도시철도 시스템 일반 • 전기동차의 구조 및 기능	• 준비점검 • 제동 취급 • 제동기 외의 기기 취급 • 비상 시 조치 등 • 신호 준수, 운전 취급, 신호 · 선로 숙지
		주) 디젤 차량 운전 업무 수행 경력이 2년 이상 있고 별표 7 제2호에 따른 교육훈련을 받은 사람은 필기시험을 면제한다.	
	노면전차 운전면허	• 노면전차 시스템 일반 • 노면전차의 구조 및 기능	• 준비점검 • 제동 취급 • 제동기 외의 기기 취급 • 비상 시 조치 등 • 신호 준수, 운전 취급, 신호 · 선로 숙지
		주) 디젤 차량 운전 업무 수행 경력이 2년 이상 있고 별표 7 제2호에 따른 교육훈련을 받은 사람은 필기시험을 면제한다.	
3) 제1종 전기차량 운전면허	디젤차량 운전면허	• 디젤차량의 구조 및 기능	• 준비점검 • 제동 취급 • 제동기 외의 기기 취급 • 비상 시 조치 등 • 신호 준수, 운전 취급, 신호 · 선로 숙지
		주) 제1종 전기차량 운전 업무 수행 경력이 2년 이상 있고 별표 7 제2호에 따른 교육훈련을 받은 사람은 필기시험 및 기능시험을 면제한다.	

소지면허	응시면허	필기시험	기능시험
3) 제1종 전기차량 운전면허	제2종 전기차량 운전면허	• 도시철도 시스템 일반 • 전기동차의 구조 및 기능	• 준비점검 • 제동 취급 • 제동기 외의 기기 취급 • 비상 시 조치 등 • 신호 준수, 운전 취급, 신호 · 선로 숙지
		주) 제1종 전기차량 운전 업무 수행 경력이 2년 이상 있고 별표 7 제2호에 따른 교육훈련을 받은 사람은 필기시험을 면제한다.	
	노면전차 운전면허	• 노면전차 시스템 일반 • 노면전차의 구조 및 기능	• 준비점검 • 제동 취급 • 제동기 외의 기기 취급 • 비상 시 조치 등 • 신호 준수, 운전 취급, 신호 · 선로 숙지
		주) 제1종 전기차량 운전 업무 수행 경력이 2년 이상 있고 별표 7 제2호에 따른 교육훈련을 받은 사람은 필기시험을 면제한다.	
4) 제2종 전기차량 운전면허	디젤차량 운전면허	• 철도시스템 일반 • 디젤차량의 구조 및 기능	• 준비점검 • 제동 취급 • 제동기 외의 기기 취급 • 비상 시 조치 등 • 신호 준수, 운전 취급, 신호 · 선로 숙지
		주) 제2종 전기차량 운전 업무 수행 경력이 2년 이상 있고 별표 7 제2호에 따른 교육훈련을 받은 사람은 필기시험을 면제한다.	
	제1종 전기차량 운전면허	• 철도시스템 일반 • 전기기관차의 구조 및 기능	• 준비점검 • 제동 취급 • 제동기 외의 기기 취급 • 비상 시 조치 등 • 신호 준수, 운전 취급, 신호 · 선로 숙지
		주) 제2종 전기차량 운전 업무 수행 경력이 2년 이상 있고 별표 7 제2호에 따른 교육훈련을 받은 사람은 필기시험을 면제한다.	
	노면전차 운전면허	• 노면전차 시스템 일반 • 노면전차의 구조 및 기능	• 준비점검 • 제동 취급 • 제동기 외의 기기 취급 • 비상 시 조치 등 • 신호 준수, 운전 취급, 신호 · 선로 숙지
		주) 제2종 전기차량 운전 업무 수행 경력이 2년 이상 있고 별표 7 제2호에 따른 교육훈련을 받은 사람은 필기시험을 면제한다.	

소지면허	응시면허	필기시험	기능시험
5) 철도장비 운전면허	디젤차량 운전면허	• 철도 관련 법 • 철도시스템 일반 • 디젤차량의 구조 및 기능	• 준비점검 • 제동 취급 • 제동기 외의 기기 취급 • 신호 준수, 운전 취급, 신호 · 선로 숙지 • 비상 시 조치 등
	제1종 전기차량 운전면허	• 철도 관련 법 • 철도시스템 일반 • 전기기관차의 구조 및 기능	
	제2종 전기차량 운전면허	• 철도 관련 법 • 도시철도 시스템 일반 • 전기동차의 구조 및 기능	
	노면전차 운전면허	• 철도 관련 법 • 노면전차 시스템 일반 • 노면전차의 구조 및 기능	
6) 노면전차 운전면허	디젤차량 운전면허	• 철도 관련 법 • 철도시스템 일반 • 디젤차량의 구조 및 기능 • 운전이론 일반	• 준비점검 • 제동 취급 • 제동기 외의 기기 취급 • 신호 준수, 운전 취급, 신호 · 선로 숙지 • 비상 시 조치 등
	제1종 전기차량 운전면허	• 철도 관련 법 • 철도시스템 일반 • 전기기관차의 구조 및 기능 • 운전이론 일반	
	제2종 전기차량 운전면허	• 철도 관련 법 • 도시철도 시스템 일반 • 전기동차의 구조 및 기능 • 운전이론 일반	
	철도장비 운전면허	• 철도 관련 법 • 철도시스템 일반 • 기계 · 장비차량의 구조 및 기능	

비고 :

운전면허 소지자가 다른 종류의 운전면허를 취득하기 위하여 운전면허 시험에 응시하는 경우에는 신체검사 및 적성검사의 증명서류를 운전면허증 사본으로 갈음한다. 다만, 철도 장비 운전면허 소지자의 경우에는 적성검사 증명서류를 첨부하여야 한다.

다. 관제자격증명 취득자

소지면허	응시면허	필기시험	기능시험
1) 철도 관제 자격증명	디젤차량 운전면허	• 디젤차량의 구조 및 기능 • 운전이론 일반 • 비상 시 조치 등	• 준비점검 • 제동 취급 • 제동기 외의 기기 취급 • 신호 준수, 운전 취급, 신호 · 선로 숙지 • 비상 시 조치 등
	제1종 전기차량 운전면허	• 전기기관차의 구조 및 기능 • 운전이론 일반 • 비상 시 조치 등	

소지면허	응시면허	필기시험	기능시험
1) 철도 관제 자격증명	제2종 전기차량 운전면허	• 전기동차의 구조 및 기능 • 운전이론 일반 • 비상 시 조치 등	• 준비점검 • 제동 취급 • 제동기 외의 기기 취급 • 신호 준수, 운전 취급, 신호·선로 숙지 • 비상 시 조치 등
	철도장비 운전면허	• 기계·장비차량의 구조 및 기능 • 비상 시 조치 등	
	노면전차 운전면허	• 노면전차의 구조 및 기능 • 비상 시 조치 등	
2) 도시철도 관제자격 증명	디젤차량 운전면허	• 철도시스템 일반 • 디젤차량의 구조 및 기능 • 운전이론 일반 • 비상 시 조치 등	• 준비점검 • 제동 취급 • 제동기 외의 기기 취급 • 신호 준수, 운전 취급, 신호·선로 숙지 • 비상 시 조치 등
	제1종 전기차량 운전면허	• 철도시스템 일반 • 전기기관차의 구조 및 기능 • 운전이론 일반 • 비상 시 조치 등	
	제2종 전기차량 운전면허	• 전기동차의 구조 및 기능 • 운전이론 일반 • 비상 시 조치 등	
	철도장비 운전면허	• 철도시스템 일반 • 기계·장비차량의 구조 및 기능 • 비상 시 조치 등	
	노면전차 운전면허	• 노면전차의 구조 및 기능 • 비상 시 조치 등	

2. 철도차량 운전면허 시험의 합격 기준은 다음과 같다.

가. 필기시험 합격 기준은 과목당 100점을 만점으로 하여 매 과목 40점 이상(철도 관련 법의 경우 60점 이상), 총점 평균 60점 이상 득점한 사람

나. 기능시험의 합격 기준은 시험 과목당 60점 이상, 총점 평균 80점 이상 득점한 사람

3. 기능시험은 실제 차량이나 모의 운전 연습기를 활용한다.

4. 제1호 나목 및 다목에 동시에 해당하는 경우에는 나목을 우선 적용한다. 다만, 응시자가 원하는 경우에는 다목의 규정을 적용할 수 있다.

📝 규칙 제25조(운전면허시험 시행계획의 공고)

① 한국교통안전공단은 운전면허시험을 실시하려는 때에는 매년 11월 30일까지 필기시험 및 기능시험의 일정·응시 과목 등을 포함한 다음 해의 운전면허 시험 시행 계획을 인터넷 홈페이지 등에 공고하여야 한다.

② 한국교통안전공단은 운전면허 시험의 응시 수요 등을 고려하여 필요한 경우에는 공고한 시행 계획을 변경할 수 있다. 이 경우 미리 국토교통부장관의 승인을 받아야 하며 변경되기 전의 필기시험일 또는 기능시험일(필기시험일 또는 기능시험일이 앞당겨진 경우에는 변경된 필기시험일 또는 기능시험일을 말한다)의 7일 전까지 그 변경 사항을 인터넷 홈페이지 등에 공고하여야 한다.

📝 규칙 제26조(운전면허시험 응시원서의 제출 등)

① 운전면허 시험에 응시하려는 사람은 필기시험 응시 원서 접수 기한까지 철도차량 운전면허 시험 응시 원서에 다음 각 호의 서류를 첨부하여 한국교통안전공단에 제출해야 한다. 다만, 제3호의 서류는 기능시험 응시 원서 접수 기한까지 제출할 수 있다.

  1. 신체검사 의료기관이 발급한 신체검사 판정서(운전면허시험 응시원서 접수일 이전 2년 이내인 것에 한정한다)

  2. 운전 적성검사 기관이 발급한 운전 적성검사 판정서(운전면허시험 응시원서 접수일 이전 10년 이내인 것에 한정한다)

  3. 운전교육훈련기관이 발급한 운전교육훈련수료증명서

  3의2. 운전교육훈련기관으로 지정받은 대학의 장이 발급한 철도 운전관련교육과목이수증명서(이론교육 과목의 이수로 인정받으려는 경우에만 해당한다)

  4. 철도차량 운전면허증의 사본(철도차량 운전면허 소지자가 다른 철도차량 운전면허를 취득하고자 하는 경우에 한정한다)

  5. 관제자격증명서 사본[관제자격증명서를 발급받은 사람만 제출한다]

  6. 운전업무수행경력증명서(고속철도차량 운전면허시험에 응시하는 경우에 한정한다)

② 한국교통안전공단은 제1항제1호부터 제5호까지의 서류를 관리하는 정보체계에 따라 확인할 수 있는 경우에는 그 서류를 제출하지 않도록 할 수 있다.

③ 한국교통안전공단은 제1항에 따라 운전면허 시험 응시 원서를 접수한 때에는 철도차량 운전면허 시험 응시 원서 접수 대장에 기록하고 운전면허 시험 응시표를 응시자에게 발급하여야 한다. 다만, 응시 원서 접수 사실을 관리하는 정보체계에 따라 관리하는 경우에는 응시 원서 접수 사실을 철도차량 운전면허 시험 응시 원서 접수 대장에 기록하지 아니할 수 있다.

④ 한국교통안전공단은 운전면허 시험 응시 원서 접수 마감 7일 이내에 시험일시 및 장소를 한국교통안전공단 게시판 또는 인터넷 홈페이지 등에 공고하여야 한다.

📝 규칙 제27조(운전면허시험 응시표의 재발급)

운전면허 시험 응시표를 발급받은 사람이 응시표를 잃어버리거나 헐어서 못 쓰게 된 경우에는 사진(3.5cm × 4.5cm) 1장을 첨부하여 한국교통안전공단에 재발급을 신청(정보통신망을 이용한 신청을 포함한다)하여야 하고, 한국교통안전공단은 응시 원서 접수 사실을 확인한 후 운전면허 시험 응시표를 신청인에게 재발급하여야 한다.

📝 규칙 제28조(시험실시결과의 게시 등)

① 한국교통안전공단은 운전면허 시험을 시행하여 합격자를 결정한 때에는 한국교통안전공단 게시판 또는 인터넷 홈페이지에 게재하여야 한다.
② 한국교통안전공단은 운전면허시험을 실시한 경우에는 운전면허 종류별로 필기시험 및 기능시험 응시자와 합격자 현황 등의 자료를 국토교통부장관에게 보고하여야 한다.

📄 법 제18조(운전면허증의 발급 등)

① 국토교통부장관은 운전면허 시험에 합격한 사람이 철도차량 운전면허증 발급일을 기준으로 제11조제1항 각 호의 결격사유에 해당하지 아니하는 경우에는 국토교통부령으로 정하는 바에 따라 운전면허증을 발급하여야 한다.
② 운전면허증을 발급받은 사람이 운전면허증을 잃어버렸거나 운전면허증이 헐어서 쓸 수 없게 되었을 때 또는 운전면허증의 기재 사항이 변경되었을 때에는 국토교통부령으로 정하는 바에 따라 운전면허증의 재발급이나 기재 사항의 변경을 신청할 수 있다.

📝 규칙 제29조(운전면허증의 발급 등)

① 운전면허 시험에 합격한 사람은 한국교통안전공단에 철도차량 운전면허증 (재)발급신청서를 제출(정보통신망을 이용한 제출을 포함한다)하여야 한다.
② 철도차량 운전면허증 발급 신청을 받은 한국교통안전공단은 철도차량 운전면허증을 발급하여야 한다.
③ 철도차량 운전면허증을 발급받은 사람이 철도차량 운전면허증을 잃어버렸거나 헐어 못 쓰게 된 때에는 철도차량 운전면허증 (재)발급신청서에 분실 사유서나 헐어 못 쓰게 된 운전면허증을 첨부하여 한국교통안전공단에 제출하여야 한다.
④ 한국교통안전공단은 철도차량 운전면허증을 발급이나 재발급한 때에는 철도차량 운전면허증 관리대장에 이를 기록·관리하여야 한다. 다만, 철도차량 운전면허증의 발급이나 재발급 사실을 관리하는 정보체계에 따라 관리하는 경우에는 철도차량 운전면허증 관리대장에 이를 기록·관리하지 아니할 수 있다.

규칙 제30조(철도차량 운전면허증 기록사항 변경)

① 운전면허 취득자가 주소 등 철도차량 운전면허증의 기록 사항을 변경하려는 경우에는 이를 증명할 수 있는 서류를 첨부하여 한국교통안전공단에 기록 사항의 변경을 신청하여야 한다. 이 경우 한국교통안전공단은 기록 사항을 변경한 때에는 철도차량 운전면허증 관리대장에 이를 기록·관리하여야 한다.

② 제1항 후단에도 불구하고 철도차량 운전면허증의 기록 사항의 변경을 관리하는 정보체계에 따라 관리할 때에는 철도차량 운전면허증 관리대장에 이를 기록·관리하지 아니할 수 있다.

법 제19조(운전면허의 갱신)

① 운전면허의 유효기간은 10년으로 한다.

② 운전면허 취득자로서 유효기간 이후에도 그 운전면허의 효력을 유지하려는 사람은 운전면허의 유효기간 만료 전에 국토교통부령으로 정하는 바에 따라 운전면허의 갱신을 받아야 한다.

③ 국토교통부장관은 운전면허의 갱신을 신청한 사람이 다음 각 호의 어느 하나에 해당하는 경우에는 운전면허증을 갱신하여 발급하여야 한다.

   1. 운전면허의 갱신을 신청하는 날 전 10년 이내에 국토교통부령으로 정하는 철도차량의 운전 업무에 종사한 경력이 있거나 국토교통부령으로 정하는 바에 따라 이와 같은 수준 이상의 경력이 있다고 인정되는 경우

   2. 국토교통부령으로 정하는 교육훈련을 받은 경우

④ 운전면허 취득자가 운전면허의 갱신을 받지 아니하면 그 운전면허의 유효기간이 만료되는 날의 다음 날부터 그 운전면허의 효력이 정지된다.

⑤ 운전면허의 효력이 정지된 사람이 6개월의 범위에서 대통령령으로 정하는 기간 내에 운전면허의 갱신을 신청하여 운전면허의 갱신을 받지 아니하면 그 기간이 만료되는 날의 다음 날부터 그 운전면허는 효력을 잃는다.

⑥ 국토교통부장관은 운전면허 취득자에게 그 운전면허의 유효기간이 만료되기 전에 국토교통부령으로 정하는 바에 따라 운전면허의 갱신에 관한 내용을 통지하여야 한다.

⑦ 국토교통부장관은 제5항에 따라 운전면허의 효력이 실효된 사람이 운전면허를 다시 받으려는 경우 대통령령으로 정하는 바에 따라 그 절차의 일부를 면제할 수 있다.

영 제19조(운전면허 갱신 등)

① 운전면허의 효력이 정지된 사람이 제2항에 따른 기간 내에 운전면허 갱신을 받은 경우 해당 운전면허의 유효기간은 갱신받기 전 운전면허의 유효기간 만료일 다음 날부터 기산한다.

② 법 제19조제5항에서 "대통령령으로 정하는 기간"이란 6개월을 말한다.

📝 규칙 제31조(운전면허의 갱신절차)

① 철도차량 운전면허를 갱신하려는 사람은 운전면허의 유효기간 만료일 전 6개월 이내에 철도차량 운전면허 갱신 신청서에 다음 각 호의 서류를 첨부하여 한국교통안전공단에 제출하여야 한다.

   1. 철도차량 운전면허증

   2. 법 제19조제3항 각 호에 해당함을 증명하는 서류

② 제1항에 따라 갱신받은 운전면허의 유효기간은 종전 운전면허 유효기간의 만료일 다음 날부터 기산한다.

📝 규칙 제32조(운전면허 갱신에 필요한 경력 등)

① 법 제19조제3항제1호에서 "국토교통부령으로 정하는 철도차량의 운전 업무에 종사한 경력"이란 운전면허의 유효기간 내에 6개월 이상 해당 철도차량을 운전한 경력을 말한다.

② 법 제19조제3항제1호에서 "이와 같은 수준 이상의 경력"이란 다음 각 호의 어느 하나에 해당하는 업무에 2년 이상 종사한 경력을 말한다.

   1. 관제업무

   2. 운전교육훈련기관에서의 운전교육훈련업무

   3. 철도운영자등에게 소속되어 철도차량 운전자를 지도·교육·관리하거나 감독하는 업무

③ 법 제19조제3항제2호에서 "국토교통부령으로 정하는 교육훈련을 받은 경우"란 운전교육훈련기관이나 철도운영자등이 실시한 철도차량 운전에 필요한 교육훈련을 운전면허 갱신 신청일 전까지 20시간 이상 받은 경우를 말한다.

④ 제1항 및 제2항에 따른 경력의 인정, 제3항에 따른 교육훈련의 내용 등 운전면허 갱신에 필요한 세부 사항은 국토교통부장관이 정하여 고시한다.

📝 규칙 제33조(운전면허 갱신 안내 통지)

① 한국교통안전공단은 운전면허의 효력이 정지된 사람이 있는 때에는 해당 운전면허의 효력이 정지된 날부터 30일 이내에 해당 운전면허 취득자에게 이를 통지하여야 한다.

② 한국교통안전공단은 법 제19조제6항에 따라 운전면허의 유효기간 만료일 6개월 전까지 해당 운전면허 취득자에게 운전면허 갱신에 관한 내용을 통지하여야 한다.

③ 제2항에 따른 운전면허 갱신에 관한 통지는 철도차량 운전면허 갱신 통지서에 따른다.

④ 제1항 및 제2항에 따른 통지를 받을 사람의 주소 등을 통상적인 방법으로 확인할 수 없거나 통지서를 송달할 수 없는 경우에는 한국교통안전공단 게시판 또는 인터넷 홈페이지에 14일 이상 공고함으로써 통지에 갈음할 수 있다.

📑 영 제20조(운전면허 취득절차의 일부 면제)

운전면허의 효력이 실효된 사람이 운전면허가 실효된 날부터 3년 이내에 실효된 운전면허와 동일한
운전면허를 취득하려는 경우에는 다음 각 호의 구분에 따라 운전면허 취득 절차의 일부를 면제한다.
1. 법 제19조제3항 각 호에 해당하지 아니하는 경우: 법 제16조에 따른 운전 교육훈련 면제
2. 법 제19조제3항 각 호에 해당하는 경우: 법 제16조에 따른 운전 교육훈련과 법 제17조에 따른 운전면허
   시험 중 필기시험 면제

📄 법 제19조의2(운전면허증의 대여 등 금지)

누구든지 운전면허증을 다른 사람에게 빌려주거나 빌리거나 이를 알선하여서는 아니 된다.

📄 법 제20조(운전면허의 취소·정지 등)

① 국토교통부장관은 운전면허 취득자가 다음 각 호의 어느 하나에 해당할 때에는 운전면허를 취소하거나
   1년 이내의 기간을 정하여 운전면허의 효력을 정지시킬 수 있다. 다만, 제1호부터 제4호까지의 규정에
   해당할 때에는 운전면허를 취소하여야 한다.
   1. 거짓이나 그 밖의 부정한 방법으로 운전면허를 받았을 때
   2. 제11조제1항제2호부터 제4호까지의 규정에 해당하게 되었을 때(운전면허의 결격사유)
   3. 운전면허의 효력 정지 기간 중 철도차량을 운전하였을 때
   4. 운전면허증을 다른 사람에게 빌려주었을 때
   5. 철도차량을 운전 중 고의 또는 중과실로 철도사고를 일으켰을 때
   5의2. 제40조의2제1항 또는 제5항을 위반하였을 때
   6. 술을 마시거나 약물을 사용한 상태에서 철도차량을 운전하였을 때
   7. 술을 마시거나 약물을 사용한 상태에서 업무를 하였다고 인정할 만한 상당한 이유가 있음에도 불구하고
      국토교통부장관 또는 시·도지사의 확인 또는 검사를 거부하였을 때
   8. 이 법 또는 이 법에 따라 철도의 안전 및 보호와 질서유지를 위하여 한 명령·처분을 위반하였을 때
② 국토교통부장관이 제1항에 따라 운전면허의 취소 및 효력 정지 처분을 하였을 때에는 국토교통부령으로
   정하는 바에 따라 그 내용을 해당 운전면허 취득자와 운전면허 취득자를 고용하고 있는 철도운영자등에게
   통지하여야 한다.
③ 제2항에 따른 운전면허의 취소 또는 효력 정지 통지를 받은 운전면허 취득자는 그 통지를 받은 날부터
   15일 이내에 운전면허증을 국토교통부장관에게 반납하여야 한다.
④ 국토교통부장관은 운전면허의 효력이 정지된 사람으로부터 운전면허증을 반납받았을 때에는
   보관하였다가 정지 기간이 끝나면 즉시 돌려주어야 한다.

⑤ 취소 및 효력 정지 처분의 세부 기준 및 절차는 그 위반의 유형 및 정도에 따라 국토교통부령으로 정한다.

⑥ 국토교통부장관은 국토교통부령으로 정하는 바에 따라 운전면허의 발급, 갱신, 취소 등에 관한 자료를 유지·관리하여야 한다.

📝 규칙 제34조(운전면허의 취소 및 효력정지 처분의 통지 등)

① 국토교통부장관은 운전면허의 취소나 효력 정지 처분을 한 때에는 철도차량 운전면허 취소·효력 정지 처분 통지서를 해당 처분 대상자에게 발송하여야 한다.

② 국토교통부장관은 제1항에 따른 처분 대상자가 철도운영자등에게 소속되어 있는 경우에는 철도운영자등에게 그 처분 사실을 통지하여야 한다.

③ 제1항에 따른 처분 대상자의 주소 등을 통상적인 방법으로 확인할 수 없거나 철도차량 운전면허 취소·효력 정지 처분 통지서를 송달할 수 없는 경우에는 운전면허 시험기관인 한국교통안전공단 게시판 또는 인터넷 홈페이지에 14일 이상 공고함으로써 제1항에 따른 통지에 갈음할 수 있다.

④ 운전면허의 취소 또는 효력 정지 처분의 통지를 받은 사람은 통지를 받은 날부터 15일 이내에 운전면허증을 한국교통안전공단에 반납하여야 한다.

철도안전법 시행규칙 [별표 10의2]
운전면허취소·효력정지 처분의 세부기준(제35조 관련)

처분대상	근거 법조문	처분기준			
		1차 위반	2차 위반	3차 위반	4차 위반
1. 거짓이나 그 밖의 부정한 방법으로 운전면허를 받은 경우	법 제20조제 1항제1호	면허취소			
2. 법 제11조제2호부터 제4호까지의 규정에 해당 하는 경우 가. 철도차량 운전상의 위험과 장해를 일으킬 수 있는 정신질환자 또는 뇌전증 환자로서 해당 분야 전문의가 정상적인 운전을 할 수 없다고 인정하는 사람 나. 철도차량 운전상의 위험과 장해를 일으킬 수 있는 약물(「마약류 관리에 관한 법률」에 따른 마약류 및 「화학물질관리법」에 따른 환각물질을 말한다) 또는 알코올 중독자로서 해당 분야 전문의가 정상적인 운전을 할 수 없다고 인정하는 사람 다. 두 귀의 청력을 완전히 상실한 사람, 두 눈의 시력을 완전히 상실한 사람	법 제20조제 1항제2호	면허취소			

처분대상		근거 법조문	처분기준			
			1차 위반	2차 위반	3차 위반	4차 위반
3. 운전면허의 효력정지 기간 중 철도차량을 운전한 경우		법 제20조제 1항제3호	면허취소			
4. 운전면허증을 타인에게 대여한 경우		법 제20조제 1항제4호	면허취소			
5. 철도차량을 운전 중 고의 또는 중과실로 철도사고를 일으킨 경우	사망자가 발생한 경우	법 제20조제 1항제5호	면허취소			
	부상자가 발생한 경우		효력정지 3개월	면허취소		
	1천만원 이상 물적 피해가 발생한 경우		효력정지 2개월	효력정지 3개월	면허취소	
5의2. 법 제40조의2제1항을 위반한 경우(철도종사자의 준수사항)		법 제20조제 1항제5호의2	경고	효력정지 1개월	효력정지 2개월	효력정지 3개월
5의3. 법 제40조의2제5항을 위반한 경우 (철도사고 발생 후 후속조치 이행)		법 제20조제 1항제5호의2	효력정지 1개월	면허취소		
6. 술에 만취한 상태(혈중 알코올농도 0.1% 이상)에서 운전한 경우		법 제20조제 1항제6호	면허취소			
7. 술을 마신 상태의 기준(혈중 알코올 농도 0.02% 이상)을 넘어서 운전을 하다가 철도사고를 일으킨 경우		법 제20조제 1항제6호	면허취소			
8. 약물을 사용한 상태에서 운전한 경우		법 제20조제 1항제6호	면허취소			
9. 술을 마신 상태(혈중 알코올농도 0.02% 이상 0.1% 미만)에서 운전한 경우		법 제20조제 1항제6호	효력정지 3개월	면허취소		
10. 술을 마시거나 약물을 사용한 상태에서 업무를 하였다고 인정할 만한 타당한 이유가 있음에도 불구하고 확인이나 검사 요구에 불응한 경우		법 제20조제 1항제7호	면허취소			
11. 철도차량 운전규칙을 위반하여 운전을 하다가 열차운행에 중대한 차질을 초래한 경우		법 제20조제 1항제8호	효력정지 1개월	효력정지 2개월	효력정지 3개월	면허취소

3. 국토교통부장관은 다음 어느 하나에 해당하는 경우에는 위 표 제5호, 제5호 의2, 제5호의3 및 제11호에 따른 효력정지기간(위반행위가 둘 이상인 경우에는 비고 제1호에 따른 효력정지기간을 말한다)을 2분의 1의 범위에서 이를 늘리거나 줄일 수 있다. 다만, 효력 정지 기간을 늘리는 경우에도 1년을 넘을 수 없다.

  1) 효력 정지 기간을 줄여서 처분할 수 있는 경우

    가) 철도 안전에 대한 위험을 피하기 위한 부득이한 사유가 있는 경우

    나) 그 밖에 위반행위의 정도, 위반행위의 동기와 그 결과 등을 고려하여 처분을 줄일 필요가 있다고 인정되는 경우

  2) 효력 정지 기간을 늘려서 처분할 수 있는 경우

    가) 고의 또는 중과실에 의해 위반행위가 발생한 경우

    나) 다른 열차의 운행 안전 및 여객·공중(公衆)에 상당한 영향을 미친 경우

    다) 그 밖에 위반행위의 정도, 위반행위의 동기와 그 결과 등을 고려하여 처분을 늘릴 필요가 있다고 인정되는 경우

규칙 제36조(운전면허의 유지 · 관리)

한국교통안전공단은 운전면허 취득자의 운전면허 발급 · 갱신 · 취소 등에 관한 사항을 철도차량 운전면허 발급 대장에 기록하고 유지 · 관리하여야 한다.

법 제21조(운전업무 실무수습)

철도차량의 운전 업무에 종사하려는 사람은 국토교통부령으로 정하는 바에 따라 실무 수습을 이수하여야 한다.

철도안전법 시행규칙 [별표 11]
실무수습 · 교육의 세부기준(제37조관련)

1. 운전면허취득 후 실무수습 · 교육 기준

가. 철도차량 운전면허 실무수습 이수경력이 없는 사람

면허종별	실무수습 · 교육항목	실무수습 · 교육시간 또는 거리
제1종 전기차량 운전면허	• 선로 · 신호 등 시스템 • 운전취급 관련 규정 • 제동기 취급 • 제동기 외의 기기취급 • 속도관측 • 비상시 조치 등	400시간 이상 또는 8,000킬로미터 이상
디젤차량 운전면허		400시간 이상 또는 8,000킬로미터 이상
제2종 전기차량 운전면허		400시간 이상 또는 6,000킬로미터 이상(단, 무인운전 구간의 경우 200시간 이상 또는 3,000킬로미터 이상)
철도장비 운전면허		300시간 이상 또는 3,000킬로미터 이상(입환(入換)작업을 위해 원격제어가 가능한 장치를 설치하여 시속 25킬로미터 이하로 동력차를 운전할 경우 150시간 이상)
노면전차 운전면허		300시간 이상 또는 3,000킬로미터 이상

나. 철도차량 운전면허 실무수습 이수경력이 있는 사람

면허종별	실무수습 · 교육항목	실무수습 · 교육시간 또는 거리
고속철도차량 운전면허	• 선로 · 신호 등 시스템 • 운전취급 관련 규정 • 제동기 취급 • 제동기 외의 기기취급 • 속도관측 • 비상시 조치 등	200시간 이상 또는 10,000킬로미터 이상
제1종 전기차량 운전면허		200시간 이상 또는 4,000킬로미터 이상
디젤차량 운전면허		200시간 이상 또는 4,000킬로미터 이상
제2종 전기차량 운전면허		200시간 이상 또는 3,000킬로미터 이상(단,무인운전 구간의 경우 100시간 이상 또는 1,500킬로미터 이상)
철도장비 운전면허		150시간 이상 또는 1,500킬로미터 이상
노면전차 운전면허		150시간 이상 또는 1,500킬로미터 이상

2. 그 밖의 철도차량 운행을 위한 실무수습 · 교육 기준

가. 운전 업무 종사자가 운전 업무 수행 경력이 없는 구간을 운전하려는 때에는 60시간 이상 또는 1,200킬로미터 이상의 실무 수습 · 교육을 받아야 한다. 다만, 철도 장비 운전 업무를 수행하는 경우는 30시간 이상 또는 600킬로미터 이상으로 한다.

나. 운전 업무 종사자가 기기 취급 방법, 작동 원리, 조작 방식 등이 다른 철도차량을 운전하려는 때는 해당 철도차량의 운전면허를 소지하고 30시간 이상 또는 600킬로미터 이상의 실무 수습 · 교육을 받아야 한다.

다. 연장된 신규 노선이나 이설 선로의 경우에는 수습 구간의 거리에 따라 다음과 같이 실무 수습 교육을 실시한다. 다만, 제75조 제10항에 따라 영업 시험 운전을 생략할 수 있는 경우에는 영상 자료 등 교육자료를 활용한 선로 수습으로 실무수습을 실시할 수 있다.

  1) 수습 구간이 10킬로미터 미만: 1왕복 이상

  2) 수습 구간이 10킬로미터 이상~20킬로미터 미만: 2왕복 이상

  3) 수습 구간이 20킬로미터 이상: 3왕복 이상

라. 철도 장비 운전면허 취득 후 원격제어가 가능한 장치를 설치한 동력차의 운전을 위한 실무 수습 · 교육을 150시간 이상 이수한 사람이 다른 철도 장비 운전 업무에 종사하려는 경우 150시간 이상의 실무 수습 · 교육을 받아야 한다.

3. 일반 사항

가. 제1호 및 제2호에서 운전 실무 수습 · 교육의 시간은 교육 시간, 준비 점검 시간 및 차량 점검 시간과 실제 운전 시간을 모두 포함한다.

나. 실무 수습 교육거리는 선로 수습, 시운전, 실제 운전 거리를 포함한다.

4. 제1호부터 제3호까지 규정한 사항 외에 운전 업무 실무 수습의 방법 · 평가 등에 관하여 필요한 세부 사항은 국토교통부장관이 정하여 고시한다.

📝 규칙 제38조(운전업무 실무수습의 관리 등)

철도운영자등은 철도차량의 운전 업무에 종사하려는 사람이 운전 업무 실무 수습을 이수한 경우에는 운전 업무 종사자 실무 수습 관리대장에 운전 업무 실무 수습을 받은 구간 등을 기록하고 그 내용을 한국교통안전공단에 통보해야 한다.

📄 법 제21조의2(무자격자의 운전업무 금지 등)

철도운영자등은 운전면허를 받지 아니하거나(제20조에 따라 운전면허가 취소되거나 그 효력이 정지된 경우를 포함한다) 실무 수습을 이수하지 아니한 사람을 철도차량의 운전 업무에 종사하게 하여서는 아니 된다.

📄 법 제21조의3(관제자격증명)

① 관제 업무에 종사하려는 사람은 국토교통부장관으로부터 철도교통 관제사 자격 증명(이하 "관제 자격 증명"이라 한다)을 받아야 한다.

② 관제 자격 증명은 대통령령으로 정하는 바에 따라 관제 업무의 종류별로 받아야 한다.

📄 법 제21조의4(관제자격증명의 결격사유)

관제 자격 증명의 결격사유에 관해서는 운전면허 관련 제11조를 준용한다.

📄 법 제21조의5(관제자격증명의 신체검사)

① 관제 자격 증명을 받으려는 사람은 관제 업무에 적합한 신체 상태를 갖추고 있는지 판정받기 위하여 국토교통부장관이 실시하는 신체검사에 합격하여야 한다.

② 제1항에 따른 신체검사의 방법 및 절차 등에 관해서는 운전면허 관련 제12조 및 제13조를 준용한다.

📄 법 제21조의6(관제적성검사)

① 관제 자격 증명을 받으려는 사람은 관제 업무에 적합한 적성을 갖추고 있는지 판정받기 위하여 국토교통부장관이 실시하는 적성검사에 합격하여야 한다.

② 관제 적성검사의 방법 및 절차 등에 관해서는 운전면허 관련 제15조제2항 및 제3항을 준용한다.

③ 국토교통부장관은 관제 적성검사에 관한 전문 기관을 지정하여 관제 적성검사를 하게 할 수 있다.

④ 관제 적성검사 기관의 지정 기준 및 지정 절차 등에 필요한 사항은 대통령령으로 정한다.

⑤ 관제 적성검사 기관의 지정 취소 및 업무정지 등에 관하여는 운전면허 관련 제15조제6항 및 제15조의2를 준용한다.

📄 영 제20조의2(관제자격증명의 종류)

철도교통 관제사 자격 증명은 다음 각 호의 구분에 따른 관제 업무의 종류별로 받아야 한다.

1. 도시철도 차량에 관한 관제 업무: 도시철도 관제 자격 증명
2. 철도차량에 관한 관제 업무(제1호에 따른 도시철도 차량에 관한 관제 업무를 포함한다): 철도 관제 자격 증명

📄 영 제20조의3(관제적성검사기관의 지정절차 등)

관제 적성검사에 관한 전문 기관의 지정 절차, 지정 기준 및 변경 사항 통지에 관하여는 운전면허 관련 제13조부터 제15조까지의 규정을 준용한다.

법 제21조의7(관제교육훈련)

① 관제 자격 증명을 받으려는 사람은 관제 업무의 안전한 수행을 위하여 국토교통부장관이 실시하는 관제 업무에 필요한 지식과 능력을 습득할 수 있는 교육훈련을 받아야 한다. 다만, 다음 각 호의 어느 하나에 해당하는 사람에게는 국토교통부령으로 정하는 바에 따라 관제 교육훈련의 일부를 면제할 수 있다.
  1. 「고등교육법」에 따른 학교에서 국토교통부령으로 정하는 관제 업무 관련 교과목을 이수한 사람
  2. 다음 각 목의 어느 하나에 해당하는 업무에 대하여 5년 이상의 경력을 취득한 사람
    가. 철도차량의 운전 업무
    나. 철도신호기 · 선로전환기 · 조작판의 취급 업무
  3. 관제 자격 증명을 받은 후 제21조의3제2항에 따른 다른 종류의 관제 자격 증명을 받으려는 사람
② 관제 교육훈련의 기간 및 방법 등에 필요한 사항은 국토교통부령으로 정한다.
③ 국토교통부장관은 관제 업무에 관한 전문 교육훈련기관을 지정하여 관제 교육훈련을 실시하게 할 수 있다.
④ 관제 교육훈련기관의 지정 기준 및 지정 절차 등에 필요한 사항은 대통령령으로 정한다.
⑤ 관제 교육훈련기관의 지정 취소 및 업무정지 등에 관하여는 운전면허 관련 제15조제6항 및 제15조의2를 준용한다.

영 제20조의4(관제교육훈련기관의 지정절차 등)

관제 업무에 관한 전문 교육훈련기관의 지정 절차, 지정 기준 및 변경 사항 통지에 관하여는 운전면허 관련 제16조부터 제18조까지의 규정을 준용한다.

규칙 제38조의2(관제교육훈련의 기간 · 방법 등)

① 관제 교육훈련은 모의 관제시스템을 활용하여 실시한다.
③ 관제 교육훈련기관은 관제 교육훈련을 수료한 사람에게 관제 교육훈련 수료증을 발급하여야 한다.
④ 관제 교육훈련의 신청, 관제 교육훈련 과정의 개설 및 그 밖에 관제 교육훈련의 절차 · 방법 등에 관하여는 운전면허 관련 제20조제2항 · 제4항 및 제6항을 준용한다.

철도안전법 시행규칙 [별표 11의2]
관제교육훈련의 과목 및 교육훈련시간(제38조의2제2항 관련)

1. 관제교육훈련의 과목 및 교육훈련시간

관제자격증명 종류	관제교육훈련 과목	교육훈련시간
가. 철도관제자격증명	• 열차운행계획 및 실습 • 철도관제(노면전차 관제를 포함한다) 시스템 운용 및 실습 • 열차운행선 관리 및 실습 • 비상 시 조치 등	360시간
나. 도시철도관제자격증명	• 열차운행계획 및 실습 • 도시철도관제(노면전차 관제를 포함한다) 시스템 운용 및 실습 • 열차운행선 관리 및 실습 • 비상 시 조치 등	280시간

2. 관제교육훈련의 일부 면제

가. 법 제21조의7제1항제1호에 따라 「고등교육법」에 따른 학교에서 제 1호에 따른 관제 교육훈련 과목 중 어느 하나의 과목과 교육 내용이 동일한 교과목을 이수한 사람에게는 해당 관제 교육훈련 과목의 교육훈련을 면제한다. 이 경우 교육훈련을 면제받으려는 사람은 해당 교과목의 이수 사실을 증명할 수 있는 서류를 관제 교육훈련기관에 제출하여야 한다.

나. 법 제21조의7제1항제2호에 따라 철도차량의 운전 업무 또는 철도신호기 · 선로전환기 · 조작판의 취급 업무에 5년 이상의 경력을 취득한 사람에 대한 철도 관제 자격 증명 또는 도시철도 관제 자격 증명의 교육훈련 시간은 105시간으로 한다. 이 경우 교육훈련을 면제받으려는 사람은 해당 경력을 증명할 수 있는 서류를 관제 교육훈련기관에 제출하여야 한다.

다. 법 제21조의7제1항제3호에 따라 도시철도 관제 자격 증명을 취득한 사람에 대한 철도 관제 자격 증명의 교육훈련 시간은 80시간으로 한다. 이 경우 교육 훈련을 면제받으려는 사람은 도시철도 관제자격증명서 사본을 관제 교육훈련 기관에 제출해야 한다.

규칙 제38조의4(관제교육훈련기관 지정절차 등)

① 관제 교육훈련기관으로 지정받으려는 자는 관제 교육훈련기관 지정 신청서에 다음 각 호의 서류를 첨부하여 국토교통부장관에게 제출하여야 한다. 이 경우 국토교통부장관은 행정정보의 공동이용을 통하여 법인 등기사항증명서(신청인이 법인인 경우만 해당한다)를 확인하여야 한다.

1. 관제 교육훈련 계획서(관제 교육훈련 평가 계획을 포함한다)
2. 관제 교육훈련기관 운영 규정
3. 정관이나 이에 준하는 약정(법인 그 밖의 단체에 한정한다)
4. 관제 교육훈련을 담당하는 강사의 자격 · 학력 · 경력 등을 증명할 수 있는 서류 및 담당업무
5. 관제 교육훈련에 필요한 강의실 등 시설 내역서
6. 관제 교육훈련에 필요한 모의 관제시스템 등 장비 내역서
7. 관제 교육훈련기관에서 사용하는 직인의 인영

② 국토교통부장관은 관제 교육훈련기관의 지정 신청을 받은 때에는 그 지정 여부를 종합적으로 심사한 후 관제 교육훈련기관 지정서를 신청인에게 발급해야 한다.

② 국토교통부장관은 관제 교육훈련기관이 지정 기준에 적합한지를 <u>2년</u>마다 심사해야 한다.

③ 관제 교육훈련기관의 변경 사항 통지에 관하여는 운전면허 관련 제22조제3항을 준용한다.

철도안전법 시행규칙 [별표 11의3] 〈개정 2024. 11. 12.〉

관제교육훈련기관의 세부 지정기준(제38조의5제1항 관련)

1. 인력기준

가. 자격기준

등급	학력 및 경력
책임교수	1) 박사학위 소지자로서 철도교통에 관한 업무에 10년 이상 또는 철도차량 운전 관련 업무에 5년 이상 근무한 경력이 있는 사람 2) 석사학위 소지자로서 철도교통에 관한 업무에 15년 이상 또는 철도차량 운전 관련 업무에 8년 이상 근무한 경력이 있는 사람 3) 학사학위 소지자로서 철도교통에 관한 업무에 20년 이상 또는 철도차량 운전 관련 업무에 10년 이상 근무한 경력이 있는 사람 4) 철도 관련 4급 이상의 공무원 경력 또는 이와 같은 수준 이상의 자격 및 경력이 있는 사람 5) 대학의 철도차량 운전 관련 학과에서 조교수 이상으로 재직한 경력이 있는 사람 6) 선임 교수 경력이 3년 이상 있는 사람
선임교수	1) 박사학위 소지자로서 철도교통에 관한 업무에 5년 이상 또는 철도차량 운전 관련 업무에 3년 이상 근무한 경력이 있는 사람 2) 석사학위 소지자로서 철도교통에 관한 업무에 10년 이상 또는 철도차량 운전 관련 업무에 5년 이상 근무한 경력이 있는 사람 3) 학사학위 소지자로서 철도교통에 관한 업무에 15년 이상 또는 철도차량 운전 관련 업무에 8년 이상 근무한 경력이 있는 사람 4) 철도차량 운전 업무에 5급 이상의 공무원 경력 또는 이와 같은 수준 이상의 자격 및 경력이 있는 사람 5) 대학의 철도차량 운전 관련 학과에서 전임강사 이상으로 재직한 경력이 있는 사람 6) 교수 경력이 3년 이상 있는 사람
교수	철도 교통관제 업무에 1년 이상 또는 철도차량 운전 업무에 3년 이상 근무한 경력이 있는 사람으로서 다음의 어느 하나에 해당하는 학력 및 경력을 갖춘 사람 1) 학사학위 소지자로서 철도차량 운전 업무 수행자에 대한 지도 교육 경력이 2년 이상 있는 사람 2) 전문학사 학위 소지자로서 철도차량 운전 업무 수행자에 대한 지도 교육 경력이 3년 이상 있는 사람 3) 고등학교 졸업자로서 철도차량 운전 업무 수행자에 대한 지도 교육 경력이 5년 이상 있는 사람 4) 철도차량 운전과 관련된 교육기관에서 강의 경력이 1년 이상 있는 사람

비고 :

1. 철도교통에 관한 업무란 철도 운전 · 신호 취급 · 안전에 관한 업무를 말한다.

2. 철도교통에 관한 업무 경력에는 책임교수의 경우 철도 교통관제 업무 3년 이상, 선임 교수의 경우 철도 교통관제 업무 2년 이상이 포함되어야 한다.

3. 철도차량 운전 관련 업무란 철도차량 운전 업무 수행자에 대한 안전관리 · 지도 교육 및 관리·감독 업무를 말한다.

4. 철도차량 운전 업무나 철도 교통관제 업무 수행 경력이 있는 사람으로서 현장 지도 교육의 경력은 운전 업무나 관제 업무 수행 경력으로 합산할 수 있다.

5. 책임교수·선임 교수의 학력 및 경력란 1) 부터 3) 까지의 "근무한 경력" 및 교수의 학력 및 경력란 1(부터 3)까지의 "지도 교육 경력"은 해당 학위를 취득 또는 졸업하기 전과 취득 또는 졸업한 후의 경력을 모두 포함한다.

나. 보유기준

1회 교육생 30명을 기준으로 철도차량 운전면허 종류별 전임 책임교수, 선임 교수, 교수를 각 1명 이상 확보하여야 하며, 운전면허 종류별 교육 인원이 15명 추가될 때마다 운전면허 종류별 교수 1명 이상을 추가로 확보하여야 한다. 이 경우 추가로 확보하여야 하는 교수는 비전임으로 할 수 있다.

2. 시설기준: 다음 각 목의 시설기준을 갖출 것. 다만, 운전교육훈련기관 또는 정비교육훈련기관이 관제 교육훈련기관으로 함께 지정받으려는 경우 중복되는 시설기준을 추가로 갖추지 않을 수 있다.

가. 강의실 면적 60제곱미터 이상의 강의실을 갖출 것. 다만, 1제곱미터당 교육 인원은 1명을 초과하지 아니하여야 한다.

나. 실기 교육장

1) 모의 관제시스템을 설치할 수 있는 실습장을 갖출 것

2) 30명이 동시에 실습할 수 있는 면적 90제곱미터 이상의 컴퓨터 지원시스템 실습장을 갖출 것. 그 밖에 교육훈련에 필요한 사무실·편의시설 및 설비를 갖출 것

3. 장비 기준: 다음 각 목의 장비 기준을 갖출 것. 다만, 운전교육훈련기관 또는 정비교육훈련기관이 관제교육훈련기관으로 함께 지정받으려는 경우 중복되는 장비 기준을 추가로 갖추지 않을 수 있다.

가. 모의 관제시스템

장비명	성능기준	보유기준
전 기능 모의운전연습기	• 제어용 서버 시스템 • 대형 표시반 및 Wall Controller 시스템 • 음향시스템 • 관제사 콘솔 시스템 • 교수제어대 및 평가시스템	1대 이상 보유

나. 컴퓨터지원교육시스템

장비명	성능기준	보유기준
컴퓨터지원교육시스템	• 열차운행계획 • 철도관제시스템 운용 및 실무 • 열차운행선 관리 • 비상 시 조치 등	관련 프로그램 및 컴퓨터 30대 이상 보유

비고 :

1. 컴퓨터지원교육 시스템이란 컴퓨터의 멀티미디어 기능을 활용하여 관제 교육훈련을 시행할 수 있도록 제작된 기본기능 모의 관제시스템과 이를 지원하는 컴퓨터시스템 일체를 말한다.

2. 기본기능 모의 관제시스템이란 철도 관제 교육훈련에 꼭 필요한 부분만을 제작한 시스템을 말한다.

4. 관제교육훈련에 필요한 교재를 갖출 것

5. 다음 각 목의 사항을 포함한 업무규정을 갖출 것

　가. 관제교육훈련기관의 조직 및 인원

　나. 교육생 선발에 관한 사항

　다. 연간 교육훈련계획: 교육과정 편성, 교수인력의 지정 교과목 및 내용 등

　라. 교육기관 운영계획

　마. 교육생 평가에 관한 사항

　바. 실습설비 및 장비 운용방안

　사. 각종 증명의 발급 및 대장의 관리

　아. 교수인력의 교육훈련

　자. 기술도서 및 자료의 관리·유지

　차. 수수료 징수에 관한 사항

　카. 그 밖에 국토교통부장관이 관제교육훈련에 필요하다고 인정하는 사항

✐ 규칙 제38조의6(관제교육훈련기관의 지정취소 · 업무정지 등)

② 관제 교육훈련기관 지정 취소·업무정지의 통지 등에 관하여는 제23조제2항을 준용한다. 이 경우 "운전교육훈련기관"은 "관제 교육훈련기관"으로 본다.

📄 법 제21조의8(관제자격증명시험)

① 관제 자격 증명을 받으려는 사람은 관제 업무에 필요한 지식 및 실무역량에 관하여 국토교통부장관이 실시하는 학과 시험 및 실기시험에 합격하여야 한다.

② 관제 자격 증명 시험은 제21조의4에 따라 준용되는 제11조제1항제2호부터 제5호까지의 결격사유에 해당하지 아니하는 사람으로서 신체검사와 관제 적성검사에 합격한 후 관제 교육훈련을 받은 사람이 응시할 수 있다.

③ 국토교통부장관은 다음 각 호의 어느 하나에 해당하는 사람에게는 국토교통부령으로 정하는 바에 따라 관제 자격 증명 시험의 일부를 면제할 수 있다.

　1. 운전면허를 받은 사람

　3. 관제 자격 증명을 받은 후 제21조의3제2항에 따른 다른 종류의 관제 자격 증명에 필요한 시험에 응시하려는 사람

④ 관제 자격 증명 시험의 과목, 방법 및 절차 등에 필요한 사항은 국토교통부령으로 정한다.

✐ 규칙 제38조의7(관제자격증명시험의 과목 및 합격기준)

① 관제 자격 증명 시험 중 실기시험은 모의 관제시스템을 활용하여 시행한다.

② 관제 자격 증명 시험의 과목 및 합격 기준은 별표 11의 4와 같다. 이 경우 실기시험은 학과 시험에 합격한 경우에만 응시할 수 있다.

③ 관제 자격 증명 시험 중 학과 시험에 합격한 사람에 대해서는 학과 시험에 합격한 날부터 2년이 되는 날이 속하는 해의 12월 31일까지 실시하는 관제 자격 증명 시험에 있어 학과 시험의 합격을 유효한 것으로 본다.

④ 관제 자격 증명 시험의 방법·절차, 실기시험 평가위원의 선정 등에 관하여 필요한 세부 사항은 국토교통부장관이 정한다.

철도안전법 시행규칙 [별표 11의4] 
관제자격증명시험의 과목 및 합격기준 등(제38조의7제2항 및 제38조의9 관련)

1. 과목

관제자격증명 종류	학과시험 과목	실기시험 과목
가. 철도 관제 자격증명	• 철도 관련 법 • 관제 관련 규정 • 철도시스템 일반 • 철도교통 관제 운영 • 비상 시 조치 등	• 열차운행계획 • 철도관제 시스템 운용 및 실무 • 열차운행선 관리 • 비상 시 조치 등
나. 도시철도 관제 자격증명	• 철도 관련 법 • 관제 관련 규정 • 도시철도시스템 일반 • 도시철도교통 관제 운영 • 비상 시 조치 등	• 열차운행계획 • 도시철도관제 시스템 운용 및 실무 • 도시열차운행선 관리 • 비상 시 조치 등

비고 :

1. 위 표의 학과 시험 과목란 및 실기시험 과목란의 "관제"는 노면전차 관제를 포함한다.
2. 위 표의 "철도 관련 법"은 「철도안전법」 같은 법 시행령 및 시행규칙과 관련 지침을 포함한다.
3. "관제 관련 규정"은 「철도차량 운전규칙」 또는 「도시철도 운전규칙」 이 규칙 제76조제4항에 따른 규정 등 철도교통 운전 및 관제에 필요한 규정을 말한다.

2. 시험의 일부 면제

가. 철도차량 운전면허 소지자 제1호의 학과 시험 과목 중 철도 관련 법 과목 및 철도·도시철도 시스템 일반 과목 면제

나. 도시철도 관제 자격 증명 취득자

　　1) 학과 시험 과목 제1호가목의 철도 관제 자격 증명 학과 시험 과목 중 철도 관련 법 과목 및 관제 관련 규정 과목 면제

　　2) 실기시험 과목 제1호가목의 철도 관제 자격 증명 실기시험 과목 중 열차 운행 계획, 철도 관제시스템 운용 및 실무 과목 면제

3. 합격 기준

가. 학과시험 합격 기준: 과목당 100점을 만점으로 하여 시험 과목당 40점 이상(관제 관련 규정의 경우 60점 이상), 총점 평균 60점 이상 득점할 것

나. 실기시험의 합격 기준: 시험 과목당 60점 이상, 총점 평균 80점 이상 득점할 것

📝 규칙 제38조의8(관제자격증명시험 시행계획의 공고)

관제 자격 증명 시험 시행 계획의 공고에 관하여는 운전면허 관련 제25조를 준용한다.

📝 규칙 제38조의10(관제자격증명시험 응시원서의 제출 등)

① 관제 자격 증명 시험에 응시하려는 사람은 관제 자격 증명 시험 응시 원서에 다음 각 호의 서류를 첨부하여 한국교통안전공단에 제출해야 한다.
　　1. 신체검사 의료기관이 발급한 신체검사 판정서(관제자격증명시험 응시원서 접수일 이전 2년 이내인 것에 한정한다)
　　2. 관제 적성검사 기관이 발급한 관제적성검사 판정서(관제자격증명시험 응시원서 접수일 이전 10년 이내인 것에 한정한다)
　　3. 관제 교육훈련기관이 발급한 관제 교육훈련 수료증명서
　　4. 철도차량 운전면허증의 사본(철도차량 운전면허 소지자만 제출한다)
　　5. 도시철도 관제자격증명서의 사본(도시철도 관제자격증명 취득자만 제출한다)
② 한국교통안전공단은 제1항제1호부터 제4호까지의 서류를 정보체계에 따라 확인할 수 있는 경우에는 그 서류를 제출하지 아니하도록 할 수 있다.
③ 한국교통안전공단은 제1항에 따라 관제 자격 증명 시험 응시 원서를 접수한 때에는 관제 자격 증명 시험 응시 원서 접수 대장에 기록하고 관제 자격 증명 시험 응시표를 응시자에게 발급하여야 한다. 다만, 응시 원서 접수 사실을 정보체계에 따라 관리하는 경우에는 응시 원서 접수 사실을 관제 자격 증명 시험 응시 원서 접수 대장에 기록하지 아니할 수 있다.
④ 한국교통안전공단은 관제 자격 증명 시험 응시 원서 접수 마감 7일 이내에 시험일시 및 장소를 한국교통안전공단 게시판 또는 인터넷 홈페이지 등에 공고하여야 한다.

📝 규칙 제38조의11(관제자격증명시험 응시표의 재발급 등)

관제 자격 증명 시험 응시표의 재발급 및 관제 자격 증명 시험 결과의 게시 등에 관하여는 운전면허 관련 제27조 및 제28조를 준용한다.

📄 법 제21조의9(관제자격증명서의 발급 및 관제자격증명의 갱신 등)

관제자격증명서의 발급 및 관제 자격 증명의 갱신 등에 관해서는 운전면허 관련 제18조 및 제19조를 준용한다.

📋 영 제20조의5(관제자격증명 갱신 및 취득절차의 일부 면제)

관제 자격 증명의 갱신 및 취득 절차의 일부 면제에 관하여는 운전면허 관련 제19조 및 제20조를 준용한다.

📝 규칙 제38조의12(관제자격증명서의 발급 등)

① 관제 자격 증명 시험에 합격한 사람은 한국교통안전공단에 관제자격증명서 발급 신청서에 다음 각 호의
서류를 첨부하여 제출(정보통신망을 이용한 제출을 포함한다)해야 한다.
1. 주민등록증 사본
2. 증명사진(3.5센티미터 × 4.5센티미터)
② 제1항에 따라 관제자격증명서 발급 신청을 받은 한국교통안전공단은 철도교통 관제자격증명서를
발급하여야 한다.
③ 관제 자격 증명 취득자가 관제자격증명서를 잃어버렸거나 관제자격증명서가 헐거나 훼손되어 못 쓰게 된
때에는 관제자격증명서 재발급 신청서에 다음 각 호의 서류를 첨부하여 한국교통안전공단에 제출해야 한다.
1. 관제자격증명서(헐거나 훼손되어 못쓰게 된 경우만 제출한다)
2. 분실사유서(분실한 경우만 제출한다)
3. 증명사진(3.5센티미터 × 4.5센티미터)
④ 제3항에 따라 관제자격증명서 재발급 신청을 받은 한국교통안전공단은 철도교통 관제자격증명서를
재발급하여야 한다.
⑤ 한국교통안전공단은 제2항 및 제4항에 따라 관제자격증명서를 발급하거나 재발급한 때에는
관제자격증명서 관리대장에 이를 기록·관리하여야 한다. 다만, 관제자격증명서의 발급이나 재발급 사실을
정보체계에 따라 관리하는 경우에는 관제자격증명서 관리대장에 이를 기록·관리하지 아니할 수 있다.

📝 규칙 제38조의13(관제자격증명서 기록사항 변경)

관제자격증명서의 기록 사항 변경에 관하여는 운전면허 관련 제30조를 준용한다.

📝 규칙 제38조의14(관제자격증명의 갱신절차)

① 관제 자격 증명을 갱신하려는 사람은 관제자격증명의 유효기간 만료일 전 6개월 이내에 관제 자격 증명
갱신 신청서에 다음 각 호의 서류를 첨부하여 한국교통안전공단에 제출하여야 한다.
1. 관제자격증명서
2. 법 제21조의9에 따라 준용되는 법 제19조제3항 각 호에 해당함을 증명하는 서류
② 제1항에 따라 갱신받은 관제 자격 증명의 유효기간은 종전 관제 자격 증명 유효기간의 만료일 다음 날부터
기산한다.

규칙 제38조의15(관제자격증명 갱신에 필요한 경력 등)

① "국토교통부령으로 정하는 관제 업무에 종사한 경력"이란 관제 자격 증명의 유효기간 내에 6개월 이상 관제 업무에 종사한 경력을 말한다.

② "이와 같은 수준 이상의 경력"이란 다음 각 호의 어느 하나에 해당하는 업무에 2년 이상 종사한 경력을 말한다.

    1. 관제 교육훈련기관에서의 관제 교육훈련 업무

    2. 철도운영자등에게 소속되어 관제 업무 종사자를 지도 · 교육 · 관리하거나 감독하는 업무

③ "국토교통부령으로 정하는 교육훈련을 받은 경우"란 관제 교육훈련기관이나 철도운영자등이 실시한 관제 업무에 필요한 교육훈련을 관제 자격 증명 갱신 신청일 전까지 40시간 이상 받은 경우를 말한다.

④ 제1항 및 제2항에 따른 경력의 인정, 제3항에 따른 교육훈련의 내용 등 관제 자격 증명 갱신에 필요한 세부 사항은 국토교통부장관이 정하여 고시한다.

규칙 제38조의16(관제자격증명 갱신 안내 통지)

관제 자격 증명 갱신 안내 통지에 관하여는 운전면허 관련 제33조를 준용한다.

법 제21조의10(관제자격증명서의 대여 등 금지)

누구든지 관제자격증명서를 다른 사람에게 빌려주거나 빌리거나 이를 알선하여서는 아니 된다.

법 제21조의11(관제자격증명의 취소 · 정지 등)

① 국토교통부장관은 관제 자격 증명을 받은 사람이 다음 각 호의 어느 하나에 해당할 때에는 관제 자격 증명을 취소하거나 1년 이내의 기간을 정하여 관제 자격 증명의 효력을 정지시킬 수 있다. 다만, 제1호부터 제4호까지의 어느 하나에 해당할 때에는 관제 자격 증명을 취소하여야 한다.

    1. 거짓이나 그 밖의 부정한 방법으로 관제 자격 증명을 취득하였을 때

    2. 제21조의4에서 준용하는 제11조제1항제2호부터 제4호까지의 어느 하나에 해당하게 되었을 때

    3. 관제 자격 증명의 효력 정지 기간에 관제 업무를 수행하였을 때

    4. 관제자격증명서를 다른 사람에게 빌려주었을 때

    5. 관제 업무 수행 중 고의 또는 중과실로 철도사고의 원인을 제공하였을 때

    6. 제40조의2제2항을 위반하였을 때

    7. 술을 마시거나 약물을 사용한 상태에서 관제 업무를 수행하였을 때

    8. 술을 마시거나 약물을 사용한 상태에서 관제 업무를 하였다고 인정할 만한 상당한 이유가 있음에도 불구하고 국토교통부장관 또는 시 · 도지사의 확인 또는 검사를 거부하였을 때

② 제1항에 따른 관제 자격 증명의 취소 또는 효력 정지의 기준 및 절차 등에 관하여는 운전면허 관련 제20조제2항부터 제6항까지를 준용한다.

📝 규칙 제38조의17(관제자격증명의 취소 및 효력정지 처분의 통지 등)

관제 자격 증명의 취소 및 효력 정지 처분의 통지 등에 관해서는 운전면허 관련 제34조를 준용한다.

철도안전법 시행규칙 [별표 11의5]
관제자격증명의 취소 또는 효력정지 처분의 세부기준(제38조의18 관련)

위반사항 및 내용		근거 법조문	처분기준			
			1차 위반	2차 위반	3차 위반	4차 위반
1. 거짓이나 그 밖의 부정한 방법으로 관제 자격 증명을 취득한 경우		법 제21조의11 제1항제1호	자격증명 취소			
2. 법 제21조의4에서 준용하는 법 제11조제2호부터 제4호까지의 어느 하나에 해당하게 된 경우		법 제21조의11 제1항제2호	자격증명 취소			
3. 관제 자격 증명의 효력 정지 기간에 관제 업무를 수행한 경우		법 제21조의11 제1항제3호	자격증명 취소			
4. 법 제21조의10을 위반하여 관제 자격증명서를 다른 사람에게 대여한 경우		법 제21조의11 제1항제4호	자격증명 취소			
5. 관제 업무 수행 중 고의 또는 중 과실로 철도사고의 원인을 제공한 경우	사망자가 발생한 경우	법 제21조의11 제1항제5호	자격증명 취소			
	부상자가 발생한 경우		효력정지 3개월	자격증명 취소		
	1천만원 이상 물적 피해가 발생한 경우		효력정지 15일	효력정지 3개월	자격증명 취소	
6. 법 제40조의2제2항제1호를 위반한 경우		법 제21조의11 제1항제6호	효력정지 1개월	효력정지 2개월	효력정지 3개월	효력정지 4개월
7. 법 제40조의2제2항제2호를 위반한 경우		법 제21조의11 제1항제6호	효력정지 1개월	자격증명 취소		
8. 법 제41조제1항을 위반하여 술을 마신 상태(혈중알코올농도 0.1% 이상)에서 관제 업무를 수행한 경우		법 제21조의11 제1항제7호	자격증명 취소			
9. 법 제41조제1항을 위반하여 술을 마신 상태(혈중알코올농도 0.02% 이상 0.1% 미만)에서 관제 업무를 수행하다가 철도사고의 원인을 제공한 경우		법 제21조의11 제1항제7호	자격증명 취소			

위반사항 및 내용	근거 법조문	처분기준			
		1차 위반	2차 위반	3차 위반	4차 위반
10. 법 제41조제1항을 위반하여 술을 마신 상태(혈중알코올농도 0.02% 이상 0.1% 미만) 에서 관제 업무를 수행한 경우(제9호의 경우는 제외한다)	법 제21조의11 제1항제7호	효력정지 3개월	자격증명 취소		
11. 법 제41조제1항을 위반하여 약물을 사용한 상태에서 관제 업무를 수행한 경우	법 제21조의11 제1항제7호	자격증명 취소			
12. 법 제41조제2항을 위반하여 술을 마시거나 약물을 사용한 상태에서 관제 업무를 하였다고 인정할 만한 상당한 이유가 있음에도 불구하고 국토교통부장관 또는 시·도지사의 확인 또는 검사를 거부한 경우	법 제21조의11 제1항제8호	자격증명 취소			

비고 :

1. 위반행위가 둘 이상인 경우로서 그에 해당하는 각각의 처분기준이 다른 경우에는 그중 무거운 처분기준에 따르며, 위반행위가 둘 이상인 경우로서 그에 해당하는 각각의 처분기준이 같은 경우에는 무거운 처분기준의 2분의 1까지 가중할 수 있되, 각 처분기준을 합산한 기간을 초과할 수 없다.

2. 위반행위의 횟수에 따른 행정처분의 가중된 부과 기준은 최근 1년간 같은 위반행위로 행정처분을 받은 경우에 적용한다. 이 경우 기간의 계산은 위반행위에 대하여 행정처분을 받은 날과 그 처분 후 다시 같은 위반행위를 하여 적발된 날을 기준으로 한다.

3. 비고 제2호에 따라 가중된 행정처분을 하는 경우 가중 처분의 적용 차수는 그 위반행위 전 부과 처분 차수(비고 제2호에 따른 기간 내에 행정처분이 둘 이상이었던 경우에는 높은 차수를 말한다)의 다음 차수로 한다.

📝 규칙 제38조의19(관제자격증명의 유지·관리)

한국교통안전공단은 관제 자격 증명 취득자의 관제 자격 증명의 발급·갱신·취소 등에 관한 사항을 관제자격증명서 발급 대장에 기록하고 유지·관리하여야 한다.

📄 법 제22조(관제업무 실무수습)

관제 업무에 종사하려는 사람은 국토교통부령으로 정하는 바에 따라 실무 수습을 이수하여야 한다.

📝 규칙 제39조(관제업무 실무수습)

① 관제 업무에 종사하려는 사람은 다음 각 호의 관제 업무 실무 수습을 모두 이수하여야 한다.

    1. 관제 업무를 수행할 구간의 철도차량 운행의 통제·조정 등에 관한 관제 업무 실무 수습

    2. 관제 업무 수행에 필요한 기기 취급 방법 및 비상시 조치 방법 등에 대한 관제 업무 실무 수습

② 철도운영자 등은 관제 업무 실무 수습의 항목 및 교육 시간 등에 관한 실무 수습 계획을 수립하여 시행하여야 한다. 이 경우 총 실무 수습 시간은 100시간 이상으로 하여야 한다.

③ 제2항에도 불구하고 관제 업무 실무 수습을 이수한 사람으로서 관제 업무를 수행할 구간 또는 관제 업무 수행에 필요한 기기의 변경으로 인하여 다시 관제 업무 실무 수습을 이수하여야 하는 사람에 대해서는 별도의 실무 수습 계획을 수립하여 시행할 수 있다.

④ 관제 업무 실무 수습의 방법·평가 등에 관하여 필요한 세부 사항은 국토교통부장관이 정하여 고시한다.

규칙 제39조의2(관제업무 실무수습의 관리 등)

① 철도운영자등은 실무 수습 계획을 수립한 경우에는 그 내용을 한국교통안전공단에 통보하여야 한다.

② 철도운영자등은 관제 업무에 종사하려는 사람이 관제 업무 실무 수습을 이수한 경우에는 관제 업무 종사자 실무 수습 관리대장에 실무 수습을 받은 구간 등을 기록하고 그 내용을 한국교통안전공단에 통보하여야 한다.

③ 철도운영자등은 관제 업무에 종사하려는 사람이 관제 업무 실무 수습을 받은 구간 외의 다른 구간에서 관제 업무를 수행하게 하여서는 아니 된다.

법 제22조의2(무자격자의 관제업무 금지 등)

철도운영자등은 관제 자격 증명을 받지 아니하거나(관제 자격 증명이 취소되거나 그 효력이 정지된 경우를 포함한다) 실무 수습을 이수하지 아니한 사람을 관제 업무에 종사하게 하여서는 아니 된다.

법 제23조(운전업무종사자 등의 관리)

① 철도차량 운전·관제 업무 등 대통령령으로 정하는 업무에 종사하는 철도종사자는 정기적으로 신체검사와 적성검사를 받아야 한다.

② 신체검사·적성검사의 시기, 방법 및 합격 기준 등에 관하여 필요한 사항은 국토교통부령으로 정한다.

③ 철도운영자등은 업무에 종사하는 철도종사자가 신체검사·적성검사에 불합격하였을 때는 그 업무에 종사하게 하여서는 아니 된다.

④ 업무에 종사하는 철도종사자로서 적성검사에 불합격한 사람 또는 적성검사 과정에서 부정행위를 한 사람은 제15조제2항 각 호의 구분에 따른 기간 동안 적성검사를 받을 수 없다.

⑤ 철도운영자등은 신체검사와 적성검사를 제13조에 따른 신체검사 시행 의료기관 및 운전 적성검사 기관·관제 적성검사 기관에 각각 위탁할 수 있다.

법 제23조제1항에서 "대통령령으로 정하는 업무에 종사하는 철도종사자"란 다음 각 호의 어느 하나에 해당하는 철도종사자를 말한다.

1. 운전 업무 종사자
2. 관제 업무 종사자
3. 정거장에서 철도신호기·선로전환기 및 조작판 등을 취급하는 업무를 수행하는 사람

철도왕의 암기 TIP!

운전관제 신선조로 외운다.

📝 규칙 제40조(운전업무종사자 등에 대한 신체검사)

① 철도종사자에 대한 신체검사는 다음 각 호와 같이 구분하여 실시한다.

   1. 최초검사: 해당 업무를 수행하기 전에 실시하는 신체검사

   2. 정기검사: 최초 검사를 받은 후 2년마다 실시하는 신체검사

   3. 특별검사: 철도종사자가 철도사고 등을 일으키거나 질병 등의 사유로 해당 업무를 적절히 수행하기가 어렵다고 철도운영자등이 인정하는 경우에 실시하는 신체검사

② 운전 업무 종사자 또는 관제 업무 종사자는 운전면허의 신체검사 또는 관제 자격 증명의 신체검사를 받은 날에 최초 검사를 받은 것으로 본다. 다만, 해당 신체검사를 받은 날부터 2년 이상이 지난 후에 운전 업무나 관제 업무에 종사하는 사람은 제1항제1호에 따른 최초 검사를 받아야 한다.

③ 정기검사는 최초 검사나 정기 검사를 받은 날부터 2년이 되는 날(이하 "신체검사 유효기간 만료일"이라 한다) 전 3개월 이내에 실시한다. 이 경우 정기 검사의 유효기간은 신체검사 유효기간 만료일의 다음날부터 기산한다.

④ 신체검사의 방법 및 절차 등에 관하여는 제12조를 준용하며, 그 합격 기준은 별표 2 제2호와 같다.

📝 규칙 제41조(운전업무종사자 등에 대한 적성검사)

① 법 제23조제1항에 따른 철도종사자에 대한 적성검사는 다음 각 호와 같이 구분하여 실시한다.

   1. 최초검사: 해당 업무를 수행하기 전에 실시하는 적성검사

   2. 정기검사: 최초 검사를 받은 후 10년(50세 이상인 경우에는 5년)마다 실시하는 적성검사

   3. 특별검사: 철도종사자가 철도사고 등을 일으키거나 질병 등의 사유로 해당 업무를 적절히 수행하기 어렵다고 철도운영자등이 인정하는 경우에 실시하는 적성검사

② 운전 업무 종사자 또는 관제 업무 종사자는 운전 적성검사 또는 관제 적성검사를 받은 날에 최초 검사를 받은 것으로 본다. 다만, 해당 운전 적성검사 또는 관제 적성검사를 받은 날부터 10년(50세 이상인 경우에는 5년) 이상이 지난 후에 운전 업무나 관제 업무에 종사하는 사람은 제1항제1호에 따른 최초 검사를 받아야 한다.

③ 정기검사는 최초 검사나 정기 검사를 받은 날부터 10년(50세 이상인 경우에는 5년)이 되는 날(이하 "적성검사 유효기간 만료일"이라 한다) 전 12개월 이내에 실시한다. 이 경우 정기 검사의 유효기간은 적성검사 유효기간 만료일의 다음날부터 기산한다.

④ 제1항에 따른 적성검사의 방법·절차 등에 관하여는 제16조를 준용하며, 그 합격 기준은 별표 13과 같다.

철도안전법 시행규칙 [별표 13]
운전업무종사자등의 적성검사 항목 및 불합격기준(제41조제4항 관련)

검사대상		검사주기	검사항목		불합격 기준
			문답형검사	반응형 검사	
1. 영 제 21조 제1호의 운전 업무 종사자	• 고속철도 차량 • 제1종전기차량 • 제2종전기차량 • 디젤차량 • 노면전차 • 철도장비 운전업무 종사자	정기 검사	• 인성 　- 일반성격 　- 안전성향 　- 스트레스	• 주의력 　- 복합기능 　- 선택주의 　- 지속주의 • 인식 및 기억력 　- 시각변별 　- 공간지각 • 판단 및 행동력 　- 민첩성	• 문답형 검사항목 중 안전성향 검사에서 부적합으로 판정된 사람 • 반응형 검사항목 중 부적합(E등급)이 2개 이상인 사람
		특별 검사	• 인성 　- 일반성격 　- 안전성향 　- 스트레스	• 주의력 　- 복합기능 　- 선택주의 　- 지속주의 • 인식 및 기억력 　- 시각변별 　- 공간지각 • 판단 및 행동력 　- 추론 　- 민첩성	• 문답형 검사항목 중 안전성향 검사에서 부적합으로 판정된 사람 • 반응형 검사항목 중 부적합(E등급)이 2개 이상인 사람

검사대상	검사주기	검사항목		불합격 기준
		문답형검사	반응형 검사	
2. 영 제21조제2호의 관제업무종사자	정기 검사	• 인성 　- 일반성격 　- 안전성향 　- 스트레스	• 주의력 　- 복합기능 　- 선택주의 • 인식 및 기억력 　- 시각변별 　- 공간지각 　- 작업기억 • 판단 및 행동력 　- 민첩성	• 문답형 검사항목 중 안전성향 검사에서 부적합으로 판정된 사람 • 반응형 검사항목 중 부적합(E등급)이 2개 이상인 사람
	특별 검사	• 인성 　- 일반성격 　- 안전성향 　- 스트레스	• 주의력 　- 복합기능 　- 선택주의 • 인식 및 기억력 　- 시각변별 　- 공간지각 　- 작업기억 • 판단 및 행동력 　- 추론 　- 민첩성	• 문답형 검사항목 중 안전성향 검사에서 부적합으로 판정된 사람 • 반응형 검사항목 중 부적합(E등급)이 2개 이상인 사람
3. 영 제21조제3 호의 정거장에서 철도신호기 · 선로전환기 및 조작판 등을 취급하는 업무를 수행하는 사람	최초 검사	• 인성 　- 일반성격 　- 안전성향	• 주의력 　- 복합기능 　- 선택주의 • 인식 및 기억력 　- 시각변별 　- 공간지각 　- 작업기억 • 판단 및 행동력 　- 추론 　- 민첩성	• 문답형 검사항목 중 안전성향 검사에서 부적합으로 판정된 사람 • 반응형 검사 평가점수가 30점 미만인 사람
	정기 검사	• 인성 　- 일반성격 　- 안전성향 　- 스트레스	• 주의력 　- 복합기능 　- 선택주의 • 인식 및 기억력 　- 시각변별 　- 공간지각 　- 작업기억 • 판단 및 행동력 　- 민첩성	• 문답형 검사항목 중 안전성향 검사에서 부적합으로 판정된 사람 • 반응형 검사항목 중 부적합(E등급)이 2개 이상인 사람

검사대상	검사주기	검사항목		불합격 기준
		문답형검사	반응형 검사	
3. 영 제21조제3 호의 정거장에서 철도신호기 · 선로전환기 및 조작판 등을 취급하는 업무를 수행하는 사람	특별 검사	• 인성 - 일반성격 - 안전성향 - 스트레스	• 주의력 - 복합기능 - 선택주의 • 인식 및 기억력 - 시각변별 - 공간지각 - 작업기억 • 판단 및 행동력 - 추론 - 민첩성	• 문답형 검사항목 중 안전성향 검사에서 부적합으로 판정된 사람 • 반응형 검사항목 중 부적합(E등급)이 2개 이상인 사람

비고:

1. 문답형 검사 판정은 적합 또는 부적합으로 한다.

2. 반응형 검사 점수 합계는 70점으로 한다. 다만, 정기 검사와 특별검사는 검사 항목별 등급으로 평가한다.

3. 특별검사의 복합 기능(운전) 및 시각 변별(관제/신호) 검사는 시뮬레이터 검사기로 시행한다.

4. 안전 성향 검사는 전문의(정신건강의학) 진단 결과로 대체 할 수 있으며, 부적합 판정을 받은 자에 대해서는 당일 1회에 한하여 재검사를 실시하고 그 재검사 결과를 최종적인 검사 결과로 할 수 있다.

📄 법 제24조(철도종사자에 대한 안전 및 직무교육)

① 철도운영자등 또는 철도운영자등과의 계약에 따라 철도 운영이나 철도시설 등의 업무에 종사하는 사업주는 자신이 고용하고 있는 철도종사자에 대하여 정기적으로 철도 안전에 관한 교육을 실시하여야 한다.

② 철도운영자등은 자신이 고용하고 있는 철도종사자가 적정한 직무수행을 할 수 있도록 정기적으로 직무교육을 실시하여야 한다.

③ 철도운영자등은 사업주의 안전교육 실시 여부를 확인하여야 하고, 확인 결과 사업주가 안전교육을 실시하지 아니한 경우 안전교육을 실시하도록 조치하여야 한다.

④ 철도운영자등 및 사업주가 실시하여야 하는 교육의 대상, 내용 및 그 밖에 필요한 사항은 국토교통부령으로 정한다.

① 법 제24조제1항에 따라 철도운영자등 및 철도운영자등과 계약에 따라 철도 운영이나 철도시설 등의
　업무에 종사하는 사업주가 철도 안전에 관한 교육을 실시하여야 하는 대상은 다음 각 호와 같다.

　1. 법 제2조제10호가목부터 라목까지에 해당하는 사람

　(1장 가: 운전업무종사자, 나: 관제 업무 종사하는 사람, 다: 여객승무원, 라: 여객역무원)

　2. 영 제3조제2호부터 제5호까지 및 같은 조 제7호에 해당하는 사람

　(2. 철도차량의 운행 선로 또는 그 인근에서 철도시설의 건설 또는 관리와 관련된 작업의 현장감독 업무를 수행하는 사람)

　3. 철도시설 또는 철도차량을 보호하기 위한 순회 점검 업무 또는 경비업무를 수행하는 사람

　4. 정거장에서 철도신호기·선로전환기 또는 조작판 등을 취급하거나 열차의 조성 업무를 수행하는 사람

　5. 철도에 공급되는 전력의 원격제어장치를 운영하는 사람

　7. 철도차량 및 철도시설의 점검·정비 업무에 종사하는 사람)

② 철도운영자등 및 사업주는 철도 안전교육을 강의 및 실습의 방법으로 매 분기마다 6시간 이상 실시하여야
　한다. 다만, 다른 법령에 따라 시행하는 교육에서 제3항에 따른 내용의 교육을 받은 경우 그 교육 시간은
　철도 안전교육을 받은 것으로 본다.

③ 철도 안전교육의 내용은 별표 13의 2와 같다.

④ 철도운영자등 및 사업주는 철도 안전교육을 법 제69조에 따른 안전 전문 기관 등 안전에 관한 업무를
　수행하는 전문 기관에 위탁하여 실시할 수 있다.

⑤ 철도 안전교육의 평가 방법 등에 필요한 세부 사항은 국토교통부장관이 정하여 고시한다.

철도안전법 시행규칙 [별표 13의2]
철도종사자에 대한 안전교육의 내용(제41조의2제3항 관련)

교육대상	교육과목	교육방법
1. 철도종사자(법 제44조의 3제1항에 따른 철도로 운송하는 위험물을 취급하는 종사자는 제외한다)	가. 철도 안전 법령 및 안전 관련 규정 나. 철도 운전 및 관제 이론 등 분야별 안전업무수행 관련 사항 다. 철도사고 사례 및 사고 예방 대책 라. 철도사고 및 운행장애 등 비상시 응급조치 및 수습 복구 대책 마. 안전관리의 중요성 등 정신교육 바. 근로자의 건강관리 등 안전·보건관리에 관한 사항 사. 철도 안전관리 체계 및 철도 안전관리 시스템(Safety Management System) 아. 위기 대응체계 및 위기 대응 매뉴얼 등	강의 및 실습
2. 위험물을 취급하는 철도 종사자(법 제44조의 3제1항에 따른 철도로 운송하는 위험물을 취급 하는 종사자를 말한다)	가. 제1호 가목부터 아목까지의 교육 과목 나. 위험물 취급 안전 교육	강의 및 실습

📝 규칙 제41조의3(철도종사자의 **직무교육** 등)

① 다음 각 호의 어느 하나에 해당하는 사람(철도운영자등이 철도 직무교육 담당자로 지정한 사람은
제외한다)은 철도운영자등이 실시하는 직무교육(이하 "철도직무교육"이라 한다)을 받아야 한다.

　1. 법 제2조제10호가목부터 다목까지에 해당하는 사람

　(가: 운전업무종사자, 나: 관제 업무 종사하는 사람, 다: 여객승무원)

　2. 영 제3조제4호부터 제5호까지 및 같은 조 제7호에 해당하는 사람

　4. 정거장에서 철도신호기·선로전환기 또는 조작판 등을 취급하거나 열차의 조성 업무를 수행하는 사람

　5. 철도에 공급되는 전력의 원격제어장치를 운영하는 사람

　7. 철도차량 및 철도시설의 점검·정비 업무에 종사하는 사람

철도안전법 시행규칙 [별표 13의3]
철도직무교육의 내용·시간·방법 등(제41조의3제2항 관련)

1. 철도직무교육의 내용 및 시간

가. 법 제2조제10호가목에 따른 운전업무종사자

교육내용	교육시간
1) 철도시스템 일반 2) 철도차량의 구조 및 기능 3) 운전이론 4) 운전취급 규정 5) 철도차량 기기취급에 관한 사항 6) 직무관련 기타사항 등	5년마다 35시간 이상

나. 법 제2조제10호나목에 따른 관제업무 종사자

교육내용	교육시간
1) 열차운행계획 2) 철도관제시스템 운용 3) 열차운행선 관리 4) 관제 관련 규정 5) 직무관련 기타사항 등	5년마다 35시간 이상

다. 법 제2조제10호다목에 따른 여객승무원

교육내용	교육시간
1) 직무관련 규정 2) 여객승무 위기대응 및 비상시 응급조치 3) 통신 및 방송설비 사용법 4) 고객응대 및 서비스 매뉴얼 등 5) 여객승무 직무관련 기타사항 등	5년마다 35시간 이상

라. 영 제3조제4호에 따른 철도신호기 · 선로전환기 · 조작판 취급자

교육내용	교육시간
1) 신호관제 장치 2) 운전취급 일반 3) 전기 · 신호 · 통신 장치 실무 4) 선로전환기 취급방법 5) 직무관련 기타사항 등	5년마다 21시간 이상

마. 영 제3조제4호에 따른 열차의 조성업무 수행자

교육내용	교육시간
1) 직무관련 규정 및 안전관리 2) 무선통화 요령 3) 철도차량 일반 4) 선로, 신호 등 시스템의 이해 5) 열차조성 직무관련 기타사항 등	5년마다 21시간 이상

바. 영 제3조제5호에 따른 철도에 공급되는 전력의 원격제어장치 운영자

교육내용	교육시간
1) 변전 및 전차선 일반 2) 전력설비 일반 3) 전기 · 신호 · 통신 장치 실무 4) 비상전력 운용계획, 전력공급원격제어장치(SCADA) 5) 직무관련 기타사항 등	5년마다 21시간 이상

사. 영 제3조제7호에 따른 철도차량 점검 · 정비 업무 종사자

교육내용	교육시간
1) 철도차량 일반 2) 철도시스템 일반 3) 「철도안전법」 및 철도안전관리체계(철도차량 중심) 4) 철도차량 정비 실무 5) 직무관련 기타사항 등	5년마다 35시간 이상

아. 영 제3조제7호에 따른 철도시설 중 전기 · 신호 · 통신 시설 점검 · 정비 업무 종사자

교육내용	교육시간
1) 철도전기, 철도신호, 철도통신 일반 2) 「철도안전법」 및 철도안전관리체계(전기분야 중심) 3) 철도전기, 철도신호, 철도통신 실무 4) 직무관련 기타사항 등	5년마다 21시간 이상

자. 영 제3조제7호에 따른 철도시설 중 궤도 · 토목 · 건축 시설 점검 · 정비 업무 종사자

교육내용	교육시간
1) 궤도, 토목, 시설, 건축 일반 2) 「철도안전법」 및 철도안전관리체계(시설분야 중심) 3) 궤도, 토목, 시설, 건축 일반 실무 4) 직무관련 기타사항 등	5년마다 21시간 이상

2. 철도 직무교육의 주기 및 교육 인정 기준

가. 철도 직무교육의 주기는 철도 직무교육 대상자로 신규 채용되거나 전직된 연도의 다음 연도 1월 1일부터 매 5년이 되는 날까지로 한다. 다만, 휴직·파견 등으로 6개월 이상 철도 직무를 수행하지 아니한 경우에는 철도 직무의 수행이 중단된 연도의 1월 1일부터 철도 직무를 다시 시작하게 된 연도의 12월 31일까지의 기간을 제외하고 직무교육의 주기를 계산한다.

나. 철도 직무교육 대상자는 질병이나 자연재해 등 부득이한 사유로 철도 직무교육을 제1호에 따른 기간 내에 받을 수 없는 경우에는 철도운영자등 의 승인을 받아 철도 직무교육을 받을 시기를 연기할 수 있다. 이 경우 철도 직무교육 대상자가 승인받은 기간 내에 철도 직무교육을 받은 경우에는 제1호에 따른 기간 내에 철도 직무교육을 받은 것으로 본다.

다. 철도운영자등은 철도 직무교육 대상자가 다른 법령에서 정하는 철도 직무에 관한 교육을 받은 경우에는 해당 교육 시간을 제1호에 따른 철도 직무교육 시간으로 인정할 수 있다.

라. 철도차량 정비 기술자가 법 제24조의4에 따라 받은 철도차량 정비 기술 교육훈련은 위 표에 따른 철도 직무교육으로 본다.

3. 철도 직무교육의 실시 방법

가. 철도운영자등은 업무 현장 외의 장소에서 집합교육의 방식으로 철도 직무 교육을 실시해야 한다. 다만, 철도 직무교육 시간의 10분의 5의 범위에서 다음의 어느 하나에 해당하는 방법으로 철도 직무교육을 실시할 수 있다.

  1) 부서별 직장교육

  2) 사이버교육 또는 화상교육 등 전산망을 활용한 원격교육

나. 가목에도 불구하고 재해·감염병 발생 등 부득이한 사유가 있는 경우로서 국토교통부장관의 승인을 받은 경우에는 철도 직무교육 시간의 10분의 5를 초과하여 가목 1) 또는 2)에 해당하는 방법으로 철도 직무교육을 실시할 수 있다.

다. 철도운영자등은 가목1) 에 따른 부서별 직장교육을 실시하려는 경우에는 매년 12월 31일까지 다음 해에 실시될 부서별 직장교육 실시계획을 수립해야 하고, 교육 내용 및 이수 현황 등에 관한 사항을 기록·유지해야 한다.

라. 철도운영자등은 필요한 경우 다음의 어느 하나에 해당하는 기관에 철 도 직무교육을 위탁하여 실시할 수 있다.

  1) 다른 철도운영자등의 교육훈련기관

  2) 운전 또는 관제 교육훈련기관

  3) 철도 관련 학회·협회

  4) 그 밖에 철도 직무교육을 실시할 수 있는 비영리 법인 또는 단체

마. 철도운영자등은 철도 직무교육 시간의 10분의 3 이하의 범위에서 철도 운영 기관의 실정에 맞게 교육 내용을 변경하여 철도 직무교육을 실시할 수 있다.

바. 2가지 이상의 직무에 동시에 종사하는 사람의 교육 시간 및 교육 내용은 다음과 같이 한다.

  1) 교육 시간: 종사하는 직무의 교육 시간 중 가장 긴 시간

  2) 교육 내용: 종사하는 직무의 교육 내용 가운데 전부 또는 일부를 선택

① 철도차량 정비 기술자로 인정을 받으려는 사람은 국토교통부장관에게 자격 인정을 신청하여야 한다.

② 국토교통부장관은 제1항에 따른 신청인이 대통령령으로 정하는 자격, 경력 및 학력 등 철도차량 정비 기술자의 인정 기준에 해당하는 경우에는 철도차량 정비 기술자로 인정하여야 한다.

③ 국토교통부장관은 제1항에 따른 신청인을 철도차량 정비 기술자로 인정하면 철도차량 정비 기술자로서의 등급 및 경력 등에 관한 증명서(이하 "철도차량 정비 경력증"이라 한다)를 그 철도차량 정비 기술자에게 발급하여야 한다.

④ 제1항부터 제3항까지의 규정에 따른 인정의 신청, 철도 차량 정비 경력증의 발급 및 관리 등에 필요한 사항은 국토교통부령으로 정한다.

규칙 제42조(철도차량정비기술자의 인정 신청)

법 제24조의2제1항에 따라 철도차량 정비 기술자로 인정(등급 변경 인정을 포함한다)을 받으려는 사람은 별지 제25호의2서식의 철도차량 정비 기술자 인정 신청서에 다음 각 호의 서류를 첨부하여 한국교통안전공단에 제출해야 한다.

1. 별지 제25호의3서식의 철도차량 정비업무 경력 확인서

2. 국가 기술 자격증 사본(영 별표 1의3에 따른 자격별 경력점수에 포함되는 국가기술자격의 종목에 한정한다)

3. 졸업증명서 또는 학위 취득서(해당하는 사람에 한정한다)

4. 사진

5. 철도차량 정비 경력증(등급 변경 인정 신청의 경우에 한정한다)

6. 정비 교육훈련 수료증(등급 변경 인정 신청의 경우에 한정한다)

규칙 제42조의2(철도차량정비경력증의 발급 및 관리)

① 한국교통안전공단은 철도차량 정비 기술자의 인정(등급 변경 인정을 포함한다) 신청을 받으면 철도차량 정비 기술자 인정 기준에 적합한지를 확인한 후 철도 차량 정비 경력증을 신청인에게 발급해야 한다.

② 한국교통안전공단은 철도차량 정비 기술자의 인정 또는 등급 변경을 신청한 사람이 철도차량 정비 기술자 인정 기준에 부적합하다고 인정한 경우에는 그 사유를 신청인에게 서면으로 통지해야 한다.

③ 철도 차량 정비 경력증의 재발급을 받으려는 사람은 철도차량 정비 경력증 재발급 신청서에 사진을 첨부하여 한국교통안전공단에 제출해야 한다.

④ 한국교통안전공단은 철도차량 정비 경력증 재발급 신청을 받은 경우 특별한 사유가 없으면 신청인에게 철도 차량 정비 경력증을 재발급해야 한다.

⑤ 한국교통안전공단은 철도 차량 정비 경력증을 발급 또는 재발급하였을 때는 철도차량정비경력증 발급 대장에 발급 또는 재발급에 관한 사실을 기록·관리해야 한다. 다만, 철도 차량 정비 경력증의 발급이나 재발급 사실을 정보체계로 관리할 때는 따로 기록·관리하지 않아도 된다.

⑥ 한국교통안전공단은 철도 차량 정비 경력증의 발급(재발급을 포함한다) 및 취소 현황을 매 반기의 말일을 기준으로 다음 달 15일까지 국토교통부장관에게 제출해야 한다.

철도안전법 시행령 [별표 1의3] 
철도차량정비기술자의 인정 기준(제21조의2 관련)

1. 철도차량정비기술자는 자격, 경력 및 학력에 따라 등급별로 구분하여 인정하되, 등급별 세부 기준은 다음 표와 같다.

등급구분	역량지수
1등급 철도차량 정비 기술자	80점 이상
2등급 철도차량 정비 기술자	60점 이상 80점 미만
3등급 철도차량 정비 기술자	40점 이상 60점 미만
4등급 철도차량 정비 기술자	10점 이상 40점 미만

2. 제1호에 따른 역량지수의 계산식은 다음과 같다.

$$역량지수 = 자격별 경력점수 + 학력점수$$

가. 자격별 경력점수

국가기술자격 구분	점수
기술사 및 기능장	10점/년
기사	8점/년
산업기사	7점/년
기능사	6점/년
국가기술자격증이 없는 경우	3점/년

1) 철도차량 정비 기술자의 자격별 경력에 포함되는 「국가기술자격법」에 따른 국가기술자격의 종목은 국토교통부장관이 정하여 고시한다. 이 경우 둘 이상의 다른 종목 국가기술자격을 보유한 사람의 경우 그중 점수가 높은 종목의 경력 점수만 인정한다.

2) 경력 점수는 다음 업무를 수행한 기간에 따른 점수의 합을 말하며, 마) 및 바)의 경력의 경우 100분의 50을 인정한다.

　가) 철도차량의 부품·기기·장치 등의 마모·손상, 변화 상태 및 기능을 확인하는 등 철도차량 점검 및 검사에 관한 업무

　나) 철도차량의 부품·기기·장치 등의 수리, 교체, 개량 및 개조 등 철도차량 정비 및 유지관리에 관한 업무

　다) 철도차량 정비 및 유지관리 등에 관한 계획 수립 및 관리 등에 관한 행정 업무

　라) 철도차량의 안전에 관한 계획 수립 및 관리, 철도차량의 점검·검사, 철도 차량에 대한 설계·기술 검토·규격관리 등에 관한 행정업무

　마) 철도차량 부품의 개발 등 철도차량 관련 연구 업무 및 철도 관련 학과 등에서 강의 업무

　바) 그 밖에 기계설비·장치 등의 정비와 관련된 업무

3) 2)를 적용할 때 다음의 어느 하나에 해당하는 경력은 제외한다.

　　가) 18세 미만인 기간의 경력(국가기술자격을 취득한 이후의 경력은 제외한다)

　　나) 주간학교 재학 중의 경력(「직업교육훈련 촉진법」 제9조에 따른 현장실습 계약에 따라 산업체에 근무한 경력은 제외
　　　 한다)

다) 이중 취업으로 확인된 기간의 경력

학력 구분	점수	
	철도차량정비 관련 학과	철도차량정비 관련 학과 외의 학과
석사 이상	25점	10점
학사	20점	9점
전문학사(3년제)	15점	8점
전문학사(2년제)	10점	7점
고등학교 졸업	5점	

1) "철도차량 정비 관련 학과"란 철도차량 유지보수와 관련된 학과 및 기계 · 전기 · 전자 · 통신 관련 학과를 말한다. 다만,
　대상이 되는 학력 점수가 둘 이상인 경우 그중 점수가 높은 학력 점수에 따른다.

2) 철도차량 정비 관련 학과의 학위 취득자 및 졸업자의 학력 인정 범위는 다음과 같다.

　가) 석사 이상

　　(1) 「고등교육법」에 따른 학교에서 철도차량 정비 관련 학과의 석사 또는 박사 학위과정을 이수하고 졸업한 사람

　　(2) 그 밖에 관계 법령에 따라 국내 또는 외국에서 (1)과 같은 수준 이상의 학력이 있다고 인정되는 사람

　나) 학사

　　(1) 「고등교육법」에 따른 학교에서 철도차량 정비 관련 학과의 학사 학위과정을 이수하고 졸업한 사람

　　(2) 그 밖에 관계 법령에 따라 국내 또는 외국에서 (1)과 같은 수준의 학력이 있다고 인정되는 사람

　다) 전문학사(3년제)

　　(1) 「고등교육법」에 따른 학교에서 철도차량 정비 관련 학과의 전문학사 학위과정을 이수하고 졸업한 사람(철도차량
　　　 정비 관련 학과의 학위과정 3년을 이수한 사람을 포함한다)

　　(2) 그 밖의 관계 법령에 따라 국내 또는 외국에서 (1)과 같은 수준의 학력이 있다고 인정되는 사람

　라) 전문학사(2년제)

　　(1) 「고등교육법」에 따른 4년제 대학, 2년제 대학 또는 전문대학에서 2년 이상 교육과정을 이수한 사람

　　(2) 그 밖에 관계 법령에 따라 국내 또는 외국에서 (1)과 같은 수준의 학력이 있다고 인정되는 사람

　마) 고등학교 졸업

　　(1) 「초 · 중등교육법」에 따른 해당 학교에서 고등학교 과정을 이수하고 졸업한 사람

　　(2) 그 밖에 관계 법령에 따라 국내 또는 외국에서 (1)과 같은 수준의 학력이 있다고 인정되는 사람

📋 영 제21조의3(정비교육훈련 실시기준)

① 정비 교육훈련의 실시 기준은 다음 각 호와 같다.

  1. 교육 내용 및 교육 방법: 철도차량 정비에 관한 법령, 기술기준 및 정비 기술 등 실무에 관한 이론 및 실습 교육

  2. 교육 시간: 철도차량 정비업무의 수행 기간 5년마다 35시간 이상

② 정비 교육훈련에 필요한 구체적인 사항은 국토교통부령으로 정한다.

📝 규칙 제42조의3(정비교육훈련의 기준 등)

② 철도차량 정비 기술자가 철도차량 정비 기술자의 상위 등급으로 등급 변경의 인정을 받으려는 경우 정비 교육훈련을 받아야 한다.

철도안전법 시행규칙 [별표 13의4]
정비교육훈련의 실시시기 및 시간 등(제42조의3 관련)

1. 정비교육훈련의 시기 및 시간

교육훈련 시기	교육훈련 시간
기존에 정비 업무를 수행하던 철도차량 차종이 아닌 새로운 철도차량 차종의 정비에 관한 업무를 수행하는 경우 그 업무를 수행하는 날부터 1년 이내	35시간 이상
철도차량 정비업무의 수행 기간 5년마다	35시간 이상
비고: 위 표에 따른 35시간 중 인터넷 등을 통한 원격교육은 10시간의 범위에서 인정할 수 있다.	

2. 정비 교육훈련의 면제 및 연기

가. 「고등교육법」에 따른 학교, 철도차량 또는 철도 용품 제작회사, 「과학기술분야 정부출연연구기관 등의 설립 · 운영 및 육성에 관한 법률」 등 관계 법령에 따라 설립된 연구 기관 · 교육기관 및 주무관청의 허가를 받아 설립된 학회 · 협회 등에서 철도차량 정비와 관련된 교육훈련을 받은 경우 위 표에 따른 정비 교육훈련을 받은 것으로 본다. 이 경우 해당 기관으로부터 교육 과목 및 교육 시간이 명시된 증명서(교육 수료증 또는 이수증 등)를 발급받은 경우에 한정한다.

나. 철도차량 정비 기술자는 질병 · 입대 · 해외 출장 등 불가피한 사유로 정비 교육훈련을 받아야 하는 기한까지 정비 교육훈련을 받지 못할 경우에는 정비 교육훈련을 연기할 수 있다. 이 경우 연기 사유가 없어진 날부터 1년 이내에 정비 교육훈련을 받아야 한다.

3. 정비 교육훈련은 강의 · 토론 등으로 진행하는 이론교육과 철도차량 정비 업무를 실습하는 실기교육으로 시행하되, 실기교육을 30% 이상 포함해야 한다.

4. 그 밖에 정비 교육훈련의 교육 과목 및 교육 내용, 교육의 신청 방법 및 절차 등에 관한 사항은 국토교통부장관이 정하여 고시한다.

📄 **법 제24조의3(철도차량정비기술자의 명의 대여금지 등)**

① 철도차량 정비 기술자는 자기의 성명을 사용하여 다른 사람에게 철도차량 정비 업무를 수행하게 하거나 철도 차량 정비 경력증을 빌려주어서는 아니 된다.

② 누구든지 다른 사람의 성명을 사용하여 철도차량 정비 업무를 수행하거나 다른 사람의 철도 차량 정비 경력증을 빌려서는 아니 된다.

③ 누구든지 제1항이나 제2항에서 금지된 행위를 알선해서는 아니 된다.

📄 **법 제24조의4(철도차량정비기술교육훈련)**

① 철도차량 정비 기술자는 업무 수행에 필요한 소양과 지식을 습득하기 위하여 대통령령으로 정하는 바에 따라 국토교통부장관이 실시하는 교육·훈련(이하 "정비 교육훈련"이라 한다)을 받아야 한다.

② 국토교통부장관은 철도차량 정비 기술자를 육성하기 위하여 철도차량 정비 기술에 관한 전문 교육훈련기관(이하 "정비교육훈련기관"이라 한다)을 지정하여 정비 교육훈련을 실시하게 할 수 있다.

③ 정비교육훈련기관의 지정 기준 및 절차 등에 필요한 사항은 대통령령으로 정한다.

④ 정비교육훈련기관은 정당한 사유 없이 정비 교육훈련 업무를 거부하여서는 아니 되고, 거짓이나 그 밖의 부정한 방법으로 정비 교육훈련 수료증을 발급하여서는 아니 된다.

⑤ 정비교육훈련기관의 지정 취소 및 업무정지 등에 관하여 운전 적성의 제15조의2를 준용한다.

📋 **영 제21조의4(정비교육훈련기관 지정기준 및 절차)**

① 정비교육훈련기관의 지정 기준은 다음 각 호와 같다.

　　1. 정비 교육훈련 업무 수행에 필요한 상설 전담 조직을 갖출 것

　　2. 정비 교육훈련 업무를 수행할 수 있는 전문 인력을 확보할 것

　　3. 정비 교육훈련에 필요한 사무실, 교육장 및 교육 장비를 갖출 것

　　4. 정비교육훈련기관의 운영 등에 관한 업무규정을 갖출 것

② 정비교육훈련기관으로 지정을 받으려는 자는 지정 기준을 갖추어 국토교통부장관에게 정비교육훈련기관 지정 신청을 해야 한다.

③ 국토교통부장관은정비교육훈련기관 지정 신청을 받으면 지정 기준을 갖추었는지 여부 및 철도차량 정비 기술자의 수급 상황 등을 종합적으로 심사한 후 그 지정 여부를 결정해야 한다.

④ 국토교통부장관은 정비교육훈련기관을 지정한 때에는 다음 각 호의 사항을 관보에 고시해야 한다.

　　1. 정비교육훈련기관의 명칭 및 소재지

　　2. 대표자의 성명

　　3. 그 밖에 정비 교육훈련에 중요한 영향을 미친다고 국토교통부장관이 인정하는 사항

⑤ 정비교육훈련기관의 지정 기준 및 절차 등에 관한 세부적인 사항은 국토교통부령으로 정한다.

📄 영 제21조의5(정비교육훈련기관의 변경사항 통지 등)

① 정비교육훈련기관은 제21조의4제4항 각 호의 사항이 변경된 때에는 그 사유가 발생한 날부터 15일 이내에 국토교통부장관에게 그 내용을 통지해야 한다.

② 국토교통부장관은 제1항에 따른 통지를 받은 때에는 그 내용을 관보에 고시해야 한다.

📝 규칙 제42조의4(정비교육훈련기관의 세부 지정기준 등)

② 국토교통부장관은 정비교육훈련기관이 제1항에 따른 정비교육훈련기관의 지정 기준에 적합한지의 여부를 2년마다 심사해야 한다.

③ 정비교육훈련기관의 변경 사항 통지에 관하여는 운전면허의 제22조제3항을 준용한다.

철도안전법 시행규칙 [별표 13의5] 
정비교육훈련기관의 세부 지정기준(제42조의4제1항 관련)

1. 인력기준

가. 자격기준

등급	학력 및 경력
책임교수	1) 1등급 철도차량 정비 경력증 소지자로서 철도교통에 관한 업무에 10년 이상 또는 철도차량 정비에 관한 업무에 5년 이상 근무한 경력이 있는 사람 2) 2등급 철도차량 정비 경력증 소지자로서 철도교통에 관한 업무에 15년 이상 또는 철도차량 정비에 관한 업무에 8년 이상 근무한 경력이 있는 사람 3) 3등급 철도차량 정비 경력증 소지자로서 철도교통에 관한 업무에 20년 이상 또는 철도차량 정비에 관한 업무에 10년 이상 근무한 경력이 있는 사람 4) 철도 관련 4급 이상의 공무원 경력 또는 이와 같은 수준 이상의 자격 및 경력이 있는 사람 5) 대학의 철도차량 정비 관련 학과에서 조교수 이상으로 재직한 경력이 있는 사람 6) 선임 교수 경력이 3년 이상 있는 사람
선임교수	1) 1등급 철도차량 정비 경력증 소지자로서 철도교통에 관한 업무에 5년 이상 또는 철도차량 정비에 관한 업무에 3년 이상 근무한 경력이 있는 사람 2) 2등급 철도차량 정비 경력증 소지자로서 철도교통에 관한 업무에 10년 이상 또는 철도차량 정비에 관한 업무에 5년 이상 근무한 경력이 있는 사람 3) 3등급 철도차량 정비 경력증 소지자로서 철도교통에 관한 업무에 15년 이상 또는 철도차량 정비에 관한 업무에 8년 이상 근무한 경력이 있는 사람 4) 철도 관련 5급 이상의 공무원 경력 또는 이와 같은 수준 이상의 자격 및 경력이 있는 사람 5) 대학의 철도차량 정비 관련 학과에서 전임강사 이상으로 재직한 경력이 있는 사람 6) 교수 경력이 3년 이상 있는 사람

등급	학력 및 경력
교수	1) 1등급 철도차량 정비 경력증 소지자로서 철도차량 정비 업무에 근무한 경력이 있는 사람 2) 2등급 철도차량 정비 경력증 소지자로서 철도교통에 관한 업무에 5년 이상 또는 철도차량 정비에 관한 업무에 3년 이상 근무한 경력이 있는 사람 3) 3등급 철도차량 정비 경력증 소지자로서 철도차량 정비업무 수행자에 대한 지도 교육 경력이 2년 이상 있는 사람 4) 4등급 철도차량 정비 경력증 소지자로서 철도차량 정비업무 수행자에 대한 지도 교육 경력이 3년 이상 있는 사람 5) 철도차량 정비와 관련된 교육기관에서 강의 경력이 1년 이상 있는 사람

비고

1. "철도교통에 관한 업무"란 철도 안전 · 기계 · 신호 · 전기에 관한 업무를 말한다.

2. 책임교수의 경우 철도차량 정비에 관한 업무를 3년 이상, 선임 교수의 경우 철도차량 정비에 관한 업무를 2년 이상 수행한 경력이 있어야 한다.

3. "철도차량 정비에 관한 업무"란 철도차량 정비업무의 수행, 철도차량 정비계획의 수립 · 관리, 철도차량 정비에 관한 안전 관리 · 지도 교육 및 관리 · 감독 업무를 말한다.

4. "철도차량 정비 관련 학과"란 철도차량 유지보수와 관련된 학과 및 기계 · 전기 · 전자 · 통신 관련 학과를 말한다.

5. "철도 관련 공무원 경력"이란 「국가공무원법」 제2조에 따른 공무원 신분으로 철도 관련 업무를 수행한 경력을 말한다.

나. 보유기준

    1. 1회 교육생 30명을 기준으로, 상시로 철도차량 정비에 관한 교육을 전담하는 책임교수와 선임교수 및 교수를 각각 1명 이상 확보해야 하며, 교육 인원이 15명 추가 될 때마다 교수 1명 이상을 추가로 확보해야 한다. 이 경우 선임 교수, 교수 및 추가로 확보해야 하는 교수는 비전임으로 할 수 있다.

    2. 1회 교육생이 30명 미만인 경우 책임교수 또는 선임 교수 1명 이상을 확보해야 한다.

2. 시설기준: 다음 각 목의 시설기준을 갖출 것. 다만, 운전교육훈련기관 또는 관제 교육훈련기관이 정비교육훈련기관으로 함께 지정받으려는 경우 중복되는 시설기준을 추가로 갖추지 않을 수 있다.

가. 이론 교육장: 기준 인원 30명 기준으로 면적 60제곱미터 이상의 강의실을 갖추어야 하며, 기준 인원 초과 시 1명마다 2제곱미터씩 면적을 추가로 확보해야 한다. 다만, 1회 교육생이 30명 미만인 경우 교육생 1명마다 2제곱미터 이상의 면적을 확보해야 한다.

나. 실기 교육장: 교육생 1명마다 3제곱미터 이상의 면적을 확보해야 한다. 다만, 교육훈련기관 외의 장소에서 철도차량 등을 직접 활용하여 실습하는 경우에는 제외한다.

다. 그 밖에 교육훈련에 필요한 사무실 · 편의시설 및 설비를 갖추어야 한다.

3. 장비 기준: 다음 각 목의 장비 기준을 갖출 것. 다만, 운전교육훈련기관 또는 관제 교육훈련기관이 정비교육훈련기관으로 함께 지정받으려는 경우 중복되는 장비 기준을 추가로 갖추지 않을 수 있다.

가. 컴퓨터지원교육시스템

장비명	성능기준	보유기준
컴퓨터지원교육시스템	철도차량 정비 관련 프로그램	1명당 컴퓨터 1대

비고:
컴퓨터지원교육 시스템이란 컴퓨터의 멀티미디어 기능을 활용하여 정비 교육훈련을 시행할 수 있도록 지원하는 컴퓨터시스템 일체를 말한다.

4. 정비 교육훈련에 필요한 교재를 갖추어야 한다.

5. 다음 각 목의 사항을 포함한 업무규정을 갖추어야 한다.

가. 정비교육훈련기관의 조직 및 인원

나. 교육생 선발에 관한 사항

다. 1년간 교육훈련 계획: 교육과정 편성, 교수 인력의 지정 교과목 및 내용 등

라. 교육기관 운영계획

마. 교육생 평가에 관한 사항

바. 실습설비 및 장비 운용 방안

사. 각종 증명의 발급 및 대장의 관리

아. 교수 인력의 교육 훈련자. 기술 도서 및 자료의 관리 · 유지

차. 수수료 징수에 관한 사항

카. 그 밖에 국토교통부장관이 정비 교육훈련에 필요하다고 인정하는 사항

📝 규칙 제42조의5(정비교육훈련기관의 지정의 신청 등)

① 정비교육훈련기관으로 지정을 받으려는 자는 정비교육훈련기관 지정 신청서에 다음 각 호의 서류를
첨부하여 국토교통부장관에게 제출해야 한다. 이 경우 국토교통부장관은 「전자정부법」에 따른 행정정보의
공동이용을 통하여 법인 등기사항증명서(신청인이 법인이 경우에만 해당한다)를 확인해야 한다.

  1. 정비 교육훈련 계획서(정비 교육훈련 평가 계획을 포함한다)

  2. 정비교육훈련기관 운영 규정

  3. 정관이나 이에 준하는 약정(법인 및 단체에 한정한다)

  4. 정비 교육훈련을 담당하는 강사의 자격 · 학력 · 경력 등을 증명할 수 있는 서류 및 담당업무

  5. 정비 교육훈련에 필요한 강의실 등 시설 내역서

  6. 정비 교육훈련에 필요한 실습 시행 방법 및 절차

  7. 정비교육훈련기관에서 사용하는 직인의 인영(印影: 도장 찍은 모양)

② 국토교통부장관은 정비교육훈련기관으로 지정한 때에는 정비교육훈련기관 지정서를 신청인에게
발급해야 한다.

📝 규칙 제42조의6(정비교육훈련기관의 지정취소 등)

② 국토교통부장관은 정비교육훈련기관의 지정을 취소하거나 업무정지의 처분을 한 경우에는 지체 없이 그
정비교육훈련기관에 지정기관 행정 처분서를 통지하고 그 사실을 관보에 고시해야 한다.

2. 개별기준

위반사항	해당 법조문	처분기준			
		1차 위반	2차 위반	3차 위반	4차 위반
1. 거짓이나 그 밖의 부정한 방법으로 지정을 받은 경우	법 제15조의2 제1항제1호	지정취소			
2. 업무정지 명령을 위반하여 그 정지 기간에 정비 교육훈련 업무를 한 경우	법 제15조의2 제1항제2호	지정취소			
3. 법에 따른 지정 기준에 맞지 않은 경우	법 제15조의2 제1항제3호	경고 또는 보완명령	업무정지 1개월	업무정지 3개월	지정취소
4. 정당한 사유 없이 정비 교육훈련 업무를 거부한 경우	법 제15조의2 제1항제4호	경고	업무정지 1개월	업무정지 3개월	지정취소
5. 거짓이나 그 밖의 부정한 방법으로 정비 교육훈련 수료증을 발급한 경우	법 제15조의2 제1항제5호	업무정지 1개월	업무정지 3개월	지정취소	

📄 법 제24조의5(철도차량정비기술자의 인정취소 등)

① 국토교통부장관은 철도차량 정비 기술자가 다음 각 호의 어느 하나에 해당하는 경우 그 인정을 취소하여야 한다.

　1. 거짓이나 그 밖의 부정한 방법으로 철도차량 정비 기술자로 인정받은 경우

　2. 제24조의2제2항에 따른 자격 기준에 해당하지 아니하게 된 경우

　3. 철도차량 정비 업무 수행 중 고의로 철도사고의 원인을 제공한 경우

② 국토교통부장관은 철도차량 정비 기술자가 다음 각 호의 어느 하나에 해당하는 경우 1년의 범위에서 철도차량 정비 기술자의 인정을 정지시킬 수 있다.

　1. 다른 사람에게 철도 차량 정비 경력증을 빌려준 경우

　2. 철도차량 정비 업무 수행 중 중과실로 철도사고의 원인을 제공한 경우

영 제10조, 운전면허 없이 운전할 수 있는 경우 – 운전 교육훈련을 받기 위하여 등

영 제11조 운전면허 종류와 별표 – 고속철도차량 운전면허 등

법 제11조(운전면허의 결격사유 등) –19세 미만인 사람 등

철도안전법 시행규칙 [별표 2] – 신체검사 항목 및 불합격 기준 – 혈압기, 시력 등

법 제15조(운전 적성검사) – 불합격 검사일부터 3개월, 부정행위 1년

철도안전법 시행규칙 [별표 4] – 적성검사 항목 및 불합격 기준 – 일안, 주인판, 복선지 시공

철도안전법 시행규칙 [별표 7] – 운전면허 취득을 위한 교육훈련 과정별 교육시간 및 교육훈련 과목 :2종 전기동차

240 440시간 이상 등

철도안전법 시행규칙 [별표 10] – 철도차량 운전면허 시험의 과목 및 합격 기준 – 과목들

법 제19조 운전면허의 갱신 – 유효기간 10년, 만료 전 갱신, 만료되는 다음 날 효력 정지

효력 정지 6개월 내 갱신, 갱신 미신청 시 만료되는 다음 날부터 효력 잃는다.

규칙 제33조(운전면허 갱신 안내 통지) – 효력 정지 30일 이내 통지, 만료일 6개월 전 갱신 통지

규칙 제32조(운전면허 갱신에 필요한 경력 등) – 6개월 이상 운전, 2년 이상 관제, 운전 등

규칙 제41조의2(철도종사자의 안전교육 대상 등) – 대상자 운전 관제 승무 역무 등

규칙 제41조의3(철도종사자의 직무교육) – 대상자 운전 관제 승무 등

01.

대통령령으로 정하는 운전면허 없이 운전할 수 있는 경우가 <u>아닌</u> 것은?

① 철도차량을 제작 · 조립 · 정비하기 위한 공장 밖의 선로에서 철도차량을 운전하여 이동하는 경우

② 운전면허 시험을 치르기 위하여 철도차량을 운전하는 경우

③ 철도사고 등을 복구하기 위하여 열차 운행이 중지된 선로에서 사고 복구용 특수차량을 운전하여 이동하는 경우

④ 철도차량 운전에 관한 전문 교육훈련기관에서 실시하는 운전 교육훈련을 받기 위하여 철도차량을 운전하는 경우

답 ①

해 영 제10조(운전면허 없이 운전할 수 있는 경우), 공장 안의 선로다.

02.

철도차량의 운전면허 종류로 <u>틀린</u> 것은?

① KTX 철도차량 운전면허 ② 제1종 전기차량 운전면허

③ 철도장비 운전면허 ④ 노면전차 운전면허

답 ①

해 영 제11조(운전면허 종류), 고속철도차량 운전면허이다.

03.

운전면허의 결격사유 해당하지 아니하는 것은?

① 19세 미만인 사람

② 정신질환자 또는 뇌전증 환자로서 국토교통부령으로 정하는 사람

③ 운전면허가 취소된 날부터 2년이 지나지 아니하였거나 효력 정지 기간 중인 사람

④ 두 귀의 청력 또는 두 눈의 시력을 완전히 상실한 사람

답 ②

해 법 제11조(운전면허의 결격사유 등), 대통령령이다.

04.

운전 업무 종사자 등에 대한 신체검사 불합격 기준에 대한 설명으로 <u>틀린</u> 것은?

① 귀의 청력이 500Hz, 1,000Hz, 2,000Hz에서 측정하여 측정의 산술평균이 두 귀 모두 40dB 이상인 자

② 신체 각 장기 및 부위의 악성종양

③ 중증인 고혈압증 (수축기 혈압 160mmHg 이상, 확장기 혈압 80mmHg 이상인 자)

④ 시야의 협착이 1/3이상인 자

답 ③

해 수축기 혈압 180mmHg 이상이고, 확장기 혈압 110mmHg 이상인 사람

05.

운전적성검사에 관한 내용으로 틀린 것은?

① 운전 적성검사에 불합격한 사람은 검사일부터 3개월간 적성검사를 받을 수 없다.
② 운전 적성검사 기관의 지정 기준, 지정 절차 등에 관하여 필요한 사항은 대통령령으로 정한다.
③ 국토교통부장관은 운전 적성검사 기관 또는 관제 적성검사 기관이 지정 기준에 적합한지 아닌지를 2년마다
　심사하여야 한다.
④ 운전 적성검사 과정에서 부정행위를 한 사람: 검사일부터 6개월간 적성검사를 받을 수 없다.

답 ④
해 법 제15조 운전 적성검사, 부정행위는 1년이다.

06.

빈칸에 들어갈 말로 맞는 것은?

운전 적성검사 기관은 그 명칭 · 대표자 · 소재지나 그 밖에 운전 적성검사 업무의 수행에 중대한 영향을 미치는 사항의
변경이 있는 경우에는 해당 사유가 발생한 날부터 (　　　)일 이내에 국토교통부장관에게 그 사실을 알려야 한다.

① 7　　　　　　　　　　　② 10　　　　　　　　　　　③ 14　　　　　　　　　　　④ 15

답 ④
해 영 제15조 운전 적성검사 기관의 변경 사항 통지

07.

제2종 전기차량 적성검사의 검사 항목으로 잘못 짝지어진 것은?

① 주의력 – 지속 주의　　　　　　　　② 판단 및 행동력 – 민첩성
③ 인식 및 기억력 – 선택 주의　　　　　④ 인성 – 안정성향

답 ③
해 선택 주의는 주의력 항목이다. 복선지로 외운다.

08.

제2종 전기차량 운전면허 기능시험 과목이 아닌 것은?

① 준비점검　　　　　　　　　　　　② 제동취급
③ 제동기 외의 기기 취급　　　　　　④ 실습기기

답 ④
해 철도안전법 시행규칙 [별표 10] 철도차량 운전면허 시험의 과목 및 합격 기준

09.

운전면허시험을 실시하려는 때 매년 월 일까지 필기시험 및 기능시험 일정을 인터넷 홈페이지 등에 공고하여야 하는가?

① 11월 1일　　　　　　　　　　　② 11월 30일
③ 12월 1일　　　　　　　　　　　④ 12월 30일

답 ②
해 규칙 제25조(운전면허 시험 시행 계획의 공고)

10.

운전교육훈련기관의 자격 기준으로 **틀린** 것은?
① 책임교수 - 박사학위 소지자로서 철도교통에 관한 업무에 10년 이상 또는 철도차량 운전 관련 업무에 5년 이상 근무한 경력이 있는 사람
② 선임 교수 - 대학의 철도차량 운전 관련 학과에서 전임강사 이상으로 재직한 경력이 있는 사람
③ 선임 교수 - 교수 경력이 1년 이상 있는 사람
④ 교수 - 철도차량 운전과 관련된 교육기관에서 강의 경력이 1년 이상 있는 사람

답 ③
해 시행규칙 [별표 8] 운전교육훈련기관의 세부 지정 기준, 3년 이상

11.

운전면허의 내용으로 **틀린** 것은?
① 운전면허의 유효기간은 10년으로 한다.
② 유효기간 만료 날까지 국토교통부령으로 정하는 바에 따라 갱신을 받아야 한다.
③ 운전면허의 갱신을 받지 아니하면 그 운전면허의 유효기간이 만료되는 날의 다음 날부터 그 운전면허의 효력이 정지된다.
④ 운전면허의 효력이 정지된 사람이 6개월의 범위에서 운전면허의 갱신을 받지 아니하면 그 기간이 만료되는 날의 다음 날부터 그 운전면허는 효력을 잃는다.

답 ②
해 법 제19조(운전면허의 갱신), 만료 전

12.

실무수습 교육에 관한 내용으로 **틀린** 것은?
① 실무 수습 이수 경력이 없는 사람 제2종 전기차량 운전면허 실무 수습 교육 시간은 200시간 이상 또는 3,000킬로미터 이상이다.
② 운전 실무 수습 · 교육의 시간은 교육 시간, 준비 점검 시간 및 차량 점검 시간과 실제 운전 시간을 모두 포함한다.
③ 전 업무 종사자가 기기 취급 방법, 작동 원리, 조작 방식 등이 다른 철도차량을 운전하려는 때는 해당 철도차량의 운전면허를 소지하고 30시간 이상 또는 600킬로미터 이상의 실무 수습 · 교육을 받아야 한다.
④ 실무 수습 교육거리는 선로 수습, 시운전, 실제 운전 거리를 포함한다.

답 ①
해 400시간 이상 6,000킬로미터 이상이다.

13.

관제 교육훈련의 일부를 면제할 수 있는 경우가 **아닌** 것은?
① 철도차량의 운전 업무에 3년 이상의 경력을 취득한 사람
②「고등교육법」에 따른 학교에서 국토교통부령으로 정하는 관제 업무 관련 교과목을 이수한 사람
③ 철도신호기 · 선로전환기 · 조작판의 취급 업무에서 5년 이상의 경력을 취득한 사람
④ 관제 자격 증명을 받은 후 다른 종류의 관제 자격 증명을 받으려는 사람

답 ①
해 법 제21조의7(관제교육훈련) 5년이다.

14.

신체검사 등을 받아야 하는 철도종사자에 해당하지 <u>않는</u> 것은?

① 운전업무 종사자

② 관제업무 종사자

③ 여객승무원

④ 정거장에서 철도신호기 · 선로전환기 및 조작판 등을 취급하는 업무를 수행하는 사람

답 ③

해 영 제21조(신체검사 등을 받아야 하는 철도종사자), 운전관제신선조

15.

철도종사자의 직무교육 대상이 <u>아닌</u> 것은?

① 여객승무원

② 운전업무종사자

③ 여객역무원

④ 정거장에서 철도신호기 · 선로전환기 또는 조작판 등을 취급하거나 열차의 조성 업무를 수행하는 사람

답 ③

해 규칙 제41조의3(철도종사자의 직무교육 등) 안전교육은 역무원 대상이다.

나는 코레일일까 서교공(도시철도)일까?

기관사 및 관제사를 꿈꾸는 분들은 보통 두 회사를 지망합니다. (가장 규모가 크기에)

둘 다 다녀본 입장으로서는 단순히 카더라가 아닌 체감한 차이들이 많이 있습니다.

먼저 코레일은 운전에 진심인 사람들이 많습니다.

그리고 KTX는 평생 무료여서 타지방 분들도 많습니다.

기관차는 따로 문의를 주셔야겠지만, 코레일 전동차는 전동차 중 난이도가 제일 높습니다.

그 이유는 철도차량 운전 규칙에서도 말하지만

지상철은 승강장과 선로를 늘리기가 쉬워 그만큼 선로가 복잡해집니다.

그리고 지상이 더 낫지 않겠나 하지만

선크림도 매번 발라야 하고, 급행 노선, 건널목에 사람도 출몰할 수도 있는 등

저는 지상을 좋아하지 않았습니다.

반면 도시철도는 지하에 승강장을 만드는 만큼 제한된 규칙과

좀 더 안전을 중시해서 운전 규칙도 작아지는 특징이 있습니다.

실제 근무하는 사람들은 편한 직장 등을, 편안한 분위기의 직장의 느낌이 있습니다.

여러분은 어느 회사가 더 마음에 드시나요?

철도시설 및 철도차량의 안전관리

4장 및 7장은 2종 면허 필기시험 범위에서 제외됩니다.
또한 대부분의 입교기관에서도 제외됩니다.
해당 공고문을 잘 확인하시기 바랍니다.

철도시설 및 철도차량의 안전관리

법 제25조의2(승하차용 출입문 설비의 설치)

철도시설 관리자는 선로로부터의 수직거리가 국토교통부령으로 정하는 기준 이상인 승강장에 열차의 출입문과 연동되어 열리고 닫히는 승하차용 출입문 설비를 설치하여야 한다. 다만, 여러 종류의 철도차량이 함께 사용하는 승강장 등 국토교통부령으로 정하는 승강장의 경우에는 그러하지 아니하다.

규칙 제43조(승하차용 출입문 설비의 설치)

① 법 제25조의2 본문(승하차용 출입문 설비의 설치)에서 "국토교통부령으로 정하는 기준"이란 1,135밀리미터를 말한다.

② "여러 종류의 철도차량이 함께 사용하는 승강장 등 국토교통부령으로 정하는 승강장"이란 다음 각 호의 어느 하나에 해당하는 승강장으로서 철도기술심의위원회에서 승강장에 열차의 출입문과 연동되어 열리고 닫히는 승하차용 출입문 설비를 설치하지 않아도 된다고 심의·의결한 승강장을 말한다.

  1. 여러 종류의 철도차량이 함께 사용하는 승강장으로서 열차 출입문의 위치가 서로 달라 승차장 안전문을 설치하기 곤란한 경우
  2. 열차가 정차하지 않는 선로 쪽 승강장으로서 승객의 선로 추락 방지를 위해 안전난간 등의 안전시설을 설치한 경우
  3. 여객의 승하차 인원, 열차의 운행 횟수 등을 고려하였을 때 승차장 안전문을 설치할 필요가 없다고 인정되는 경우

규칙 제44조(철도기술심의위원회의 설치)

국토교통부장관은 다음 각 호의 사항을 심의하게 하기 위하여 철도기술심의위원회를 설치한다.

1. 기술기준의 제정·개정 또는 폐지
2. 형식승인 대상 철도 용품의 선정·변경 및 취소
3. 철도차량·철도 용품 표준규격의 제정·개정 또는 폐지
4. 철도 안전에 관한 전문 기관이나 단체의 지정
5. 그 밖에 국토교통부장관이 필요로 하는 사항

📄 법 제26조(철도차량 형식승인)

① 국내에서 운행하는 철도차량을 제작하거나 수입하려는 자는 국토교통부령으로 정하는 바에 따라 해당 철도차량의 설계에 관하여 국토교통부장관의 형식승인을 받아야 한다.

② 형식승인을 받은 자가 승인받은 사항을 변경하려는 경우에는 국토교통부장관의 변경 승인을 받아야 한다. 다만, 국토교통부령으로 정하는 경미한 사항을 변경하려는 경우에는 국토교통부장관에게 신고하여야 한다.

③ 국토교통부장관은 형식승인 또는 변경 승인을 하는 경우에는 해당 철도차량이 국토교통부장관이 정하여 고시하는 철도차량의 기술기준에 적합한지에 대하여 형식승인 검사를 하여야 한다.

④ 국토교통부장관은 다음 각 호의 어느 하나에 해당하는 경우에는 형식승인 검사의 전부 또는 일부를 면제할 수 있다.

  1. 시험·연구·개발 목적으로 제작 또는 수입되는 철도차량으로서 대통령령으로 정하는 철도차량에 해당하는 경우

  2. 수출 목적으로 제작 또는 수입되는 철도차량으로서 대통령령으로 정하는 철도차량에 해당하는 경우

  3. 대한민국이 체결한 협정 또는 대한민국이 가입한 협약에 따라 형식승인 검사가 면제되는 철도차량의 경우

  4. 그 밖에 철도시설의 유지·보수 또는 철도차량의 사고 복구 등 특수한 목적을 위하여 제작 또는 수입되는 철도차량으로서 국토교통부장관이 정하여 고시하는 경우

⑤ 누구든지 형식승인을 받지 아니한 철도차량을 운행하여서는 아니 된다.

⑥ 승인 절차, 승인 방법, 신고 절차, 검사 절차, 검사방법 및 면제 절차 등에 관하여 필요한 사항은 국토교통부령으로 정한다.

📑 영 제22조(형식승인검사를 면제할 수 있는 철도차량 등)

"대통령령으로 정하는 철도차량"이란 여객 및 화물 운송에 사용되지 아니하는 철도차량을 말한다.

② 법 제26조제4항제2호(수출 목적으로 제작)에서 "대통령령으로 정하는 철도차량"이란 국내에서 철도 운영에 사용되지 아니하는 철도차량을 말한다.

③ 철도차량별로 형식승인 검사를 면제할 수 있는 범위는 다음 각 호의 구분과 같다.

  1. 법 제26조제4항제1호 및 제2호(시험·연구·개발 목적/수출 목적으로 제작)에 해당하는 철도차량: 형식승인 검사의 전부

  2. 법 제26조제4항제3호(대한민국이 가입한 협약에 따라 면제) 에 해당하는 철도차량: 대한민국이 체결한 협정 또는 대한민국이 가입한 협약에서 정한 면제의 범위

  3. 법 제26조제4항제4호(사고복구 등 특수한 목적)에 해당하는 철도차량: 형식승인 검사 중 철도차량의 시운전단계에서 실시하는 검사를 제외한 검사로서 국토교통부령으로 정하는 검사

① 철도차량 형식승인을 받으려는 자는 철도차량 형식승인 신청서에 다음 각 호의 서류를 첨부하여
  국토교통부장관에게 제출하여야 한다.
  1. 철도차량의 기술기준에 대한 적합성 입증 계획서 및 입증 자료
  2. 철도차량의 설계도면, 설계 명세서 및 설명서(적합성 입증을 위하여 필요한 부분에 한정한다)
  3. 형식승인 검사의 면제 대상에 해당하는 경우 그 입증서류
  4. 차량 형식시험 절차서
  5. 그 밖에 철도차량 기술기준에 적합함을 입증하기 위하여 국토교통부장관이 필요하다고 인정하여
    고시하는 서류
② 철도차량 형식승인을 받은 사항을 변경하려는 경우에는 철도차량 형식변경승인신청서에 다음 각 호의
  서류를 첨부하여 국토교통부장관에게 제출하여야 한다.
  1. 해당 철도차량의 철도차량 형식승인증명서
  2. 제1항 각 호의 서류(변경되는 부분 및 그와 연관되는 부분에 한정한다)
  3. 변경 전후의 대비표 및 해설서
③ 국토교통부장관은 철도차량 형식승인 또는 변경 승인 신청을 받은 경우에 15일 이내에 승인 또는 변경
  승인에 필요한 검사 등의 계획서를 작성하여 신청인에게 통보하여야 한다.

📝 **규칙 제47조(철도차량 형식승인의 경미한 사항 변경)**

① "국토교통부령으로 정하는 경미한 사항을 변경하려는 경우"란 다음 각 호의 어느 하나에 해당하는 변경을
  말한다.
  1. 철도차량의 구조 안전 및 성능에 영향을 미치지 아니하는 차체 형상의 변경
  2. 철도차량의 안전에 영향을 미치지 아니하는 설비의 변경
  3. 중량분포에 영향을 미치지 아니하는 장치 또는 부품의 배치 변경
  4. 동일 성능으로 입증할 수 있는 부품의 규격 변경
  5. 그 밖에 철도차량의 안전 및 성능에 영향을 미치지 아니한다고 국토교통부장관이 인정하는 사항의 변경
② 경미한 사항을 변경하려는 경우에는 철도차량 형식변경신고서에 다음 각 호의 서류를 첨부하여
  국토교통부장관에게 제출하여야 한다.
  1. 해당 철도차량의 철도차량 형식승인증명서
  2. 제1항 각 호에 해당함을 증명하는 서류
  3. 변경 전후의 대비표 및 해설서
  4. 변경 후의 주요 제원
  5. 철도차량 기술기준에 대한 적합성 입증 자료(변경되는 부분 및 그와 연관되는 부분에 한정한다)

③ 국토교통부장관은 제2항에 따라 신고를 받은 때에는 첨부서류를 확인한 후 철도차량 형식 변경 신고 확인서를 발급하여야 한다.

📝 규칙 제48조(철도차량 형식승인검사의 방법 및 증명서 발급 등)

① 철도차량 형식승인 검사는 다음 각 호의 구분에 따라 실시한다.
   1. 설계적합성 검사: 철도차량의 설계가 철도차량 기술기준에 적합한지 여부에 대한 검사
   2. 합치성 검사: 철도차량이 부품 단계, 구성품 단계, 완성차 단계에서 제1호에 따른 설계와 합치하게 제작되었는지 여부에 대한 검사
   3. 차량형식 시험: 철도차량이 부품 단계, 구성품 단계, 완성차 단계, 시운전단계에서 철도차량 기술기준에 적합한지 여부에 대한 시험

철도왕의 암기 TIP!

형식승인 – 설합차라고 외운다.

② 국토교통부장관은 검사 결과 철도차량 기술기준에 적합하다고 인정하는 경우에는 철도차량 형식승인증명서 또는 철도차량 형식 변경 승인 증명서에 형식승인 자료집을 첨부하여 신청인에게 발급하여야 한다.

③ 철도차량 형식승인 증명서 또는 철도차량 형식변경승인증명서를 발급받은 자가 해당 증명서를 잃어버렸거나 헐어 못쓰게 되어 재발급을 받으려는 경우에는 철도차량 형식승인증명서 재발급 신청서에 헐어 못쓰게 된 증명서(헐어 못쓰게 된 경우만 해당한다)를 첨부하여 국토교통부장관에게 제출하여야 한다.

④ 철도차량 형식승인 검사에 관한 세부적인 기준·절차 및 방법은 국토교통부장관이 정하여 고시한다.

📝 규칙 제49조(철도차량 형식승인검사의 면제 절차 등)

① 영 제22조제3항제3호에서 "국토교통부령으로 정하는 검사"란 설계 적합성 검사, 합치성 검사 및 차량형식 시험(시운전단계에서의 시험은 제외한다)을 말한다.

② 국토교통부장관은 서류의 검토 결과 해당 철도차량이 형식승인 검사의 면제 대상에 해당된다고 인정하는 경우에는 신청인에게 면제 사실과 내용을 통보하여야 한다.

① 국토교통부장관은 형식승인을 받은 자가 다음 각 호의 어느 하나에 해당하는 경우에는 그 형식승인을 취소할 수 있다. 다만, 제1호에 해당하는 경우에는 그 형식승인을 취소하여야 한다.

　1. 거짓이나 그 밖의 부정한 방법으로 형식승인을 받은 경우

　2. 기술기준에 중대하게 위반되는 경우

　3. 변경 승인 명령을 이행하지 아니한 경우

② 국토교통부장관은 형식승인이 기술기준에 위반된다고 인정하는 경우에는 그 형식승인을 받은 자에게 국토교통부령으로 정하는 바에 따라 변경 승인을 받을 것을 명하여야 한다.

③ 제1항제1호(거짓이나 그 밖의 부정한 방법으로 형식승인을 받은 경우)에 해당하는 사유로 형식승인이 취소된 경우에는 그 취소된 날부터 2년간 동일한 형식의 철도차량에 대하여 새로 형식승인을 받을 수 없다.

규칙 제50조(철도차량 형식 변경승인의 명령 등)

① 국토교통부장관은 변경 승인을 받을 것을 명하려는 경우에는 그 사유를 명시하여 철도차량 형식승인을 받은 자에게 통보하여야 한다.

② 변경 승인 명령을 받은 자는 명령을 통보받은 날부터 30일 이내에 법 철도차량 형식승인의 변경 승인을 신청하여야 한다.

영 제23조(철도차량 제작자승인 등을 면제할 수 있는 경우 등)

① "대한민국이 체결한 협정 또는 대한민국이 가입한 협약에 따라 제작자승인이 면제되는 경우 등 대통령령으로 정하는 경우"란 다음 각 호의 어느 하나에 해당하는 경우를 말한다.

　1. 대한민국이 체결한 협정 또는 대한민국이 가입한 협약에 따라 제작자승인이 면제되거나 제작자승인검사의 전부 또는 일부가 면제되는 경우

　2. 철도시설의 유지·보수 또는 철도차량의 사고 복구 등 특수한 목적을 위하여 제작 또는 수입되는 철도차량으로서 국토교통부장관이 정하여 고시하는 철도차량에 해당하는 경우

② 법 제26조의3제3항에 따라 제작자승인 또는 제작자승인검사를 면제할 수 있는 범위는 다음 각 호의 구분과 같다.

　1. 제1항제1호(대한민국이 체결한 협정에 따라 제작자승인이 면제)에 해당하는 경우: 대한민국이 체결한 협정 또는 대한민국이 가입한 협약에서 정한 제작자승인 또는 제작자승인검사의 면제 범위

　2. 제1항제2호(사고복구 등 특수한 목적)에 해당하는 경우: 제작자승인검사의 전부

📝 규칙 제51조(철도차량 제작자승인의 신청 등)

① 철도차량 제작자승인을 받으려는 자는 철도차량 제작자승인 신청서에 다음 각 호의 서류를 첨부하여
국토교통부장관에게 제출하여야 한다. 다만, 제작자승인이 면제되는 경우에는 제4호의 서류만 첨부한다.

　1. 철도차량의 제작 관리 및 품질 유지에 필요한 기술기준에 대한 적합성 입증 계획서 및 입증 자료

　2. 철도차량 품질관리체계서 및 설명서

　3. 철도차량 제작명세서 및 설명서

　4. 제작자승인 또는 제작자승인검사의 면제 대상에 해당하는 경우 그 입증 서류

　5. 그 밖에 철도차량 제작자승인기준에 적합함을 입증하기 위하여 국토교통부장관이 필요하다고
　　인정하여 고시하는 서류

② 철도차량 제작자승인을 받은 자가 철도차량 제작자승인 받은 사항을 변경하려는 경우에는 철도차량
제작자 변경 승인 신청서에 다음 각 호의 서류를 첨부하여 국토교통부장관에게 제출하여야 한다.

　1. 해당 철도차량의 철도차량 제작자승인증명서

　2. 제1항 각 호의 서류(변경되는 부분 및 그와 연관되는 부분에 한정한다)

　3. 변경 전후의 대비표 및 해설서

③ 국토교통부장관은 철도차량 제작자승인 또는 변경 승인 신청을 받은 경우에 15일 이내에 승인 또는 변경
승인에 필요한 검사 등의 계획서를 작성하여 신청인에게 통보하여야 한다.

📝 규칙 제52조(철도차량 제작자승인의 경미한 사항 변경)

① "국토교통부령으로 정하는 경미한 사항을 변경하려는 경우"란 다음 각 호의 어느 하나에 해당하는 변경을
말한다.

　1. 철도차량 제작자의 조직변경에 따른 품질관리 조직 또는 품질관리 책임자에 관한 사항의 변경

　2. 법령 또는 행정구역의 변경 등으로 인한 품질관리 규정의 세부 내용 변경

　3. 서류 간 불일치 사항 및 품질관리 규정의 기본 방향에 영향을 미치지 아니하는 사항으로서 그 변경
　　근거가 분명한 사항의 변경

② 경미한 사항을 변경하려는 경우에는 철도차량 제작자승인변경신고서에 다음 각 호의 서류를 첨부하여
국토교통부장관에게 제출하여야 한다.

　1. 해당 철도차량의 철도차량 제작자승인증명서

　2. 제1항 각 호에 해당함을 증명하는 서류

　3. 변경 전후의 대비표 및 해설서

　4. 변경 후의 철도차량 품질관리 체계

　5. 철도차량 제작자승인기준에 대한 적합성 입증 자료(변경되는 부분 및 그와 연관되는 부분에 한정한다)

③ 국토교통부장관은 제2항에 따라 신고를 받은 때에는 첨부서류를 확인한 후 철도차량
제작자승인변경신고확인서를 발급하여야 한다.

📝 규칙 제53조(철도차량 제작자승인검사의 방법 및 증명서 발급 등)

① 철도차량 제작자승인검사는 다음 각 호의 구분에 따라 실시한다.

　1. 품질관리 체계 적합성 검사: 해당 철도차량의 품질관리 체계가 철도차량 제작자승인기준에 적합한지
　　여부에 대한 검사

　2. 제작 검사: 해당 철도차량에 대한 품질관리 체계의 적용 및 유지 여부 등을 확인하는 검사

② 국토교통부장관은 검사 결과 철도차량 제작자승인기준에 적합하다고 인정하는 경우에는 다음 각 호의
서류를 신청인에게 발급하여야 한다.

　1. 철도차량 제작자승인증명서 또는 철도차량 제작자변경승인증명서

　2. 제작할 수 있는 철도차량의 형식에 대한 목록을 적은 제작자승인지정서

③ 철도차량 제작자승인증명서 또는 철도차량 제작자변경승인증명서를 발급받은 자가 해당 증명서를
잃어버렸거나 헐어 못쓰게 되어 재발급을 받으려는 경우에는 철도차량 제작자승인증명서 재발급 신청서에
헐어 못쓰게 된 증명서(헐어 못쓰게 된 경우만 해당한다)를 첨부하여 국토교통부장관에게 제출하여야 한다.

④ 철도차량 제작자승인검사에 관한 세부적인 기준·절차 및 방법은 국토교통부장관이 정하여 고시한다.

📝 규칙 제54조(철도차량 제작자승인 등의 면제 절차)

국토교통부장관은 서류의 검토 결과 철도차량이 제작자승인 또는 제작자승인검사의 면제 대상에 해당된다고
인정하는 경우에는 신청인에게 면제 사실과 내용을 통보하여야 한다.

📄 법 제26조의4(결격사유)

다음 각 호의 어느 하나에 해당하는 자는 철도차량 제작자승인을 받을 수 없다.

1. 피성년후견인

2. 파산선고를 받고 복권되지 아니한 사람

3. 이 법 또는 대통령령으로 정하는 철도 관계 법령을 위반하여 징역형의 실형을 선고받고 그 집행이
　종료(집행이 종료된 것으로 보는 경우를 포함한다)되거나 집행이 면제된 날부터 2년이 지나지 아니한 사람

4. 이 법 또는 대통령령으로 정하는 철도 관계 법령을 위반하여 징역형의 집행유예를 선고받고 그 유예
　기간에 있는 사람

5. 제작자승인이 취소된 후 2년이 지나지 아니한 자

6. 임원 중에 제1호부터 제5호까지의 어느 하나에 해당하는 사람이 있는 법인

📋 영 제24조(철도 관계 법령의 범위)

"대통령령으로 정하는 철도 관계 법령"이란 각각 다음 각 호의 어느 하나에 해당하는 법령을 말한다.

1. 「건널목 개량촉진법」
2. 「도시철도법」
3. 「철도의 건설 및 철도시설 유지관리에 관한 법률」
4. 「철도사업법」
5. 「철도산업발전 기본법」
6. 「한국철도공사법」
7. 「한국철도시설공단법」
8. 「항공·철도사고조사에 관한 법률」

📄 법 제26조의5(승계)

① 철도차량 제작자승인을 받은 자가 그 사업을 양도하거나 사망한 때 또는 법인의 합병이 있는 때에는 양수인, 상속인 또는 합병 후 존속하는 법인이나 합병에 의하여 설립되는 법인은 제작자승인을 받은 자의 지위를 승계한다.

② 철도차량 제작자승인의 지위를 승계하는 자는 승계일부터 1개월 이내에 국토교통부령으로 정하는 바에 따라 그 승계 사실을 국토교통부장관에게 신고하여야 한다.

③ 제작자승인의 지위를 승계하는 자에 대하여는 제26조의4(결격사유)를 준용한다. 다만, 제26조의4 각 호의 어느 하나에 해당하는 상속인이 피상속인이 사망한 날부터 3개월 이내에 그 사업을 다른 사람에게 양도한 경우에는 피상속인의 사망일부터 양도일까지의 기간 동안 피상속인의 제작자승인은 상속인의 제작자승인으로 본다.

📝 규칙 제55조(지위승계의 신고 등)

① 철도차량 제작자승인의 지위를 승계하는 자는 철도차량 제작자승계신고서에 다음 각 호의 서류를 첨부하여 국토교통부장관에게 제출하여야 한다.

   1. 철도차량 제작자승인증명서
   2. 사업 양도의 경우: 양도·양수계약서 사본 등 양도 사실을 입증할 수 있는 서류
   3. 사업 상속의 경우: 사업을 상속받은 사실을 확인할 수 있는 서류
   4. 사업 합병의 경우: 합병계약서 및 합병 후 존속하거나 합병에 따라 신설된 법인의 등기사항증명서

② 국토교통부장관은 신고를 받은 경우에 지위승계 사실을 확인한 후 철도차량 제작자승인증명서를 지위승계자에게 발급하여야 한다.

① 철도차량 제작자승인을 받은 자는 제작한 철도차량을 판매하기 전에 해당 철도차량이 형식승인을 받은
대로 제작되었는지를 확인하기 위하여 국토교통부장관이 시행하는 완성검사를 받아야 한다.
② 국토교통부장관은 철도차량이 완성검사에 합격한 경우에는 철도차량제작자에게 국토교통부령으로
정하는 완성검사증명서를 발급하여야 한다.
③ 철도차량 완성검사의 절차 및 방법 등에 관하여 필요한 사항은 국토교통부령으로 정한다.

📝 규칙 제56조(철도차량 완성검사의 신청 등)

① 철도차량 완성검사를 받으려는 자는 철도차량 완성검사신청서에 다음 각 호의 서류를 첨부하여
국토교통부장관에게 제출하여야 한다.
  1. 철도차량 형식승인증명서
  2. 철도차량 제작자승인증명서
  3. 형식승인된 설계와의 형식동일성 입증계획서 및 입증서류
  4. 주행시험 절차서
  5. 그 밖에 형식동일성 입증을 위하여 국토교통부장관이 필요하다고 인정하여 고시하는 서류
② 국토교통부장관은 완성검사 신청을 받은 경우에 15일 이내에 완성검사의 계획서를 작성하여 신청인에게
통보하여야 한다.

📝 규칙 제57조(철도차량 완성검사의 방법 및 검사증명서 발급 등)

① 철도차량 완성검사는 다음 각 호의 구분에 따라 실시한다.
  1. 완성차량검사: 안전과 직결된 주요 부품의 안전성 확보 등 철도차량이 철도차량기술기준에 적합하고
   형식승인 받은 설계대로 제작되었는지를 확인하는 검사
  2. 주행시험: 철도차량이 형식승인 받은 대로 성능과 안전성을 확보하였는지 운행선로 시운전 등을 통하여
   최종 확인하는 검사

철도왕의 암기 TIP!

완성검사 완주라고 외우자.

② 국토교통부장관은 검사 결과 철도차량이 철도차량기술기준에 적합하고 형식승인 받은 설계대로
제작되었다고 인정하는 경우에는 철도차량 완성검사증명서를 신청인에게 발급하여야 한다.
③ 완성검사에 필요한 세부적인 기준·절차 및 방법은 국토교통부장관이 정하여 고시한다.

📄 법 제26조의7(철도차량 제작자승인의 취소 등)

① 국토교통부장관은 철도차량 제작자승인을 받은 자가 다음 각 호의 어느 하나에 해당하는 경우에는 그 승인을 취소하거나 6개월 이내의 기간을 정하여 업무의 제한이나 정지를 명할 수 있다. 다만, 제1호 또는 제5호에 해당하는 경우에는 제작자승인을 취소하여야 한다.

  1. 거짓이나 그 밖의 부정한 방법으로 제작자승인을 받은 경우

  2. 변경승인을 받지 아니하거나 변경신고를 하지 아니하고 철도차량을 제작한 경우

  3. 시정조치명령을 정당한 사유 없이 이행하지 아니한 경우

  4. 제32조제1항(제작 또는 판매 중지 등)에 따른 명령을 이행하지 아니하는 경우

  5. 업무정지 기간 중에 철도차량을 제작한 경우

② 철도차량 제작자승인의 취소, 업무의 제한 또는 정지의 기준 및 절차 등에 관하여 필요한 사항은 국토교통부령으로 정한다.

철도안전법 시행규칙 [별표 14]
철도차량 제작자승인 관련 처분기준(제58조제1항 관련)

1. 일반 기준

가. 위반행위가 둘 이상인 경우로서 그에 해당하는 각각의 처분기준이 다른 경우에는 그중 무거운 처분기준(무거운 처분기준이 같을 때는 그중 하나의 처분기준을 말한다)에 따르며, 둘 이상의 처분기준이 같은 업무 제한·정지인 경우에는 무거운 처분기준의 2분의 1의 범위에서 가중할 수 있되, 각 처분기준을 합산한 기간을 초과할 수 없다.

나. 위반행위의 횟수에 따른 행정처분 기준은 최근 2년간 같은 위반행위로 업무정지 처분을 받은 경우에 적용한다. 이 경우 위반 횟수는 같은 위반행위에 대하여 최초로 처분을 한 날과 다시 같은 위반행위를 적발한 날을 기준으로 한다.

다. 처분권자는 다음 각 목의 어느 하나에 해당하는 경우에는 업무 제한·정지 처분의 2분의 1의 범위에서 감경할 수 있다. 이 경우 그 처분이 업무 제한·정지인 경우에는 그 처분기준의 2분의 1의 범위에서 감경할 수 있고, 승인 취소인 경우(법 제26조의7제1항제1호 또는 제5호에 해당하는 경우는 제외한다)에는 6개월의 업무정지 처분으로 감경할 수 있다.

  1) 위반행위가 고의나 중대한 과실이 아닌 사소한 부주의나 오류로 인한 것으로 인정되는 경우

  2) 위반 상태를 시정하거나 해소하기 위해 노력한 것이 인정되는 경우

  3) 그 밖에 위반행위의 정도, 위반행위의 동기와 그 결과 등을 고려하여 업무 제한·정지 기간을 줄일 필요가 있다고 인정되는 경우

라. 처분권자는 다음 각 목의 어느 하나에 해당하는 경우에는 업무 제한·정지 처분의 2분의 1의 범위에서 가중할 수 있다. 다만, 각 업무정지를 합산한 기간이 법 제9조제1항에서 정한 기간을 초과할 수 없다.

  1) 위반의 내용·정도가 중대하여 공중에게 미치는 피해가 크다고 인정되는 경우

  2) 그 밖에 위반행위의 정도, 위반행위의 동기와 그 결과 등을 고려하여 가중할 필요가 있다고 인정되는 경우

위반사항 및 내용	근거 법조문	처분기준			
		1차 위반	2차 위반	3차 위반	4차 위반
가. 거짓이나 그 밖의 부정한 방법으로 제작자승인을 받은 경우	법 제26조의7제1항제1호	승인취소			
나. 변경승인을 받지 않고 철도차량을 제작한 경우	법 제26조의7제1항제2호	업무정지(업무제한) 3개월	업무정지(업무제한) 6개월	승인취소	
다. 변경신고를 하지 않고 철도차량을 제작한 경우		경고	업무정지(업무제한) 3개월	업무정지(업무제한) 6개월	승인취소
라. 시정조치명령을 정당한 사유 없이 이행하지 않은 경우	법 제26조의7제1항제3호	경고	업무정지(업무제한) 3개월	업무정지(업무제한) 6개월	승인취소
마. 법 제32조제1항에 따른 명령을 이행하지 않은 경우(제작 또는 판매 중지)	법 제26조의7제1항제4호	업무정지(업무제한) 3개월	업무정지(업무제한) 6개월	승인취소	
바. 업무정지 기간 중에 철도차량을 제작한 경우	법 제26조의7제1항제5호	승인취소			

📄 법 제26조의8(준용규정)

"철도차량 품질관리체계"는 철도차량 제작자승인 조항들을 준용함

철도안전법 시행령 [별표 2] ⟨개정 2014.3.18⟩
철도차량 제작자승인 관련 과징금의 부과기준(제25조 관련)

위반행위	근거 법조문	과징금 금액(단위: 백만원)	
		업무정지(업무제한) 3개월	업무정지(업무제한) 6개월
1. 법 제26조의8에서 준용하는 법 제7조제3항을 위반하여 변경승인을 받지 않고 철도차량을 제작한 경우	법 제26조의7 제1항제2호	30	60
2. 법 제26조의8에서 준용하는 법 제7조제3항을 위반하여 변경신고를 하지 않고 철 도차량을 제작한 경우		30	60
3. 법 제26조의8에서 준용하는 법 제8조제3항에 따른 시정조치명령을 정당한 사유 없이 이행하지 않은 경우	법 제26조의7 제1항제3호	30	60
4. 법 제32조제1항에 따른 명령을 이행하지 않은 경우	법 제26조의7 제1항제4호	30	60

📝 규칙 제59조(철도차량 품질관리체계의 유지 등)

① 국토교통부장관은 철도차량 품질관리체계에 대하여 1년마다 1회의 정기검사를 실시하고, 철도차량의 안전 및 품질 확보 등을 위하여 필요하다고 인정하는 경우에는 수시로 검사할 수 있다.

② 국토교통부장관은 제1항에 따라 정기검사 또는 수시검사를 시행하려는 경우에는 검사 시행일 15일 전까지 다음 각 호의 내용이 포함된 검사계획을 철도차량 제작자승인을 받은 자에게 통보하여야 한다.

  1. 검사반의 구성

  2. 검사 일정 및 장소

  3. 검사 수행 분야 및 검사 항목

  4. 중점 검사 사항

  5. 그 밖에 검사에 필요한 사항

③ 국토교통부장관은 정기검사 또는 수시검사를 마친 경우에는 다음 각 호의 사항이 포함된 검사 결과보고서를 작성하여야 한다.

  1. 철도차량 품질관리체계의 검사 개요 및 현황

  2. 철도차량 품질관리체계의 검사 과정 및 내용

  3. 시정조치 사항

④ 국토교통부장관은 철도차량 제작자승인을 받은 자에게 시정조치를 명하는 경우에는 시정에 필요한 적정한 기간을 주어야 한다.

⑤ 시정조치명령을 받은 철도차량 제작자승인을 받은 자는 시정조치를 완료한 경우에는 지체 없이 그 시정 내용을 국토교통부장관에게 통보하여야 한다.

⑥ 규정에서 정한 사항 외에 정기검사 또는 수시검사에 관한 세부적인 기준·방법 및 절차는 국토교통부장관이 정하여 고시한다.

📄 법 제27조(철도용품 형식승인)

① 국토교통부장관이 정하여 고시하는 철도용품을 제작하거나 수입하려는 자는 국토교통부령으로 정하는 바에 따라 해당 철도용품의 설계에 대하여 국토교통부장관의 형식승인을 받아야 한다.

② 국토교통부장관은 형식승인을 하는 경우에는 해당 철도용품이 국토교통부장관이 정하여 고시하는 철도용품의 기술기준에 적합한지에 대하여 국토교통부령으로 정하는 바에 따라 형식승인검사를 하여야 한다.

③ 누구든지 제1항에 따른 형식승인을 받지 아니한 철도용품(국토교통부장관이 정하여 고시하는 철도용품만 해당한다)을 철도시설 또는 철도차량 등에 사용하여서는 아니 된다.

④ 철도용품 형식승인등에 대해서는 철도차량 규정을 준용함(가운데줄)

📋 영 제26조(형식승인검사를 면제할 수 있는 철도용품)

① 형식승인검사를 면제할 수 있는 철도용품은 법 제26조제4항제1호부터 제3호까지의 어느 하나에 해당하는 경우로 한다.

② 법 제26조제4항제1호에서 "대통령령으로 정하는 철도용품"이란 철도차량 또는 철도시설에 사용되지 아니하는 철도용품을 말한다.

③ 법 제26조제4항제2호에서 "대통령령으로 정하는 철도용품"이란 국내에서 철도운영에 사용되지 아니하는 철도용품을 말한다.

④ 법 제26조제4항에 따라 철도용품별로 형식승인검사를 면제할 수 있는 범위는 다음 각 호의 구분과 같다.

    1. 법 제26조제4항제1호 및 제2호에 해당하는 철도용품: 형식승인검사의 전부

    2. 법 제26조제4항제3호에 해당하는 철도용품: 대한민국이 체결한 협정 또는 대한민국이 가입한 협약에서 정한 면제의 범위

📝 규칙 제60조(철도용품 형식승인 신청 절차 등)

① 철도용품 형식승인을 받으려는 자는 철도용품 형식승인신청서에 다음 각 호의 서류를 첨부하여 국토교통부장관에게 제출하여야 한다.

    1. 철도용품의 기술기준에 대한 적합성 입증계획서 및 입증자료

    2. 철도용품의 설계도면, 설계 명세서 및 설명서

    3. 형식승인검사의 면제 대상에 해당하는 경우 그 입증서류

    4. 용품형식 시험 절차서

    5. 그 밖에 철도용품기술기준에 적합함을 입증하기 위하여 국토교통부장관이 필요하다고 인정하여 고시하는 서류

② 철도용품 형식승인 받은 사항을 변경하려는 경우에는 철도용품 형식변경승인신청서에 다음 각 호의 서류를 첨부하여 국토교통부장관에게 제출하여야 한다.

    1. 해당 철도용품의 철도용품 형식승인증명서

    2. 제1항 각 호의 서류(변경되는 부분 및 그와 연관되는 부분에 한정한다)

    3. 변경 전후의 대비표 및 해설서

③ 국토교통부장관은 철도용품 형식승인 또는 변경승인 신청을 받은 경우에 15일 이내에 승인 또는 변경승인에 필요한 검사 등의 계획서를 작성하여 신청인에게 통보하여야 한다.

📝 규칙 제61조(철도용품 형식승인의 경미한 사항 변경)

① "국토교통부령으로 정하는 경미한 사항을 변경하려는 경우"란 다음 각 호의 어느 하나에 해당하는 변경을 말한다.

  1. 철도용품의 안전 및 성능에 영향을 미치지 아니하는 형상 변경

  2. 철도용품의 안전에 영향을 미치지 아니하는 설비의 변경

  3. 중량분포 및 크기에 영향을 미치지 아니하는 장치 또는 부품의 배치 변경

  4. 동일 성능으로 입증할 수 있는 부품의 규격 변경

  5. 그 밖에 철도용품의 안전 및 성능에 영향을 미치지 아니한다고 국토교통부장관이 인정하는 사항의 변경

② 경미한 사항을 변경하려는 경우에는 철도용품 형식변경신고서에 다음 각 호의 서류를 첨부하여 국토교통부장관에게 제출하여야 한다.

  1. 해당 철도용품의 철도용품 형식승인증명서

  2. 제1항 각 호에 해당함을 증명하는 서류

  3. 변경 전후의 대비표 및 해설서

  4. 변경 후의 주요 제원

  5. 철도용품기술기준에 대한 적합성 입증자료(변경되는 부분 및 그와 연관되는 부분에 한정한다)

③ 국토교통부장관은 신고를 받은 때에는 제2항 각 호의 첨부서류를 확인한 후 철도용품 형식변경신고확인서를 발급하여야 한다.

📝 규칙 제62조(철도용품 형식승인검사의 방법 및 증명서 발급 등)

① 철도용품 형식승인검사는 다음 각 호의 구분에 따라 실시한다.

  1. 설계적합성 검사: 철도용품의 설계가 철도용품기술기준에 적합한지 여부에 대한 검사

  2. 합치성 검사: 철도용품이 부품단계, 구성품단계, 완성품단계에서 제1호에 따른 설계와 합치하게 제작되었는지 여부에 대한 검사

  3. 용품형식 시험: 철도용품이 부품단계, 구성품단계, 완성품단계, 시운전단계에서 철도용품기술기준에 적합한지 여부에 대한 시험

② 국토교통부장관은 검사 결과 철도용품기술기준에 적합하다고 인정하는 경우에는 철도용품 형식승인 증명서 또는 철도용품 형식변경승인증명서에 형식승인자료집을 첨부하여 신청인에게 발급하여야 한다.

③ 국토교통부장관은 철도용품 형식승인증명서 또는 철도용품 형식변경승인증명서를 발급할 때에는 해당 철도용품이 장착될 철도차량 또는 철도시설을 지정할 수 있다.

④ 철도용품 형식승인증명서 또는 철도용품 형식변경승인증명서를 발급받은 자가 해당 증명서를 잃어버렸거나 헐어 못쓰게 되어 재발급 받으려는 경우에는 철도용품 형식승인증명서 재발급 신청서에 헐어 못쓰게 된 증명서(헐어 못쓰게 된 경우만 해당한다)를 첨부하여 국토교통부장관에게 제출하여야 한다.

⑤ 철도용품 형식승인검사에 관한 세부적인 기준ㆍ절차 및 방법은 국토교통부장관이 정하여 고시한다.

규칙 제63조(철도용품 형식승인검사의 면제 절차)

국토교통부장관은 서류의 검토 결과 해당 철도용품이 형식승인검사의 면제 대상에 해당된다고 인정하는 경우에는 신청인에게 면제사실과 내용을 통보하여야 한다.

법 제27조의2(철도용품 제작자승인)

① 형식승인을 받은 철도용품을 제작(외국에서 대한민국에 수출할 목적으로 제작하는 경우를 포함한다)하려는 자는 국토교통부령으로 정하는 바에 따라 철도용품의 제작을 위한 인력, 설비, 장비, 기술 및 제작검사 등 철도용품의 적합한 제작을 위한 유기적 체계를 갖추고 있는지에 대하여 국토교통부장관으로부터 제작자승인을 받아야 한다.

② 국토교통부장관은 제작자승인을 하는 경우에는 해당 철도용품 품질관리체계가 국토교통부장관이 정하여 고시하는 철도용품의 제작관리 및 품질유지에 필요한 기술기준에 적합한지에 대하여 국토교통부령으로 정하는 바에 따라 철도용품 제작자승인검사를 하여야 한다.

③ 제작자승인을 받은 자는 해당 철도용품에 대하여 국토교통부령으로 정하는 바에 따라 형식승인을 받은 철도용품임을 나타내는 형식승인표시를 하여야 한다.

④ 철도용품 제작자승인은 철도차량 관련 규정을 준용한다.

철도안전법 시행령 [별표 3] 〈개정 2014.3.18〉
철도용품 제작자승인 관련 과징금의 부과기준(제27조 관련)

위반행위	근거 법조문	과징금 금액(단위: 백만원)	
		업무정지(업무제한) 3개월	업무정지(업무제한) 6개월
1. 변경승인을 받지 않고 철도용품을 제작한 경우	법 제27조의2제4항에서 준용하는 법 제26조의7제1항 제2호	10	20
2. 변경신고를 하지 않고 철도용품을 제작한 경우		10	20
3. 시정조치명령을 정당한 사유 없이 이행하지 않은 경우	법 제27조의2제4항에서 준용하는 법 제26조의7제1항 제3호	10	20
4. 법 제32조제1항에 따른 명령을 이행하지 않은 경우 (제작 판매중지)	법 제27조의2제4항에서 준용하는 법 제26조의7제1항 제4호	10	20

📋 영 제28조(철도용품 제작자승인 등을 면제할 수 있는 경우 등)

① "대한민국이 체결한 협정 또는 대한민국이 가입한 협약에 따라 제작자승인이 면제되는 경우 등 대통령령으로 정하는 경우"란 대한민국이 체결한 협정 또는 대한민국이 가입한 협약에 따라 제작자승인이 면제되거나 제작자승인검사의 전부 또는 일부가 면제되는 경우를 말한다.

② 제작자승인 또는 제작자승인검사를 면제할 수 있는 범위는 대한민국이 체결한 협정 또는 대한민국이 가입한 협약에서 정한 면제의 범위에 따른다.

📝 규칙 제64조(철도용품 제작자승인의 신청 등)

① 철도용품 제작자승인을 받으려는 자는 별지 제39호서식의 철도용품 제작자승인신청서에 다음 각 호의 서류를 첨부하여 국토교통부장관에게 제출하여야 한다. 다만, 제작자승인이 면제되는 경우에는 제4호의 서류만 첨부한다.
  1. 철도용품의 제작관리 및 품질유지에 필요한 기술기준에 대한 적합성 입증계획서 및 입증자료
  2. 철도용품 품질관리체계서 및 설명서
  3. 철도용품 제작 명세서 및 설명서
  4. 제작자승인 또는 제작자승인검사의 면제 대상에 해당하는 경우 그 입증서류
  5. 그 밖에 철도용품제작자승인기준에 적합함을 입증하기 위하여 국토교통부장관이 필요하다고 인정하여 고시하는 서류
② 철도용품 제작자승인을 받은 자가 철도용품 제작자승인 받은 사항을 변경하려는 경우에는 철도용품 제작자변경승인신청서에 다음 각 호의 서류를 첨부하여 국토교통부장관에게 제출하여야 한다.
  1. 해당 철도용품의 철도용품 제작자승인증명서
  2. 제1항 각 호의 서류(변경되는 부분 및 그와 연관되는 부분에 한정한다)
  3. 변경 전후의 대비표 및 해설서
③ 국토교통부장관은 철도용품 제작자승인 또는 변경승인 신청을 받은 경우에 15일 이내에 승인 또는 변경승인에 필요한 검사 등의 계획서를 작성하여 신청인에게 통보하여야 한다.

📝 규칙 제65조(철도용품 제작자승인의 경미한 사항 변경)

① "국토교통부령으로 정하는 경미한 사항을 변경하는 경우"란 다음 각 호의 어느 하나에 해당하는 경우를 말한다.
   1. 철도용품 제작자의 조직변경에 따른 품질관리조직 또는 품질관리책임자에 관한 사항의 변경
   2. 법령 또는 행정구역의 변경 등으로 인한 품질관리규정의 세부내용의 변경
   3. 서류간 불일치 사항 및 품질관리규정의 기본방향에 영향을 미치지 아니하는 사항으로써 그 변경근거가 분명한 사항의 변경
② 경미한 사항을 변경하려는 경우에는철도용품 제작자변경신고서에 다음 각 호의 서류를 첨부하여 국토교통부장관에게 제출하여야 한다.
   1. 해당 철도용품의 철도용품 제작자승인증명서
   2. 제1항 각 호에 해당함을 증명하는 서류
   3. 변경 전후의 대비표 및 해설서
   4. 변경 후의 철도용품 품질관리체계
   5. 철도용품제작자승인기준에 대한 적합성 입증자료(변경되는 부분 및 그와 연관되는 부분에 한정한다)
③ 국토교통부장관은 신고를 받은 때에는 제2항 각 호의 첨부서류를 확인한 후 철도용품 제작자승인변경신고확인서를 발급하여야 한다.

📝 규칙 제66조(철도용품 제작자승인검사의 방법 및 증명서 발급 등)

① 철도용품 제작자승인검사는 다음 각 호의 구분에 따라 실시한다.
   1. 품질관리체계의 적합성검사: 해당 철도용품의 품질관리체계가 철도용품제작자승인기준에 적합한지 여부에 대한 검사
   2. 제작검사: 해당 철도용품에 대한 품질관리체계 적용 및 유지 여부 등을 확인하는 검사
② 국토교통부장관은 제1항에 따른 검사 결과 철도용품제작자승인기준에 적합하다고 인정하는 경우에는 다음 각 호의 서류를 신청인에게 발급하여야 한다.
   1. 철도용품 제작자승인증명서 또는 철도용품 제작자변경승인증명서
   2. 제작할 수 있는 철도용품의 형식에 대한 목록을 적은 제작자승인지정서
③ 철도용품 제작자승인증명서 또는 철도용품 제작자변경승인증명서를 발급받은 자가 해당 증명서를 잃어버렸거나 헐어 못쓰게 되어 재발급 받으려는 경우에는 별지 제29호서식의 철도용품 제작자승인증명서 재발급 신청서에 헐어 못쓰게 된 증명서(헐어 못쓰게 된 경우만 해당한다)를 첨부하여 국토교통부장관에게 제출하여야 한다.
④ 철도용품 제작자승인검사에 관한 세부적인 기준·절차 및 방법은 국토교통부장관이 정하여 고시한다.

규칙 제67조(철도용품 제작자승인 등의 면제 절차)

국토교통부장관은 서류의 검토 결과 철도용품이 제작자승인 또는 제작자승인검사의 면제 대상에 해당된다고 인정하는 경우에는 신청인에게 면제사실과 내용을 통보하여야 한다.

규칙 제68조(형식승인을 받은 철도용품의 표시)

① 철도용품 제작자승인을 받은 자는 해당 철도용품에 다음 각 호의 사항을 포함하여 형식승인을 받은 철도용품임을 나타내는 표시를 하여야 한다.
  1. 형식승인품명 및 형식승인번호
  2. 형식승인품명의 제조일
  3. 형식승인품의 제조자명(제조자임을 나타내는 마크 또는 약호를 포함한다)
  4. 형식승인기관의 명칭
② 형식승인품의 표시는 국토교통부장관이 정하여 고시하는 표준도안에 따른다.

규칙 제69조(지위승계의 신고 등)

① 철도용품 제작자승인의 지위를 승계하는 자는 철도용품 제작자승계신고서에 다음 각 호의 서류를 첨부하여 국토교통부장관에게 제출하여야 한다.
  1. 철도용품 제작자승인증명서
  2. 사업 양도의 경우: 양도·양수계약서 사본 등 양도 사실을 입증할 수 있는 서류
  3. 사업 상속의 경우: 사업을 상속받은 사실을 확인할 수 있는 서류
  4. 사업 합병의 경우: 합병계약서 및 합병 후 존속하거나 합병에 따라 신설된 법인의 등기사항증명서
② 국토교통부장관은 신고를 받은 경우에 지위승계 사실을 확인한 후 철도용품 제작자승인증명서를 지위승계자에게 발급하여야 한다.

1. 일반기준

가. 위반행위가 둘 이상인 경우로서 그에 해당하는 각각의 처분기준이 다른 경우에는 그중 무거운 처분기준(무거운 처분기준이 같을 때는 그중 하나의 처분기준을 말한다)에 따르며, 둘 이상의 처분기준이 같은 업무 제한·정지인 경우에는 무거운 처분기준의 2분의 1의 범위에서 가중할 수 있되, 각 처분기준을 합산한 기간을 초과할 수 없다.

나. 위반행위의 횟수에 따른 행정처분 기준은 최근 2년간 같은 위반행위로 업무 제한·정지 처분을 받은 경우에 적용한다. 이 경우 위반 횟수는 같은 위반행위에 대하여 최초로 처분을 한 날과 다시 같은 위반행위를 적발한 날을 기준으로 한다.

다. 처분권자는 다음 각 목의 어느 하나에 해당하는 경우에는 업무 제한·정지 처분의 2분의 1의 범위에서 감경할 수 있다. 이 경우 그 처분이 업무 제한·정지인 경우에는 그 처분기준의 2분의 1의 범위에서 감경할 수 있고, 승인 취소인 경우(법 제27조의2제4항에 따라 준용되는 법 제26조의7제1항제1호 또는 제5호에 해당하는 경우는 제외한다)에는 6개월의 업무정지 처분으로 감경할 수 있다.

　1) 위반행위가 고의나 중대한 과실이 아닌 사소한 부주의나 오류로 인한 것으로 인정되는 경우

　2) 위반 상태를 시정하거나 해소하기 위해 노력한 것이 인정되는 경우

　3) 그 밖에 위반행위의 정도, 위반행위의 동기와 그 결과 등을 고려하여 업무 제한·정지 기간을 줄일 필요가 있다고 인정되는 경우

라. 처분권자는 다음 각 목의 어느 하나에 해당하는 경우에는 업무 제한·정지 처분의 2분의 1의 범위에서 가중할 수 있다. 다만, 각 업무정지를 합산한 기간이 법 제9조제1항에서 정한 기간을 초과할 수 없다.

　1) 위반의 내용·정도가 중대하여 공중에게 미치는 피해가 크다고 인정되는 경우

　2) 그 밖에 위반행위의 정도, 위반행위의 동기와 그 결과 등을 고려하여 가중할 필요가 있다고 인정되는 경우

2. 개별기준

위반사항	근거 법조문	처분기준			
		1차 위반	2차 위반	3차 위반	4차 위반
가. 거짓이나 그 밖의 부정한 방법으로 제작자승인을 받은 경우	법 제27조의2제4항	승인취소			
나. 법 제27조의2에서 준용하는 법 제7조제3항을 위반하여 변경승인을 받지 않고 철도차량을 제작한 경우		업무정지 (업무제한) 3개월	업무정지 (업무제한) 6개월	승인취소	
다. 법 제27조의2에서 준용하는 법 제7조제3항을 위반하여 변경신고를 하지 않고 철도차량을 제작한 경우		경고	업무정지 (업무제한) 3개월	업무정지 (업무제한) 6개월	승인취소
라. 법 제27조의2제4항에서 준용하는 법 제8조제3항에 따른 시정조치명령을 정당한 사유 없이 이행하지 않은 경우		경고	업무정지 (업무제한) 3개월	업무정지 (업무제한) 6개월	승인취소
마. 법 제32조제1항에 따른 명령을 이행하지 않은 경우		업무정지 (업무제한) 3개월	업무정지 (업무제한) 6개월	승인취소	
바. 업무정지 기간 중에 철도용품을 제작한 경우		승인취소			

📝 규칙 제71조(철도용품 품질관리체계의 유지 등)

① 국토교통부장관은 철도용품 품질관리체계에 대하여 1년마다 1회의 정기검사를 실시하고, 철도용품의 안전 및 품질 확보 등을 위하여 필요하다고 인정하는 경우에는 수시로 검사할 수 있다.

② 국토교통부장관은 정기검사 또는 수시검사를 시행하려는 경우에는 검사 시행일 15일 전까지 다음 각 호의 내용이 포함된 검사계획을 철도용품 제작자승인을 받은 자에게 통보하여야 한다.

    1. 검사반의 구성

    2. 검사 일정 및 장소

    3. 검사 수행 분야 및 검사 항목

    4. 중점 검사 사항

    5. 그 밖에 검사에 필요한 사항

③ 국토교통부장관은 정기검사 또는 수시검사를 마친 경우에는 다음 각 호의 사항이 포함된 검사 결과보고서를 작성하여야 한다.

    1. 철도용품 품질관리체계의 검사 개요 및 현황

    2. 철도용품 품질관리체계의 검사 과정 및 내용

    3. 시정조치 사항

④ 국토교통부장관은 철도용품 제작자승인을 받은 자에게 시정조치를 명하는 경우에는 시정에 필요한 적정한 기간을 주어야 한다.

⑤ 시정조치명령을 받은 철도용품 제작자승인을 받은 자는 시정조치를 완료한 경우에는 지체 없이 그 시정내용을 국토교통부장관에게 통보하여야 한다.

⑥ 제1항부터 제5항까지의 규정에서 정한 사항 외에 정기검사 또는 수시검사에 관한 세부적인 기준·방법 및 절차는 국토교통부장관이 정하여 고시한다.

📄 법 제27조의3(검사 업무의 위탁)

국토교통부장관은 다음 각 호의 업무를 대통령령으로 정하는 바에 따라 관련 기관 또는 단체에 위탁할 수 있다.

1. 철도차량 형식승인검사

2. 철도차량 제작자승인검사

3. 철도차량 완성검사

4. 철도용품 형식승인검사

5. 철도용품 제작자승인검사

① 국토교통부장관은 다음 각 호의 업무를 한국철도기술연구원및 한국교통안전공단에 위탁한다.

　　1. 철도차량 형식승인검사

　　2. 철도차량 제작자승인검사

　　3. 철도차량 완성검사(제2항에 따라 국토교통부령으로 정하는 업무는 제외한다)

　　4. 철도용품 형식승인검사

　　5.철도용품 제작자승인검사

② 국토교통부장관은 철도차량 완성검사 업무 중 국토교통부령으로 정하는 업무를 국토교통부장관이

　　지정하여 고시하는 철도안전에 관한 전문기관 또는 단체에 위탁한다.

📝 **규칙 제71조의2(검사 업무의 위탁)**

"국토교통부령으로 정하는 업무"란 완성차량검사를 말한다.

📑 **법 제31조(형식승인 등의 사후관리)**

① 국토교통부장관은 형식승인을 받은 철도차량 또는 철도용품의 안전 및 품질의 확인·점검을 위하여

　　필요하다고 인정하는 경우에는 소속 공무원으로 하여금 다음 각 호의 조치를 하게 할 수 있다.

　　1. 철도차량 또는 철도용품이 기술기준에 적합한지에 대한 조사

　　2. 철도차량 또는 철도용품 형식승인 및 제작자승인을 받은 자의 관계 장부 또는 서류의 열람·제출

　　3. 철도차량 또는 철도용품에 대한 수거·검사

　　4. 철도차량 또는 철도용품의 안전 및 품질에 대한 전문연구기관에의 시험·분석 의뢰

　　5. 그 밖에 철도차량 또는 철도용품의 안전 및 품질에 대한 긴급한 조사를 위하여 국토교통부령으로

　　　정하는 사항

② 철도차량 또는 철도용품 형식승인 및 제작자승인을 받은 자와 철도차량 또는 철도용품의 소유자·점유자·

　　관리인 등은 정당한 사유 없이 조사·열람·수거 등을 거부·방해·기피하여서는 아니 된다.

③ 조사·열람 또는 검사 등을 하는 공무원은 그 권한을 표시하는 증표를 지니고 이를 관계인에게 내보여야

　　한다. 이 경우 그 증표에 관하여 필요한 사항은 국토교통부령으로 정한다.

④ 철도차량 완성검사를 받은 자가 해당 철도차량을 판매하는 경우 다음 각 호의 조치를 하여야 한다.

　　1. 철도차량정비에 필요한 부품을 공급할 것

　　2. 철도차량을 구매한 자에게 철도차량정비에 필요한 기술지도·교육과 정비매뉴얼 등 정비 관련 자료를

　　　제공할 것

⑤ 정비에 필요한 부품의 종류 및 공급하여야 하는 기간, 기술지도·교육 대상과 방법, 철도차량정비 관련 자료의 종류 및 제공 방법 등에 필요한 사항은 국토교통부령으로 정한다.

⑥ 국토교통부장관은 철도차량 완성검사를 받아 해당 철도차량을 판매한 자가 조치를 이행하지 아니한 경우에는 그 이행을 명할 수 있다.

규칙 제72조(형식승인 등의 사후관리 대상 등)

① "국토교통부령으로 정하는 사항"이란 다음 각 호의 어느 하나에 해당하는 사항을 말한다.

1. 사고가 발생한 철도차량 또는 철도용품에 대한 철도운영 적합성 조사
2. 장기 운행한 철도차량 또는 철도용품에 대한 철도운영 적합성 조사
3. 철도차량 또는 철도용품에 결함이 있는지의 여부에 대한 조사
4. 그 밖에 철도차량 또는 철도용품의 안전 및 품질에 관하여 국토교통부장관이 필요하다고 인정하여 고시하는 사항

규칙 제72조의2(철도차량 부품의 안정적 공급 등)

① 철도차량 완성검사를 받아 해당 철도차량을 판매한 자는 그 철도차량의 완성검사를 받은 날부터 20년 이상 다음 각 호에 따른 부품을 해당 철도차량을 구매한 자(해당 철도차량을 구매한 자와 계약에 따라 해당 철도차량을 정비하는 자를 포함한다)에게 공급해야 한다. 다만, 철도차량 판매자가 철도차량 구매자와 협의하여 철도차량 판매자가 공급하는 부품 외의 다른 부품의 사용이 가능하다고 약정하는 경우에는 철도차량 판매자는 해당 부품을 철도차량 구매자에게 공급하지 않을 수 있다.

1. 국토교통부장관이 형식승인 대상으로 고시하는 철도용품
2. 철도차량의 동력전달장치(엔진, 변속기, 감속기, 견인전동기 등), 주행·제동장치 또는 제어장치 등이 고장난 경우 해당 철도차량 자력(自力)으로 계속 운행이 불가능하여 다른 철도차량의 견인을 받아야 운행할 수 있는 부품
3. 그 밖에 철도차량 판매자와 철도차량 구매자의 계약에 따라 공급하기로 약정한 부품

② 철도차량 판매자가 철도차량 구매자에게 제공하는 부품의 형식 및 규격은 철도차량 판매자가 판매한 철도차량과 일치해야 한다.

③ 철도차량 판매자는 자신이 판매 또는 공급하는 부품의 가격을 결정할 때 해당 부품의 제조원가(개발비용을 포함한다) 등을 고려하여 신의성실의 원칙에 따라 합리적으로 결정해야 한다.

① 철도차량 판매자는 해당 철도차량의 구매자에게 다음 각 호의 자료를 제공해야 한다.

  1. 해당 철도차량이 최적의 상태로 운용되고 유지보수 될 수 있도록 철도차량시스템 및 각 장치의 개별부품에 대한 운영 및 정비 방법 등에 관한 유지보수 기술문서

  2. 철도차량 운전 및 주요 시스템의 작동방법, 응급조치 방법, 안전규칙 및 절차 등에 대한 설명서 및 고장수리 절차서

  3. 철도차량 판매자 및 철도차량 구매자의 계약에 따라 공급하기로 약정하는 각종 기술문서

  4. 해당 철도차량에 대한 고장진단기(고장진단기의 원활한 작동을 위한 소프트웨어를 포함한다) 및 그 사용 설명서

  5. 철도차량의 정비에 필요한 특수공기구 및 시험기와 그 사용 설명서

  6. 그 밖에 철도차량 판매자와 철도차량 구매자의 계약에 따라 제공하기로 한 자료

② 제1항제1호에 따른 유지보수 기술문서에는 다음 각 호의 사항이 포함되어야 한다.

  1. 부품의 재고관리, 주요 부품의 교환주기, 기록관리 사항

  2. 유지보수에 필요한 설비 또는 장비 등의 현황

  3. 유지보수 공정의 계획 및 내용(일상 유지보수, 정기 유지보수, 비정기 유지보수 등)

  4. 철도차량이 최적의 상태를 유지할 수 있도록 유지보수 단계별로 필요한 모든 기능 및 조치를 상세하게 적은 기술문서

③ 철도차량 판매자는 철도차량 구매자에게 다음 각 호에 따른 방법으로 기술지도 또는 교육을 시행해야 한다.

  1. 시디(CD), 디브이디(DVD) 등 영상녹화물의 제공을 통한 시청각 교육

  2. 교재 및 참고자료의 제공을 통한 서면 교육

  3. 그 밖에 철도차량 판매자와 철도차량 구매자의 계약 또는 협의에 따른 방법

④ 철도차량 판매자는 다음 각 호의 어느 하나에 해당하는 경우에는 해당 철도차량 구매자에게 집합교육 또는 현장교육을 실시해야 한다. 이 경우 철도차량 판매자와 철도차량 구매자는 집합교육 또는 현장교육의 시기, 대상, 기간, 내용 및 비용 등을 협의해야 한다.

  1. 철도차량 판매자가 해당 철도차량 정비기술의 효과적인 보급을 위하여 필요하다고 인정하는 경우

  2. 철도차량 구매자가 해당 철도차량 정비기술을 효과적으로 배우기 위해 집합교육 또는 현장교육이 필요하다고 요청하는 경우

⑤ 철도차량 판매자는 철도차량 구매자에게 해당 철도차량의 <u>인도예정일 3개월</u> 전까지 자료를 제공하고교육을 시행해야 한다. 다만, 철도차량 구매자가 따로 요청하거나 철도차량 판매자와 철도차량 구매자가 합의하는 경우에는 기술지도 또는 교육의 시기, 기간 및 방법 등을 따로 정할 수 있다.

⑥ 철도차량 판매자가 해당 철도차량 구매자에게 고장진단기 등 장비 · 기구 등의 제공 및 기술지도 · 교육을 유상으로 시행하는 경우에는 유사 장비 · 물품의 가격 및 유사 교육비용 등을 기초로 하여 합리적인 기준에 따라 비용을 결정해야 한다.

📝 규칙 제72조의4(철도차량 판매자에 대한 이행명령)

① 국토교통부장관은 철도차량 판매자에게 이행명령을 하려면 해당 철도차량 판매자가 이행해야 할
구체적인 조치사항 및 이행 기간 등을 명시하여 서면(전자문서를 포함한다)으로 통지해야 한다.
② 국토교통부장관은 이행명령을 통지하기 전에 철도차량 판매자와 해당 철도차량 구매자 간의 분쟁 조정
등을 위하여 철도차량 부품 제작업체, 철도차량 정밀안전진단기관 또는 학계 등 관련분야 전문가의 의견을
들을 수 있다.

📄 법 제32조(제작 또는 판매 중지 등)

① 국토교통부장관은 형식승인을 받은 철도차량 또는 철도용품이 다음 각 호의 어느 하나에 해당하는
경우에는 그 철도차량 또는 철도용품의 제작 · 수입 · 판매 또는 사용의 중지를 명할 수 있다. 다만, 제1호에
해당하는 경우에는 제작 · 수입 · 판매 또는 사용의 중지를 명하여야 한다.
  1. 형식승인이 취소된 경우
  2. 변경승인 이행명령을 받은 경우
  3. 완성검사를 받지 아니한 철도차량을 판매한 경우(판매 또는 사용의 중지명령만 해당한다)
  4. 형식승인을 받은 내용과 다르게 철도차량 또는 철도용품을 제작 · 수입 · 판매한 경우
② 중지명령을 받은 철도차량 또는 철도용품의 제작자는 국토교통부령으로 정하는 바에 따라 해당 철도차량
또는 철도용품의 회수 및 환불 등에 관한 시정조치계획을 작성하여 국토교통부장관에게 제출하고 이
계획에 따른 시정조치를 하여야 한다. 다만, 제1항제2호 및 제3호에 해당하는 경우로서 그 위반경위,
위반정도 및 위반효과 등이 국토교통부령으로 정하는 경미한 경우에는 그러하지 아니하다.
③ 시정조치의 면제를 받으려는 제작자는 대통령령으로 정하는 바에 따라 국토교통부장관에게 그
시정조치의 면제를 신청하여야 한다.
④ 철도차량 또는 철도용품의 제작자는 정조치를 하는 경우에는 국토교통부령으로 정하는 바에 따라 해당
시정조치의 진행 상황을 국토교통부장관에게 보고하여야 한다.

📋 영 제29조(시정조치의 면제 신청 등)

① 시정조치의 면제를 받으려는 제작자는 중지명령을 받은 날부터 15일 이내에 경미한 경우에 해당함을
증명하는 서류를 국토교통부장관에게 제출하여야 한다.
② 국토교통부장관은 서류를 제출받은 경우에 시정조치의 면제 여부를 결정하고 결정이유, 결정기준과
결과를 신청자에게 통지하여야 한다.

① 중지명령을 받은 철도차량 또는 철도용품의 제작자는 다음 각 호의 사항이 포함된 시정조치계획서를 국토교통부장관에게 제출하여야 한다.

  1. 해당 철도차량 또는 철도용품의 명칭, 형식승인번호 및 제작연월일

  2. 해당 철도차량 또는 철도용품의 위반경위, 위반정도 및 위반결과

  3. 해당 철도차량 또는 철도용품의 제작 수 및 판매 수

  4. 해당 철도차량 또는 철도용품의 회수, 환불, 교체, 보수 및 개선 등 시정계획

  5. 해당 철도차량 또는 철도용품의 소유자 · 점유자 · 관리자 등에 대한 통지문 또는 공고문

② 법 제32조제2항 단서에서 "국토교통부령으로 정하는 경미한 경우"란 다음 각 호의 어느 하나에 해당하는 경우를 말한다.

  1. 구조안전 및 성능에 영향을 미치지 아니하는 형상의 변경 위반

  2. 안전에 영향을 미치지 아니하는 설비의 변경 위반

  3. 중량분포에 영향을 미치지 아니하는 장치 또는 부품의 배치 변경 위반

  4. 동일 성능으로 입증할 수 있는 부품의 규격 변경 위반

  5. 안전, 성능 및 품질에 영향을 미치지 아니하는 제작과정의 변경 위반

  6. 그 밖에 철도차량 또는 철도용품의 안전 및 성능에 영향을 미치지 아니한다고 국토교통부장관이 인정하여 고시하는 경우

③ 철도차량 또는 철도용품 제작자가 시정조치를 하는 경우에는 시정조치가 완료될 때까지 매 분기마다 분기 종료 후 20일 이내에 국토교통부장관에게 시정조치의 진행상황을 보고하여야 하고, 시정조치를 완료한 경우에는 완료 후 20일 이내에 그 시정내용을 국토교통부장관에게 보고하여야 한다.

📄 법 제34조(표준화)

① 국토교통부장관은 철도의 안전과 호환성의 확보 등을 위하여 철도차량 및 철도용품의 표준규격을 정하여 철도운영자등 또는 철도차량을 제작 · 조립 또는 수입하려는 자 등에게 권고할 수 있다. 다만, 한국산업표준이 제정되어 있는 사항에 대하여는 그 표준에 따른다.

② 표준규격의 제정 · 개정 등에 필요한 사항은 국토교통부령으로 정한다.

📝 규칙 제74조(철도표준규격의 제정 등)

① 국토교통부장관은 철도차량이나 철도용품의 표준규격을 제정·개정하거나 폐지하려는 경우에는 기술위원회의 심의를 거쳐야 한다.

② 국토교통부장관은 철도표준규격을 제정·개정하거나 폐지하는 경우에 필요한 경우에는 공청회 등을 개최하여 이해관계인의 의견을 들을 수 있다.

③ 국토교통부장관은 철도표준규격을 제정한 경우에는 해당 철도표준규격의 명칭·번호 및 제정 연월일 등을 관보에 고시하여야 한다. 고시한 철도표준규격을 개정하거나 폐지한 경우에도 또한 같다.

④ 국토교통부장관은 철도표준규격을 고시한 날부터 3년마다 타당성을 확인하여 필요한 경우에는 철도표준규격을 개정하거나 폐지할 수 있다. 다만, 철도기술의 향상 등으로 인하여 철도표준규격을 개정하거나 폐지할 필요가 있다고 인정하는 때에는 3년 이내에도 철도표준규격을 개정하거나 폐지할 수 있다.

⑤ 철도표준규격의 제정·개정 또는 폐지에 관하여 이해관계가 있는 자는 철도표준규격 제정·개정·폐지 의견서에 다음 각 호의 서류를 첨부하여 한국철도기술연구원에 제출할 수 있다.

  1. 철도표준규격의 제정·개정 또는 폐지안

  2. 철도표준규격의 제정·개정 또는 폐지안에 대한 의견서

⑥ 의견서를 받은 한국철도기술연구원은 이를 검토한 후 그 검토 결과를 해당 이해관계인에게 통보하여야 한다.

⑦ 철도표준규격의 관리 등에 필요한 세부사항은 국토교통부장관이 정하여 고시한다.

📄 법 제38조(종합시험운행)

① 철도운영자등은 철도노선을 새로 건설하거나 기존노선을 개량하여 운영하려는 경우에는 정상운행을 하기 전에 종합시험운행을 실시한 후 그 결과를 국토교통부장관에게 보고하여야 한다.

② 국토교통부장관은 보고를 받은 경우에는 기술기준에의 적합 여부, 철도시설 및 열차운행체계의 안전성 여부, 정상운행 준비의 적절성 여부 등을 검토하여 필요하다고 인정하는 경우에는 개선·시정할 것을 명할 수 있다.

③ 종합시험운행의 실시 시기·방법·기준과 개선·시정 명령 등에 필요한 사항은 국토교통부령으로 정한다.

① 철도운영자등이 실시하는 종합시험운행은 해당 철도노선의 영업을 개시하기 전에 실시한다.

② 종합시험운행은 철도운영자와 합동으로 실시한다. 이 경우 철도운영자는 종합시험운행의 원활한 실시를 위하여 철도시설관리자로부터 철도차량, 소요인력 등의 지원 요청이 있는 경우 특별한 사유가 없는 한 이에 응하여야 한다.

③ 철도시설관리자는 종합시험운행을 실시하기 전에 철도운영자와 협의하여 다음 각 호의 사항이 포함된 종합시험운행계획을 수립하여야 한다.

　1. 종합시험운행의 방법 및 절차

　2. 평가항목 및 평가기준 등

　3. 종합시험운행의 일정

　4. 종합시험운행의 실시 조직 및 소요인원

　5. 종합시험운행에 사용되는 시험기기 및 장비

　6. 종합시험운행을 실시하는 사람에 대한 교육훈련계획

　7. 안전관리조직 및 안전관리계획

　8. 비상대응계획

　9. 그 밖에 종합시험운행의 효율적인 실시와 안전 확보를 위하여 필요한 사항

④ 철도시설관리자는 종합시험운행을 실시하기 전에 철도운영자와 합동으로 해당 철도노선에 설치된 철도시설물에 대한 기능 및 성능 점검결과를 설명한 서류에 대한 검토 등 사전검토를 하여야 한다.

⑤ 종합시험운행은 다음 각 호의 절차로 구분하여 순서대로 실시한다.

　1. 시설물검증시험: 해당 철도노선에서 허용되는 최고속도까지 단계적으로 철도차량의 속도를 증가시키면서 철도시설의 안전상태, 철도차량의 운행적합성이나 철도시설물과의 연계성(Interface), 철도시설물의 정상 작동 여부 등을 확인 · 점검하는 시험

　2. 영업시운전: 시설물검증시험이 끝난 후 영업 개시에 대비하기 위하여 열차운행계획에 따른 실제 영업상태를 가정하고 열차운행체계 및 철도종사자의 업무숙달 등을 점검하는 시험

철도왕의 암기 TIP!

종합시험운행 시영으로 외운다.

⑥ 철도시설관리자는 기존 노선을 개량한 철도노선에 대한 종합시험운행을 실시하는 경우에는 철도운영자와 협의하여 종합시험운행 일정을 조정하거나 그 절차의 일부를 생략할 수 있다.

⑦ 철도시설관리자는 종합시험운행을 실시하는 경우에는 철도운영자와 합동으로 종합시험운행의 실시내용 · 실시결과 및 조치내용 등을 확인하고 이를 기록 · 관리하여야 하며, 그 결과를 국토교통부장관에게 보고하여야 한다.

⑧ 철도운영자등은 철도시설의 개선·시정명령을 받은 경우나 열차운행체계 또는 운행준비에 대한 개선·시정명령을 받은 경우에는 이를 개선·시정하여야 하고, 개선·시정을 완료한 후에는 종합시험운행을 다시 실시하여 국토교통부장관에게 그 결과를 보고하여야 한다. 이 경우 종합시험운행절차 중 일부를 생략할 수 있다.

⑨ 철도운영자등이 종합시험운행을 실시하는 때에는 안전관리책임자를 지정하여 다음 각 호의 업무를 수행하도록 하여야 한다.

    1. 「산업안전보건법」 등 관련 법령에서 정한 안전조치사항의 점검·확인

    2. 종합시험운행을 실시하기 전의 안전점검 및 종합시험운행 중 안전관리 감독

    3. 종합시험운행에 사용되는 철도차량에 대한 안전 통제

    4. 종합시험운행에 사용되는 안전장비의 점검·확인

    5. 종합시험운행 참여자에 대한 안전교육

⑩ 그 밖에 종합시험운행의 세부적인 절차·방법 등에 관하여 필요한 사항은 국토교통부장관이 정하여 고시한다.

📝 규칙 제75조의2(종합시험운행 결과의 검토 및 개선명령 등)

① 종합시험운행의 결과에 대한 검토는 다음 각 호의 절차로 구분하여 순서대로 실시한다.

    1. 「철도의 건설 및 철도시설 유지관리에 관한 법률」에 따른 기술기준에의 적합여부 검토

    2. 철도시설 및 열차운행체계의 안전성 여부 검토

    3. 정상운행 준비의 적절성 여부 검토

② 국토교통부장관은 도시철도 또는 도시철도건설사업 또는 도시철도운송사업을 위탁받은 법인이 건설·운영하는 도시철도에 대하여 검토를 하는 경우에는 해당 도시철도의 관할 시·도지사와 협의할 수 있다. 이 경우 협의 요청을 받은 시·도지사는 협의를 요청받은 날부터 7일 이내에 의견을 제출하여야 하며, 그 기간 내에 의견을 제출하지 아니하면 의견이 없는 것으로 본다.

③ 국토교통부장관은 검토 결과 해당 철도시설의 개선·보완이 필요하거나 열차운행체계 또는 운행준비에 대한 개선·보완이 필요한 경우에는 철도운영자등에게 이를 개선·시정할 것을 명할 수 있다.

④ 종합시험운행의 결과 검토에 대한 세부적인 기준·절차 및 방법에 관하여 필요한 사항은 국토교통부장관이 정하여 고시한다.

📄 법 제38조의2(철도차량의 개조 등)

① 철도차량을 소유하거나 운영하는 자는 철도차량 최초 제작 당시와 다르게 구조, 부품, 장치 또는 차량성능 등에 대한 개량 및 변경 등을 임의로 하고 운행하여서는 아니 된다.

② 소유자등이 철도차량을 개조하여 운행하려면 철도차량의 기술기준에 적합한지에 대하여 국토교통부령으로 정하는 바에 따라 국토교통부장관의 승인을 받아야 한다. 다만, 국토교통부령으로 정하는 경미한 사항을 개조하는 경우에는 국토교통부장관에게 신고하여야 한다.

③ 소유자등이 철도차량을 개조하여 개조승인을 받으려는 경우에는 국토교통부령으로 정하는 바에 따라 적정 개조능력이 있다고 인정되는 자가 개조 작업을 수행하도록 하여야 한다.

④ 국토교통부장관은 개조승인을 하려는 경우에는 해당 철도차량이 철도차량의 기술기준에 적합한지에 대하여 개조승인검사를 하여야 한다.

⑤ 개조승인절차, 개조신고절차, 승인방법, 검사기준, 검사방법 등에 대하여 필요한 사항은 국토교통부령으로 정한다.

📝 규칙 제75조의3(철도차량 개조승인의 신청 등)

① 철도차량을 소유하거나 운영하는 자는 철도차량 개조승인을 받으려면 철도차량 개조승인신청서에 다음 각 호의 서류를 첨부하여 국토교통부장관에게 제출하여야 한다.

1. 개조 대상 철도차량 및 수량에 관한 서류

2. 개조의 범위, 사유 및 작업 일정에 관한 서류

3. 개조 전·후 사양 대비표

4. 개조에 필요한 인력, 장비, 시설 및 부품 또는 장치에 관한 서류

5. 개조작업수행 예정자의 조직·인력 및 장비 등에 관한 현황과 개조작업수행에 필요한 부품, 구성품 및 용역의 내용에 관한 서류. 다만, 개조작업수행 예정자를 선정하기 전인 경우에는 개조작업수행 예정자 선정기준에 관한 서류

6. 개조 작업지시서

7. 개조하고자 하는 사항이 철도차량기술기준에 적합함을 입증하는 기술문서

② 국토교통부장관은 철도차량 개조승인 신청을 받은 경우에는 그 신청서를 받은 날부터 15일 이내에 개조승인에 필요한 검사내용, 시기, 방법 및 절차 등을 적은 개조검사 계획서를 신청인에게 통지하여야 한다.

📝 규칙 제75조의4(철도차량의 경미한 개조)

① "국토교통부령으로 정하는 경미한 사항을 개조하는 경우"란 다음 각 호의 어느 하나에 해당하는 경우를 말한다.

1. 차체구조 등 철도차량 구조체의 개조로 인하여 해당 철도차량의 허용 적재하중 등 철도차량의 강도가 100분의 5 미만으로 변동되는 경우

2. 설비의 변경 또는 교체에 따라 해당 철도차량의 중량 및 중량분포가 다음 각 목에 따른 기준 이하로 변동되는 경우

    가. 고속철도차량 및 일반철도차량의 동력차(기관차): 100분의 2

    나. 고속철도차량 및 일반철도차량의 객차·화차·전기동차·디젤동차: 100분의 4

    다. 도시철도차량: 100분의 5

3. 다음 각 목의 어느 하나에 해당하지 아니하는 장치 또는 부품의 개조 또는 변경

    가. 주행장치 중 주행장치틀, 차륜 및 차축

    나. 제동장치 중 제동제어장치 및 제어기

    다. 추진장치 중 인버터 및 컨버터

    라. 보조전원장치

    마. 차상신호장치(지상에 설치된 신호장치로부터 열차의 운행조건 등에 관한 정보를 수신하여 철도차량의 운전실에 속도감속 또는 정지 등 철도차량의 운전에 필요한 정보를 제공하기 위하여 철도차량에 설치된 장치를 말한다)

    바. 차상통신장치

    사. 종합제어장치

    아. 철도차량기술기준에 따른 화재시험 대상인 부품 또는 장치. 다만, 화재안전기준을 충족하는 부품 또는 장치는 제외한다.

4. 국토교통부장관으로부터 철도용품 형식승인을 받은 용품으로 변경하는 경우(제1호 및 제2호에 따른 요건을 모두 충족하는 경우로서 소유자등이 지상에 설치되어 있는 설비와 철도차량의 부품·구성품 등이 상호 접속되어 원활하게 그 기능이 확보되는지에 대하여 확인한 경우에 한한다)

5. 철도차량 제작자와의 계약에 따른 성능개선을 위한 장치 또는 부품의 변경

6. 철도차량 개조의 타당성 및 적합성 등에 관한 검토·시험을 위한 대표편성 철도차량의 개조에 대하여 한국철도기술연구원의 승인을 받은 경우

7. 철도차량의 장치 또는 부품을 개조한 이후 개조 전의 장치 또는 부품과 비교하여 철도차량의 고장 또는 운행장애가 증가하여 개조 전의 장치 또는 부품으로 긴급히 교체하는 경우

8. 그 밖에 철도차량의 안전, 성능 등에 미치는 영향이 미미하다고 국토교통부장관으로부터 인정을 받은 경우

② 제1항을 적용할 때 다음 각 호의 어느 하나에 해당하는 경우에는 철도차량의 개조로 보지 아니한다.

1. 철도차량의 유지보수(점검 또는 정비 등) 계획에 따라 일상적·반복적으로 시행하는 부품이나 구성품의 교체·교환

1의2. 철도차량 제작자와의 하자보증계약에 따른 장치 또는 부품의 변경

2. 차량 내·외부 도색 등 미관이나 내구성 향상을 위하여 시행하는 경우

3. 승객의 편의성 및 쾌적성 제고와 청결·위생·방역을 위한 차량 유지관리

4. 다음 각 목의 장치와 관련되지 아니한 소프트웨어의 수정

　가. 견인장치

　나. 제동장치

　다. 차량의 안전운행 또는 승객의 안전과 관련된 제어장치

　라. 신호 및 통신 장치

5. 차체 형상의 개선 및 차내 설비의 개선

6. 철도차량 장치나 부품의 배치위치 변경

7. 기존 부품과 동등 수준 이상의 성능임을 제시하거나 입증할 수 있는 부품의 규격 수정

8. 소유자등이 철도차량 개조의 타당성 등에 관한 사전 검토를 위하여 여객 또는 화물 운송을 목적으로 하지 아니하고 철도차량의 시험운행을 위한 전용선로 또는 영업 중인 선로에서 영업운행 종료 이후 30분이 경과된 시점부터 다음 영업운행 개시 30분 전까지 해당 철도차량을 운행하는 경우(소유자등이 안전운행 확보방안을 수립하여 시행하는 경우에 한한다)

9. 전용철도 노선에서만 운행하는 철도차량에 대한 개조

10. 그 밖에 제1호부터 제7호까지에 준하는 사항으로 국토교통부장관으로부터 인정을 받은 경우

③ 소유자등이 경미한 사항의 철도차량 개조신고를 하려면 해당 철도차량에 대한 개조작업 시작예정일 10일 전까지 철도차량 개조신고서에 다음 각 호의 서류를 첨부하여 국토교통부장관에게 제출하여야 한다.

1. 제1항 각 호의 어느 하나에 해당함을 증명하는 서류

2. 제1호와 관련된 제75조의3제1항제1호부터 제6호까지의 서류

④ 국토교통부장관은 소유자등이 제출한 철도차량 개조신고서를 검토한 후 적합하다고 판단하는 경우에는 철도차량 개조신고확인서를 발급하여야 한다.

📝 규칙 제75조의5(철도차량 개조능력이 있다고 인정되는 자)

"국토교통부령으로 정하는 적정 개조능력이 있다고 인정되는 자"란 다음 각 호의 어느 하나에 해당하는 자를 말한다.

1. 개조 대상 철도차량 또는 그와 유사한 성능의 철도차량을 제작한 경험이 있는 자
2. 개조 대상 부품 또는 장치 등을 제작하여 납품한 실적이 있는 자
3. 개조 대상 부품·장치 또는 그와 유사한 성능의 부품·장치 등을 1년 이상 정비한 실적이 있는 자
4. 인증정비조직
5. 개조 전의 부품 또는 장치 등과 동등 수준 이상의 성능을 확보할 수 있는 부품 또는 장치 등의 신기술을 개발하여 해당 부품 또는 장치를 철도차량에 설치 또는 개량하는 자

📝 규칙 제75조의6(개조승인 검사 등)

① 개조승인 검사는 다음 각 호의 구분에 따라 실시한다.

1. 개조적합성 검사: 철도차량의 개조가 철도차량기술기준에 적합한지 여부에 대한 기술문서 검사
2. 개조합치성 검사: 해당 철도차량의 대표편성에 대한 개조작업이 기술문서와 합치하게 시행되었는지 여부에 대한 검사
3. 개조형식시험: 철도차량의 개조가 부품단계, 구성품단계, 완성차단계, 시운전단계에서 철도차량기술기준에 적합한지 여부에 대한 시험

철도왕의 암기 TIP!

적합형이라고 외운다.

② 국토교통부장관은 개조승인 검사 결과 철도차량기술기준에 적합하다고 인정하는 경우에는 철도차량 개조승인증명서에 철도차량 개조승인 자료집을 첨부하여 신청인에게 발급하여야 한다.
③ 개조승인의 절차 및 방법 등에 관한 세부사항은 국토교통부장관이 정하여 고시한다.

📄 법 제38조의3(철도차량의 운행제한)

① 국토교통부장관은 다음 각 호의 어느 하나에 해당하는 사유가 있다고 인정되면 소유자등에게 철도차량의 운행제한을 명할 수 있다.

1. 소유자등이 개조승인을 받지 아니하고 임의로 철도차량을 개조하여 운행하는 경우
2. 철도차량이 철도차량의 기술기준에 적합하지 아니한 경우

② 국토교통부장관은 운행제한을 명하는 경우 사전에 그 목적, 기간, 지역, 제한내용 및 대상 철도차량의 종류와 그 밖에 필요한 사항을 해당 소유자등에게 통보하여야 한다.

1. 일반기준

가. 위반행위의 횟수에 따른 행정처분의 가중된 부과 기준은 최근 2년 동안 같은 위반행위로 행정처분을 받은 경우에 적용한다. 이 경우 기간의 계산은 위반행위에 대하여 행정처분을 받은 날과 그 처분 후 다시 같은 위반행위를 하여 적발된 날을 기준으로 한다.

나. 가목에 따라 가중된 부과 처분을 하는 경우 가중 처분의 적용 차수는 그 위반행위 전 부과 처분 차수(가목에 따른 기간 내에 행정처분이 둘 이상 있었던 경우에는 높은 차수를 말한다)의 다음 차수로 한다.

다. 위반행위가 둘 이상인 경우로서 각 처분 내용이 모두 운행 제한·정지인 경우에는 그중 무거운 처분기준에 해당하는 운행 제한·정지 기간의 2분의 1의 범위에서 가중할 수 있다. 다만, 가중하는 경우에도 각 처분기준에 따른 운행 제한·정지 기간을 합산한 기간 및 6개월을 넘을 수 없다.

라. 국토교통부장관은 다음의 어느 하나에 해당하는 경우에는 제2호의 개별 기준에 따른 운행 제한·정지 기간의 2분의 1 범위에서 그 기간을 줄일 수 있다.

　1) 위반행위가 사소한 부주의나 오류로 인한 것으로 인정되는 경우

　2) 위반 행위자가 법 위반 상태를 시정하거나 해소하기 위한 노력이 인정되는 경우

　3) 그 밖에 위반행위의 정도, 위반행위의 동기와 그 결과 등을 고려하여 운행 제한·정지 기간을 줄일 필요가 있다고 인정되는 경우

마. 국토교통부장관은 다음의 어느 하나에 해당하는 경우에는 제2호의 개별 기준에 따른 운행 제한·정지 기간의 2분의 1 범위에서 그 기간을 늘릴 수 있다. 다만, 늘리는 경우에도 6개월을 넘을 수 없다.

　1) 위반의 내용 및 정도가 중대하여 공중에게 미치는 피해가 크다고 인정되는 경우

　2) 법 위반 상태의 기간이 6개월 이상인 경우

　3) 그 밖에 위반행위의 정도, 위반행위의 동기와 그 결과 등을 고려하여 운행 제한·정지 기간을 늘릴 필요가 있다고 인정되는 경우

2. 개별기준

위반행위	근거 법조문	처분기준			
		1차 위반	2차 위반	3차 위반	4차 위반
가. 철도차량이 철도차량의 기술기준에 적합하지 않은경우	법 제38조의3 제1항제2호	시정명령	해당 철도차량 운행정지 1개월	해당 철도차량 운행정지 2개월	해당 철도차량 운행정지 4개월
나. 소유자등이 개조승인을 받지 않고 임의로 철도차량을 개조하여 운행하는 경우	법 제38조의3 제1항제1호	해당 철도차량 운행정지 1개월	해당 철도차량 운행정지 2개월	해당 철도차량 운행정지 4개월	해당 철도차량 운행정지 6개월

📄 법 제38조의4(준용규정)

철도차량 운행제한에 대한 과징금의 부과·징수에 관하여는 제9조의2를 준용한다. 이 경우 "철도운영자등"은 "소유자등"으로, "업무의 제한이나 정지"는 "철도차량의 운행제한"으로 본다.

철도안전법 시행령 [별표 4]
철도차량의 운행제한 관련 과징금의 부과기준(제29조의2 관련)

1. 일반기준

가. 위반행위의 횟수에 따른 과징금의 가중된 부과 기준은 최근 2년간 같은 위반행위로 과징금 부과 처분을 받은 경우에 적용한다. 이 경우 기간의 계산은 위반행위에 대하여 과징금 부과 처분을 받은 날과 그 처분 후 다시 같은 위반행위를 하여 적발된 날을 기준으로 한다.

나. 가목에 따라 가중된 부과 처분을 하는 경우 가중 처분의 적용 차수는 그 위반행위 전 부과 처분 차수(가목에 따른 기간 내에 과징금 부과 처분이 둘 이상 있었던 경우에는 높은 차수를 말한다)의 다음 차수로 한다.

다. 위반행위가 둘 이상인 경우로서 각 처분 내용이 모두 운행 제한인 경우에는 각 처분기준에 따른 과징금을 합산한 금액을 넘지 않는 범위에서 무거운 처분기준에 해당하는 과징금 액수의 2분의 1의 범위에서 가중할 수 있다.

라. 국토교통부장관은 다음의 어느 하나에 해당하는 경우에는 제2호의 개별 기준에 따른 과징금 액수의 2분의 1 범위에서 그 금액을 줄일 수 있다. 다만, 과징금을 체납하고 있는 위반 행위자의 경우에는 그렇지 않다.

　1) 위반행위가 사소한 부주의나 오류로 인한 것으로 인정되는 경우

　2) 위반 행위자가 법 위반 상태를 시정하거나 해소하기 위한 노력이 인정되는 경우

　3) 그 밖에 위반행위의 정도, 위반행위의 동기와 그 결과 등을 고려하여 과징금을 줄일 필요가 있다고 인정되는 경우

마. 국토교통부장관은 다음의 어느 하나에 해당하는 경우에는 제2호의 개별 기준에 따른 과징금 액수의 2분의 1 범위에서 그 금액을 늘릴 수 있다. 다만, 법 제9조의2제1항에 따른 과징금 액수의 상한을 넘을 수 없다.

　1) 위반의 내용 및 정도가 중대하여 공중에게 미치는 피해가 크다고 인정되는 경우

　2) 법 위반 상태의 기간이 6개월 이상인 경우

　3) 그 밖에 위반행위의 정도, 위반행위의 동기와 그 결과 등을 고려하여 과징금을 늘릴 필요가 있다고 인정되는 경우

2. 개별기준

위반행위	근거 법조문	과징금 금액(단위: 백만원)			
		1차 위반	2차 위반	3차 위반	4차 위반
가. 철도차량이 철도차량의 기술기준에 적합하지 않은경우	법 제38조의3 제1항제2호	-	5	15	30
나. 소유자등이 개조승인을 받지 않고 임의로 철도차량을 개조하여 운행하는 경우	법 제38조의3 제1항제1호	5	15	30	50

📄 법 제38조의5(철도차량의 이력관리)

① 소유자등은 보유 또는 운영하고 있는 철도차량과 관련한 제작, 운용, 철도차량정비 및 폐차 등 이력을
관리하여야 한다.

② 이력을 관리하여야 할 철도차량, 이력관리 항목, 전산망 등 관리체계, 방법 및 절차 등에 필요한 사항은
국토교통부장관이 정하여 고시한다.

③ 누구든지 관리하여야 할 철도차량의 이력에 대하여 다음 각 호의 행위를 하여서는 아니 된다.

1. 이력사항을 고의 또는 과실로 입력하지 아니하는 행위

2. 이력사항을 위조 · 변조하거나 고의로 훼손하는 행위

3. 이력사항을 무단으로 외부에 제공하는 행위

④ 소유자등은 이력을 국토교통부장관에게 정기적으로 보고하여야 한다.

⑤ 국토교통부장관은 보고된 철도차량과 관련한 제작, 운용, 철도차량정비 및 폐차 등 이력을 체계적으로
관리하여야 한다.

📄 법 제38조의6(철도차량정비 등)

① 철도운영자등은 운행하려는 철도차량의 부품, 장치 및 차량성능 등이 안전한 상태로 유지될 수 있도록
철도차량정비가 된 철도차량을 운행하여야 한다.

② 국토교통부장관은 철도차량을 운행하기 위하여 철도차량을 정비하는 때에 준수하여야 할 항목, 주기, 방법
및 절차 등에 관한 기술기준을 정하여 고시하여야 한다.

③ 국토교통부장관은 철도차량이 다음 각 호의 어느 하나에 해당하는 경우에 철도운영자등에게 해당
철도차량에 대하여 국토교통부령으로 정하는 바에 따라 철도차량정비 또는 원상복구를 명할 수 있다.
다만, 제2호 또는 제3호에 해당하는 경우에는 국토교통부장관은 철도운영자등에게 철도차량정비 또는
원상복구를 명하여야 한다.

1. 철도차량기술기준에 적합하지 아니하거나 안전운행에 지장이 있다고 인정되는 경우

2. 소유자등이 개조승인을 받지 아니하고 철도차량을 개조한 경우

3. 국토교통부령으로 정하는 철도사고 또는 운행장애 등이 발생한 경우

✍ 규칙 제75조의8(철도차량정비 또는 원상복구 명령 등)

① 국토교통부장관은 철도운영자등에게 철도차량정비 또는 원상복구를 명하는 경우에는 그 시정에 필요한 기간을 주어야 한다.

② 국토교통부장관은 철도운영자등에게 철도차량정비 또는 원상복구를 명하는 경우 대상 철도차량 및 사유 등을 명시하여 서면(전자문서를 포함한다. 이하 이 조에서 같다)으로 통지해야 한다.

③ 철도운영자등은 국토교통부장관으로부터 철도차량정비 또는 원상복구 명령을 받은 경우에는 그 명령을 받은 날부터 14일 이내에 시정조치계획서를 작성하여 서면으로 국토교통부장관에게 제출해야 하고, 시정조치를 완료한 경우에는 지체 없이 그 시정내용을 국토교통부장관에게 서면으로 통지해야 한다.

④ "국토교통부령으로 정하는 철도사고 또는 운행장애 등"이란 다음 각 호의 경우를 말한다.

1. 철도차량의 고장 등 철도차량 결함으로 인해 보고대상이 되는 열차사고 또는 위험사고가 발생한 경우
2. 철도차량의 고장 등 철도차량 결함에 따른 철도사고로 사망자가 발생한 경우
3. 동일한 부품·구성품 또는 장치 등의 고장으로 인해 보고대상이 되는 지연운행이 1년에 3회 이상 발생한 경우
4. 그 밖에 철도 운행안전 확보 등을 위해 국토교통부장관이 정하여 고시하는 경우

📄 법 제38조의7(철도차량 정비조직인증)

① 철도차량정비를 하려는 자는 철도차량정비에 필요한 인력, 설비 및 검사체계 등에 관한 기준을 갖추어 국토교통부장관으로부터 인증을 받아야 한다. 다만, 국토교통부령으로 정하는 경미한 사항의 경우에는 그러하지 아니하다.

② 정비조직의 인증을 받은 자가 인증받은 사항을 변경하려는 경우에는 국토교통부장관의 변경인증을 받아야 한다. 다만, 국토교통부령으로 정하는 경미한 사항을 변경하는 경우에는 국토교통부장관에게 신고하여야 한다.

③ 국토교통부장관은 정비조직을 인증하려는 경우에는 국토교통부령으로 정하는 바에 따라 철도차량정비의 종류·범위·방법 및 품질관리절차 등을 정한 세부 운영기준을 해당 정비조직에 발급하여야 한다.

④ 따른 정비조직인증기준, 인증절차, 변경인증절차 및 정비조직운영기준 등에 필요한 사항은 국토교통부령으로 정한다.

📝 규칙 제75조의9(정비조직인증의 신청 등)

① 정비조직인증기준은 다음 각 호와 같다.

    1. 정비조직의 업무를 적절하게 수행할 수 있는 인력을 갖출 것

    2. 정비조직의 업무범위에 적합한 시설·장비 등 설비를 갖출 것

    3. 정비조직의 업무범위에 적합한 철도차량 정비매뉴얼, 검사체계 및 품질관리체계 등을 갖출 것

② 철도차량 정비조직의 인증을 받으려는 자는 철도차량 정비업무 개시예정일 60일 전까지 철도차량 정비조직인증 신청서에 정비조직인증기준을 갖추었음을 증명하는 자료를 첨부하여 국토교통부장관에게 제출해야 한다.

③ 철도차량 정비조직의 인증을 받은 자가인증정비조직의 변경인증을 받으려면 변경내용의 적용 예정일 30일 전까지 인증정비조직 변경인증 신청서에 다음 각 호의 서류를 첨부하여 국토교통부장관에게 제출해야 한다.

    1. 변경하고자 하는 내용과 증명서류

    2. 변경 전후의 대비표 및 설명서

④ 정비조직인증에 관한 세부적인 기준·방법 및 절차 등은 국토교통부장관이 정하여 고시한다.

📝 규칙 제75조의10(정비조직인증서의 발급 등)

① 국토교통부장관은 철도차량 정비조직인증 또는 변경인증의 신청을 받으면 정비조직인증기준에 적합한지 여부를 확인해야 한다.

② 국토교통부장관은 제1항에 따른 확인 결과 정비조직인증기준에 적합하다고 인정하는 경우에는 철도차량 정비조직인증서에 철도차량정비의 종류·범위·방법 및 품질관리절차 등을 정한 운영기준을 첨부하여 신청인에게 발급해야 한다.

③ 인증정비조직은 정비조직운영기준에 따라 정비조직을 운영해야 한다.

④ 세부적인 기준, 절차 및 방법과 정비조직운영기준 등에 관한 세부 사항은 국토교통부장관이 정하여 고시한다.

⑤ 국토교통부장관은 철도차량 정비조직인증서를 발급한 때에는 그 사실을 관보에 고시해야 한다.

📝 규칙 제75조의11(정비조직인증기준의 경미한 변경 등)

① "국토교통부령으로 정하는 경미한 사항"이란 다음 각 호의 어느 하나에 해당하는 정비조직을 말한다.

    1. 철도차량 정비업무에 상시 종사하는 사람이 50명 미만의 조직

    2. 소기업 중 해당 기업의 주된 업종이 운수 및 창고업에 해당하는 기업(통계청장이 고시하는 한국표준산업분류의 대분류에 따른 운수 및 창고업을 말한다)

    3. 전용철도 노선에서만 운행하는 철도차량을 정비하는 조직

② "국토교통부령으로 정하는 경미한 사항의 변경"이란 다음 각 호의 어느 하나에 해당하는 사항의 변경을 말한다.

  1. 철도차량 정비를 위한 사업장을 기준으로 철도차량 정비와 관련된 업무를 수행하는 인력의 100분의 10 이하 범위에서의 변경

  2. 철도차량 정비를 위한 사업장을 기준으로 철도차량 정비에 직접 사용되는 토지 면적의 1만제곱미터 이하 범위에서의 변경

  3. 그 밖에 철도차량 정비의 안전 및 품질 등에 중대한 영향을 초래하지 않는 설비 또는 장비 등의 변경

③ 제2항에도 불구하고 인증정비조직은 다음 각 호의 어느 하나에 해당하는 경우 정비조직인증의 변경에 관한 신고를 하지 않을 수 있다.

  1. 철도차량 정비를 위한 사업장을 기준으로 철도차량 정비와 관련된 업무를 수행하는 인력이 100분의 5 이하 범위에서 변경되는 경우

  2. 철도차량 정비를 위한 사업장을 기준으로 철도차량 정비에 직접 사용되는 면적이 3천제곱미터 이하 범위에서 변경되는 경우

  3. 철도차량 정비를 위한 설비 또는 장비 등의 교체 또는 개량

  4. 그 밖에 철도차량 정비의 안전 및 품질 등에 영향을 초래하지 않는 사항의 변경

④ 인증정비조직은 인증정비조직의 경미한 사항의 변경에 관한 신고를 하려면 인증정비조직 변경신고서에 다음 각 호의 서류를 첨부하여 국토교통부장관에게 제출해야 한다.

  1. 변경 예정인 내용과 증명서류

  2. 변경 전후의 대비표 및 설명서

⑤ 국토교통부장관은 인증정비조직 변경신고서를 받은 때에는 정비조직인증기준에 적합한지 여부를 확인한 후 인증정비조직 변경신고확인서를 발급해야 한다.

⑥ 인증변경신고에 관한 세부적인 방법 및 절차 등은 국토교통부장관이 정하여 고시한다.

📄 법 제38조의8(결격사유)

다음 각 호의 어느 하나에 해당하는 자는 정비조직의 인증을 받을 수 없다. 법인인 경우에는 임원 중 다음 각 호의 어느 하나에 해당하는 사람이 있는 경우에도 또한 같다.

1. 피성년후견인 및 피한정후견인

2. 파산선고를 받은 자로서 복권되지 아니한 자

3. 정비조직의 인증이 취소(제38조의10제1항제4호에 따라 제1호 및 제2호에 해당되어 인증이 취소된 경우는 제외한다)된 후 2년이 지나지 아니한 자

4. 이 법을 위반하여 징역 이상의 실형을 선고받고 그 집행이 끝나거나 그 집행이 면제된 날부터 2년이 지나지 아니한 사람

5. 이 법을 위반하여 징역 이상의 형의 집행유예를 선고받고 그 유예기간 중에 있는 사람

📄 법 제38조의9(인증정비조직의 준수사항)

인증정비조직은 다음 각 호의 사항을 준수하여야 한다.

1. 철도차량정비기술기준을 준수할 것

2. 정비조직인증기준에 적합하도록 유지할 것

3. 정비조직운영기준을 지속적으로 유지할 것

4. 중고 부품을 사용하여 철도차량정비를 할 경우 그 적정성 및 이상 여부를 확인할 것

5. 철도차량정비가 완료되지 않은 철도차량은 운행할 수 없도록 관리할 것

📄 법 제38조의10(인증정비조직의 인증 취소 등)

① 국토교통부장관은 인증정비조직이 다음 각 호의 어느 하나에 해당하면 인증을 취소하거나 6개월 이내의 기간을 정하여 업무의 제한이나 정지를 명할 수 있다. 다만, 제1호, 제2호(고의에 의한 경우로 한정한다) 및 제4호에 해당하는 경우에는 그 인증을 취소하여야 한다.

1. 거짓이나 그 밖의 부정한 방법으로 인증을 받은 경우

2. 고의 또는 중대한 과실로 국토교통부령으로 정하는 철도사고 및 중대한 운행장애를 발생시킨 경우

3. 변경인증을 받지 아니하거나 변경신고를 하지 아니하고 인증받은 사항을 변경한 경우

4. 결격사유에 해당하게 된 경우

5. 준수사항을 위반한 경우

② 정비조직인증의 취소, 업무의 제한 또는 정지의 기준 및 절차 등에 필요한 사항은 국토교통부령으로 정한다.

📝 규칙 제75조의12(인증정비조직의 인증 취소 등)

① "국토교통부령으로 정하는 철도사고 및 중대한 운행장애"란 다음 각 호의 어느 하나에 해당하는 경우를 말한다.

1. 철도사고로 사망자가 발생한 경우

2. 철도사고 또는 운행장애로 5억원 이상의 재산피해가 발생한 경우

③ 국토교통부장관은 처분을 한 경우에는 지체 없이 그 인증정비조직에 지정기관 행정처분서를 통지하고 그 사실을 관보에 고시해야 한다.

철도안전법 시행규칙 [별표 17]
인증정비조직 관련 처분기준(제75조의12제2항 관련)

1. 일반기준

가. 위반행위의 횟수에 따른 행정처분의 가중된 부과 기준은 최근 2년간 같은 위반행위로 행정처분을 받은 경우에 적용한다. 이 경우 기간의 계산은 위반행위에 대하여 행정처분을 받은 날과 그 처분 후 다시 같은 위반행위를 하여 적발된 날을 기준으로 한다.

나. 가목에 따라 가중된 부과 처분을 하는 경우 가중 처분의 적용 차수는 그 위반행위 전 부과 처분 차수(가목에 따른 기간 내에 행정처분이 둘 이상 있었던 경우에는 높은 차수를 말한다)의 다음 차수로 한다.

다. 위반행위가 둘 이상인 경우로서 그에 해당하는 각각의 처분기준이 다른 경우에는 그중 무거운 처분기준(무거운 처분기준이 같을 때는 그중 하나의 처분기준을 말한다)에 따르며, 둘 이상의 처분기준이 같은 업무 제한 · 정지인 경우에는 무거운 처분기준의 2분의 1의 범위에서 가중할 수 있되, 각 처분기준을 합산한 기간을 초과할 수 없다.

라. 국토교통부장관은 다음의 어느 하나에 해당하는 경우에는 제2호의 개별 기준에 따른 업무 제한 · 정지 기간의 2분의 1의 범위에서 그 기간을 줄일 수 있다.

　1) 위반행위가 사소한 부주의나 오류로 인한 것으로 인정되는 경우

　2) 위반 행위자가 법 위반 상태를 시정하거나 해소하기 위한 노력이 인정되는 경우

　3) 그 밖에 위반행위의 정도, 위반행위의 동기와 그 결과 등을 고려하여 업무 제한 · 정지 기간을 줄일 필요가 있다고 인정되는 경우

마. 국토교통부장관은 다음의 어느 하나에 해당하는 경우에는 제2호의 개별 기준에 따른 업무 제한 · 정지 기간의 2분의 1의 범위에서 그 기간을 늘릴 수 있다. 다만, 법 제38조10제1항에 따른 업무 제한 · 정지 기간의 상한을 넘을 수 없다.

　1) 위반의 내용 및 정도가 중대하여 공중에게 미치는 피해가 크다고 인정되는 경우

　2) 법 위반 상태의 기간이 6개월 이상인 경우

　3) 그 밖에 위반행위의 정도, 위반행위의 동기와 그 결과 등을 고려하여 업무 제한 · 정지 기간을 늘릴 필요가 있다고 인정되는 경우

2. 개별기준

가. 법 제38조의10제1항제1호, 제3호, 제4호 및 제5호 관련

위반사항	해당 법조문	처분기준			
		1차 위반	2차 위반	3차 위반	4차 위반
1) 거짓이나 그 밖의 부정한 방법으로 인증을 받은 경우	법 제38조의10 제1항제1호	인증 취소	-	-	-
2) 법 제38조의7제2항을위반하여 변경 인증을 받지 않거나 변경 신고를 하지 않고 인증받은 사항을 변경한 경우	법 제38조의10 제1항제3호	업무정지 (업무제한) 1개월	업무정지 (업무제한) 2개월	업무정지 (업무제한) 4개월	업무정지 (업무제한) 6개월
3) 법 제38조의8제1호 및 제2호에 따른 결격사유에 해당하게 된 경우	법 제38조의10 제1항제4호	인증 취소	-	-	-
4) 법 제38조의9에 따른준수사항을 위반한 경우	법 제38조의10 제1항제5호	업무정지 (업무제한) 1개월	업무정지 (업무제한) 2개월	업무정지 (업무제한) 4개월	업무정지 (업무제한) 6개월

나. 법 제38조의10제1항제2호 관련

위반사항	근거 법조문	처분기준
1) 인증 정비 조직의 고의에 따른 철도사고로 사망자가 발생하거나 운행장애로 5억원 이상의 재산 피해가 발생한 경우	법 제38조의10 제1항제2호	인증 취소
2) 인증 정비 조직의 중대한 과실로 철도사고 및 운행장애를 발생시킨 경우 가) 철도사고로 인한 사망자 수 　(1) 1명 이상 3명 미만 　(2) 3명 이상 5명 미만 　(3) 5명 이상 10명 미만 　(4) 10명 이상 나) 철도사고 또는 운행장애로 인한 재산 피해액 　(1) 5억원 이상 10억원 미만 　(2) 10억원 이상 20억원 미만 　(3) 20억원 이상		업무정지(업무제한) 1개월 업무정지(업무제한) 2개월 업무정지(업무제한) 4개월 업무정지(업무제한) 6개월 업무정지(업무제한) 15일 업무정지(업무제한) 1개월 업무정지(업무제한) 2개월

📄 법 제38조의11(준용규정)

인증정비조직에 대한 과징금의 부과·징수에 관하여는 제9조의2를 준용한다. 이 경우 "제9조제1항"은 "제38조의10제1항"으로, "철도운영자등"은 "인증정비조직"으로 본다.

철도안전법 시행령 [별표 4의2]
인증정비조직 관련 과징금의 부과기준(제29조의3 관련)

1. 일반기준

가. 위반행위의 횟수에 따른 과징금의 가중된 부과 기준은 최근 2년간 같은 위반행위로 과징금 부과 처분을 받은 경우에 적용한다. 이 경우 기간의 계산은 위반행위에 대하여 과징금 부과 처분을 받은 날과 그 처분 후 다시 같은 위반행위를 하여 적발된 날을 기준으로 한다.

나. 가목에 따라 가중된 부과 처분을 하는 경우 가중 처분의 적용 차수는 그 위반 행위 전 부과 처분 차수(가목에 따른 기간 내에 과징금 부과 처분이 둘 이상 있었던 경우에는 높은 차수를 말한다)의 다음 차수로 한다.

다. 위반행위가 둘 이상인 경우로서 각 처분 내용이 업무정지에 갈음하여 부과하는과징금인 경우에는 각 처분기준에 따른 과징금을 합산한 금액을 넘지 않는 범위에서 가장 무거운 처분기준에 해당하는 과징금 금액의 2분의 1의 범위까지 늘릴 수 있다.

라. 국토교통부장관은 다음의 어느 하나에 해당하는 경우에는 제2호의 개별 기준에 따른 과징금 액수의 2분의 1의 범위에서 그 금액을 줄일 수 있다. 다만, 과징금을 체납하고 있는 위반 행위자의 경우에는 그렇지 않다.

　1) 위반행위가 사소한 부주의나 오류로 인한 것으로 인정되는 경우

　2) 위반 행위자가 법 위반 상태를 시정하거나 해소하기 위한 노력이 인정되는 경우

　3) 그 밖에 위반행위의 정도, 위반행위의 동기와 그 결과 등을 고려하여 과징금을 줄일 필요가 있다고 인정되는 경우

마. 국토교통부장관은 다음의 어느 하나에 해당하는 경우에는 제2호의 개별 기준에 따른 과징금 액수의 2분의 1의 범위에서 그 금액을 늘릴 수 있다. 다만, 법 제9조의2제1항에 따른 과징금 액수의 상한을 넘을 수 없다.

    1) 위반의 내용 및 정도가 중대하여 공중에게 미치는 피해가 크다고 인정되는 경우

    2) 법 위반 상태의 기간이 6개월 이상인 경우

    3) 그 밖에 위반행위의 정도, 위반행위의 동기와 그 결과 등을 고려하여 과징금을 늘릴 필요가 있다고 인정되는 경우

2. 개별기준

가. 법 제38조의10제1항제2호 관련

위반행위	근거 법조문	과징금 금액

인증정비조직의 중대한 과실로 철도사고 및 중대한 운행장애를 발생시킨 경우
 	
1) 철도사고로 인하여 다음의 인원이 사망한 경우
  가) 1명 이상 3명 미만
  나) 3명 이상 5명 미만
  다) 5명 이상 10명 미만
  라) 10명 이상
 	
2) 철도사고 또는 운행장애로 인하여 다음의 재산피해액이 발생한 경우
  가) 5억원 이상 10억원 미만
  나) 10억원 이상 20억원 미만
  다) 20억원 이상
	제38조의10
	제1항제2호
		
		2억원
		6억원
		12억원
		20억원
		
		1억원
		2억원
		6억원

나. 법 제38조의10제1항제3호 및 제5호 관련

위반행위	근거 법조문	과징금 금액(단위: 백만원)			
		1차 위반	2차 위반	3차 위반	4차 위반
1) 법 제38조의7제2항을 위반하여 변경 인증을 받지 않거나 변경 신고를 하지 않고 인증받은 사항을 변경한 경우	법 제38조의10 제1항제3호	5	15	30	50
2) 법 제38조의9에 따른 준수사항을 위반한 경우	법 제38조의10 제1항제5호	5	15	30	50

📄 법 제38조의12(철도차량 정밀안전진단)

① 소유자등은 철도차량이 제작된 시점(완성검사증명서를 발급받은 날부터 기산한다)부터 국토교통부령으로
정하는 일정기간 또는 일정주행거리가 지나 노후된 철도차량을 운행하려는 경우 일정기간마다 물리적
사용가능 여부 및 안전성능 등에 대한 진단을 받아야 한다.

② 국토교통부장관은 철도사고 및 중대한 운행장애 등이 발생된 철도차량에 대하여는 소유자등에게
정밀안전진단을 받을 것을 명할 수 있다. 이 경우 소유자등은 특별한 사유가 없으면 이에 따라야 한다.

③ 국토교통부장관은 정밀안전진단 대상이 특정 시기에 집중되는 경우나 그 밖의 부득이한 사유로
소유자등이 정밀안전진단을 받을 수 없다고 인정될 때에는 그 기간을 연장하거나 유예(猶豫)할 수 있다.

④ 소유자등은 정밀안전진단 대상이 정밀안전진단을 받지 아니하거나 정밀안전진단 결과 또는 정밀안전진단
결과에 대한 평가 결과 계속 사용이 적합하지 아니하다고 인정되는 경우에는 해당 철도차량을 운행해서는
아니 된다.

⑤ 소유자등은 정밀안전진단기관으로부터 정밀안전진단을 받아야 한다.

⑥ 정밀안전진단 등의 기준·방법·절차 등에 필요한 사항은 국토교통부령으로 정한다.

📝 규칙 제75조의13(정밀안전진단의 시행시기)

① 소유자등은 다음 각 호의 구분에 따른 기간이 경과하기 전에 해당 철도차량의 물리적 사용가능 여부 및
안전성능 등에 대한 정밀안전진단을 받아야 한다. 다만, 잦은 고장·화재·충돌 등으로 다음 각 호 구분에 따른
기간이 도래하기 이전에 정밀안전진단을 받은 경우에는 그 정밀안전진단을 최초 정밀안전진단으로 본다.
1. 2014년 3월 19일 이후 구매계약을 체결한 철도차량: 철도차량 완성검사증명서를 발급받은 날부터 20년
2. 2014년 3월 18일까지 구매계약을 체결한 철도차량: 영업시운전을 시작한 날부터 20년

② 국토교통부장관은 철도차량의 정비주기·방법 등 철도차량 정비의 특수성을 고려하여 최초 정밀안전진단
시기 및 방법 등을 따로 정할 수 있고, 사고복구용·작업용·시험용 철도차량 등 철도차량과 전용철도
노선에서만 운행하는 철도차량은 해당 철도차량의 제작설명서 또는 구매계약서에 명시된 기대수명
전까지 최초 정밀안전진단을 받을 수 있다.

③ 소유자등은 정밀안전진단 결과 계속 사용할 수 있다고 인정을 받은 철도차량에 대하여 제1항 각 호에 따른
기간을 기준으로 5년마다 해당 철도차량의 물리적 사용가능 여부 및 안전성능 등에 대하여 다시
정밀안전진단을 받아야 하며, 정기 정밀안전진단 결과 계속 사용할 수 있다고 인정을 받은 경우에도 또한
같다. 다만, 국토교통부장관은 철도차량의 정비주기·방법 등 철도차량 정비의 특수성을 고려하여 정기
정밀안전진단 시기 및 방법 등을 따로 정할 수 있다.

④ 최초 정밀안전진단 또는 정기 정밀안전진단 후 운행 중 충돌·추돌·탈선·화재 등 중대한 사고가 발생되어
철도차량의 안전성 또는 성능 등에 대한 정밀안전진단이 필요한 철도차량에 대하여는 해당 철도차량을
운행하기 전에 정밀안전진단을 받아야 한다. 이 경우 정기 정밀안전진단 시기는 직전의 정기 정밀안전진단
결과 계속 사용이 적합하다고 인정을 받은 날을 기준으로 산정한다.

⑤ 최초 정밀안전진단 또는 정기 정밀안전진단 후 전기·전자장치 또는 그 부품의 전기특성·기계적 특성에 따른 반복적 고장이 3회 이상 발생(실제 운행편성 단위를 기준으로 한다)한 철도차량은 반복적 고장이 3회 발생한 날부터 1년 이내에 해당 철도차량의 고장특성에 따른 상태 평가 및 안전성 평가를 시행해야 한다.

📄 법 제38조의13(정밀안전진단기관의 지정 등)

① 국토교통부장관은 원활한 정밀안전진단 업무 수행을 위하여 철도차량 정밀안전진단기관을 지정하여야 한다.

② 정밀안전진단기관의 지정기준, 지정절차 등에 필요한 사항은 국토교통부령으로 정한다.

③ 국토교통부장관은 정밀안전진단기관이 다음 각 호의 어느 하나에 해당하는 경우에 그 지정을 취소하거나 6개월 이내의 기간을 정하여 그 업무의 전부 또는 일부의 정지를 명할 수 있다. 다만, 제1호부터 제3호까지의 어느 하나에 해당하는 경우에는 그 지정을 취소하여야 한다.

1. 거짓이나 그 밖의 부정한 방법으로 지정을 받은 경우

2. 업무정지명령을 위반하여 업무정지 기간 중에 정밀안전진단 업무를 한 경우

3. 정밀안전진단 업무와 관련하여 부정한 금품을 수수(收受)하거나 그 밖의 부정한 행위를 한 경우

4. 정밀안전진단 결과를 조작한 경우

5. 정밀안전진단 결과를 거짓으로 기록하거나 고의로 결과를 기록하지 아니한 경우

6. 성능검사 등을 받지 아니한 검사용 기계·기구를 사용하여 정밀안전진단을 한 경우

7. 정밀안전진단 결과를 평가한 결과 고의 또는 중대한 과실로 사실과 다르게 진단하는 등 정밀안전진단 업무를 부실하게 수행한 것으로 평가된 경우

④ 처분의 세부기준과 그 밖에 필요한 사항은 국토교통부령으로 정한다.

📝 규칙 제75조의14(정밀안전진단의 신청 등)

① 소유자등은 정밀안전진단 대상 철도차량의 정밀안전진단 완료 시기가 도래하기 60일 전까지 철도차량 정밀안전진단 신청서에 다음 각 호의 사항을 증명하거나 참고할 수 있는 서류를 첨부하여 국토교통부장관이 지정한 정밀안전진단기관에 제출해야 한다.

1. 정밀안전진단 계획서

2. 정밀안전진단 판정을 위한 제작사양, 도면 및 검사성적서, 허용오차 등의 기술자료

3. 철도차량의 중대한 사고 내역(해당되는 경우에 한정한다)

4. 철도차량의 주요 부품의 교체 내역(해당되는 경우에 한정한다)

5. 정밀안전진단 대상 항목의 개조 및 수리 내역(해당되는 경우에 한정한다)

6. 전기특성검사 및 전선열화검사(電線劣化檢査: 전선을 대상으로 외부적·내부적 영향에 따른 화학적· 물리적 변화를 측정하는 검사) 시험성적서(해당되는 경우에 한정한다)

② 제1항제1호에 따른 정밀안전진단 계획서에는 다음 각 호의 사항을 포함해야 한다.

　　1. 정밀안전진단 대상 차량 및 수량

　　2. 정밀안전진단 대상 차종별 대상항목

　　3. 정밀안전진단 일정·장소

　　4. 안전관리계획

　　5. 정밀안전진단에 사용될 장비 등의 사용에 관한 사항

　　6. 그 밖에 정밀안전진단에 필요한 참고자료

③ 정밀안전진단기관은 소유자등으로부터 제출 받은 정밀안전진단 신청서의 보완을 요청할 수 있다.

④ 정밀안전진단기관은 철도차량 정밀안전진단의 신청을 받은 때에는 제출된 서류를 검토한 후 신청인과
협의하여 정밀안전진단 계획서를 확정하고 신청인 및 한국교통안전공단에 이를 통보해야 한다.

⑤ 정밀안전진단 신청인은 정밀안전진단 계획서의 변경이 필요한 경우 정밀안전진단기관에게 다음 각 호의
서류를 제출하여 변경을 요청할 수 있다. 이 경우 요청을 받은 정밀안전진단기관은 변경되는 사항의
안전상의 영향 등을 검토하여 적합하다고 인정되는 경우에는 정밀안전진단 계획서를 변경할 수 있다.

　　1. 변경하고자 하는 내용

　　2. 변경하고자 하는 사유 및 설명자료

📝 규칙 제75조의15(철도차량 정밀안전진단의 연장 또는 유예)

① 소유자등은 정밀안전진단 대상 철도차량이 특정 시기에 집중되거나 그 밖의 부득이한 사유로
국토교통부장관으로부터 철도차량 정밀안전진단 기간의 연장 또는 유예를 받고자 하는 경우 정밀안전진단
시기가 도래하기 5년 전까지 정밀안전진단 기간의 연장 또는 유예를 받고자 하는 철도차량의 종류, 수량,
연장 또는 유예하고자 하는 기간 및 그 사유를 명시하여 국토교통부장관에게 신청해야 한다. 다만, 긴급한
사유 등이 있는 경우 정밀안전진단 기간이 도래하기 1년 이전에 신청할 수 있다.

② 국토교통부장관은 소유자등으로부터 정밀안전진단 기간의 연장 또는 유예의 신청을 받은 경우
열차운행계획, 정밀안전진단과 유사한 성격의 점검 또는 정비 시행여부, 정밀안전진단 시행 여건 및
철도차량의 안전성 등에 관한 타당성을 검토하여 해당 철도차량에 대한 정밀안전진단 기간의 연장 또는
유예를 할 수 있다.

📝 규칙 제75조의16(철도차량 정밀안전진단의 방법 등)

① 정밀안전진단은 다음 각 호의 구분에 따라 시행한다.

　　1. 상태 평가: 철도차량의 치수 및 외관검사

　　2. 안전성 평가: 결함검사, 전기특성검사 및 전선열화검사

　　3. 성능 평가: 역행시험, 제동시험, 진동시험 및 승차감시험

② 정밀안전진단의 시기, 기준, 방법 및 절차 등에 관하여 필요한 사항은 국토교통부장관이 정하여 고시한다.

🖋 규칙 제75조의17(정밀안전진단기관의 지정기준 및 절차 등)

① 정밀안전진단기관으로 지정을 받으려는 자는 철도차량 정밀안전진단기관 지정신청서에 다음 각 호의
서류를 첨부하여 국토교통부장관에게 제출해야 한다.

　1. 운영계획서

　2. 정관이나 이에 준하는 약정(법인이나 단체의 경우만 해당한다)

　3. 정밀안전진단을 담당하는 전문 인력의 보유 현황 및 기술 인력의 자격·학력·경력 등을 증명할 수 있는
　　서류

　4. 정밀안전진단업무규정

　5. 정밀안전진단에 필요한 시설 및 장비 내역서

　6. 정밀안전진단기관에서 사용하는 직인의 인영

② 정밀안전진단기관의 지정기준은 다음 각 호와 같다.

　1. 정밀안전진단업무를 수행할 수 있는 상설 전담조직을 갖출 것

　2. 정밀안전진단업무를 수행할 수 있는 기술 인력을 확보할 것

　3. 정밀안전진단업무를 수행하기 위한 설비와 장비를 갖출 것

　4. 정밀안전진단기관의 운영 등에 관한 업무규정을 갖출 것

　5. 지정 신청일 1년 이내에 정밀안전진단기관 지정취소 또는 업무정지를 받은 사실이 없을 것

　6. 정밀안전진단 외의 업무를 수행하고 있는 경우 그 업무를 수행함으로 인하여 정밀안전진단업무가
　　불공정하게 수행될 우려가 없을 것

　7. 철도차량을 제조 또는 판매하는 자가 아닐 것

　8. 그 밖에 국토교통부장관이 정하여 고시하는 정밀안전진단기관의 지정 세부기준에 맞을 것

③ 정밀안전진단기관의 지정 신청을 받은 국토교통부장관은 지정 여부를 심사한 후 적합하다고 인정되는
경우에는 철도차량 정밀안전진단기관 지정서를 그 신청인에게 발급해야 한다.

④ 국토교통부장관은 정밀안전진단기관이 지정기준에 적합한 지의 여부를 매년 심사해야 한다.

⑤ 국토교통부장관으로부터 정밀안전진단기관으로 지정 받은 자가 그 명칭·대표자·소재지나 그 밖에
정밀안전진단 업무의 수행에 중대한 영향을 미치는 사항의 변경이 있는 경우에는 그 사유가 발생한
날부터 15일 이내에 국토교통부장관에게 그 사실을 통보해야 한다.

⑥ 국토교통부장관은 제3항에 따라 정밀안전진단기관을 지정하거나 통보를 받은 경우에는 지체 없이 관보에
고시해야 한다. 다만, 국토교통부장관이 정하여 고시하는 경미한 사항은 제외한다.

⑦ 그 밖에 정밀안전진단기관의 지정기준 및 지정절차 등에 관하여 필요한 사항은 국토교통부장관이 정하여
고시한다.

📝 규칙 제75조의18(정밀안전진단기관의 업무)

정밀안전진단기관의 업무 범위는 다음 각 호와 같다.

1. 해당 업무분야의 철도차량에 대한 정밀안전진단 시행

2. 정밀안전진단의 항목 및 기준에 대한 조사·검토

3. 정밀안전진단의 항목 및 기준에 대한 제정·개정 요청

4. 정밀안전진단의 기록 보존 및 보호에 관한 업무

5. 그 밖에 국토교통부장관이 필요하다고 인정하는 업무

📝 규칙 제75조의19(정밀안전진단기관의 지정취소 등)

② 국토교통부장관은 정밀안전진단기관의 지정을 취소하거나 업무정지의 처분을 한 경우에는 지체 없이 그 정밀안전진단기관에 정밀안전진단기관 행정처분서를 통지하고 그 사실을 관보에 고시해야 한다.

철도안전법 시행규칙 [별표 18]
정밀안전진단기관의 지정취소 및 업무정지의 기준(제75조의19제1항 관련)

1. 일반기준

가. 위반행위의 횟수에 따른 행정처분의 가중된 부과 기준은 최근 2년간 같은 위반행위로 행정처분을 받은 경우에 적용한다. 이 경우 기간의 계산은 위반행위에 대하여 행정처분을 받은 날과 그 처분 후 다시 같은 위반행위를 하여 적발된 날을 기준으로 한다.

나. 가목에 따라 가중된 부과 처분을 하는 경우 가중 처분의 적용 차수는 그 위반행위 전 부과 처분 차수(가목에 따른 기간 내에 행정처분이 둘 이상 있었던 경우에는 높은 차수를 말한다)의 다음 차수로 한다.

다. 위반행위가 둘 이상인 경우로서 그에 해당하는 각각의 처분기준이 다른 경우에는 그중 무거운 처분기준(무거운 처분기준이 같을 때에는 그중 하나의 처분기준을 말한다)에 따르며, 위반행위가 둘 이상인 경우로서 그에 해당하는 각각의 처분기준이 업무정지인 경우에는 처분기준의 2분의 1까지 가중할 수 있되, 각 처분기준을 합산한 기간을 초과할 수 없다.

라. 국토교통부장관은 위반행위의 동기·내용 및 위반의 정도 등 다음의 어느 하나에 해당하는 사유를 고려하여 그 처분을 감경할 수 있다. 이 경우 그 처분이 업무정지인 경우에는 그 처분기준의 2분의 1의 범위에서 감경할 수 있고, 지정 취소인 경우(법 제38조의13제3항제1호부터 제3호까지에 해당하는 경우는 제외한다)에는 6개월의 업무정지 처분으로 감경할 수 있다.

 1) 위반행위가 고의나 중대한 과실이 아닌 사소한 부주의나 오류로 인한 것으로 인정되는 경우

 2) 위반의 내용·정도가 경미하여 이해 관계인에게 미치는 피해가 적다고 인정되는 경우

2. 개별기준

위반사항	근거 법조문	처분기준			
		1차 위반	2차 위반	3차 위반	4차 이상 위반
가. 거짓이나 그 밖의 부정한 방법으로 지정을 받은 경우	법 제38조의13 제3항제1호	지정취소			
나. 업무정지 명령을 위반하여 업무정지 기간에 정밀안전진단 업무를 한 경우	법 제38조의13 제3항제2호	지정취소			
다. 정밀안전진단 업무와 관련하여 부정한 금품을 수수하거나 그 밖의 부정한 행위를 한 경우	법 제38조의13 제3항제3호	지정취소			
라. 정밀안전진단 결과를 조작한 경우	법 제38조의13 제3항제4호	업무정지 2개월	업무정지 6개월	지정취소	
마. 정밀안전진단 결과를 거짓으로 기록하거나 고의로 결과를 기록하지 않은 경우	법 제38조의13 제3항제5호	업무정지 2개월	업무정지 6개월	지정취소	
바. 성능검사 등을 받지 않은 검사용 기계·기구를 사용하여 정밀안전진단을 한 경우	법 제38조의13 제3항제6호	업무정지 1개월	업무정지 2개월	업무정지 4개월	업무정지 6개월
사. 정밀안전진단 결과를 평가한 결과 고의 또는 중대한 과실로 사실과 다르게 진단하는 등 정밀안전진단 업무를 부실하게 수행한 것으로 평가된 경우	법 제38조의13 제3항제7호	업무정지 2개월	업무정지 6개월	지정취소	

📄 법 제38조의14(정밀안전진단 결과의 평가)

① 국토교통부장관은 정밀안전진단기관의 부실 진단을 방지하기 위하여 소유자등이 정밀안전진단을 받은 경우 정밀안전진단기관이 수행한 해당 정밀안전진단의 결과를 평가할 수 있다.

② 국토교통부장관은 정밀안전진단기관 또는 소유자등에게 평가에 필요한 자료를 제출하도록 요구할 수 있다. 이 경우 자료의 제출을 요구받은 자는 특별한 사유가 없으면 이에 따라야 한다.

③ 평가의 대상, 방법, 절차 등에 필요한 사항은 국토교통부령으로 정한다.

① 한국교통안전공단은 다음 각 호의 어느 하나에 해당하는 경우 정밀안전진단기관이 수행한 해당
정밀안전진단의 결과를 평가한다.
　1. 정밀안전진단 실시 후 5년 이내에 차량바퀴가 장착된 틀이나 차체에 균열이 발생하는 등
　　철도운행안전에 중대한 위험을 발생시킬 우려가 있는 결함이 발견된 경우로서 소유자등이 의뢰하는
　　경우
　2. 정밀안전진단기관이 법 또는 법에 따른 명령을 위반하여 정밀안전진단을 실시함으로써 부실 진단의
　　우려가 있다고 인정되는 경우
　3. 그 밖에 정밀안전진단의 부실을 방지하기 위하여 국토교통부장관이 정하여 고시하는 경우
② 한국교통안전공단이 정밀안전진단결과 평가를 하는 경우에는 다음 각 호의 사항을 포함하여 평가해야
한다.
　1. 제75조의16제1항 각 호에 따른 평가의 방법 및 그 결과의 적정성
　2. 정밀안전진단결과 보고서의 종합 검토
　3. 그 밖에 철도차량의 운행안전을 위하여 국토교통부장관이 정하여 고시하는 사항
③ 정밀안전진단결과 평가는 다음 각 호의 구분에 따른 방법으로 실시한다. 다만, 서류평가만으로 부실 진단
여부를 판단할 수 있다고 인정되는 경우에는 현장평가를 생략할 수 있다.
　1. 서류평가: 시행지침에 따라 정밀안전진단을 적합하게 수행하였는지를 판단하기 위하여
　　정밀안전진단기관이 제출한 정밀안전진단 계획서 및 정밀안전진단결과 보고서를 대상으로 실시하는
　　평가
　2. 현장평가: 사실관계를 확인하기 위하여 현장에서 실시하는 평가
④ 한국교통안전공단은 정밀안전진단결과를 평가한 때에는 평가 종료 후 그 결과를 다음 각 호의 자 또는
기관에 통보해야 한다. 다만, 정밀안전진단결과 평가가 종료되기 전에 정밀안전진단기관의 부실진단이
확인된 경우에는 즉시 그 사실을 국토교통부장관에게 보고해야 한다.
　1. 정밀안전진단을 요청한 소유자등
　2. 철도차량 정밀안전진단 업무를 수행한 정밀안전진단기관
　3. 국토교통부장관
⑤ 규정한 사항 외에 정밀안전진단결과 평가의 기준, 결과 통보 및 후속조치 등에 관하여 필요한 세부 사항은
국토교통부장관이 정하여 고시한다.

철도안전법 시행령 [별표 4의3]
정밀안전진단기관 관련 과징금의 부과기준(제29조의4 관련)

1. 일반기준

가. 위반행위의 횟수에 따른 과징금의 가중된 부과 기준은 최근 2년간 같은 위반행위로 과징금 부과 처분을 받은 경우에 적용한다. 이 경우 기간의 계산은 위반행위에 대하여 과징금 부과 처분을 받은 날과 그 처분 후 다시 같은 위반행위를 하여 적발된 날을 기준으로 한다.

나. 가목에 따라 가중된 부과 처분을 하는 경우 가중 처분의 적용 차수는 그 위반행위 전 부과 처분 차수(가목에 따른 기간 내에 과징금 부과 처분이 둘 이상 있었던 경우에는 높은 차수를 말한다)의 다음 차수로 한다.

다. 위반행위가 둘 이상인 경우로서 각 처분 내용이 업무정지에 갈음하여 부과하는 과징금인 경우에는 각 처분기준에 따른 과징금을 합산한 금액을 넘지 않는 범위에서 가장 무거운 처분기준에 해당하는 과징금 액수의 2분의 1의 범위까지 늘릴 수 있다.

라. 국토교통부장관은 다음의 어느 하나에 해당할 때는 제2호의 개별 기준에 따른 과징금 액수의 2분의 1의 범위에서 그 금액을 줄일 수 있다. 다만, 과징금을 체납하고 있는 위반 행위자의 경우에는 그렇지 않다.

　1) 위반행위가 사소한 부주의나 오류로 인한 것으로 인정되는 경우

　2) 위반 행위자가 법 위반 상태를 시정하거나 해소하기 위한 노력이 인정되는 경우

　3) 그 밖에 위반행위의 정도, 위반행위의 동기와 그 결과 등을 고려하여 과징금을 줄일 필요가 있다고 인정되는 경우

마. 국토교통부장관은 다음의 어느 하나에 해당하는 경우에는 제2호의 개별 기준에 따른 과징금 액수의 2분의 1의 범위에서 그 금액을 늘릴 수 있다. 다만, 법 제9조의2제1항에 따른 과징금 액수의 상한을 넘을 수 없다.

　1) 위반의 내용 및 정도가 중대하여 공중에게 미치는 피해가 크다고 인정되는 경우

　2) 법 위반 상태의 기간이 6개월 이상인 경우

　3) 그 밖에 위반행위의 정도, 위반행위의 동기와 그 결과 등을 고려하여 과징금을 늘릴 필요가 있다고 인정되는 경우

2. 개별기준

위반행위	근거 법조문	과징금 금액(단위: 백만원)			
		1차 위반	2차 위반	3차 위반	4차 이상 위반
1) 법 정밀안전진단 결과를 조작한 경우	법 제38조의13 제3항제4호 및 제38조의15	15	50		
2) 정밀안전진단 결과를 거짓으로 기록하거나 고의로 결과를 기록하지 않은 경우	법 제38조의13 제3항제5호 및 제38조의15	15	50		
3) 성능검사 등을 받지 않은 검사용 기계ㆍ기구를 사용하여 정밀안전진단을 한 경우	법 제38조의13 제3항제6호 및 제38조의15	5	15	30	50
4) 정밀안전진단 결과를 평가한 결과 고의 또는 중대한 과실로 사실과 다르게 진단하는 등 정밀안전진단 업무를 부실하게 수행한 것으로 평가된 경우	법 제38조의13 제3항제7호 및 제38조의15	15	50		

승하차용 출입문 1,135밀리미터 / 규칙 제43조 출입문 없는 승강장 /

법 제26조 형식승인 전부 또는 일부 면제 사유 / 규칙 제 46조 형식승인 신청에 필요한 서류 /

규칙 제47조 철도차량 형식승인의 경미한 사항 변경/ 규칙 제48조 형식승인검사 종류 설합차 /

제작자승인 품제 / 법 제26조의4(결격사유) 피성년후견인 등 /

영 제24조(철도 관계 법령의 범위) 「건널목 개량촉진법」 등 /

규칙 제57조(철도차량 완성검사의 방법 및 검사증명서 발급 등) 완성검사 종류 완주 /

법 제27조의3(검사 업무의 위탁) – 철도차량 형식승인검사 / 종합시험운행의 순서 – 시영 /

규칙 제75조의6(개조승인 검사 등) – 적합형

문제로 2회독하기

점수가 부족하다면 조문을 다시 읽고 오시기를 바랍니다.

(* 4장 및 7장은 2종 면허 필기시험 범위에서 제외됩니다!
또한 대부분의 입교기관에서도 제외됩니다. 해당 공고문을 잘 확인하시기 바랍니다.)

1회	/10	2회	/10	3회	/10

01.

다음 빈칸에 들어갈 말로 맞는 것은?

승하차용 출입문 설비의 설치에서 "국토교통부령으로 정하는 기준"이란 (   ) 밀리미터를 말한다.

① 1,135 ② 1,235 ③ 1,335 ④ 1,445

답 ①

해 규칙 제43조(승하차용 출입문 설비의 설치)

02.

출입문과 연동되어 열리고 닫히는 승하차용 출입문 설비를 설치하지 않아도 된다고 심의 · 의결한 승강장이 아닌 것은?

① 열차가 정차하지 않는 선로 쪽 승강장으로서 승객의 선로 추락 방지를 위해 안전난간 등의 안전시설을 설치한 경우

② 철도의 경영 효율화를 위하여 출입문 설비등을 통폐합 해야하는 경우

③ 여러 종류의 철도차량이 함께 사용하는 승강장으로서 열차 출입문의 위치가 서로 달라 승차장 안전문을 설치하기 곤란한 경우

④ 여객의 승하차 인원, 열차의 운행 횟수 등을 고려하였을 때 승차장 안전문을 설치할 필요가 없다고 인정되는 경우

답 ②

해 규칙 제43조(승하차용 출입문 설비의 설치)

03.

형식승인 검사의 전부 또는 일부를 면제할 수 있는 경우가 아닌 것은?

① 대한민국이 체결한 협정 또는 대한민국이 가입한 협약에 따라 형식승인 검사가 면제되는 철도차량의 경우

② 수출 목적으로 제작 또는 수입되는 철도차량으로서 대통령령으로 정하는 철도차량에 해당하는 경우

③ 시험 · 연구 · 개발 목적으로 제작 또는 수입되는 철도차량으로서 대통령령으로 정하는 철도차량에 해당하는 경우

④ 국내에서 일반 운행 목적으로 제작된 철도차량으로, 별도의 국제협정이나 법령에 따른 면제 규정이 없는 경우

답 ④

해 법 제26조(철도차량 형식승인)

철도차량 형식승인의 경미한 사항 변경에 해당하지 <u>않는</u> 것은?

① 철도차량의 구조 안전 및 성능에 영향을 미치지 아니하는 차체 형상의 변경
② 동일 성능으로 입증할 수 있는 부품의 규격 변경
③ 중량분포에 영향을 미치는 장치 또는 부품의 배치 변경
④ 철도차량에 가벼운 영향을 미치는 설비의 변경

답 ④
해 규칙 제47조(철도차량 형식승인의 경미한 사항 변경) 철도차량의 안전에 영향을 미치지 아니하는 설비의 변경

05.

철도차량 형식승인 검사에 해당하지 <u>않는</u> 것은?

① 합치성 검사: 철도차량이 부품 단계, 구성품 단계, 완성차 단계에서 제1호에 따른 설계와 합치하게 제작되었는지
   여부에 대한 검사
② 차량 형식시험: 철도차량이 부품 단계, 구성품 단계, 완성차 단계, 시운전단계에서 철도차량 기술기준에 적합한지
   여부에 대한 시험
③ 완성검사: 철도차량이 실제 운행 구간에서 일정 거리 이상 주행하며 성능과 안전성을 최종적으로 확인하는 검사
④ 설계 적합성 검사: 철도차량의 설계가 철도차량 기술기준에 적합한지 여부에 대한 검사

답 ③
해 규칙 제48조(철도차량 형식승인 검사의 방법 및 증명서 발급 등) 설합차라고 외운다.

06.

철도차량 형식승인을 받으려는 자가 첨부해야 하는 서류가 <u>아닌</u> 것은?

① 형식승인 검사의 면제 대상에 해당하는 경우 그 입증 서류
② 차량 형식시험 절차서
③ 철도차량의 설계도면, 설계 명세서 및 설명서(적합성 입증을 위하여 필요한 부분 제외한다)
④ 철도차량의 기술기준에 대한 적합성 입증 계획서 및 입증 자료

답 ③
해 규칙 제46조(철도차량 형식승인 신청 절차 등), 제외한다 → 한정한다

07.

철도차량 제작자승인을 받을 수 없는 결격사유가 <u>아닌</u> 것은?

① 파산선고를 받고 복권되지 아니한 사람
② 피성년후견인
③ 철도 관계 법령을 위반하여 징역형의 실형을 선고받고 그 집행이 종료되거나 집행이 면제된 날부터 2년이 지나지
   아니한 사람
④ 제작자승인이 취소된 후 3년이 지나지 아니한 자

답 ④
해 법 제26조의4(결격사유), 제작자승인이 취소된 후 2년이 지나지 아니한 자

08.

국토교통부장관이 관련 기관 또는 단체에 위탁할 수 있는 검사 업무가 아닌 것은?

① 철도차량 제작자승인검사
② 철도차량 형식승인검사
③ 철도용품 형식승인검사
④ 철도용품 완성검사

답 ④

해 제27조의3 검사 업무의 위탁, 철도 용품은 완성검사가 없다.

09.

철도 용품 제작자승인을 받은 자가 나타내야 하는 표시가 아닌 것은?

① 형식승인품명의 제조일
② 형식승인기관의 명칭
③ 형식승인자의 성명과 면허번호
④ 형식승인품명 및 형식승인번호

답 ③

해 규칙 제68조(형식승인을 받은 철도 용품의 표시)

10.

개조 승인 검사 종류로 틀린 것은?

① 개조 합치성 검사: 해당 철도차량의 대표 편성에 대한 개조 작업이 기술문서와 합치하게 시행되었는지 여부에 대한 검사
② 개조 적합성 검사: 철도차량의 개조가 철도차량 기술기준에 적합한지 여부에 대한 기술문서 검사
③ 개조 완성도 검사: 개조된 철도차량의 외관 및 내부 청결 상태에 대한 시각적 검사
④ 개조 형식시험: 철도차량의 개조가 부품 단계, 구성품 단계, 완성차 단계, 시운전단계에서 철도차량 기술기준에 적합한지 여부에 대한 시험

답 ③

해 규칙 제75조의6(개조승인 검사 등) 적합형이라고 외운다.

1. 3장 별표 너무 많고, 관제 장비 파트도 있는데 이거 다 외워야 하나요. 가능한가요?

아마 이 부분부터가 독학할 때 드는 생각이고 막히는 부분일 겁니다.

저도 예전 공부할 때 느꼈고, 저 말고는 아무도 얘기해주는 사람이 없어서 시원하게 말씀드리자면

3장 별표에서는 2종 전기동차와 관련된 걸 중점적으로 봐라!

양심이 있기 때문에 디젤 → 노면전차 같은 문제는 나오지 않고 있습니다 .

2. 관제 장비 파트도 다 외워야 하나요 ?

이 부분부터가 중요한데, 입교기관마다 나올 수도 안 나올 수도 있지만

얕고 넓게 보는 게 낫다고 말씀드리고 싶네요. 나와도 많이 나오진 않기 때문에,

얕고 넓게 보는 게 낫다고 말씀드리고 싶네요.

정비 파트는 거의 안나오고 보실거면 관제파트를 그래도 중점적으로 보시는 게 나을 거 같습니다.

제일 좋은 건 무료로 제공되는 철도왕 인강입니다. 입교기관 특성, 등등 다 얘기해 드립니다.

3. 실제 입사의 커트라인은 어느 정도인가요? 난이도가 어렵나요 ?

아시다시피 25년 기준 기관사뿐만 아니라 공기업 취업 자체가 매우 어렵습니다.

인천교통공사 기관사는 경쟁률이 50대 1에 육박한 적이 있으며

서울교통공사는 평균 12대1 정도입니다.

하지만 승무 직렬은 사무 직렬에 비해 커트가 10점 정도 낮습니다.

사무 직렬은 자격 제한이 없는 특성상 경쟁률이 100대 1을 넘는 경우가 많습니다.

승무 직렬은 자격 제한이 있어 잘 준비한다면 빨리 합격할 수 있는 상황입니다.

CHAPTER

철도차량 운행안전 및 철도보호

이봐, 해보기나 했어?
(독자적인 자동차 회사를 설립하는 것이 불가능할 것 같다는 동생의 말에 대한 답변
- 정주영: 그 후로 25년 기준 현대자동차의 시가총액: 46.5조원)

철도차량 운행안전 및 철도보호

📄 법 제39조(철도차량의 운행)

열차의 편성, 철도차량 운전 및 신호방식 등 철도차량의 안전운행에 필요한 사항은 국토교통부령으로 정한다.

📄 법 제39조의2(철도교통관제)

① 철도차량을 운행하는 자는 국토교통부장관이 지시하는 이동·출발·정지 등의 명령과 운행 기준·방법·
절차 및 순서 등에 따라야 한다.
② 국토교통부장관은 철도차량의 안전하고 효율적인 운행을 위하여 철도시설의 운용상태 등 철도차량의
운행과 관련된 조언과 정보를 철도종사자 또는 철도운영자등에게 제공할 수 있다.
③ 국토교통부장관은 철도차량의 안전한 운행을 위하여 철도시설 내에서 사람, 자동차 및 철도차량의
운행제한 등 필요한 안전조치를 취할 수 있다.
④ 제1항부터 제3항까지의 규정에 따라 국토교통부장관이 행하는 업무의 대상, 내용 및 절차 등에 관하여
필요한 사항은 국토교통부령으로 정한다.

📝 규칙 제76조(철도교통관제업무의 대상 및 내용 등)

① 다음 각 호의 어느 하나에 해당하는 경우에는 국토교통부장관이 행하는 철도교통관제업무의 대상에서
제외한다.
1. 정상운행을 하기 전의 신설선 또는 개량선에서 철도차량을 운행하는 경우
2. 철도차량을 보수·정비하기 위한 차량정비기지 및 차량유치시설에서 철도차량을 운행하는 경우
② 국토교통부장관이 행하는 관제업무의 내용은 다음 각 호와 같다.
1. 철도차량의 운행에 대한 집중 제어·통제 및 감시
2. 철도시설의 운용상태 등 철도차량의 운행과 관련된 조언과 정보의 제공 업무
3. 철도보호지구에서 법 제45조제1항 각 호의 어느 하나에 해당하는 행위를 할 경우 열차운행 통제 업무
(1. 토지의 형질변경 및 굴착(掘鑿) 2. 토석, 자갈 및 모래의 채취 3. 건축물의 신축·개축(改築)·증축
또는 인공구조물의 설치 4. 나무의 식재(대통령령으로 정하는 경우만 해당한다)
4. 철도사고등의 발생 시 사고복구, 긴급구조·구호 지시 및 관계 기관에 대한 상황 보고·전파 업무
5. 그 밖에 국토교통부장관이 철도차량의 안전운행 등을 위하여 지시한 사항

③ 철도운영자등은 철도사고등이 발생하거나 철도시설 또는 철도차량 등이 정상적인 상태에 있지 아니하다고 의심되는 경우에는 이를 신속히 국토교통부장관에 통보하여야 한다.

④ 관제업무에 관한 세부적인 기준·절차 및 방법은 국토교통부장관이 정하여 고시한다.

📄 법 제39조의3(영상기록장치의 설치·운영 등)

① 철도운영자등은 철도차량의 운행상황 기록, 교통사고 상황 파악, 안전사고 방지, 범죄 예방 등을 위하여 다음 각 호의 철도차량 또는 철도시설에 영상기록장치를 설치·운영하여야 한다. 이 경우 영상기록장치의 설치 기준, 방법 등은 대통령령으로 정한다.

  1. 철도차량 중 대통령령으로 정하는 동력차 및 객차

  2. 승강장 등 대통령령으로 정하는 안전사고의 우려가 있는 역 구내

  3. 대통령령으로 정하는 차량정비기지

  4. 변전소 등 대통령령으로 정하는 안전확보가 필요한 철도시설

  5. 건널목으로서 대통령령으로 정하는 안전확보가 필요한 건널목

② 철도운영자등은 영상기록장치를 설치하는 경우 운전업무종사자, 여객 등이 쉽게 인식할 수 있도록 대통령령으로 정하는 바에 따라 안내판 설치 등 필요한 조치를 하여야 한다.

③ 철도운영자등은 설치 목적과 다른 목적으로 영상기록장치를 임의로 조작하거나 다른 곳을 비추어서는 아니 되며, 운행기간 외에는 영상기록(음성기록을 포함한다. 이하 같다)을 하여서는 아니 된다.

④ 철도운영자등은 다음 각 호의 어느 하나에 해당하는 경우 외에는 영상기록을 이용하거나 다른 자에게 제공하여서는 아니 된다.

  1. 교통사고 상황 파악을 위하여 필요한 경우

  2. 범죄의 수사와 공소의 제기 및 유지에 필요한 경우

  3. 법원의 재판업무수행을 위하여 필요한 경우

⑤ 철도운영자등은 영상기록장치에 기록된 영상이 분실·도난·유출·변조 또는 훼손되지 아니하도록 대통령령으로 정하는 바에 따라 영상기록장치의 운영·관리 지침을 마련하여야 한다.

⑥ 영상기록장치의 설치·관리 및 영상기록의 이용·제공 등은 「개인정보 보호법」에 따라야 한다.

⑦ 영상기록의 제공과 그 밖에 영상기록의 보관 기준 및 보관 기간 등에 필요한 사항은 국토교통부령으로 정한다.

📋 영 제30조(영상기록장치 설치대상)

① 법 제39조의3제1항제1호에서 "대통령령으로 정하는 동력차 및 객차"란 다음 각 호의 동력차 및 객차를 말한다.

   1. 열차의 맨 앞에 위치한 동력차로서 운전실 또는 운전설비가 있는 동력차

   2. 승객 설비를 갖추고 여객을 수송하는 객차

② 법 제39조의3제1항제2호에서 "승강장 등 대통령령으로 정하는 안전사고의 우려가 있는 역 구내"란 승강장, 대합실 및 승강설비를 말한다.

③ 법 제39조의3제1항제3호에서 "대통령령으로 정하는 차량정비기지"란 다음 각 호의 차량정비기지를 말한다.

   1. 「철도사업법」에 따른 고속철도차량을 정비하는 차량정비기지

   2. 철도차량을 중정비(철도차량을 완전히 분해하여 검수·교환하거나 탈선·화재 등으로 중대하게 훼손된 철도차량을 정비하는 것을 말한다)하는 차량정비기지

   3. 대지면적이 3,000제곱미터 이상인 차량정비기지

④ 법 제39조의3제1항제4호에서 "변전소 등 대통령령으로 정하는 안전확보가 필요한 철도시설"이란 다음 각 호의 철도시설을 말한다.

   1. 변전소(구분소를 포함한다), 무인기능실(전철전력설비, 정보통신설비, 신호 또는 열차 제어설비 운영과 관련된 경우만 해당한다)

   2. 노선이 분기되는 구간에 설치된 분기기(선로전환기를 포함한다), 역과 역 사이에 설치된 건넘선

   3. 「통합방위법」에 따라 국가중요시설로 지정된 교량 및 터널

   4. 「철도의 건설 및 철도시설 유지관리에 관한 법률」에 따른 고속철도에 설치된 길이 1킬로미터 이상의 터널

⑤ 법 제39조의3제1항제5호에서 "대통령령으로 정하는 안전확보가 필요한 건널목"이란 「건널목 개량촉진법」에 따라 개량건널목으로 지정된 건널목(같은 법에 따라 입체교차화 또는 구조 개량된 건널목은 제외한다)을 말한다.

철도안전법 시행령 [별표 4의4] (한번도 출제된 적 없음) 
영상기록장치의 설치 기준 및 방법(제30조의2 관련)

1. 법 제39조의3제1항제1호에 따른 동력차에는 다음 각 목의 기준에 따라 영상기록장치를 설치해야 한다.

   가. 다음의 상황을 촬영할 수 있는 영상기록장치를 각각 설치할 것

     1) 선로변을 포함한 철도차량 전방의 운행 상황

     2) 운전실의 운전 조작 상황

   나. 가목에도 불구하고 다음의 어느 하나에 해당하는 철도차량의 경우에는 같은 목 2)의 상황을 촬영할 수 있는 영상기록장치는 설치하지 않을 수 있다.

     1) 운행 정보의 기록장치 등을 통해 철도차량의 운전 조작 상황을 파악할 수 있는 철도차량

     2) 무인운전 철도차량

     3) 전용철의 철도차량

2. 법 제39조의3제1항제1호에 따른 객차에는 다음 각 목의 기준에 따라 영상기록장치를 설치해야 한다.

   가. 영상기록장치의 해상도는 범죄 예방 및 범죄 상황 파악 등에 지장이 없는 정도일 것

나. 객차 내에 사각지대가 없도록 설치할 것

다. 여객 등이 영상기록장치를 쉽게 인식할 수 있는 위치에 설치할 것

영 제31조(영상기록장치 설치 안내)

철도운영자등은 운전업무종사자 및 여객 등 정보주체가 쉽게 인식할 수 있는 운전실 및 객차 출입문 등에 다음 각 호의 사항이 표시된 안내판을 설치해야 한다.

1. 영상기록장치의 설치 목적

2. 영상기록장치의 설치 위치, 촬영 범위 및 촬영 시간

3. 영상기록장치 관리 책임 부서, 관리책임자의 성명 및 연락처

4. 그 밖에 철도운영자등이 필요하다고 인정하는 사항

영 제32조(영상기록장치의 운영 · 관리 지침)

철도운영자등은 영상기록장치에 기록된 영상이 분실 · 도난 · 유출 · 변조 또는 훼손되지 않도록 다음 각 호의 사항이 포함된 영상기록장치 운영 · 관리 지침을 마련해야 한다.

1. 영상기록장치의 설치 근거 및 설치 목적

2. 영상기록장치의 설치 대수, 설치 위치 및 촬영 범위

3. 관리책임자, 담당 부서 및 영상기록에 대한 접근 권한이 있는 사람

4. 영상기록의 촬영 시간, 보관기간, 보관장소 및 처리방법

5. 철도운영자등의 영상기록 확인 방법 및 장소

6. 정보주체의 영상기록 열람 등 요구에 대한 조치

7. 영상기록에 대한 접근 통제 및 접근 권한의 제한 조치

8. 영상기록을 안전하게 저장 · 전송할 수 있는 암호화 기술의 적용 또는 이에 상응하는 조치

9. 영상기록 침해사고 발생에 대응하기 위한 접속기록의 보관 및 위조 · 변조 방지를 위한 조치

10. 영상기록에 대한 보안프로그램의 설치 및 갱신

11. 영상기록의 안전한 보관을 위한 보관시설의 마련 또는 잠금장치의 설치 등 물리적 조치

12. 그 밖에 영상기록장치의 설치 · 운영 및 관리에 필요한 사항

규칙 제76조의3(영상기록의 보관기준 및 보관기간)

① 철도운영자등은 영상기록장치에 기록된 영상기록을 영상기록장치 운영 · 관리 지침에서 정하는 보관기간동안 보관하여야 한다. 이 경우 보관기간은 3일 이상의 기간이어야 한다.

② 철도운영자등은 보관기간이 지난 영상기록을 삭제하여야 한다. 다만, 보관기간 내에 영상기록에 대한 제공을 요청 받은 경우에는 해당 영상기록을 제공하기 전까지는 영상기록을 삭제해서는 아니 된다.

📄 법 제40조(열차운행의 일시 중지)

① 철도운영자는 다음 각 호의 어느 하나에 해당하는 경우로서 열차의 안전운행에 지장이 있다고 인정하는
경우에는 열차운행을 일시 중지할 수 있다.
  1. 지진, 태풍, 폭우, 폭설 등 천재지변 또는 악천후로 인하여 재해가 발생하였거나 재해가 발생할 것으로
    예상되는 경우
  2. 그 밖에 열차운행에 중대한 장애가 발생하였거나 발생할 것으로 예상되는 경우
② 철도종사자는 철도사고 및 운행장애의 징후가 발견되거나 발생 위험이 높다고 판단되는 경우에는
관제업무종사자에게 열차운행을 일시 중지할 것을 요청할 수 있다. 이 경우 요청을 받은 관제업무종사자는
특별한 사유가 없으면 즉시 열차운행을 중지하여야 한다.
③ 철도종사자는 열차운행의 중지 요청과 관련하여 고의 또는 중대한 과실이 없는 경우에는 민사상 책임을
지지 아니한다.
④ 누구든지 열차운행의 중지를 요청한 철도종사자에게 이를 이유로 불이익한 조치를 하여서는 아니 된다.

📄 법 제40조의2(철도종사자의 준수사항)

① 운전업무종사자는 철도차량의 운전업무 수행 중 다음 각 호의 사항을 준수하여야 한다.
  1. 철도차량 출발 전 국토교통부령으로 정하는 조치 사항을 이행할 것
  2. 국토교통부령으로 정하는 철도차량 운행에 관한 안전 수칙을 준수할 것
② 관제업무종사자는 관제업무 수행 중 다음 각 호의 사항을 준수하여야 한다.
  1. 국토교통부령으로 정하는 바에 따라 운전업무종사자 등에게 열차 운행에 관한 정보를 제공할 것
  2. 철도사고, 철도준사고 및 운행장애발생 시 국토교통부령으로 정하는 조치 사항을 이행할 것
③ 작업책임자는 철도차량의 운행선로 또는 그 인근에서 철도시설의 건설 또는 관리와 관련된 작업 수행 중
다음 각 호의 사항을 준수하여야 한다.
  1. 국토교통부령으로 정하는 바에 따라 작업 수행 전에 작업원을 대상으로 안전교육을 실시할 것
  2. 국토교통부령으로 정하는 작업안전에 관한 조치 사항을 이행할 것
④ 철도운행안전관리자는 철도차량의 운행선로 또는 그 인근에서 철도시설의 건설 또는 관리와 관련된 작업
수행 중 다음 각 호의 사항을 준수하여야 한다.
  1. 작업일정 및 열차의 운행일정을 작업수행 전에 조정할 것
  2. 제1호의 작업일정 및 열차의 운행일정을 작업과 관련하여 관할 역의 관리책임자(정거장에서
    철도신호기·선로전환기 또는 조작판 등을 취급하는 사람을 포함한다. 이하 이 조에서 같다) 및
    관제업무종사자와 협의하여 조정할 것
  3. 국토교통부령으로 정하는 열차운행 및 작업안전에 관한 조치 사항을 이행할 것

⑤ 철도사고등이 발생하는 경우 해당 철도차량의 운전업무종사자와 여객승무원은 철도사고등의 현장을 이탈하여서는 아니 되며, 철도차량 내 안전 및 질서유지를 위하여 승객 구호조치 등 국토교통부령으로 정하는 후속조치를 이행하여야 한다. 다만, 의료기관으로의 이송이 필요한 경우 등 국토교통부령으로 정하는 경우에는 그러하지 아니하다.

⑥ 철도운행안전관리자와 관할 역의 관리책임자 및 관제업무종사자는 협의를 거친 경우에는 그 협의 내용을 국토교통부령으로 정하는 바에 따라 작성·보관하여야 한다.

📝 규칙 제76조의4(운전업무종사자의 준수사항)

① 법 제40조의2제1항제1호에서 "철도차량 출발 전 국토교통부령으로 정하는 조치사항"이란 다음 각 호를 말한다.

1. 철도차량이 차량정비기지에서 출발하는 경우 다음 각 목의 기능에 대하여 이상 여부를 확인할 것

　가. 운전제어와 관련된 장치의 기능

　나. 제동장치 기능

　다. 그 밖에 운전 시 사용하는 각종 계기판의 기능

2. 철도차량이 역시설에서 출발하는 경우 여객의 승하차 여부를 확인할 것. 다만, 여객승무원이 대신하여 확인하는 경우에는 그러하지 아니하다.

② 법 제40조의2제1항제2호에서 "국토교통부령으로 정하는 철도차량 운행에 관한 안전 수칙"이란 다음 각 호를 말한다.

1. 철도신호에 따라 철도차량을 운행할 것

2. 철도차량의 운행 중에 휴대전화 등 전자기기를 사용하지 아니할 것. 다만, 다음 각 목의 어느 하나에 해당하는 경우로서 철도운영자가 운행의 안전을 저해하지 아니하는 범위에서 사전에 사용을 허용한 경우에는 그러하지 아니하다.

　가. 철도사고등 또는 철도차량의 기능장애가 발생하는 등 비상상황이 발생한 경우

　나. 철도차량의 안전운행을 위하여 전자기기의 사용이 필요한 경우

　다. 그 밖에 철도운영자가 철도차량의 안전운행에 지장을 주지 아니한다고 판단하는 경우

3. 철도운영자가 정하는 구간별 제한속도에 따라 운행할 것

4. 열차를 후진하지 아니할 것. 다만, 비상상황 발생 등의 사유로 관제업무종사자의 지시를 받는 경우에는 그러하지 아니하다.

5. 정거장 외에는 정차를 하지 아니할 것. 다만, 정지신호의 준수 등 철도차량의 안전운행을 위하여 정차를 하여야 하는 경우에는 그러하지 아니하다.

6. 운행구간의 이상이 발견된 경우 관제업무종사자에게 즉시 보고할 것

7. 관제업무종사자의 지시를 따를 것

① 법 제40조의2제2항제1호에 따라 관제업무종사자는 다음 각 호의 정보를 운전업무종사자, 여객승무원 등에게 제공하여야 한다.

1. 열차의 출발, 정차 및 노선변경 등 열차 운행의 변경에 관한 정보
2. 열차 운행에 영향을 줄 수 있는 다음 각 목의 정보

　가. 철도차량이 운행하는 선로 주변의 공사·작업의 변경 정보

　나. 철도사고등에 관련된 정보

　다. 재난 관련 정보

　라. 테러 발생 등 그 밖의 비상상황에 관한 정보

② 법 제40조의2제2항제2호에서 "국토교통부령으로 정하는 조치사항"이란 다음 각 호를 말한다.

1. 철도사고등이 발생하는 경우 여객 대피 및 철도차량 보호 조치 여부 등 사고현장 현황을 파악할 것
2. 철도사고등의 수습을 위하여 필요한 경우 다음 각 목의 조치를 할 것

　가. 사고현장의 열차운행 통제

　나. 의료기관 및 소방서 등 관계기관에 지원 요청

　다. 사고 수습을 위한 철도종사자의 파견 요청

　라. 2차 사고 예방을 위하여 철도차량이 구르지 아니하도록 하는 조치 지시

　마. 안내방송 등 여객 대피를 위한 필요한 조치 지시

　바. 전차선(電車線, 선로를 통하여 철도차량에 전기를 공급하는 장치를 말한다)의 전기공급 차단 조치

　사. 구원(救援)열차 또는 임시열차의 운행 지시

　아. 열차의 운행간격 조정

3. 철도사고등의 발생사유, 지연시간 등을 사실대로 기록하여 관리할 것

① 작업책임자는 작업 수행 전에 작업원을 대상으로 다음 각 호의 사항이 포함된 안전교육을 실시해야 한다.

1. 해당 작업일의 작업계획(작업량, 작업일정, 작업순서, 작업방법, 작업원별 임무 및 작업장 이동방법 등을 포함한다)
2. 안전장비 착용 등 작업원 보호에 관한 사항
3. 작업특성 및 현장여건에 따른 위험요인에 대한 안전조치 방법
4. 작업책임자와 작업원의 의사소통 방법, 작업통제 방법 및 그 준수에 관한 사항
5. 건설기계 등 장비를 사용하는 작업의 경우에는 철도사고 예방에 관한 사항
6. 그 밖에 안전사고 예방을 위해 필요한 사항으로서 국토교통부장관이 정해 고시하는 사항

② 법 제40조의2제3항제2호에서 "국토교통부령으로 정하는 작업안전에 관한 조치 사항"이란 다음 각 호를 말한다.

    1. 법 제40조의2제4항제1호 및 제2호에 따른 조정 내용에 따라 작업계획 등의 조정·보완

    2. 작업 수행 전 다음 각 목의 조치

        가. 작업원의 안전장비 착용상태 점검

        나. 작업에 필요한 안전장비·안전시설의 점검

        다. 그 밖에 작업 수행 전에 필요한 조치로서 국토교통부장관이 정해 고시하는 조치

    3. 작업시간 내 작업현장 이탈 금지

    4. 작업 중 비상상황 발생 시 열차방호 등의 조치

    5. 해당 작업으로 인해 열차운행에 지장이 있는지 여부 확인

    6. 작업완료 시 상급자에게 보고

    7. 그 밖에 작업안전에 필요한 사항으로서 국토교통부장관이 정해 고시하는 사항

📝 규칙 제76조의7(철도운행안전관리자의 준수사항)

법 제40조의2제4항제3호에서 "국토교통부령으로 정하는 열차운행 및 작업안전에 관한 조치 사항"이란 다음 각 호를 말한다.

1. 법 제40조의2제4항제1호 및 제2호에 따른 조정 내용을 작업책임자에게 통지

2. 영 제59조제2항제1호에 따른 업무(철도운행안전관리자의 업무)

3. 작업 수행 전 다음 각 목의 조치

    가. 배치한 열차운행감시인의 안전장비 착용상태 및 휴대물품 현황 점검

    나. 그 밖에 작업 수행 전에 필요한 조치로서 국토교통부장관이 정해 고시하는 조치

4. 관할 역의 관리책임자(정거장에서 철도신호기·선로전환기 또는 조작판 등을 취급하는 사람을 포함한다) 및 작업책임자와의 연락체계 구축

5. 작업시간 내 작업현장 이탈 금지

6. 작업이 지연되거나 작업 중 비상상황 발생 시 작업일정 및 열차의 운행일정 재조정 등에 관한 조치

7. 그 밖에 열차운행 및 작업안전에 필요한 사항으로서 국토교통부장관이 정해 고시하는 사항

① 법 제40조의2제5항 본문(철도사고 발생 조치)에 따라 운전업무종사자와 여객승무원은 다음 각 호의 후속조치를 이행하여야 한다. 이 경우 운전업무종사자와 여객승무원은 후속조치에 대하여 각각의 역할을 분담하여 이행할 수 있다.

  1. 관제업무종사자 또는 인접한 역시설의 철도종사자에게 철도사고등의 상황을 전파할 것

  2. 철도차량 내 안내방송을 실시할 것. 다만, 방송장치로 안내방송이 불가능한 경우에는 확성기 등을 사용하여 안내하여야 한다.

  3. 여객의 안전을 확보하기 위하여 필요한 경우 철도차량 내 여객을 대피시킬 것

  4. 2차 사고 예방을 위하여 철도차량이 구르지 아니하도록 하는 조치를 할 것

  5. 여객의 안전을 확보하기 위하여 필요한 경우 철도차량의 비상문을 개방할 것

  6. 사상자 발생 시 응급환자를 응급처치하거나 의료기관에 긴급히 이송되도록 지원할 것

② 법 제40조의2제5항 단서에서 "의료기관으로의 이송이 필요한 경우 등 국토교통부령으로 정하는 경우"란 다음 각 호의 어느 하나에 해당하는 경우를 말한다.

  1. 운전업무종사자 또는 여객승무원이 중대한 부상 등으로 인하여 의료기관으로의 이송이 필요한 경우

  2. 관제업무종사자 또는 철도사고등의 관리책임자로부터 철도사고등의 현장 이탈이 가능하다고 통보받은 경우

  3. 여객을 안전하게 대피시킨 후 운전업무종사자와 여객승무원의 안전을 위하여 현장을 이탈하여야 하는 경우

① 철도운행안전관리자, 관할 역의 관리책임자 및 관제업무종사자는 법 제40조의2제6항에 따라 같은 조 제4항제2호에 따른 협의(작업일정 등 관리책임자 및 관제와 협의 조정)를 거친 경우에는 다음 각 호의 사항이 포함된 협의서를 작성해야 한다.

  1. 협의 당사자의 성명 및 소속

  2. 협의 대상 작업의 일시, 구간, 내용 및 참여인원

  3. 작업일정 및 열차 운행일정에 대한 협의 결과

  4. 협의 결과에 따른 관제업무종사자의 관제 승인 내역

  5. 그 밖에 작업의 안전을 위하여 필요하다고 인정하여 국토교통부장관이 정하여 고시하는 사항

② 철도운행안전관리자, 관할 역의 관리책임자 및 관제업무종사자는 작성한 협의서를 각각 협의 대상 작업의 종료일부터 3개월간 보관해야 한다.

📄 법 제40조의3(철도종사자의 흡연 금지)

철도종사자(운전업무 실무수습을 하는 사람을 포함한다)는 업무에 종사하는 동안에는 열차 내에서 흡연을
하여서는 아니 된다.

📄 법 제41조(철도종사자의 음주 제한 등)

① 다음 각 호의 어느 하나에 해당하는 철도종사자(실무수습 중인 사람을 포함한다)는 술을 마시거나 약물을
사용한 상태에서 업무를 하여서는 아니 된다.
  1. 운전업무종사자
  2. 관제업무종사자
  3. 여객승무원
  4. 작업책임자
  5. 철도운행안전관리자
  6. 정거장에서 철도신호기·선로전환기 및 조작판 등을 취급하거나 열차의 조성(組成: 철도차량을
     연결하거나 분리하는 작업을 말한다)업무를 수행하는 사람
  7. 철도차량 및 철도시설의 점검·정비 업무에 종사하는 사람
② 국토교통부장관 또는 시·도지사(도시철도 및 지방자치단체로부터 도시철도의 건설과 운영의 위탁을 받은
   법인이 건설·운영하는 도시철도만 해당한다)는 철도안전과 위험방지를 위하여 필요하다고 인정하거나
   제1항에 따른 철도종사자가 술을 마시거나 약물을 사용한 상태에서 업무를 하였다고 인정할 만한 상당한
   이유가 있을 때에는 철도종사자에 대하여 술을 마셨거나 약물을 사용하였는지 확인 또는 검사할 수 있다.
   이 경우 그 철도종사자는 국토교통부장관 또는 시·도지사의 확인 또는 검사를 거부하여서는 아니 된다.
③ 확인 또는 검사 결과 철도종사자가 술을 마시거나 약물을 사용하였다고 판단하는 기준은 다음 각 호의
   구분과 같다.
  1. 술: 혈중 알코올농도가 0.02%(제1항제4호부터 제6호까지의 철도종사자(작업책임자, 철도운행안전관리자,
     정거장에서 조작판 등을 취급하는 사람)는 0.03%) 이상인 경우
  2. 약물: 양성으로 판정된 경우
④ 확인 또는 검사의 방법·절차 등에 관하여 필요한 사항은 대통령령으로 정한다.

📋 영 제43조의2(철도종사자의 음주 등에 대한 확인 또는 검사)

② 술을 마셨는지에 대한 확인 또는 검사는 호흡측정기 검사의 방법으로 실시하고, 검사 결과에 불복하는
   사람에 대해서는 그 철도종사자의 동의를 받아 혈액 채취 등의 방법으로 다시 측정할 수 있다.
③ 약물을 사용하였는지에 대한 확인 또는 검사는 소변 검사 또는 모발 채취 등의 방법으로 실시한다.
④ 확인 또는 검사의 세부절차와 방법 등 필요한 사항은 국토교통부장관이 정한다.

① 누구든지 무기, 화약류, 허가물질, 제한물질, 금지물질, 유해화학물질 또는 인화성이 높은 물질 등
　공중(公衆)이나 여객에게 위해를 끼치거나 끼칠 우려가 있는 물건 또는 물질(이하 "위해물품"이라 한다)을
　열차에서 휴대하거나 적재(積載)할 수 없다. 다만, 국토교통부장관 또는 시·도지사의 허가를 받은 경우
　또는 국토교통부령으로 정하는 특정한 직무를 수행하기 위한 경우에는 그러하지 아니하다.

② 위해물품의 종류, 휴대 또는 적재 허가를 받은 경우의 안전조치 등에 관하여 필요한 세부사항은
　국토교통부령으로 정한다.

📝 **규칙 제77조(위해물품 휴대금지 예외)**

"국토교통부령으로 정하는 특정한 직무를 수행하기 위한 경우"란 다음 각 호의 사람이 직무를 수행하기
위하여 위해물품을 휴대·적재하는 경우를 말한다.

1. 「사법경찰관리의 직무를 수행할 자와 그 직무범위에 관한 법률」에 따른 철도경찰 사무에 종사하는
　국가공무원("철도특별사법경찰관리")

2. 「경찰관 직무집행법」의 경찰관 직무를 수행하는 사람

3. 「경비업법」에 따른 경비원

4. 위험물품을 운송하는 군용열차를 호송하는 군인

📝 **규칙 제78조(위해물품의 종류 등)**

① 위해물품의 종류는 다음 각 호와 같다.

　1. 화약류: 「총포·도검·화약류 등의 안전관리에 관한 법률」에 따른 화약·폭약·화공품과 그 밖에
　　폭발성이 있는 물질

　2. 고압가스: 섭씨 50도 미만의 임계온도를 가진 물질, 섭씨 50도에서 300킬로파스칼을 초과하는
　　절대압력(진공을 0으로 하는 압력을 말한다)을 가진 물질, 섭씨 21.1도에서 280킬로파스칼을
　　초과하거나 섭씨 54.4도에서 730킬로파스칼을 초과하는 절대압력을 가진 물질이나, 섭씨 37.8도에서
　　280킬로파스칼을 초과하는 절대가스압력(진공을 0으로 하는 가스압력을 말한다)을 가진 액체상태의
　　인화성 물질

　3. 인화성 액체: 밀폐식 인화점 측정법에 따른 인화점이 섭씨 60.5도 이하인 액체나 개방식 인화점
　　측정법에 따른 인화점이 섭씨 65.6도 이하인 액체

　4. 가연성 물질류: 다음 각 목에서 정하는 물질

　　가. 가연성고체: 화기 등에 의하여 용이하게 점화되며 화재를 조장할 수 있는 가연성 고체

　　나. 자연발화성 물질: 통상적인 운송상태에서 마찰·습기흡수·화학변화 등으로 인하여 자연발열하거나
　　　자연발화하기 쉬운 물질

다. 그 밖의 가연성물질: 물과 작용하여 인화성 가스를 발생하는 물질

5. 산화성 물질류: 다음 각 목에서 정하는 물질

　가. 산화성 물질: 다른 물질을 산화시키는 성질을 가진 물질로서 유기과산화물 외의 것

　나. 유기과산화물: 다른 물질을 산화시키는 성질을 가진 유기물질

6. 독물류: 다음 각 목에서 정하는 물질

　가. 독물: 사람이 흡입·접촉하거나 체내에 섭취한 경우에 강력한 독작용이나 자극을 일으키는 물질

　나. 병독을 옮기기 쉬운 물질: 살아 있는 병원체 및 살아 있는 병원체를 함유하거나 병원체가 부착되어 있다고 인정되는 물질

7. 방사성 물질: 「원자력안전법」에 따른 핵물질 및 방사성물질이나 이로 인하여 오염된 물질로서 방사능의 농도가 킬로그램당 74킬로베크렐(그램당 0.002마이크로큐리) 이상인 것

8. 부식성 물질: 생물체의 조직에 접촉한 경우 화학반응에 의하여 조직에 심한 위해를 주는 물질이나 열차의 차체·적하물 등에 접촉한 경우 물질적 손상을 주는 물질

9. 마취성 물질: 객실승무원이 정상근무를 할 수 없도록 극도의 고통이나 불편함을 발생시키는 마취성이 있는 물질이나 그와 유사한 성질을 가진 물질

10. 총포·도검류 등: 「총포·도검·화약류 등의 안전관리에 관한 법률」에 따른 총포·도검 및 이에 준하는 흉기류

11. 그 밖의 유해물질: 제1호부터 제10호까지 외의 것으로서 화학변화 등에 의하여 사람에게 위해를 주거나 열차 안에 적재된 물건에 물질적인 손상을 줄 수 있는 물질

② 철도운영자등은 제1항에 따른 위해물품에 대하여 휴대나 적재의 적정성, 포장 및 안전조치의 적정성 등을 검토하여 휴대나 적재를 허가할 수 있다. 이 경우 해당 위해물품이 위해물품임을 나타낼 수 있는 표지를 포장 바깥면 등 잘 보이는 곳에 붙여야 한다.

철도왕의 암기 TIP!

화고인독방 부마총으로 외워야함

📄 법 제43조(위험물의 운송위탁 및 운송 금지)

누구든지 점화류(點火類) 또는 점폭약류(點爆藥類)를 붙인 폭약, 니트로글리세린, 건조한 기폭약(起爆藥), 뇌홍질화연(雷汞窒化鉛)에 속하는 것 등 대통령령으로 정하는 위험물의 운송을 위탁할 수 없으며, 철도운영자는 이를 철도로 운송할 수 없다.

법 제43조에서 "점화류(點火類) 또는 점폭약류(點爆藥類)를 붙인 폭약, 니트로글리세린, 건조한
기폭약(起爆藥), 뇌홍질화연(雷汞窒化鉛)에 속하는 것 등 대통령령으로 정하는 위험물"이란 다음 각 호의
위험물을 말한다.

1. 점화 또는 점폭약류를 붙인 폭약

2. 니트로글리세린

3. 건조한 기폭약

4. 뇌홍질화연에 속하는 것

5. 그 밖에 사람에게 위해를 주거나 물건에 손상을 줄 수 있는 물질로서 국토교통부장관이 정하여 고시하는
   위험물

📄 **법 제44조(위험물의 운송 등)**

① 대통령령으로 정하는 위험물의 운송을 위탁하여 철도로 운송하려는 자와 이를 운송하는 철도운영자는
   국토교통부령으로 정하는 바에 따라 철도운행상의 위험 방지 및 인명(人命) 보호를 위하여 위험물을
   안전하게 포장·적재·관리·운송 하여야 한다.
② 위험물의 운송을 위탁하여 철도로 운송하려는 자는 위험물을 안전하게 운송하기 위하여 철도운영자의
   안전조치 등에 따라야 한다.

📑 **영 제45조(운송취급주의 위험물)**

법 제44조제1항에서 "대통령령으로 정하는 위험물"이란 다음 각 호의 어느 하나에 해당하는 것으로서
국토교통부령으로 정하는 것을 말한다.

1. 철도운송 중 폭발할 우려가 있는 것

2. 마찰·충격·흡습(吸濕) 등 주위의 상황으로 인하여 발화할 우려가 있는 것

3. 인화성·산화성 등이 강하여 그 물질 자체의 성질에 따라 발화할 우려가 있는 것

4. 용기가 파손될 경우 내용물이 누출되어 철도차량·레일·기구 또는 다른 화물 등을 부식시키거나 침해할
   우려가 있는 것

5. 유독성 가스를 발생시킬 우려가 있는 것

6. 그 밖에 화물의 성질상 철도시설·철도차량·철도종사자·여객 등에 위해나 손상을 끼칠 우려가 있는 것

철도왕의 암기 TIP!

폭마인용유 (운송금지위험물 VS 운송취급주의 위험물 구분하자)

📄 법 제44조의2(위험물 포장 및 용기의 검사 등)

① 위험물을 철도로 운송하는 데 사용되는 포장 및 용기(부속품을 포함한다)를 제조·수입하여 판매하려는 자 또는 이를 소유하거나 임차하여 사용하는 자는 국토교통부장관이 실시하는 포장 및 용기의 안전성에 관한 검사에 합격하여야 한다.

② 위험물 포장 및 용기의 검사의 합격기준·방법 및 절차 등에 필요한 사항은 국토교통부령으로 정한다.

③ 국토교통부장관은 제1항에도 불구하고 다음 각 호의 어느 하나에 해당하는 경우에는 국토교통부령으로 정하는 바에 따라 위험물 포장 및 용기의 안전성에 관한 검사의 전부 또는 일부를 면제할 수 있다.

  1. 「고압가스 안전관리법」에 따른 검사에 합격하거나 검사가 생략된 경우

  2. 「선박안전법」에 따른 검사에 합격한 경우

  3. 「항공안전법」에 따른 검사에 합격한 경우

  4. 대한민국이 체결한 협정 또는 대한민국이 가입한 협약에 따라 검사하여 외국 정부 등이 발행한 증명서가 있는 경우

  5. 그 밖에 국토교통부령으로 정하는 경우

④ 국토교통부장관은 위험물 포장 및 용기에 관한 전문검사기관을 지정하여 제1항에 따른 검사를 하게 할 수 있다.

⑤ 위험물 포장·용기검사기관의 지정 기준·절차 등에 필요한 사항은 국토교통부령으로 정한다.

⑥ 국토교통부장관은 위험물 포장·용기검사기관이 다음 각 호의 어느 하나에 해당하는 경우에는 그 지정을 취소하거나 6개월 이내의 기간을 정하여 그 업무의 전부 또는 일부의 정지를 명할 수 있다. 다만, 제1호 또는 제2호에 해당하는 경우에는 그 지정을 취소하여야 한다.

  1. 거짓이나 그 밖의 부정한 방법으로 위험물 포장·용기검사기관으로 지정받은 경우

  2. 업무정지 기간 중에 검사 업무를 수행한 경우

  3. 포장 및 용기의 검사방법·합격기준 등을 위반하여 검사를 한 경우

  4. 제5항에 따른 지정기준에 맞지 아니하게 된 경우

⑦ 처분의 세부기준 등에 필요한 사항은 국토교통부령으로 정한다.

① 위험물취급자는 자신이 고용하고 있는 종사자(철도로 운송하는 위험물을 취급하는 종사자에 한정한다)가
위험물취급에 관하여 국토교통부장관이 실시하는 교육을 받도록 하여야 한다. 다만, 종사자가 다음 각
호의 어느 하나에 해당하는 경우에는 위험물취급안전교육의 전부 또는 일부를 면제할 수 있다.
  1. 철도안전에 관한 교육을 통하여 위험물취급에 관한 교육을 이수한 철도종사자
  2. 「화학물질관리법」에 따른 유해화학물질 안전교육을 이수한 유해화학물질 취급 담당자
  3. 「위험물안전관리법」에 따른 안전교육을 이수한 위험물의 안전관리와 관련된 업무를 수행하는 자
  4. 「고압가스 안전관리법」에 따른 안전교육을 이수한 운반책임자
  5. 그 밖에 국토교통부령으로 정하는 경우
② 교육의 대상·내용·방법·시기 등 위험물취급안전교육에 필요한 사항은 국토교통부령으로 정한다.
③ 국토교통부장관은 교육을 효율적으로 하기 위하여 위험물취급안전교육을 수행하는 전문교육기관을
지정하여 위험물취급안전교육을 실시하게 할 수 있다.
④ 교육시설·장비 및 인력 등 위험물취급전문교육기관의 지정기준 및 운영 등에 필요한 사항은
국토교통부령으로 정한다.
⑤ 국토교통부장관은 위험물취급전문교육기관이 다음 각 호의 어느 하나에 해당하는 경우에는 그 지정을
취소하거나 6개월 이내의 기간을 정하여 그 업무의 전부 또는 일부의 정지를 명할 수 있다. 다만, 제1호
또는 제2호에 해당하는 경우에는 그 지정을 취소하여야 한다.
  1. 거짓이나 그 밖의 부정한 방법으로 위험물취급전문교육기관으로 지정받은 경우
  2. 업무정지 기간 중에 위험물취급안전교육을 수행한 경우
  3. 제4항에 따른 지정기준에 맞지 아니하게 된 경우
⑥ 처분의 세부기준 및 절차 등에 필요한 사항은 국토교통부령으로 정한다.

📄 **법 제45조(철도보호지구에서의 행위제한 등)**

① 철도경계선(가장 바깥쪽 궤도의 끝선을 말한다)으로부터 30미터 이내[노면전차의 경우에는 10미터
이내]의 지역(철도보호지구)에서 다음 각 호의 어느 하나에 해당하는 행위를 하려는 자는 대통령령으로
정하는 바에 따라 국토교통부장관 또는 시·도지사에게 신고하여야 한다.
  1. 토지의 형질변경 및 굴착(掘鑿)
  2. 토석, 자갈 및 모래의 채취
  3. 건축물의 신축·개축(改築)·증축 또는 인공구조물의 설치
  4. 나무의 식재(대통령령으로 정하는 경우만 해당한다)
  5. 그 밖에 철도시설을 파손하거나 철도차량의 안전운행을 방해할 우려가 있는 행위로서 대통령령으로
    정하는 행위

② 노면전차 철도보호지구의 바깥쪽 경계선으로부터 20미터 이내의 지역에서 굴착, 인공구조물의 설치 등 철도시설을 파손하거나 철도차량의 안전운행을 방해할 우려가 있는 행위로서 대통령령으로 정하는 행위를 하려는 자는 대통령령으로 정하는 바에 따라 국토교통부장관 또는 시·도지사에게 신고하여야 한다.

③ 국토교통부장관 또는 시·도지사는 철도차량의 안전운행 및 철도 보호를 위하여 필요하다고 인정할 때에는 제1항 또는 제2항의 행위를 하는 자에게 그 행위의 금지 또는 제한을 명령하거나 대통령령으로 정하는 필요한 조치를 하도록 명령할 수 있다.

④ 국토교통부장관 또는 시·도지사는 철도차량의 안전운행 및 철도 보호를 위하여 필요하다고 인정할 때에는 토지, 나무, 시설, 건축물, 그 밖의 공작물(이하 "시설등"이라 한다)의 소유자나 점유자에게 다음 각 호의 조치를 하도록 명령할 수 있다.

  1. 시설등이 시야에 장애를 주면 그 장애물을 제거할 것

  2. 시설등이 붕괴하여 철도에 위해(危害)를 끼치거나 끼칠 우려가 있으면 그 위해를 제거하고 필요하면 방지시설을 할 것

  3. 철도에 토사 등이 쌓이거나 쌓일 우려가 있으면 그 토사 등을 제거하거나 방지시설을 할 것

⑤ 철도운영자등은 철도차량의 안전운행 및 철도 보호를 위하여 필요한 경우 국토교통부장관 또는 시·도지사에게 제3항 또는 제4항에 따른 해당 행위 금지·제한 또는 조치 명령을 할 것을 요청할 수 있다.

📄 영 제46조(철도보호지구에서의 행위 신고절차)

① 법 제45조제1항에 따라 신고하려는 자는 해당 행위의 목적, 공사기간 등이 기재된 신고서에 설계도서(필요한 경우에 한정한다) 등을 첨부하여 국토교통부장관 또는 시·도지사에게 제출하여야 한다. 신고한 사항을 변경하는 경우에도 또한 같다.

② 국토교통부장관 또는 시·도지사는 제1항에 따라 신고나 변경신고를 받은 경우에는 신고인에게 법 제45조제3항에 따른 행위의 금지 또는 제한을 명령하거나 제49조에 따른 안전조치를 명령할 필요성이 있는지를 검토하여야 한다.

③ 국토교통부장관 또는 시·도지사는 제2항에 따른 검토 결과 안전조치등을 명령할 필요가 있는 경우에는 제1항에 따른 신고를 받은 날부터 30일 이내에 신고인에게 그 이유를 분명히 밝히고 안전조치등을 명하여야 한다.

④ 제1항부터 제3항까지에서 규정한 사항 외에 철도보호지구에서의 행위에 대한 신고와 안전조치등에 관하여 필요한 세부적인 사항은 국토교통부장관이 정하여 고시한다.

📄 영 제47조(철도보호지구에서의 나무 식재)

법 제45조제1항제4호에서 "대통령령으로 정하는 경우"란 다음 각 호의 어느 하나에 해당하는 경우를 말한다.

1. 철도차량 운전자의 전방 시야 확보에 지장을 주는 경우

2. 나뭇가지가 전차선이나 신호기 등을 침범하거나 침범할 우려가 있는 경우

3. 호우나 태풍 등으로 나무가 쓰러져 철도시설물을 훼손시키거나 열차의 운행에 지장을 줄 우려가 있는 경우

📄 영 제48조(철도보호지구에서의 안전운행 저해행위 등)

법 제45조제1항제5호에서 "대통령령으로 정하는 행위"란 다음 각 호의 어느 하나에 해당하는 행위를 말한다.

1. 폭발물이나 인화물질 등 위험물을 제조·저장하거나 전시하는 행위

2. 철도차량 운전자 등이 선로나 신호기를 확인하는 데 지장을 주거나 줄 우려가 있는 시설이나 설비를 설치하는 행위

3. 철도신호등(鐵道信號燈)으로 오인할 우려가 있는 시설물이나 조명 설비를 설치하는 행위

4. 전차선로에 의하여 감전될 우려가 있는 시설이나 설비를 설치하는 행위

5. 시설 또는 설비가 선로의 위나 밑으로 횡단하거나 선로와 나란히 되도록 설치하는 행위

6. 그 밖에 열차의 안전운행과 철도 보호를 위하여 필요하다고 인정하여 국토교통부장관이 정하여 고시하는 행위

📄 영 제48조의2(노면전차의 안전운행 저해행위 등)

① 법 제45조제2항(노면전차 철도보호지구의 바깥쪽 경계선으로부터 20미터 이내의 지역에서 굴착 등의 신고)에서 "대통령령으로 정하는 행위"란 다음 각 호의 어느 하나에 해당하는 행위를 말한다.

   1. 깊이 10미터 이상의 굴착

   2. 다음 각 목의 어느 하나에 해당하는 것을 설치하는 행위

      가. 「건설기계관리법」에 따른 건설기계 중 최대높이가 10미터 이상인 건설기계

      나. 높이가 10미터 이상인 인공구조물

   3. 「위험물안전관리법」에 따른 위험물을 지정수량 이상 제조·저장하거나 전시하는 행위

📄 영 제49조(철도 보호를 위한 안전조치)

법 제45조제3항에서 "대통령령으로 정하는 필요한 조치"란 다음 각 호의 어느 하나에 해당하는 조치를 말한다.

1. 공사로 인하여 약해질 우려가 있는 지반에 대한 보강대책 수립·시행

2. 선로 옆의 제방 등에 대한 흙막이공사 시행

3. 굴착공사에 사용되는 장비나 공법 등의 변경

4. 지하수나 지표수 처리대책의 수립·시행

5. 시설물의 구조 검토·보강

6. 먼지나 티끌 등이 발생하는 시설·설비나 장비를 운용하는 경우 방진막, 물을 뿌리는 설비 등 분진방지시설 설치

7. 신호기를 가리거나 신호기를 보는데 지장을 주는 시설이나 설비 등의 철거

8. 안전울타리나 안전통로 등 안전시설의 설치

9. 그 밖에 철도시설의 보호 또는 철도차량의 안전운행을 위하여 필요한 안전조치

📄 법 제46조(손실보상)

① 국토교통부장관, 시·도지사 또는 철도운영자등은 제45조제3항 또는 제4항에 따른 행위의 금지·제한 또는 조치 명령으로 인하여 손실을 입은 자가 있을 때에는 그 손실을 보상하여야 한다.

② 손실의 보상에 관하여는 국토교통부장관, 시·도지사 또는 철도운영자등이 그 손실을 입은 자와 협의하여야 한다.

③ 협의가 성립되지 아니하거나 협의를 할 수 없을 때에는 대통령령으로 정하는 바에 따라 「공익사업을 위한 토지 등의 취득 및 보상에 관한 법률」에 따른 관할 토지수용위원회에 재결(裁決)을 신청할 수 있다.

📄 법 제47조(여객열차에서의 금지행위)

① 여객(무임승차자를 포함한다)은 여객열차에서 다음 각 호의 어느 하나에 해당하는 행위를 하여서는 아니 된다.

1. 정당한 사유 없이 국토교통부령으로 정하는 여객출입 금지장소에 출입하는 행위
2. 정당한 사유 없이 운행 중에 비상정지버튼을 누르거나 철도차량의 옆면에 있는 승강용 출입문을 여는 등 철도차량의 장치 또는 기구 등을 조작하는 행위
3. 여객열차 밖에 있는 사람을 위험하게 할 우려가 있는 물건을 여객열차 밖으로 던지는 행위
4. 흡연하는 행위
5. 철도종사자와 여객 등에게 성적(性的) 수치심을 일으키는 행위
6. 술을 마시거나 약물을 복용하고 다른 사람에게 위해를 주는 행위
7. 그 밖에 공중이나 여객에게 위해를 끼치는 행위로서 국토교통부령으로 정하는 행위

② 여객은 여객열차에서 다른 사람을 폭행하여 열차운행에 지장을 초래하여서는 아니 된다.

③ 운전업무종사자, 여객승무원 또는 여객역무원은 제1항 또는 제2항의 금지행위를 한 사람에 대하여 필요한 경우 다음 각 호의 조치를 할 수 있다.

1. 금지행위의 제지
2. 금지행위의 녹음·녹화 또는 촬영

④ 철도운영자는 국토교통부령으로 정하는 바에 따라 여객열차에서의 금지행위에 관한 사항을 여객에게 안내하여야 한다.

법 제47조제1항제1호에서 "국토교통부령으로 정하는 여객출입 금지장소"란 다음 각 호의 장소를 말한다.

1. 운전실
2. 기관실
3. 발전실
4. 방송실

철도왕의 암기 TIP!

운기발방

✎ 규칙 제80조(여객열차에서의 금지행위)

법 제47조제1항제7호(그 밖에 공중이나 여객에게 위해를 끼치는 행위)에서 "국토교통부령으로 정하는 행위"란 다음 각 호의 행위를 말한다.

1. 여객에게 위해를 끼칠 우려가 있는 동식물을 안전조치 없이 여객열차에 동승하거나 휴대하는 행위
2. 타인에게 전염의 우려가 있는 법정 감염병자가 철도종사자의 허락 없이 여객열차에 타는 행위
3. 철도종사자의 허락 없이 여객에게 기부를 부탁하거나 물품을 판매·배부하거나 연설·권유 등을 하여 여객에게 불편을 끼치는 행위

✎ 규칙 제80조의2(여객열차에서의 금지행위 안내방법)

철도운영자는 법 제47조제4항에 따라 여객열차에서의 금지행위를 안내하는 경우 여객열차 및 승강장 등 철도시설에서 다음 각 호의 어느 하나에 해당하는 방법으로 안내해야 한다.

1. 여객열차에서의 금지행위에 관한 게시물 또는 안내판 설치
2. 영상 또는 음성으로 안내

📄 법 제48조(철도 보호 및 질서유지를 위한 금지행위)

누구든지 정당한 사유 없이 철도 보호 및 질서유지를 해치는 다음 각 호의 어느 하나에 해당하는 행위를 하여서는 아니 된다.

1. 철도시설 또는 철도차량을 파손하여 철도차량 운행에 위험을 발생하게 하는 행위
2. 철도차량을 향하여 돌이나 그 밖의 위험한 물건을 던져 철도차량 운행에 위험을 발생하게 하는 행위

3. 궤도의 중심으로부터 양측으로 폭 3미터 이내의 장소에 철도차량의 안전 운행에 지장을 주는 물건을
   방치하는 행위

4. 철도교량 등 국토교통부령으로 정하는 시설 또는 구역에 국토교통부령으로 정하는 폭발물 또는 인화성이
   높은 물건 등을 쌓아 놓는 행위

5. 선로(철도와 교차된 도로는 제외한다) 또는 국토교통부령으로 정하는 철도시설에 철도운영자등의 승낙
   없이 출입하거나 통행하는 행위

6. 역시설 등 공중이 이용하는 철도시설 또는 철도차량에서 폭언 또는 고성방가 등 소란을 피우는 행위

7. 철도시설에 국토교통부령으로 정하는 유해물 또는 열차운행에 지장을 줄 수 있는 오물을 버리는 행위

8. 역시설 또는 철도차량에서 노숙(露宿)하는 행위

9. 열차운행 중에 타고 내리거나 정당한 사유 없이 승강용 출입문의 개폐를 방해하여 열차운행에 지장을 주는
   행위

10. 정당한 사유 없이 열차 승강장의 비상정지버튼을 작동시켜 열차운행에 지장을 주는 행위

11. 그 밖에 철도시설 또는 철도차량에서 공중의 안전을 위하여 질서유지가 필요하다고 인정되어
    국토교통부령으로 정하는 금지행위

📝 규칙 제81조(폭발물 등 적치금지 구역)

법 제48조제1항제4호에서 "국토교통부령으로 정하는 구역 또는 시설"이란 다음 각 호의 구역 또는 시설을
말한다.

1. 정거장 및 선로(정거장 또는 선로를 지지하는 구조물 및 그 주변지역을 포함한다)

2. 철도 역사

3. 철도 교량

4. 철도 터널

철도왕의 암기 TIP!

선정역 교터라고 외운다.

📝 규칙 제82조(적치금지 폭발물 등)

법 제48조제1항제4호에서 "국토교통부령으로 정하는 폭발물 또는 인화성이 높은 물건"이란 위험물로서
주변의 물건을 손괴할 수 있는 폭발력을 지니거나 화재를 유발하거나 유해한 연기를 발생하여 여객이나
일반대중에게 위해를 끼칠 우려가 있는 물건이나 물질을 말한다.

📝 규칙 제83조(출입금지 철도시설)

법 제48조제1항제5호에서 "국토교통부령으로 정하는 철도시설"이란 다음 각 호의 철도시설을 말한다.

1. 위험물을 적하하거나 보관하는 장소

2. 신호·통신기기 설치장소 및 전력기기·관제설비 설치장소

3. 철도운전용 급유시설물이 있는 장소

4. 철도차량 정비시설

📝 규칙 제84조(열차운행에 지장을 줄 수 있는 유해물)

법 제48조제1항제7호에서 "국토교통부령으로 정하는 유해물"이란 철도시설이나 철도차량을 훼손하거나 정상적인 기능·작동을 방해하여 열차운행에 지장을 줄 수 있는 산업폐기물·생활폐기물을 말한다.

📝 규칙 제85조(질서유지를 위한 금지행위)

법 제48조제1항제11호에서 "국토교통부령으로 정하는 금지행위"란 다음 각 호의 행위를 말한다.

1. 흡연이 금지된 철도시설이나 철도차량 안에서 흡연하는 행위

2. 철도종사자의 허락 없이 철도시설이나 철도차량에서 광고물을 붙이거나 배포하는 행위

3. 역시설에서 철도종사자의 허락 없이 기부를 부탁하거나 물품을 판매·배부하거나 연설·권유를 하는 행위

4. 철도종사자의 허락 없이 선로변에서 총포를 이용하여 수렵하는 행위

📄 법 제48조의2(여객 등의 안전 및 보안)

① 국토교통부장관은 철도차량의 안전운행 및 철도시설의 보호를 위하여 필요한 경우에는 「사법경찰관리의 직무를 수행할 자와 그 직무범위에 관한 법률」에 규정된 사람으로 하여금 여객열차에 승차하는 사람의 신체·휴대물품 및 수하물에 대한 보안검색을 실시하게 할 수 있다.

② 국토교통부장관은 제1항의 보안검색 정보 및 그 밖의 철도보안·치안 관리에 필요한 정보를 효율적으로 활용하기 위하여 철도보안정보체계를 구축·운영하여야 한다.

③ 국토교통부장관은 철도보안·치안을 위하여 필요하다고 인정하는 경우에는 차량 운행정보 등을 철도운영자에게 요구할 수 있고, 철도운영자는 정당한 사유 없이 그 요구를 거절할 수 없다.

④ 국토교통부장관은 철도보안정보체계를 운영하기 위하여 철도차량의 안전운행 및 철도시설의 보호에 필요한 최소한의 정보만 수집·관리하여야 한다.

⑤ 제1항에 따른 보안검색의 실시방법과 절차 및 보안검색장비 종류 등에 필요한 사항과 제2항에 따른 철도보안정보체계 및 제3항에 따른 정보 확인 등에 필요한 사항은 국토교통부령으로 정한다.

📝 규칙 제85조의2(보안검색의 실시 방법 및 절차 등)

① 법 제48조의2제1항에 따라 실시하는 보안검색(이하 "보안검색"이라 한다)의 실시 범위는 다음 각 호의 구분에 따른다.

    1. 전부검색: 국가의 중요 행사 기간이거나 국가 정보기관으로부터 테러 위험 등의 정보를 통보받은 경우 등 국토교통부장관이 보안검색을 강화하여야 할 필요가 있다고 판단하는 경우에 국토교통부장관이 지정한 보안검색 대상 역에서 보안검색 대상 전부에 대하여 실시

    2. 일부검색: 법 제42조에 따른 휴대·적재 금지 위해물품을 휴대·적재하였다고 판단되는 사람과 물건에 대하여 실시하거나 제1호에 따른 전부검색으로 시행하는 것이 부적합하다고 판단되는 경우에 실시

② 위해물품을 탐지하기 위한 보안검색은 보안검색장비를 사용하여 검색한다. 다만, 다음 각 호의 어느 하나에 해당하는 경우에는 여객의 동의를 받아 직접 신체나 물건을 검색하거나 특정 장소로 이동하여 검색을 할 수 있다.

    1. 보안검색장비의 경보음이 울리는 경우

    2. 위해물품을 휴대하거나 숨기고 있다고 의심되는 경우

    3. 보안검색장비를 통한 검색 결과 그 내용물을 판독할 수 없는 경우

    4. 보안검색장비의 오류 등으로 제대로 작동하지 아니하는 경우

    5. 보안의 위협과 관련한 정보의 입수에 따라 필요하다고 인정되는 경우

③ 국토교통부장관은 보안검색을 실시하게 하려는 경우에 사전에 철도운영자등에게 보안검색 실시계획을 통보하여야 한다. 다만, 범죄가 이미 발생하였거나 발생할 우려가 있는 경우 등 긴급한 보안검색이 필요한 경우에는 사전 통보를 하지 아니할 수 있다.

④ 보안검색 실시계획을 통보받은 철도운영자등은 여객이 해당 실시계획을 알 수 있도록 보안검색 일정·장소·대상 및 방법 등을 안내문에 게시하여야 한다.

⑤ 철도특별사법경찰관리가 보안검색을 실시하는 경우에는 검색 대상자에게 자신의 신분증을 제시하면서 소속과 성명을 밝히고 그 목적과 이유를 설명하여야 한다. 다만, 다음 각 호의 어느 하나에 해당하는 경우에는 사전 설명 없이 검색할 수 있다.

    1. 보안검색 장소의 안내문 등을 통하여 사전에 보안검색 실시계획을 안내한 경우

    2. 의심물체 또는 장시간 방치된 수하물로 신고된 물건에 대하여 검색하는 경우

📝 규칙 제85조의3(보안검색장비의 종류)

① 보안검색장비의 종류는 다음 각 호의 구분에 따른다.

    1. 위해물품을 검색·탐지·분석하기 위한 장비: 엑스선 검색장비, 금속탐지장비(문형 금속탐지장비와 휴대용 금속탐지장비를 포함한다), 폭발물 탐지장비, 폭발물흔적탐지장비, 액체폭발물탐지장비 등

    2. 보안검색 시 안전을 위하여 착용·휴대하는 장비: 방검복, 방탄복, 방폭 담요 등

📝 규칙 제85조의4(철도보안정보체계의 구축 · 운영 등)

① 국토교통부장관은 철도보안정보체계를 구축·운영하기 위한 철도보안정보시스템을 구축·운영해야 한다.

② 국토교통부장관이 법 제48조의2제3항에 따라 철도운영자에게 요구할 수 있는 정보는 다음 각 호와 같다.

    1. 보안검색 관련 통계(보안검색 횟수 및 보안검색 장비 사용 내역 등을 포함한다)

    2. 보안검색을 실시하는 직원에 대한 교육 등에 관한 정보

    3. 철도차량 운행에 관한 정보

    4. 그 밖에 철도보안·치안을 위해 필요한 정보로서 국토교통부장관이 정해 고시하는 정보

③ 국토교통부장관은 철도보안정보체계를 구축·운영하기 위해 관계 기관과 필요한 정보를 공유하거나 관련 시스템을 연계할 수 있다.

📄 법 제48조의3(보안검색장비의 성능인증 등)

① 보안검색을 하는 경우에는 국토교통부장관으로부터 성능인증을 받은 보안검색장비를 사용하여야 한다.

② 성능인증을 위한 기준·방법·절차 등 운영에 필요한 사항은 국토교통부령으로 정한다.

③ 국토교통부장관은 성능인증을 받은 보안검색장비의 운영, 유지관리 등에 관한 기준을 정하여 고시하여야 한다.

④ 국토교통부장관은 성능인증을 받은 보안검색장비가 운영 중에 계속하여 성능을 유지하고 있는지를 확인하기 위하여 국토교통부령으로 정하는 바에 따라 정기적으로 또는 수시로 점검을 실시하여야 한다.

⑤ 국토교통부장관은 성능인증을 받은 보안검색장비가 다음 각 호의 어느 하나에 해당하는 경우에는 그 인증을 취소할 수 있다. 다만, 제1호에 해당하는 때에는 그 인증을 취소하여야 한다.

    1. 거짓이나 그 밖의 부정한 방법으로 인증을 받은 경우

    2. 보안검색장비가 제2항에 따른 성능인증 기준에 적합하지 아니하게 된 경우

📝 규칙 제85조의5(보안검색장비의 성능인증 기준)

법 제48조의3제1항에 따른 보안검색장비의 성능인증 기준은 다음 각 호와 같다.

1. 국제표준화기구(ISO)에서 정한 품질경영시스템을 갖출 것

2. 그 밖에 국토교통부장관이 정하여 고시하는 성능, 기능 및 안전성 등을 갖출 것

📝 규칙 제85조의6(보안검색장비의 성능인증 신청 등)

① 보안검색장비의 성능인증을 받으려는 자는 철도보안검색장비 성능인증 신청서에 다음 각 호의 서류를
첨부하여 설립된 한국철도기술연구원에 제출해야 한다. 이 경우 한국철도기술연구원은 행정정보의
공동이용을 통해서 법인 등기사항증명서(신청인이 법인인 경우만 해당한다)를 확인해야 한다.

   1. 사업자등록증 사본

   2. 대리인임을 증명하는 서류(대리인이 신청하는 경우에 한정한다)

   3. 보안검색장비의 성능 제원표 및 시험용 물품(테스트 키트)에 관한 서류

   4. 보안검색장비의 구조·외관도

   5. 보안검색장비의 사용·운영방법·유지관리 등에 대한 설명서

   6. 제85조의5에 따른 기준을 갖추었음을 증명하는 서류(**보안검색장비의 성능인증 기준**)

② 한국철도기술연구원은 제1항에 따른 신청을 받으면 시험기관에 보안검색장비의 성능을 평가하는 시험을
요청해야 한다. 다만, 서류로 성능인증 기준을 충족하였다고 인정하는 경우에는 해당 부분에 대한
성능시험을 요청하지 않을 수 있다.

③ 시험기관은 성능시험 계획서를 작성하여 성능시험을 실시하고, 철도보안검색장비 성능시험 결과서를
한국철도기술연구원에 제출해야 한다.

④ 한국철도기술연구원은 성능시험 결과가 성능인증 기준 등에 적합하다고 인정하는 경우에는
철도보안검색장비 성능인증서를 신청인에게 발급해야 하며, 적합하지 않은 경우에는 그 결과를
신청인에게 통지해야 한다.

⑤ 한국철도기술연구원은 성능인증 기준에 적합여부 등을 심의하기 위하여 성능인증심사위원회를 구성·
운영할 수 있다.

⑥ 성능시험 요청 및 성능인증심사위원회의 구성·운영 등에 필요한 세부사항은 국토교통부장관이 정하여
고시한다.

📝 규칙 제85조의7(보안검색장비의 성능점검)

한국철도기술연구원은 보안검색장비가 운영 중에 계속하여 성능을 유지하고 있는지를 확인하기 위해 다음
각 호의 구분에 따른 점검을 실시해야 한다.

1. 정기점검: 매년 1회

2. 수시점검: 보안검색장비의 성능유지 등을 위하여 필요하다고 인정하는 때

① 국토교통부장관은 성능인증을 위하여 보안검색장비의 성능을 평가하는 시험을 실시하는 기관을 지정할
수 있다.

② 시험기관의 지정을 받으려는 법인이나 단체는 국토교통부령으로 정하는 지정기준을 갖추어
국토교통부장관에게 지정신청을 하여야 한다.

③ 국토교통부장관은 시험기관으로 지정받은 법인이나 단체가 다음 각 호의 어느 하나에 해당하는 경우에는
그 지정을 취소하거나 1년 이내의 기간을 정하여 그 업무의 전부 또는 일부의 정지를 명할 수 있다. 다만,
제1호 또는 제2호에 해당하는 때에는 그 지정을 취소하여야 한다.

1. 거짓이나 그 밖의 부정한 방법을 사용하여 시험기관으로 지정을 받은 경우

2. 업무정지 명령을 받은 후 그 업무정지 기간에 성능시험을 실시한 경우

3. 정당한 사유 없이 성능시험을 실시하지 아니한 경우

4. 기준·방법·절차 등을 위반하여 성능시험을 실시한 경우

5. 시험기관 지정기준을 충족하지 못하게 된 경우

6. 성능시험 결과를 거짓으로 조작하여 수행한 경우

④ 국토교통부장관은 인증업무의 전문성과 신뢰성을 확보하기 위하여 보안검색장비의 성능 인증 및 점검
업무를 대통령령으로 정하는 기관에 위탁할 수 있다.

📝 **규칙 제85조의8(시험기관의 지정 등)**

① 법 제48조의4제2항에서 "국토교통부령으로 정하는 지정기준"이란 별표 19에 따른 기준을 말한다.

② 법 제48조의4제2항에 따라 시험기관으로 지정을 받으려는 자는 철도보안검색장비 시험기관 지정
신청서에 다음 각 호의 서류를 첨부하여 국토교통부장관에게 제출해야 한다. 이 경우 국토교통부장관은
「전자정부법」에 따른 행정정보의 공동이용을 통해서 법인 등기사항증명서(신청인이 법인인 경우만
해당한다)를 확인해야 한다.

1. 사업자등록증 및 인감증명서(법인인 경우에 한정한다)

2. 법인의 정관 또는 단체의 규약

3. 성능시험을 수행하기 위한 조직·인력, 시험설비 등을 적은 사업계획서

4. 국제표준화기구(ISO) 또는 국제전기기술위원회(IEC)에서 정한 국제기준에 적합한 품질관리규정

5. 제1항에 따른 시험기관 지정기준을 갖추었음을 증명하는 서류

③ 국토교통부장관은 시험기관 지정신청을 받은 때에는 현장평가 등이 포함된 심사계획서를 작성하여
신청인에게 통지하고 그 심사계획에 따라 심사해야 한다.

④ 국토교통부장관은 심사 결과 지정기준을 갖추었다고 인정하는 때에는 철도보안검색장비 시험기관
지정서를 발급하고 다음 각 호의 사항을 관보에 고시해야 한다.

1. 시험기관의 명칭

　　2. 시험기관의 소재지

　　3. 시험기관 지정일자 및 지정번호

　　4. 시험기관의 업무수행 범위

⑤ 시험기관으로 지정된 기관은 다음 각 호의 사항이 포함된 시험기관 운영규정을 국토교통부장관에게 제출해야 한다.

　　1. 시험기관의 조직·인력 및 시험설비

　　2. 시험접수·수행 절차 및 방법

　　3. 시험원의 임무 및 교육훈련

　　4. 시험원 및 시험과정 등의 보안관리

⑥ 국토교통부장관은 제3항에 따른 심사를 위해 필요한 경우 시험기관지정심사위원회를 구성·운영할 수 있다.

철도안전법 시행규칙 [별표 19] (출제된 적 없음)
시험기관의 지정기준(제85조의8제1항 관련)

1. 다음 각 목의 요건을 모두 갖춘 법인 또는 단체일 것
　　가. 「공공기관의 운영에 관한 법률」에 따른 공공기관일 것
　　나. 「보안업무규정」에 따른 비밀취급 인가를 받은 기관일 것
　　다. 「국가표준기본법」에 따른 인정 기구에서 인정받은 시험기관일 것

2. 다음 각 목의 요건을 갖춘 기술인력을 보유할 것. 다만, 나목 또는 다목의 인력이 라목에 따른 위험물안전관리자의 자격을 보유한 경우에는 라목의 기준을 갖춘 것으로 본다.
　　가. 「보안업무규정」에 따른 비밀취급 인가를 받은 인력을 보유할 것
　　나. 인정기구에서 인정받은 시험기관에서 시험업무 경력이 3년 이상인 사람 2명 이상
　　다. 보안검색에 사용하는 장비의 시험·평가 또는 관련 연구 경력이 3년 이상인 사람 2명 이상
　　라. 「위험물안전관리법」에 따른 위험물안전관리자 자격 보유자 1명 이상

3. 다음 각 목의 시설 및 장비를 모두 갖출 것
　　가. 다음의 시설을 모두 갖춘 시험실
　　　　1) 항온항습 시설
　　　　2) 철도보안검색장비 성능시험 시설
　　　　3) 화학물질 보관 및 취급을 위한 시설
　　　　4) 그 밖에 국토교통부장관이 정하여 고시하는 시설
　　나. 엑스선검색장비 이미지품질평가용 시험용 장비(테스트 키트)
　　다. 엑스선검색장비 표면방사선량률 측정장비
　　라. 엑스선검색장비 연속동작시험용 시설
　　마. 엑스선검색장비 등 대형장비용 온도·습도시험실(장비)
　　바. 폭발물검색장비·액체폭발물검색장비·폭발물흔적탐지장비 시험용 유사폭발물 시료
　　사. 문형금속탐지장비·휴대용금속탐지장비·시험용 금속물질 시료

① 법 제48조의4제3항에 따른 시험기관의 지정취소 또는 업무정지 처분의 세부기준은 별표 20과 같다.

② 국토교통부장관은 제1항에 따라 시험기관의 지정을 취소하거나 업무의 정지를 명한 경우에는 그 사실을 해당시험 기관에 통지하고 지체 없이 관보에 고시해야 한다.

③ 시험기관의 지정취소 또는 업무정지 통지를 받은 시험기관은 그 통지를 받은 날부터 15일 이내에 철도보안검색장비 시험기관 지정서를 국토교통부장관에게 반납해야 한다.

철도안전법 시행규칙 [별표 20]
시험기관의 지정취소 및 업무정지의 기준(제85조의9제1항 관련)

1. 일반 기준

가. 위반행위가 둘 이상인 경우 또는 한 개의 위반행위가 둘 이상의 처분기준에 해당하는 경우에는 그중 무거운 처분기준을 적용한다.

나. 위반행위의 횟수에 따른 행정처분의 기준은 최근 3년 동안 같은 위반행위로 처분을 받은 경우에 적용한다. 이 경우 기간의 계산은 위반행위에 대해서 처분을 받은 날과 그 처분 후 다시 같은 위반행위를 해서 적발된 날을 기준으로 한다.

다. 나목에 따라 가중된 행정처분을 하는 경우 가중 처분의 적용 차수는 그 위반행위 전 처분 차수(나목에 따른 기간 내에 행정처분이 둘 이상 있었던 경우에는 높은 차수를 말한다)의 다음 차수로 한다.

라. 국토교통부장관은 다음의 어느 하나에 해당하는 경우에는 제2호의 개별 기준에 따른 업무정지 기간의 2분의 1의 범위에서 그 기간을 줄일 수 있다.

　1) 위반행위가 사소한 부주의나 오류로 인한 것으로 인정되는 경우

　2) 위반 행위자의 법 위반 상태를 시정하거나 해소하기 위한 노력이 인정되는 경우

　3) 그 밖에 위반행위의 정도, 위반행위의 동기와 그 결과 등을 고려해서 처분 기간을 감경할 필요가 있다고 인정되는 경우

마. 국토교통부장관은 다음의 어느 하나에 해당하는 경우에는 제2호의 개별 기준에 따른 업무정지 기간의 2분의 1의 범위에서 그 기간을 늘릴 수 있다.

　1) 위반의 내용 및 정도가 중대해서 공중에게 미치는 피해가 크다고 인정되는 경우

　2) 법 위반 상태의 기간이 3개월 이상인 경우

　3) 그 밖에 위반행위의 정도, 위반행위의 동기와 그 결과 등을 고려해서 업무정지 기간을 늘릴 필요가 있다고 인정되는 경우

2. 개별기준

위반행위 또는 사유	근거 법조문	처분기준		
		1차 위반	2차 위반	3차 이상 위반
가. 거짓이나 그 밖의 부정한 방법을 사용해서 시험기관으로 지정을 받은 경우	법 제48조의4 제3항제1호	지정 취소		
나. 업무정지 명령을 받은 후 그 업무정지 기간에 성능시험을 실시한 경우	법 제48조의4 제3항제2호	지정 취소		
다. 정당한 사유 없이 성능시험을 실시하지 않은 경우	법 제48조의4 제3항제3호	업무정지 (30일)	업무정지 (60일)	지정 취소

위반행위 또는 사유	근거 법조문	처분기준		
		1차 위반	2차 위반	3차 이상 위반
라. 기준·방법·절차 등을 위반하여 성능시험을 실시한 경우	법 제48조의4 제3항제4호	업무정지 (60일)	업무정지 (120일)	지정 취소
마. 시험기관 지정 기준을 충족하지 못하게 된 경우	법 제48조의4 제3항제5호	경고	경고	지정 취소
바. 성능시험 결과를 거짓으로 조작해서 수행한 경우	법 제48조의4 제3항제6호	업무정지 (90일)	지정 취소	

📄 법 제48조의5(직무장비의 휴대 및 사용 등)

① 철도특별사법경찰관리는 직무를 수행하기 위하여 필요하다고 인정되는 상당한 이유가 있을 때에는 합리적으로 판단하여 필요한 한도에서 직무장비를 사용할 수 있다.

② "직무장비"란 철도특별사법경찰관리가 휴대하여 범인검거와 피의자 호송 등의 직무수행에 사용하는 수갑, 포승, 가스분사기, 전자충격기, 경비봉을 말한다.

③ 철도특별사법경찰관리가 직무수행 중 직무장비를 사용할 때 사람의 생명이나 신체에 위해를 끼칠 수 있는 직무장비(전자충격기 및 가스분사기를 말한다)를 사용하는 경우에는 사전에 필요한 안전교육과 안전검사를 받은 후 사용하여야 한다.

📝 규칙 제85조의10(직무장비의 사용기준)

철도특별사법경찰관리가 사용하는 직무장비의 사용기준은 다음 각 호와 같다.

1. 가스분사기·가스발사총(고무탄 발사겸용인 것을 포함한다. 이하 같다)의 경우: 범인의 체포 또는 도주방지, 타인 또는 철도특별사법경찰관리의 생명·신체에 대한 방호, 공무집행에 대한 항거의 억제를 위해 필요한 경우에 최소한의 범위에서 사용하되, 1미터 이내의 거리에서 상대방의 얼굴을 향해 발사하지 말 것. 다만, 가스발사총으로 고무탄을 발사하는 경우에는 1미터를 초과하는 거리에서도 상대방의 얼굴을 향해 발사해서는 안 된다.

2. 전자충격기의 경우: 14세 미만의 사람이나 임산부에게 사용해서는 안 되며, 전극침(電極針) 발사장치가 있는 전자충격기를 사용하는 경우에는 상대방의 얼굴을 향해 전극침을 발사하지 말 것

3. 경비봉의 경우: 타인 또는 철도특별사법경찰관리의 생명·신체의 위해와 공공시설·재산의 위험을 방지하기 위해 필요한 경우에 최소한의 범위에서 사용할 수 있으며, 인명 또는 신체에 대한 위해를 최소화하도록 할 것

4. 수갑·포승의 경우: 체포영장·구속영장의 집행, 신체의 자유를 제한하는 판결 또는 처분을 받은 사람을 법률에서 정한 절차에 따라 호송·수용하거나, 범인, 술에 취한 사람, 정신착란자의 자살 또는 자해를 방지하기 위해 필요한 경우에 최소한의 범위에서 사용할 것

① 법 제48조의5제3항(철도특별사법경찰관리의 직무장비 사용)에 따른 안전교육은 「국토교통부와 그 소속기관 직제」에 따른 철도경찰대장 또는 지방철도경찰대장이 직무장비의 안전수칙, 사용방법 및 위험발생 시 응급조치 등에 관하여 다음 각 호의 구분에 따라 실시한다.

  1. 최초 안전교육: 해당 직무장비를 사용하는 부서에 발령된 직후 실시

  2. 정기 안전교육: 직전 안전교육을 받은 날부터 반기마다 실시

② 법 제48조의5제3항(철도특별사법경찰관리의 직무장비 사용)에 따른 안전검사는 철도경찰대장등이 직무장비별로 다음 각 호의 구분에 따른 사항에 대하여 반기마다 실시한다.

  1. 가스분사기의 경우: 안전장치의 결함 유무 및 약제통의 균열 유무 등

  2. 가스발사총의 경우: 구경(口徑)의 임의개조 유무 및 방아쇠를 당기기 위해 필요한 힘이 1kg 이상인지 여부 등

  3. 전자충격기의 경우: 자체결함·기능손상·균열 등으로 인한 누전현상 유무 등

📄 법 제49조(철도종사자의 직무상 지시 준수)

① 열차 또는 철도시설을 이용하는 사람은 이 법에 따라 철도의 안전·보호와 질서유지를 위하여 하는 철도종사자의 직무상 지시에 따라야 한다.

② 누구든지 폭행·협박으로 철도종사자의 직무집행을 방해하여서는 아니 된다.

📑 영 제51조(철도종사자의 권한표시)

① 법 제49조에 따른 철도종사자는 복장·모자·완장·증표 등으로 그가 직무상 지시를 할 수 있는 사람임을 표시하여야 한다.

② 철도운영자등은 철도종사자가 제1항에 따른 표시를 할 수 있도록 복장·모자·완장·증표 등의 지급 등 필요한 조치를 하여야 한다.

철도왕의 암기 TIP!

'복모완증'으로 외운다.

📄 법 제50조(사람 또는 물건에 대한 퇴거 조치 등)

철도종사자는 다음 각 호의 어느 하나에 해당하는 사람 또는 물건을 열차 밖이나 대통령령으로 정하는 지역 밖으로 퇴거시키거나 철거할 수 있다.

1. 여객열차에서 위해물품을 휴대한 사람 및 그 위해물품
2. 운송 금지 위험물을 운송위탁하거나 운송하는 자 및 그 위험물
3. 철도보호지구에서 행위 금지·제한 또는 조치 명령에 따르지 아니하는 사람 및 그 물건
4. 제47조제1항을 위반하여 금지행위를 한 사람 및 그 물건(여객열차에서의 금지행위)
5. 제48조를 위반하여 금지행위를 한 사람 및 그 물건(철도 보호 및 질서유지를 위한 금지행위)
6. 보안검색에 따르지 아니한 사람
7. 철도종사자의 직무상 지시를 따르지 아니하거나 직무집행을 방해하는 사람

📑 영 제52조(퇴거지역의 범위)

법 제50조 각 호 외의 부분에서 "대통령령으로 정하는 지역"이란 다음 각 호의 어느 하나에 해당하는 지역을 말한다.

1. 정거장
2. 철도신호기·철도차량정비소·통신기기·전력설비 등의 설비가 설치되어 있는 장소의 담장이나 경계선 안의 지역
3. 화물을 적하하는 장소의 담장이나 경계선 안의 지역

💯 이것만 알아도 합격한다! – 철도왕의 5장 핵심 요약

법 제39조의 3 영상기록장치의 설치 운영 / 영 제30조 영상기록장치 설치대상 /

규칙 제76조의 4 운전업무종사자의 준수사항 등 / 법 제41조 철도종사자의 음주제한 0.02%와 0.03% /

규칙 제77조 위해물품 휴대금지 예외 / 규칙 제 78조 위해물품의 종류 화고인 가산 독방 부마총 /

영 제44조 위탁 금지 / 영 제45조 운송취급주의 위험물 폭마인용유 / 법 제45조 철도보호지구 행위제한 /

법 제47조 여객열차에서의 금지행위 / 규칙 제81조 폭발물 등 적치금지 구역 선정역교터 /

규칙 제85조의3 보안검색 장비의 종류 / 영 제52조 퇴거지역의 범위

01.

국토교통부장관이 행하는 철도교통 관제 업무의 대상에서 제외하는 경우가 아닌 것은?
① 철도차량을 보수하기 위한 차량 유치 시설
② 정상 운행을 하기 전의 개량선
③ 정상 운행을 한 직후의 신설선
④ 철도차량을 정비하기 위한 차량 정비기지

답 ③
해 규칙 제76조(철도교통관제업무의 대상 및 내용 등), 정상운행 하기 전

02.

철도차량 또는 철도시설에 영상기록장치를 설치 · 운영하여야 하는 대상이 아닌 것은?
① 철도차량 중 대통령령으로 정하는 화차
② 대통령령으로 정하는 차량 정비기지
③ 승강장 등 대통령령으로 정하는 안전사고의 우려가 있는 역 구내
④ 건널목으로서 대통령령으로 정하는 안전 확보가 필요한 건널목

답 ①
해 법 제39조의3(영상기록장치의 설치 · 운영 등), 동력차 및 객차만 대상이다.

03.

영상기록장치 설치의 대상이 되는 "대통령령으로 정하는 차량 정비기지"가 아닌 것은?
① 대지면적이 1천 제곱미터 이상인 차량 정비기지
② 철도차량을 완전히 분해하여 검수하는 차량 정비기지
③ 「철도사업법」에 따른 고속철도차량을 정비하는 차량 정비기지
④ 탈선 · 화재 등으로 중대하게 훼손된 철도차량을 정비하는 차량 정비기지

답 ①
해 영 제30조(영상기록장치 설치대상), 3천 제곱미터

04.

영상기록장치 운영 · 관리 지침에 포함되어야 하는 사항이 아닌 것은?
① 영상기록장치의 설치 근거 및 설치 목적
② 관리 책임자, 담당 부서 및 영상기록에 대한 접근 권한이 있는 사람
③ 영상 기록 침해사고 발생 시 접속 기록의 보관 및 변경을 용이하게 하는 조치
④ 영상 기록에 대한 보안프로그램의 설치 및 갱신

답 ③
해 영 제32조(영상기록장치의 운영 · 관리 지침), 접속 기록의 보관 및 위조 · 변조 방지를 위한 조치

05.

철도사고 등의 발생 시 후속 조치에 관한 내용으로 틀린 것은?

① 철도차량 내 안내방송을 실시할 것. 다만, 방송 장치로 안내 방송이 불가능한 경우에는 확성기 등을 사용하여 안내하여야 한다.
② 여객의 안전을 확보하기 위하여 필요한 경우 철도차량 내 여객을 대피시킬 것
③ 2차 사고 예방을 위하여 철도차량이 구르지 아니하도록 하는 조치를 할 것
④ 여객의 안전을 확보하기 위하여 필요한 경우 철도차량의 비상문을 잠글 것

답 ④

해 규칙 제76조의8(철도사고등의 발생 시 후속 조치 등), 비상문을 개방할 것

06.

음주를 제한하는 철도종사자에 해당하지 않는 것은?

① 운전업무종사자
② 철도차량 및 철도시설의 점검 · 정비 업무에 종사하는 사람
③ 여객역무원
④ 정거장에서 철도신호기 · 선로전환기 및 조작판 등을 취급하거나 열차의 조성(組成: 철도차량을 연결하거나 분리하는 작업을 말한다) 업무를 수행하는 사람

답 ③

해 제41조(철도종사자의 음주 제한 등), 여객승무원이다. (역무원은 직무교육 등 자주 배제됨)

07.

국토교통부령으로 정하는 특정한 직무를 수행하기 위하여 위해물품을 휴대 · 적재할 수 있는 사람이 아닌 것은?

① 「경비업법」에 따른 청원경찰
② 「사법경찰관리의 직무를 수행할 자와 그 직무범위에 관한 법률」에 따른 철도경찰 사무에 종사하는 국가공무원("철도특별사법경찰관리")
③ 위험물품을 운송하는 군용열차를 호송하는 군인
④ 「경찰관 직무집행법」의 경찰관 직무를 수행하는 사람

답 ①

해 규칙 제77조(위해물품 휴대금지 예외), 「경비업법」에 따른 경비원

08.

위해물품의 종류에 관한 내용으로 맞은 것은?

① 고압가스: 섭씨 21.1도 미만의 임계온도를 가진 물질
② 인화성 액체: 개방식 인화점 측정법에 따른 인화점이 섭씨 60.5도 이하인 액체
③ 방사성 물질:「원자력안전법」에 따른 핵물질 및 방사성물질이나 이로 인하여 오염된 물질로서 방사능의 농도가 킬로그램당 74킬로베크렐 이상인 것
④ 독물: 살아 있는 병원체 및 살아 있는 병원체를 함유하거나 병원체가 부착되어 있다고 인정되는 물질

답 ③

해 규칙 제78조(위해물품의 종류 등)
　1.50도, 2.밀폐식, 4.병독을 옮기기 쉬운 물질

운송위탁 및 운송 금지 위험물이 아닌 것은?

① 니트로글리세린
② 뇌홍질화연에 속하는 것
③ 마찰 충격 흡습 등 주위의 상황으로 인하여 발화할 우려가 있는 것
④ 건조한 기폭약

답 ③

해 영 제44조(운송위탁 및 운송 금지 위험물 등), 운송금지위험물과 운송취급주의 위험물을 섞어서 자주 냅니다.

노면전차의 안전운행 저해행위에 해당하지 않는 것은?

① 깊이 10미터 이상의 굴착
② 「건설기계관리법」에 따른 건설기계 중 최대높이가 5미터 이상인 건설기계
③ 높이가 10미터 이상인 인공구조물
④ 「위험물안전관리법」에 따른 지정수량 이상의 위험물을 제조·저장하거나 전시하는 행위

답 ②

해 영 제48조의2(노면전차의 안전운행 저해행위 등), 10미터 이상

11

철도 보호를 위한 안전조치에 해당하지 않는 것은?

① 안전울타리나 안전통로 등 안전시설의 설치
② 작업 전 안전교육 등의 시행
③ 선로 옆의 제방 등에 대한 흙막이공사 시행
④ 지하수나 지표수 처리대책의 수립 시행

답 ②

해 영 제49조(철도 보호를 위한 안전조치), 2번은 없음

여객열차에서의 금지행위가 아닌 것은?

① 철도종사자와 여객 등에게 성적(性的) 수치심을 일으키는 행위
② 여객열차 밖에 있는 사람을 위험하게 할 우려가 있는 물건을 여객열차 밖으로 던지는 행위
③ 역시설 또는 철도차량에서 노숙(露宿)하는 행위
④ 정당한 사유 없이 국토교통부령으로 정하는 여객출입 금지장소에 출입하는 행위

답 ③

해 법 제47조(여객열차에서의 금지 행위), 3번은 철도시설 금지 행위다. 잘 읽으면 여객열차와 철도시설에의 금지 행위 차이가 있다.

13

여객출입 금지장소에 해당하지 않는 곳은?

① 운전실
② 기계실
③ 발전실
④ 방송실

답 ②

해 규칙 제79조 여객출입금지장소, 운기발방으로 외운다. 기관실입니다.

14.

보안검색 장비의 종류로 <u>틀린</u> 것은?
① 엑스선 검색장비　　　　　　　② 문형 금속탐지장비
③ 폭발물흔적탐지장비　　　　　　④ 기체폭발물탐지장비

답 ④
해 규칙 제85조의3(보안검색장비의 종류), 액체폭발물탐지장비

15.

퇴거지역의 범위에 해당하는 곳은?
① 정거장
② 철도신호 등의 설비가 설치되어 있는 장소의 담장 밖의 지역
③ 화물을 적하하는 장소의 담장이나 경계선 밖의 지역
④ 철도 차량정비소 등의 설비가 설치되어 있는 경계선 밖의 지역

답 ①
해 전부 안의 지역이다.

최근 2종 면허의 난이도가 올라갔다구요?

정보가 부족하시다면 아직 모르실 수도 있지만 최근 수험생들 사이에서는

면허 필기가 올라갔다는 얘기가 많이 나오고 있습니다.

마치 기출이 전혀 의미가 없는 양, 전혀 다른 곳에서 문제가 나온다느니

수험생분끼리 부정확한 정보들이 너무 많습니다.

공식적인 교통안전공단의 합격률 공시는 30%입니다.

합격률 저하 이유 중의 하나는 예전에는 입교 교육을 끝마쳐야 시험에 응시할 수 있었으나

현재는 그런 제한이 사라져 정보가 부족한 상태로 시험을 보는 경우가 많기 때문입니다.

또 하나의 큰 이유는 국토교통부의 안전기조 강화입니다.

기능시험도 내년 난이도 상승 예정이고

최근 비상시 조치 개정 사항만 보더라도, 철도 쪽의 졸음운전 등 본질적 문제들을 감소시키고 싶어 합니다.

그래서 쉽게 대비하기 위해서는 철도왕 2종 면허 필기 및 강의(철도왕 패스)를 들으시기 바랍니다.

먼저 필기에 합격하고 입교할 경우, 가산점과 전공을 공부해서 입사 시험에 합격할 확률도 올라갑니다.

철도사고 조사, 처리

'12번'

J. K. Rowling이 해리포터 원고를 거절당한 횟수
그리고 13번째 성공으로 세계적인 작가가 되었다.

철도사고 조사, 처리

📄 법 제60조(철도사고등의 발생 시 조치)

① 철도운영자등은 철도사고등이 발생하였을 때에는 사상자 구호, 유류품(遺留品) 관리, 여객 수송 및
철도시설 복구 등 인명피해 및 재산피해를 최소화하고 열차를 정상적으로 운행할 수 있도록 필요한
조치를 하여야 한다.

② 철도사고등이 발생하였을 때의 사상자 구호, 여객 수송 및 철도시설 복구 등에 필요한 사항은
대통령령으로 정한다.

③ 국토교통부장관은 사고 보고를 받은 후 필요하다고 인정하는 경우에는 철도운영자등에게 사고 수습 등에
관하여 필요한 지시를 할 수 있다. 이 경우 지시를 받은 철도운영자등은 특별한 사유가 없으면 지시에
따라야 한다.

📑 영 제56조(철도사고등의 발생 시 조치사항)

철도사고등이 발생한 경우 철도운영자등이 준수하여야 하는 사항은 다음 각 호와 같다.

1. 사고수습이나 복구작업을 하는 경우에는 인명의 구조와 보호에 가장 우선순위를 둘 것
2. 사상자가 발생한 경우에는 안전관리체계에 포함된 비상대응계획에서 정한 절차에 따라 응급처치,
   의료기관으로 긴급이송, 유관기관과의 협조 등 필요한 조치를 신속히 할 것
3. 철도차량 운행이 곤란한 경우에는 비상대응절차에 따라 대체교통수단을 마련하는 등 필요한 조치를 할 것

📄 법 제61조(철도사고등 의무보고)

① 철도운영자등은 사상자가 많은 사고 등 대통령령으로 정하는 철도사고등이 발생하였을 때에는
국토교통부령으로 정하는 바에 따라 즉시 국토교통부장관에게 보고하여야 한다.

② 철도운영자등은 제1항에 따른 철도사고등을 제외한 철도사고등이 발생하였을 때에는 국토교통부령으로
정하는 바에 따라 사고 내용을 조사하여 그 결과를 국토교통부장관에게 보고하여야 한다.

📋 영 제57조(국토교통부장관에게 즉시 보고하여야 하는 철도사고등)

"사상자가 많은 사고 등 대통령령으로 정하는 철도사고등"이란 다음 각 호의 어느 하나에 해당하는 사고를 말한다.

1. 열차의 충돌이나 탈선사고
2. 철도차량이나 열차에서 화재가 발생하여 운행을 중지시킨 사고
3. 철도차량이나 열차의 운행과 관련하여 3명 이상 사상자가 발생한 사고
4. 철도차량이나 열차의 운행과 관련하여 5천만원 이상의 재산피해가 발생한 사고

📝 규칙 제86조(철도사고등의 의무보고)

① 철도운영자등은 "사상자가 많은 사고 등 대통령령으로 정하는 철도사고등" 발생한 때에는 다음 각 호의 사항을 국토교통부장관에게 즉시 보고하여야 한다.

  1. 사고 발생 일시 및 장소
  2. 사상자 등 피해사항
  3. 사고 발생 경위
  4. 사고 수습 및 복구 계획 등

철도왕의 암기 TIP!

일피경복으로 외우자.

② 철도운영자등은 철도사고등이 발생한 때에는 다음 각 호의 구분에 따라 국토교통부장관에게 이를 보고하여야 한다.

  1. 초기보고: 사고발생현황 등
  2. 중간보고: 사고수습·복구상황 등
  3. 종결보고: 사고수습·복구결과 등

③ 보고의 절차 및 방법 등에 관한 세부적인 사항은 국토교통부장관이 정하여 고시한다.

철도왕의 암기 TIP!

초중종으로 외우자.

① 철도차량 또는 철도용품에 대하여 형식승인을 받거나 제작자승인을 받은 자는 그 승인받은 철도차량 또는 철도용품이 설계 또는 제작의 결함으로 인하여 국토교통부령으로 정하는 고장, 결함 또는 기능장애가 발생한 것을 알게 된 경우에는 국토교통부령으로 정하는 바에 따라 국토교통부장관에게 그 사실을 보고하여야 한다.

② 철도차량 정비조직인증을 받은 자가 철도차량을 운영하거나 정비하는 중에 국토교통부령으로 정하는 고장, 결함 또는 기능장애가 발생한 것을 알게 된 경우에는 국토교통부령으로 정하는 바에 따라 국토교통부장관에게 그 사실을 보고하여야 한다.

📝 **규칙 제87조(철도차량에 발생한 고장, 결함 또는 기능장애 보고)**

① 법 제61조의 2 제1항에서 "국토교통부령으로 정하는 고장, 결함 또는 기능장애"란 다음 각 호의 어느 하나에 해당하는 고장, 결함 또는 기능장애를 말한다. (형식승인, 제작자승인 대상)

  1. 승인내용과 다른 설계 또는 제작으로 인한 철도차량의 고장, 결함 또는 기능장애

  2. 승인내용과 다른 설계 또는 제작으로 인한 철도용품의 고장, 결함 또는 기능장애

  3. 하자보수 또는 피해배상을 해야 하는 철도차량 및 철도용품의 고장, 결함 또는 기능장애

  4. 그 밖에 제1호부터 제3호까지의 규정에 따른 고장, 결함 또는 기능장애에 준하는 고장, 결함 또는 기능장애

② 법 제61조의 2 제2항에서 "국토교통부령으로 정하는 고장, 결함 또는 기능장애"란 다음 각 호의 어느 하나에 해당하는 고장, 결함 또는 기능장애(법 제61조에 따라 보고된 고장, 결함 또는 기능장애는 제외한다)를 말한다. (정비조직인증 받은 자가 운영하거나 정비하는 대상)

  1. 철도차량 중정비(철도차량을 완전히 분해하여 검수·교환하거나 탈선·화재 등으로 중대하게 훼손된 철도차량을 정비하는 것을 말한다)가 요구되는 구조적 손상

  2. 차상신호장치, 추진장치, 주행장치 그 밖에 철도차량 주요장치의 고장 중 차량 안전에 중대한 영향을 주는 고장

  3. 고시된 기술기준에 따른 최대허용범위(제작사가 기술자료를 제공하는 경우에는 그 기술자료에 따른 최대허용범위를 말한다)를 초과하는 철도차량 구조의 균열, 영구적인 변형이나 부식

  4. 그 밖에 제1호부터 제3호까지의 규정에 따른 고장, 결함 또는 기능장애에 준하는 고장, 결함 또는 기능장애

③ 보고를 하려는 자는 고장·결함·기능장애 보고서를 국토교통부장관에게 제출하거나 국토교통부장관이 정하여 고시하는 방법으로 국토교통부장관에게 보고해야 한다.

④ 국토교통부장관은 보고를 받은 경우 관계 기관 등에게 이를 통보해야 한다.

⑤ 통보의 내용 및 방법 등에 관하여 필요한 사항은 국토교통부장관이 정하여 고시한다.

📄 법 제61조의3(철도안전 자율보고)

① 철도안전을 해치거나 해칠 우려가 있는 사건·상황·상태 등을 발생시켰거나 철도안전위험요인이 발생한 것을 안 사람 또는 철도안전위험요인이 발생할 것이 예상된다고 판단하는 사람은 국토교통부장관에게 그 사실을 보고할 수 있다.

② 국토교통부장관은 보고를 한 사람의 의사에 반하여 보고자의 신분을 공개해서는 아니 되며, 철도안전 자율보고를 사고예방 및 철도안전 확보 목적 외의 다른 목적으로 사용해서는 아니 된다.

③ 누구든지 철도안전 자율보고를 한 사람에 대하여 이를 이유로 신분이나 처우와 관련하여 불이익한 조치를 하여서는 아니 된다.

④ 철도안전 자율보고에 포함되어야 할 사항, 보고 방법 및 절차는 국토교통부령으로 정한다.

📝 규칙 제88조(철도안전 자율보고의 절차 등)

① 철도안전 자율보고를 하려는 자는 철도안전 자율보고서를 한국교통안전공단 이사장에게 제출하거나 국토교통부장관이 정하여 고시하는 방법으로 한국교통안전공단 이사장에게 보고해야 한다.

② 한국교통안전공단 이사장은 제1항에 따른 보고를 받은 경우 관계기관 등에게 이를 통보해야 한다.

③ 통보의 내용 및 방법 등에 관하여 필요한 사항은 국토교통부장관이 정하여 고시한다.

💯 이것만 알아도 합격한다! – 철도왕 6장 핵심 요약

법 60조 – 사상자 구호, 유류품 관리, 여객 수송 / 대통령령 / 영 56조 – 인명의 구조와 보호에 우선순위 /
영 57조 즉시보고 하여야 하는 철도사고 – 충돌 탈선, 화재 운행 중지, 3명 이상 사상자, 5천만원 이상 재산피해 /
규칙 86조 즉시보고 일피경복, 초중종

01.

철도안전법의 철도사고등 발생시 조치에서 해야할 조치에 해당하지 <u>않는</u> 것은?

① 사고 조사
② 사상자 구호
③ 철도시설 복구
④ 유류품(遺留品) 관리

답 ①

해 법 제 60조 철도사고등의 발생시 조치

02.

철도사고등의 발생 시 조치사항에 관한 내용으로 <u>틀린</u> 것은?

① 철도차량 운행이 곤란한 경우에는 비상 대응 절차에 따라 대체교통수단을 마련하는 등 필요한 조치를 할 것
② 응급처치, 의료기관으로 긴급 이송, 유관기관과의 협조 등 필요한 조치를 신속히 할 것
③ 사고수습이나 복구작업을 하는 경우에는 철도 운행 복귀에 가장 우선순위를 둘 것
④ 철도사고등이 발생하였을 때의 사상자 구호, 여객 수송 및 철도시설 복구 등에 필요한 사항은 대통령령으로 정한다.

답 ③

해 영 제 56조 철도사고등의 발생 시 조치사항 – 인명의 구조와 보호에 우선순위

03.

국토교통부장관에게 즉시 보고하여야 하는 철도사고가 <u>아닌</u> 것은?

① 철도차량이나 열차의 운행과 관련하여 3명 이상 사상자가 발생한 사고
② 철도차량이나 열차의 운행과 관련하여 3천만원 이상의 재산피해가 발생한 사고
③ 철도차량이나 열차에서 화재가 발생하여 운행을 중지시킨 사고
④ 열차의 충돌이나 탈선사고

답 ②

해 영 제 57조 즉시 보고하여야 하는 철도사고 등, 5천만원 이상의 재산피해

04.

철도사고등이 발생한 때에 국토교통부장관에게 즉시 보고하여야 하는 사항이 <u>아닌</u> 것은?

① 사상자 등 피해사항
② 사고 진행 경과
③ 사고 수습 및 복구 계획 등
④ 사고 발생 일시 및 장소

답 ②

해 규칙 제 86조 철도사고등의 의무보고, 일피경복으로 외운다.

05.

철도사고등이 발생한 때에 국토교통부장관에게 하여야 하는 보고가 <u>아닌</u> 것은?

① 종결보고: 사고수습 · 복구결과 등
② 결과보고: 사고수습 · 복구결과 등
③ 초기보고: 사고발생현황 등
④ 중간보고: 사고수습 · 복구상황 등

답 ②

해 규칙 제 86조 철도사고등의 의무보고, 초중종으로 외운다.

(무인운전과 1, 2인 승무) **무인운전 되면 기관사 대체되는 거 아니야?**

항상 친구들에게 듣곤 했습니다.

결론부터 말씀드리면 무인운전 시기는 매우 느리고

무인운전이 되어도 타 직렬로 근무하면 되는 만큼 큰 의미가 없습니다.

우리가 기관사나 관제사를 꿈꾸는 이유 중 하나가 공기업임을 아시기 바랍니다.

1인 승무는 현재 경의·중앙선, 5·6·7·8호선, 2인 승무는 코레일, 1·2·3·4호선 등입니다.

특히 이런 부분은 면접에서도 자주 출제됩니다.

공항철도나 회사 면접 준비하시는 분들은 철도왕 이용해 주시기 바랍니다.

CHAPTER

철도 안전기반 구축

4장 및 7장은 2종 면허 필기시험 범위에서 제외됩니다.
또한 대부분의 입교기관에서도 제외됩니다.
해당 공고문을 잘 확인하시기 바랍니다.

CHAPTER 7

철도 안전기반 구축

📄 법 제68조(철도안전기술의 진흥)

국토교통부장관은 철도안전에 관한 기술의 진흥을 위하여 연구·개발의 촉진 및 그 성과의 보급 등 필요한 시책을 마련하여 추진하여야 한다.

📄 법 제69조(철도안전 전문기관 등의 육성)

① 국토교통부장관은 철도안전에 관한 전문기관 또는 단체를 지도·육성하여야 한다.

② 국토교통부장관은 철도시설의 건설, 운영 및 관리와 관련된 안전점검업무 등 대통령령으로 정하는 철도안전업무에 종사하는 전문인력을 원활하게 확보할 수 있도록 시책을 마련하여 추진하여야 한다.

③ 국토교통부장관은 철도안전 전문인력의 분야별 자격을 다음 각 호와 같이 구분하여 부여할 수 있다.

  1. 철도운행안전관리자

  2. 철도안전전문기술자

④ 철도안전 전문인력의 분야별 자격기준, 자격부여 절차 및 자격을 받기 위한 안전교육훈련 등에 관하여 필요한 사항은 대통령령으로 정한다.

⑤ 국토교통부장관은 철도안전에 관한 전문기관을 지정하여 철도안전 전문인력의 양성 및 자격관리 등의 업무를 수행하게 할 수 있다.

⑥ 안전전문기관의 지정기준, 지정절차 등에 관하여 필요한 사항은 대통령령으로 정한다.

⑦ 안전전문기관의 지정취소 및 업무정지 등에 관하여는 운전적성검사기관 관련 조항을 준용한다.

📑 영 제59조(철도안전 전문인력의 구분)

① "대통령령으로 정하는 철도안전업무에 종사하는 전문인력"이란 다음 각 호의 어느 하나에 해당하는 인력을 말한다.

  1. 철도운행안전관리자

  2. 철도안전전문기술자

    가. 전기철도 분야 철도안전전문기술자

    나. 철도신호 분야 철도안전전문기술자

    다. 철도궤도 분야 철도안전전문기술자

    라. 철도차량 분야 철도안전전문기술자

② 철도안전 전문인력의 업무 범위는 다음 각 호와 같다.

    1. 철도운행안전관리자의 업무

      가. 철도차량의 운행선로나 그 인근에서 철도시설의 건설 또는 관리와 관련한 작업을 수행하는 경우에 작업일정의 조정 또는 작업에 필요한 안전장비·안전시설 등의 점검

      나. 작업이 수행되는 선로를 운행하는 열차가 있는 경우 해당 열차의 운행일정 조정

      다. 열차접근경보시설이나 열차접근감시인의 배치에 관한 계획 수립·시행과 확인

      라. 철도차량 운전자나 관제업무종사자와 연락체계 구축 등

    2. 철도안전전문기술자의 업무

      가. 제1항제2호가목부터 다목까지의(전기철도, 철도신호, 철도궤도 분야) 철도안전전문기술자: 해당 철도시설의 건설이나 관리와 관련된 설계·시공·감리·안전점검 업무나 레일용접 등의 업무

      나. 제1항제2호라목(철도차량 분야)의 철도안전전문기술자: 철도차량의 설계·제작·개조·시험검사·정밀안전진단·안전점검 등에 관한 품질관리 및 감리 등의 업무

영 제60조(철도안전 전문인력의 자격기준)

① 철도운행안전관리자의 자격을 부여받으려는 사람은 국토교통부장관이 인정한 교육훈련기관에서 국토교통부령으로 정하는 교육훈련을 수료하여야 한다.

철도안전법 시행령 [별표 5]

철도안전전문기술자의 자격기준(제60조제2항 관련)

구분	자격 부여 범위

1.특급	가. 「전력기술관리법」, 「전기공사업법」, 「정보통신공사업법」이나 「건설기술 진흥법」(이하 "관계법령"이라 한다)에 따른 특급기술자·특급기술인·특급감리원·수석감리사 또는 특급전기공사기술자로서 다음의 어느 하나에 해당하는 사람
	  1) 「국가기술자격법」에 따른 철도의 해당 기술 분야의 기술사 또는 기사자격 취득자
	  2) 3년 이상 철도의 해당 기술 분야에 종사한 경력이 있는 사람
	나. 1등급 철도차량정비기술자로서 경력에 포함되는 기술자격의 종목과 관련된 기술사, 기능장 또는 기사자격 취득자

2. 고급	가. 관계법령에 따른 특급기술자·특급기술인·특급감리원·수석감리사 또는 특급공사기술자로서 1년 6개월 이상 철도의 해당 기술 분야에 종사한 경력이 있는 사람
	나. 관계법령에 따른 고급기술자·고급기술인·고급감리원·감리사 또는 고급전기공사기술자로서 다음의 어느 하나에 해당하는 사람
	  1) 「국가기술자격법」에 따른 철도의 해당 기술 분야의 기사 또는 산업기사 자격 취득자
	  2) 3년 이상 철도의 해당 기술 분야에 종사한 경력이 있는 사람
	다. 2등급 철도차량정비기술자로서 경력에 포함되는 기술자격의 종목과 관련된 기사 또는 산업기사 자격 취득자

구분	자격 부여 범위
3. 중급	가. 관계법령에 따른 고급기술자 · 고급기술인 · 고급감리원 · 감리사 또는 고급전기공사기술자로서 1년 6개월 이상 철도의 해당 기술 분야에 종사한 경력이 있는 사람 나. 관계법령에 따른 중급기술자 · 중급기술인 · 중급감리원 또는 중급전기공사기술자로서 다음의 어느 하나에 해당하는 사람 　1)「국가기술자격법」에 따른 철도의 해당 기술 분야의 기사, 산업기사 또는 기능사 자격 취득자 　2) 3년 이상 철도의 해당 기술 분야에 종사한 경력이 있는 사람 다. 3등급 철도차량정비기술자로서 경력에 포함되는 기술자격의 종목과 관련된 기사, 산업기사 또는 기능사 자격 취득자
4. 초급	가. 관계법령에 따른 중급기술자 · 중급기술인 · 중급감리원 또는 중급전기공사기술자로서 1년 6개월 이상 철도의 해당 기술 분야에 종사한 경력이 있는 사람 나. 관계법령에 따른 초급기술자 · 초급기술인 · 초급감리원 · 감리사보 또는 초급전기공사 기술자로서 다음의 어느 하나에 해당하는 사람 　1)「국가기술자격법」에 따른 철도의 해당 기술 분야의 기사, 산업기사 또는 기능사 자격 취득자 　2) 3년 이상 철도의 해당 기술 분야에 종사한 경력이 있는 사람 다. 국토교통부령으로 정하는 철도의 해당 기술 분야의 설계 · 감리 · 시공 · 안전점검 관련 교육과정을 수료하고 수료 시 시행하는 검정시험에 합격한 사람 라.「국가기술자격법」에 따른 용접자격을 취득한 사람으로서 국토교통부장관이 지정한 전문기관 또는 단체의 레일용접인정자격시험에 합격한 사람 마. 4등급 철도차량정비기술자로서 경력에 포함되는 기술자격의 종목과 관련된 기사, 산업기사 또는 기능사 자격 취득자

📄 영 제60조의2(철도안전 전문인력의 자격부여 절차 등)

① 자격을 부여받으려는 사람은 국토교통부령으로 정하는 바에 따라 국토교통부장관에게 자격부여 신청을 하여야 한다.

② 국토교통부장관은 제1항에 따라 자격부여 신청을 한 사람이 해당 자격기준에 적합한 경우에는 전문인력의 구분에 따라 자격증명서를 발급하여야 한다.

③ 국토교통부장관은 자격부여 신청을 한 사람이 해당 자격기준에 적합한지를 확인하기 위하여 그가 소속된 기관이나 업체 등에 관계 자료 제출을 요청할 수 있다.

④ 국토교통부장관은 철도안전 전문인력의 자격부여에 관한 자료를 유지 · 관리하여야 한다.

⑤ 자격부여 절차와 방법, 자격증명서 발급 및 자격의 관리 등에 필요한 사항은 국토교통부령으로 정한다.

📝 규칙 제91조(철도안전 전문인력의 교육훈련)

② 교육훈련의 방법 · 절차 등에 관하여 필요한 세부사항은 국토교통부장관이 정한다.

📝 규칙 제92조(철도안전 전문인력 자격부여 절차 등)

① 철도안전 전문인력의 자격을 부여받으려는 자는 철도안전 전문인력 자격부여(증명서 재발급) 신청서에 다음 각 호의 서류를 첨부하여 지정받은 안전전문기관에 제출하여야 한다.

  1. 경력을 확인할 수 있는 자료

  2. 교육훈련 이수증명서(해당자에 한정한다)

  3. 「전기공사업법」에 따른 전기공사 기술자, 「전력기술관리법」에 따른 전력기술인, 「정보통신공사업법」에 따른 정보통신기술자 경력수첩 또는 「건설기술 진흥법」에 따른 건설기술경력증 사본(해당자에 한정한다)

  4. 국가기술자격증 사본(해당자에 한정한다)

  5. 이 법에 따른 철도차량정비경력증 사본(해당자에 한정한다)

  6. 사진(3.5센티미터 × 4.5센티미터)

② 안전전문기관은 신청인이자격기준에 적합한 경우에는 철도안전 전문인력 자격증명서를 신청인에게 발급하여야 한다.

③ 철도안전 전문인력 자격증명서를 발급받은 사람이 철도안전 전문인력 자격증명서를 잃어버렸거나 철도안전 전문인력 자격증명서가 헐거나 훼손되어 못 쓰게 된 때에는 철도안전 전문인력 자격증명서 재발급 신청서에 다음 각 호의 서류를 첨부하여 안전전문기관에 신청해야 한다.

  1. 철도안전 전문인력 자격증명서(헐거나 훼손되어 못 쓰게 된 경우만 제출한다)

  2. 분실사유서(분실한 경우만 제출한다)

  3. 증명사진(3.5센티미터 × 4.5센티미터)

④ 재발급 신청을 받은 안전전문기관은 자격부여 사실과 재발급 사유를 확인한 후 철도안전 전문인력 자격증명서를 신청인에게 재발급해야 한다.

⑤ 안전전문기관은 해당 분야 자격 취득자의 자격증명서 발급 등에 관한 자료를 유지·관리하여야 한다.

철도안전법 시행규칙 [별표 24] 〈개정 2012.12.10〉
철도안전 전문인력의 교육훈련(제91조제1항 관련)

대상자	교육시간	교육내용	교육시기
철도운행 안전 관리자	120시간(3주) - 직무관련: 100시간 - 교양교육: 20시간	- 열차운행의 통제와 조정 - 안전관리 일반 - 관계법령 - 비상 시 조치 등	- 철도운행안전관리자로 인정받으려는 경우
철도안전 전문기술자 (초급)	120시간(3주) - 직무관련: 100시간 - 교양교육: 20시간	- 기초전문 직무교육 - 안전관리 일반 - 관계법령 - 실무실습	- 철도안전전문 초급기술자로 인정받으려는 경우

① 안전전문기관으로 지정받을 수 있는 기관이나 단체는 다음 각 호의 어느 하나와 같다.

    2. 철도안전과 관련된 업무를 수행하는 학회·기관이나 단체

    3. 철도안전과 관련된 업무를 수행하는 「민법」에 따라 국토교통부장관의 허가를 받아 설립된 비영리법인

② 안전전문기관의 지정기준은 다음 각 호와 같다.

    1. 업무수행에 필요한 상설 전담조직을 갖출 것

    2. 분야별 교육훈련을 수행할 수 있는 전문인력을 확보할 것

    3. 교육훈련 시행에 필요한 사무실·교육시설과 필요한 장비를 갖출 것

    4. 안전전문기관 운영 등에 관한 업무규정을 갖출 것

③ 국토교통부장관은 필요하다고 인정하는 경우에는 국토교통부령으로 정하는 바에 따라 분야별로 구분하여 안전전문기관을 지정할 수 있다.

④ 안전전문기관의 세부 지정기준은 국토교통부령으로 정한다.

📝 **규칙 제92조의2(분야별 안전전문기관 지정)**

국토교통부장관은 다음 각 호의 분야별로 구분하여 전문기관을 지정할 수 있다.

1. 철도운행안전 분야

2. 전기철도 분야

3. 철도신호 분야

4. 철도궤도 분야

5. 철도차량 분야

📑 **영 제60조의4(안전전문기관 지정절차 등)**

① 안전전문기관으로 지정을 받으려는 자는 국토교통부령으로 정하는 바에 따라 철도안전 전문기관 지정신청서를 제출하여야 한다.

② 국토교통부장관은 안전전문기관의 지정 신청을 받은 경우에는 다음 각 호의 사항을 종합적으로 심사한 후 지정 여부를 결정하여야 한다.

    1. 지정기준에 관한 사항

    2. 안전전문기관의 운영계획

    3. 철도안전 전문인력 등의 수급에 관한 사항

    4. 그 밖에 국토교통부장관이 필요하다고 인정하는 사항

③ 국토교통부장관은 안전전문기관을 지정하였을 경우에는 국토교통부령으로 정하는 바에 따라 철도안전 전문기관 지정서를 발급하고 그 사실을 관보에 고시하여야 한다.

📝 규칙 제92조의4(안전전문기관 지정 신청 등)

① 안전전문기관으로 지정받으려는 자는 철도안전 전문기관 지정신청서(전자문서를 포함한다)에 다음 각 호의 서류를 첨부하여 국토교통부장관에게 제출하여야 한다.

    1. 안전전문기관 운영 등에 관한 업무규정

    2. 교육훈련이 포함된 운영계획서(교육훈련평가계획을 포함한다)

    3. 정관이나 이에 준하는 약정(법인 그 밖의 단체의 경우만 해당한다)

    4. 교육훈련, 철도시설 및 철도차량의 점검 등 안전업무를 수행하는 사람의 자격·학력·경력 등을 증명할 수 있는 서류

    5. 교육훈련, 철도시설 및 철도차량의 점검에 필요한 강의실 등 시설·장비 등 내역서

    6. 안전전문기관에서 사용하는 직인의 인영

철도안전법 시행규칙 [별표 25]
철도안전 전문기관 세부 지정기준(제92조의3 관련)

1. 기술인력의 기준

가. 자격기준

구분	기술자격자	학력 및 경력자
교육책임자	1) 철도 관련 해당 분야 기술사 또는 이와 같은 수준 이상의 자격을 취득한 사람으로서 10년 이상 철도 관련 분야에 근무한 경력이 있는 사람 2) 철도 관련 해당 분야 기사 자격을 취득한 사람으로서 15년 이상 철도 관련 분야에 근무한 경력이 있는 사람 3) 철도 관련 해당 분야 산업기사 자격을 취득한 사람으로서 20년 이상 철도 관련 분야에 근무한 경력이 있는 사람 4) 「국민 평생 직업능력 개발법」 제33조에 따라 직업능력개발훈련교사자격증을 취득한 사람으로서 철도 관련 분야 재직경력이 10년 이상인 사람	1) 철도 관련 분야 박사학위를 취득한 사람으로서 10년 이상 철도 관련 분야에 근무한 경력이 있는 사람 2) 철도 관련 분야 석사학위를 취득한 사람으로서 15년 이상 철도 관련 분야에 근무한 경력이 있는 사람 3) 철도 관련 분야 학사학위를 취득한 사람으로서 20년 이상 철도 관련 분야에 근무한 경력이 있는 사람 4) 관련 분야 4급 이상 공무원 경력자 또는 이와 같은 수준 이상의 경력자로서 철도 관련 분야 재직경력이 10년 이상인 사람
이론 교관	1) 철도 관련 해당분야 기술사 또는 이와 같은 수준 이상의 자격을 취득한 사람 2) 철도 관련 해당분야 기사 자격을 취득한 사람으로서 10년 이상 철도 관련 분야에 근무한 경력이 있는 사람 3) 철도 관련 해당 분야 산업기사 자격을 취득한 사람으로서 15년 이상 철도 관련 분야에 근무한 경력이 있는 사람	1) 철도 관련 분야 박사학위를 취득한 사람으로서 5년 이상 철도 관련 분야에 근무한 경력이 있는 사람 2) 철도 관련 분야 석사학위를 취득한 사람으로서 10년 이상 철도 관련 분야에 근무한 경력이 있는 사람 3) 철도 관련 분야 학사학위를 취득한 사람으로서 15년 이상 철도 관련 분야에 근무한 경력이 있는 사람 4) 철도 관련 분야 6급 이상의 공무원 경력자 또는 이와 같은 수준 이상의 경력자로서 철도 관련 분야 재직경력이 10년 이상인 사람

구분	기술자격자	학력 및 경력자
기능 교관	1) 철도 관련 해당 분야 기사 이상의 자격을 취득한 사람으로서 2년 이상 철도 관련 분야에 근무한 경력이 있는 사람 2) 철도 관련 해당 분야 산업기사 이상의 자격을 취득한 사람으로서 3년 이상 철도 관련 분야에 근무한 경력이 있는 사람	1) 철도 관련 분야 석사학위를 취득한 사람으로서 2년 이상 철도 관련 분야에 근무한 경력이 있는 사람 2) 철도 관련 분야 학사학위를 취득한 사람으로서 3년 이상 철도 관련 분야에 근무한 경력이 있는 사람 3) 철도 관련 분야 7급 이상의 공무원 경력자 또는 이와 같은 수준 이상의 경력자로서 철도 관련 분야 재직 경력이 10년 이상인 사람

비고:
1. 박사·석사·학사 학위는 학위 수여 학과와 관계없이 학위 취득 시 학위논문 제목에 철도 관련 연구임이 명확하게 기록되어야 함.
2. "철도 관련 분야"란 철도 안전, 철도차량 운전, 관제, 전기철도, 신호, 궤도, 통신 및 철도차량 분야를 말한다.
3. "철도 관련 분야에 근무한 경력" 및 교육책임자의 기술자격자란4)의 "철도 관련 분야 재직경력"은 해당 학위 또는 자격증을 취득하기 전과 취득한 후의 경력을 모두 포함한다.

나. 보유기준

1) 최소보유기준: 교육책임자 1명, 이론교관 3명, 기능교관을 2명 이상 확보하여야 한다.

2) 1회 교육생 30명을 기준으로 교육 인원이 10명 추가될 때마다 이론교관을 1명 이상 추가로 확보하여야 한다. 다만 추가로 확보하여야 하는 이론교관은 비전임으로 할 수 있다.

3) 이론교관 중 기능교관 자격을 갖춘 사람은 기능교관을 겸임할 수 있다.

4) 안전점검 업무를 수행하는 경우에는 영 제59조에 따른 분야별 철도안전 전문인력 8명(특급 3명, 고급 이상 2명, 중급 이상 3명) 이상, 열차운행 분야의 경우에는 철도운행안전관리자 3명 이상을 확보할 것

2. 시설·장비의 기준

가. 강의실: 60㎡ 이상(의자, 탁자 및 교육용 비품을 갖추고 1㎡당 수용인원이 1명을 초과하지 않도록 한다)

나. 실습실: 125㎡(20명 이상이 동시에 실습할 수 있는 실습실 및 실습 장비를 갖추어야 한다) 이상이어야 한다. 다만, 철도운행안전관리자의 경우 60㎡ 이상으로 할 수 있으며, 강의실에 실습 장비를 함께 설치하여 활용할 수 있는 경우는 제외한다.

다. 시청각 기자재: 텔레비전·비디오 1세트, 컴퓨터 1세트, 빔 프로젝터 1대 이상

라. 철도차량 운행, 전기철도, 신호, 궤도 및 철도안전 등 관련 도서 100권 이상

마. 그 밖에 교육훈련에 필요한 사무실·집기류·편의시설 등을 갖추어야 한다.

📝 규칙 제92조의5(안전전문기관의 지정취소·업무정지 등)

② 국토교통부장관은 안전전문기관의 지정을 취소하거나 업무정지의 처분을 한 경우에는 지체 없이 그 안전전문기관에 지정기관 행정처분서를 통지하고 그 사실을 관보에 고시하여야 한다.

철도안전법 시행규칙 [별표 26]
안전전문기관의 지정취소 및 업무정지의 기준(제92조의5제1항 관련)

위반사항	해당 법조문	처분기준			
		1차 위반	2차 위반	3차 위반	4차 위반
1. 거짓이나 그 밖의 부정한 방법으로 지정을 받은 경우	법 제15조의2 제1항제1호 및 제69조제7항	지정취소			
2. 업무정지 명령을 위반하여 그 정지기간 중 안전교육훈련업무를 한 경우	법 제15조의2 제1항제2호 및 제69조제7항	지정취소			
3. 지정기준에 맞지 아니하게 된 경우	법 제15조의2 제1항제3호 및 제69조제7항	경고 또는 보완명령	업무정지 1개월	업무정지 3개월	지정취소
4. 정당한 사유 없이 안전교육훈련업무를 거부한 경우	법 제15조의2 제1항제4호 및 제69조제7항	경고	업무정지 1개월	업무정지 3개월	지정취소
5. 거짓이나 그 밖의 부정한 방법으로 안전교육훈련 수료증 또는 자격증명서를 발급한 경우	법 제15조의2 제1항제5호 및 제69조제7항	업무정지 1개월	업무정지 3개월	지정취소	

📑 영 제60조의5(안전전문기관의 변경사항 통지)

① 안전전문기관은 그 명칭·소재지나 그 밖에 안전전문기관의 업무수행에 중대한 영향을 미치는 사항의 변경이 있는 경우에는 해당 사유가 발생한 날부터 15일 이내에 국토교통부장관에게 그 사실을 알려야 한다.

② 국토교통부장관은 제1항에 따른 통지를 받은 경우에는 그 사실을 관보에 고시하여야 한다.

📄 법 제69조의2(철도운행안전관리자의 배치 등)

① 철도운영자등은 철도차량의 운행선로 또는 그 인근에서 철도시설의 건설 또는 관리와 관련한 작업을 시행할 경우 철도운행안전관리자를 배치하여야 한다. 다만, 철도운영자등이 자체적으로 작업 또는 공사 등을 시행하는 경우 등 대통령령으로 정하는 경우에는 그러하지 아니하다.

② 철도운행안전관리자의 배치기준, 방법 등에 관하여 필요한 사항은 국토교통부령으로 정한다.

📑 영 제60조의6(철도운행안전관리자의 배치)

"철도운영자등이 자체적으로 작업 또는 공사 등을 시행하는 경우 등 대통령령으로 정하는 경우"란 다음 각 호의 어느 하나에 해당하는 경우를 말한다.

1. 철도운영자등이 선로 점검 작업 등 3명 이하의 인원으로 할 수 있는 소규모 작업 또는 공사 등을 자체적으로 시행하는 경우

2. 천재지변 또는 철도사고 등 부득이한 사유로 긴급 복구 작업 등을 시행하는 경우

② 철도운행안전관리자는 배치된 기간 중에 수행한 업무에 대하여 근무상황일지를 작성하여 철도운영자등에게 제출해야 한다.

③ 제2항에도 불구하고 철도운행안전관리자는 수행한 작업 기간에 해당하는 근무상황일지의 작성을 협의서의 작성으로 갈음할 수 있다. 이 경우 해당 협의서 사본을 철도운영자등에게 제출해야 한다.

철도안전법 시행규칙 [별표 27]
철도운행안전관리자의 배치기준 등(제92조의6제1항 관련)

1. 철도운영자등은 작업 또는 공사가 다음 각 목의 어느 하나에 해당하는 경우에는 작업 또는 공사 구간 별로 철도운행안전관리자를 1명 이상 별도로 배치해야한다. 다만, 열차의 운행 빈도가 낮아 위험이 적은 경우에는 국토교통부장관과 사전 협의를 거쳐 작업책임자가 철도운행안전관리자 업무를 수행하게 할 수 있다.

   가. 도급 및 위탁 계약 방식의 작업 또는 공사

      1) 철도운영자등이 도급(공사)계약 방식으로 시행하는 작업 또는 공사

      2) 철도운영자등이 자체 유지·보수 작업을 전문용역업체 등에 위탁하여 6개월 이상 장기간 수행하는 작업 또는 공사.

   나. 철도운영자등이 직접 수행하는 작업 또는 공사로서 4명 이상의 직원이 수행하는 작업 또는 공사

2. 철도운영자등은 작업 또는 공사의 효율적인 수행을 위해서는 제1호에도 불구하고 제1호가목2) 및 같은 호 나목에 따른 작업 또는 공사에 대해 철도운행안전관리자를 작업 또는 공사를 수행하는 직원으로 지정할 수 있고, 제1호 각 목에따른 작업 또는 공사에 대해 철도운행안전관리자 2명 이상이 3개 이상의 인접한작업 또는 공사 구간을 관리하게 할 수 있다.

📄 법 제69조의3(철도안전 전문인력의 정기교육)

① 철도안전 전문인력의 분야별 자격을 부여받은 사람은 직무 수행의 적정성 등을 유지할 수 있도록 정기적으로 교육을 받아야 한다.

② 철도운영자등은 정기교육을 받지 아니한 사람을 관련 업무에 종사하게 하여서는 아니 된다.

③ 철도안전 전문인력에 대한 정기교육의 주기, 교육 내용, 교육 절차 등에 관하여 필요한 사항은 국토교통부령으로 정한다.

📝 규칙 제92조의7(철도안전 전문인력의 정기교육)

② 철도안전 전문인력의 정기교육은 안전전문기관에서 실시한다.

③ 철도안전 전문인력의 정기교육에 필요한 세부사항은 국토교통부장관이 정하여 고시한다.

철도안전법 시행규칙 [별표 28]

철도안전 전문인력의 정기교육(제92조의7제2항 관련)

1. 정기교육의 주기: 3년

2. 정기교육 시간: 15시간 이상

3. 교육 내용 및 절차

가. 철도운행안전관리자

교육과목	교육내용	교육절차
직무전문교육	철도운행선 안전관리자로서 전문지식과 업무수행능력 배양 1) 열차운행선 지장작업의 순서와 절차 및 철도운행안전협의사항, 기타 안전조치 등에 관한 사항 2) 선로지장작업 관련 사고사례 분석 및 예방 대책 3) 철도인프라(정거장, 선로, 전철전력시스템, 열차제어시스템) 4) 일반 안전 및 직무 안전관리 등	강의 및 토의
철도안전관련법령	철도안전법령 및 관련규정의 이해 1) 철도안전 정책 2) 철도안전법 및 관련 규정 3) 열차운행선 지장작업에 따른 관련 규정 및 취급절차 등 4) 운전취급관련 규정 등	
실무실습	철도운행안전관리자의 실무능력 배양 1) 열차운행조정 협의 2) 선로작업의 시행 절차 3) 작업시행 전 작업원 안전교육(작업원, 건널목임시관리원, 열차감시원, 전기철도안전관리자) 4) 이례운전취급에 따른 안전조치 요령 등	토의 및 실습

나. 전기철도분야 안전전문기술자

교육과목	교육내용	교육절차
직무전문교육	전기철도에 대한 직무전문지식의 습득과 전문운용능력 배양 1) 전기철도공학 및 전기철도구조물공학 2) 철도 송·변전 및 철도배전설비 3) 전기철도 설계기준 및 급전제어규정 4) 전기철도 급전계통 특성 이해 5) 전기철도 고장장애 복구·대책 수립 6) 전기철도 사고사례 및 안전관리 등	강의 및 토의
철도안전관련법령	철도안전법령 및 관련 행정규칙의 준수 및 이해도 향상 1) 철도안전정책 2) 철도안전법령 및 행정규칙 3) 열차운행선로 지장작업 업무 요령	
실무실습	전기철도설비의 운용 및 안전확보를 위한 전문실무실습 1) 가공·강체전차선로 시공 및 유지보수 2) 철도 송·변전 및 철도배전설비 시공 및 유지보수 3) 전기철도 시설물 점검방법 등	현장실습

교육과목	교육내용	교육절차
직무전문교육	철도신호에 대한 직무전문지식의 습득과 운용능력 배양 1) 신호기장치, 선로전환기장치, 궤도회로 및 연동장치 등 2) 신호 설계기준 및 신호설비 유지보수 세칙 3) 선로전환기 동작계통 및 연동도표 이해 4) 철도신호 장애 복구 · 대책 수립 요령 5) 철도신호 품질안전 및 안전관리 등	강의 및 토의
철도안전관련법령	철도안전법령 및 관련 행정규칙의 준수 및 이해도 향상 1) 철도안전 정책 2) 철도안전 법령 및 행정규칙 3) 열차운행선로 지장작업 업무요령	
실무실습	철도신호 설비의 운용 및 안전 확보를 위한 전문실무실습 1) 신호기, 선로전환기, 궤도회로 및 연동장치 유지보수 실습 2) 철도신호 시설물 점검요령 실습	현장실습

교육과목	교육내용	교육절차
직무전문교육	철도시설(궤도)에 대한 전문지식의 습득과 운용능력 배양 1) 철도공학: 궤도보수, 궤도장비, 궤도역학 2) 선로일반: 궤도구조, 궤도재료, 인접분야인터페이스 3) 궤도설계: 궤도설계기준, 궤도구조, 궤도재료, 궤도설계기법, 궤도와 구조물 인터페이스 4) 용접이론: 레일용접 관련지침 및 공법해설 5) 시설안전 · 재해업무 관련 규정 6) 사고사례 및 안전관리 등	강의 및 토의
철도안전관련법령	철도안전법령 및 관련 행정규칙의 준수 및 이해도 향상 1) 철도안전법령 및 행정규칙 2) 선로지장취급절차, 열차 방호 요령 3) 철도차량 운전규칙, 열차운전 취급절차 규정 4) 선로유지관리지침 및 보선작업지침 해설	
실무실습	철도시설의 운용 및 안전 확보를 위한 전문실무실습 1) 선로시공 및 보수 일반 2) 중대형 보선장비 제원 및 작업 견학	현장실습

교육과목	교육내용	교육절차
직무전문교육	철도차량에 대한 직무전문지식의 습득과 운용능력 배양 1) 철도차량시스템 일반 2) 철도차량 신뢰성 및 품질관리 3) 철도차량 리스크(위험도) 평가 4) 철도차량 시험 및 검사 5) 철도사고 사례 및 안전관리 등	강의 및 토의

교육과목	교육내용	교육절차
철도안전관련법령	철도안전법령 및 관련 행정규칙의 준수 및 이해도 향상 1) 철도안전 정책 2) 철도안전 법령 및 행정규칙 3) 철도차량 관련 표준 및 정비관련 규정	강의 및 토의
실무실습	철도차량의 운용 및 안전 확보를 위한 전문실무실습 1) 철도차량의 안전조치(작업 전/작업 후) 2) 철도차량 기능검사 및 응급조치 3) 철도차량 기술검토, 제작검사	현장실습

비고:
1. 정기교육은 철도안전 전문인력의 분야별 자격을 취득한 날 또는 종전의 정기교육 유효기간 만료일부터 3년이 되는 날 전 1년 이내에 받아야 한다. 이 경우 그 정기교육의 유효기간은 자격 취득 후 3년이 되는 날 또는 종전 정기교육 유효기간 만료일의 다음 날부터 기산한다.
2. 철도안전 전문인력이 제1호 전단에 따른 기간이 지난 후에 정기교육을 받은 경우 그 정기교육의 유효기간은 정기교육을 받은 날부터 기산한다.

📄 법 제69조의4(철도안전 전문인력 분야별 자격의 대여 등 금지)

누구든지 철도안전 전문인력 분야별 자격을 다른 사람에게 빌려주거나 빌리거나 이를 알선하여서는 아니 된다.

📄 법 제69조의5(철도안전 전문인력 분야별 자격의 취소·정지)

① 국토교통부장관은 철도운행안전관리자가 다음 각 호의 어느 하나에 해당할 때에는 철도운행안전관리자 자격을 취소하거나 1년 이내의 기간을 정하여 철도운행안전관리자 자격을 정지시킬 수 있다. 다만, 제1호부터 제3호까지의 규정에 해당할 때에는 철도운행안전관리자 자격을 취소하여야 한다.

  1. 거짓이나 그 밖의 부정한 방법으로 철도운행안전관리자 자격을 받았을 때

  2. 철도운행안전관리자 자격의 효력정지기간 중에 철도운행안전관리자 업무를 수행하였을 때

  3. 철도운행안전관리자 자격을 다른 사람에게 빌려주었을 때

  4. 철도운행안전관리자의 업무 수행 중 고의 또는 중과실로 인한 철도사고가 일어났을 때

  5. 술을 마시거나 약물을 사용한 상태에서 철도운행안전관리자 업무를 하였을 때

  6. 술을 마시거나 약물을 사용한 상태에서 업무를 하였다고 인정할 만한 상당한 이유가 있음에도 불구하고 국토교통부장관 또는 시·도지사의 확인 또는 검사를 거부하였을 때

② 국토교통부장관은 철도안전전문기술자가 철도안전전문기술자 자격을 다른 사람에게 빌려주었을 때에는 그 자격을 취소하여야 한다.

③ 제1항에 따른 철도운행안전관리자 자격의 취소 또는 효력정지의 기준 및 절차 등에 관하여는 "운전면허" 관련 규정을 준용한다.

② 철도운행안전관리자 자격의 취소 및 효력정지 처분의 통지 등에 관하여는 운전면허 관련규정을 준용한다.

2. 개별기준

위반사항 및 내용	근거 법조문	처분기준		
		1차 위반	2차 위반	3차 위반
가. 거짓이나 그 밖의 부정한 방법으로철도운행안전관리자 자격을 받은 경우	법 제69조의5 제1항제1호	자격취소		
나. 철도운행안전관리자 자격의 효력정지 기간 중 철도운행안전관리자 업무를 수행한 경우	법 제69조의5 제1항제2호	자격취소		
다. 철도운행안전관리자 자격을 다른 사람에게 대여한 경우	법 제69조의5 제1항제3호	자격취소		
라. 철도운행안전관리자의 업무 수행중 고의 또는 중과실로 인한 철도사고가 일어난 경우	법 제69조의5 제1항제4호			
1) 사망자가 발생한 경우		자격취소		
2) 부상자가 발생한 경우		효력정지 6개월	자격취소	
3) 1천만원 이상 물적 피해가 발생한경우		효력정지 3개월	효력정지 6개월	자격취소
마. 법 제41조제1항을 위반한 경우	법 제69조의5 제1항제5호			
1) 약물을 사용한 상태에서 철도운행안전관리자 업무를 수행한 경우		자격취소		
2) 술에 만취한 상태(혈중 알코올농도 0.1% 이상)에서 철도운행안전관리자 업무를 수행한 경우		자격취소		
3) 술을 마신 상태의 기준(혈중 알코올농도0.03% 이상)을 넘어서 철도운행안전관리자 업무를 하다가 철도사고를 일으킨 경우		자격취소		
4) 술을 마신 상태(혈중 알코올농도 0.03% 이상 0.1% 미만)에서 철도운행안전관리자 업무를 수행한 경우		효력정지 3개월	자격취소	
바. 술을 마시거나 약물을 사용한 상태에서업무를 하였다고 인정할 만한 상당한 이유가 있음에도 불구하고 확인이나 검사 요구에 불응한 경우	법 제69조의5 제1항제6호	자격취소		

📄 법 제70조(철도안전 지식의 보급 등)

국토교통부장관은 철도안전에 관한 지식의 보급과 철도안전의식을 고취하기 위하여 필요한 시책을 마련하여 추진하여야 한다.

📄 법 제71조(철도안전 정보의 종합관리 등)

① 국토교통부장관은 이 법에 따른 철도안전시책을 효율적으로 추진하기 위하여 철도안전에 관한 정보를 종합관리하고, 관계 지방자치단체의 장 또는 철도운영자등, 운전적성검사기관, 관제적성검사기관, 운전교육훈련기관, 관제교육훈련기관, 인증기관, 시험기관, 안전전문기관, 위험물 포장·용기검사기관, 위험물취급전문교육기관 및 업무를 위탁받은 기관 또는 단체에 그 정보를 제공할 수 있다.
② 국토교통부장관은 정보의 종합관리를 위하여 관계 지방자치단체의 장 또는 철도관계기관등에 필요한 자료의 제출을 요청할 수 있다. 이 경우 요청을 받은 자는 특별한 이유가 없으면 요청을 따라야 한다.

📄 법 제72조(재정지원)

정부는 다음 각 호의 기관 또는 단체에 보조 등 재정적 지원을 할 수 있다.
1. 운전적성검사기관, 관제적성검사기관 또는 정밀안전진단기관
2. 운전교육훈련기관, 관제교육훈련기관 또는 정비교육훈련기관
3. 인증기관, 시험기관, 안전전문기관 및 철도안전에 관한 단체
4. 제77조제2항(철도안전 관련 기관 또는 단체)에 따라 업무를 위탁받은 기관 또는 단체

📄 법 제72조의2(철도횡단교량 개축·개량 지원)

① 국가는 철도의 안전을 위하여 철도횡단교량의 개축 또는 개량에 필요한 비용의 일부를 지원할 수 있다.
② 개축 또는 개량의 지원대상, 지원조건 및 지원비율 등에 관하여 필요한 사항은 대통령령으로 정한다.

💯 이것만 알아도 합격한다! – 철도왕의 7장 핵심 요약

영59조 철도안전 전문인력 운안전신궤차 / 운안의 업무 / 영 60조의 6 철도운영자 자체 작업공사 대통령령 /
72조 재정지원 운전적성검사기관, 정밀안전진단기관 등

01.

철도안전 전문인력의 구분에서 "대통령령으로 정하는 철도안전업무에 종사하는 전문인력이 아닌 것은?

① 철도안전전문기술자
② 전기철도 분야 철도안전전문기술자
③ 전기신호 분야 철도안전전문기술자
④ 철도궤도 분야 철도안전전문기술자

답 ③

해 영 제59조(철도안전 전문인력의 구분) 철도신호 분야이다.

02.

철도운행안전관리자의 업무가 아닌 것은?

① 철도차량의 운행 선로나 그 인근에서 철도시설의 건설 또는 관리와 관련한 작업을 수행하는 경우에 작업 일정의 조정 또는 작업에 필요한 안전 장비 · 안전시설 등의 점검
② 작업이 수행되는 선로를 운행하는 열차가 있는 경우 해당 열차의 운행일정 조정
③ 해당 철도시설의 건설이나 관리와 관련된 설계 · 시공 · 감리 · 안전점검 업무나 레일용접 등의 업무
④ 철도차량 운전자나 관제업무종사자와 연락체계 구축 등

답 ③

해 영 제59조(철도안전 전문인력의 구분), 안전전문기술자의 업무이다.

03.

다음 중 빈칸에 들어갈 숫자로 맞는 것은?

영 제60조의5(안전전문기관의 변경사항 통지)

① 안전전문기관은 그 명칭 · 소재지나 그 밖에 안전전문기관의 업무 수행에 중대한 영향을 미치는 사항의 변경이 있는 경우에는 해당 사유가 발생한 날부터 (   )일 이내에 국토교통부장관에게 그 사실을 알려야 한다.

① 7
② 14
③ 15
④ 30

답 ③

해 영 제60조의5(안전전문기관의 변경사항 통지)

04.

다음 중 빈칸에 들어갈 숫자로 맞는 것은?

제60조의6(철도운행안전관리자의 배치)

"철도운영자등이 자체적으로 작업 또는 공사 등을 시행하는 경우 등 대통령령으로 정하는 경우"
1. 철도운영자등이 선로 점검 작업 등 (　　)명 이하의 인원으로 할 수 있는 소규모 작업 또는 공사 등을 자체적으로 시행하는 경우

① 1　　　　　　　　　② 3　　　　　　　　　③ 5　　　　　　　　　④ 10

답 ②

해 영 제60조의6 철도운행안전관리자의 배치

05.

철도안전 전문인력 분야별 자격의 취소 · 정지에 관한 내용으로 틀린 것은?

① 거짓이나 그 밖의 부정한 방법으로 철도운행안전관리자 자격을 받았을 때 무조건 취소 사유이다.

② 철도운행안전관리자 자격의 효력 정지 기간에 철도운행안전관리자 업무를 수행하였을 때 무조건 취소 사유이다.

③ 철도운행안전관리자 자격을 다른 사람에게 빌려주었을 때 무조건 취소 사유이다.

④ 철도운행안전관리자의 업무 수행 중 고의 또는 중과실로 인한 철도사고가 일어났을 경우에는 6개월 이내로 정지기간을 설정하여야 한다.

답 ④

해 법 제69조의5(철도안전 전문인력 분야별 자격의 취소 · 정지), 1년

잠은 얼마나 자나요? 몸에 안 좋나요?

코레일 같은 경우에는 전동차 보통 4~5시간 정도 잡니다. (서교공 보다 적습니다)

평균이기 때문에 때로는 4시간 자는 날도 8시간 자는 날도 있습니다.

서교공은 보통 6-7시간 정도 잠을 잡니다.

비번 근무는 분명히 몸에 안 좋습니다. 하지만 어떻게 관리하냐에 달려있다고 생각합니다.

대부분 기관사는 90퍼센트가 정년까지 다닙니다. 참고하시기 바랍니다.

CHAPTER

보칙

If Something is important enough, you do it even if the odds are not in your favor."
"무엇인가가 당신의 인생에서 충분히 중요하다면, 확률이 불리하더라도 그것을 해야 한다."
일론 머스크 – 우주산업이 실패로 끝날 거라는 기자의 말에 대한 답변
그리고 일론 머스크는 25년기준 전 세계 1위 부자이다.

📄 법 제73조(보고 및 검사)

① 국토교통부장관이나 관계 지방자치단체는 다음 각 호의 어느 하나에 해당하는 경우 대통령령으로 정하는 바에 따라 철도관계기관등에 대하여 필요한 사항을 보고하게 하거나 자료의 제출을 명할 수 있다.

1. 철도안전 종합계획 또는 시행계획의 수립 또는 추진을 위하여 필요한 경우

1의2. 철도안전투자의 공시가 적정한지를 확인하려는 경우

2. 제8조제2항(안전관리체계의 유지)에 따른 점검·확인을 위하여 필요한 경우

2의2. 안전관리 수준평가를 위하여 필요한 경우

3. 운전적성검사기관, 관제적성검사기관, 운전교육훈련기관, 관제교육훈련기관, 안전전문기관, 정비교육훈련기관, 정밀안전진단기관, 인증기관, 시험기관, 위험물 포장·용기검사기관 및 위험물취급전문교육기관의 업무 수행 또는 지정기준 부합 여부에 대한 확인이 필요한 경우

4. 철도운영자등의 제21조의2등(무자격자 업무금지, 신체 적성검사 불합격 업무금지)에 따른 철도종사자 관리의무 준수 여부에 대한 확인이 필요한 경우

4의2. 제31조제4항(완성검사 받은 자 철도차량 판매)따른 조치의무 준수 여부를 확인하려는 경우

5. 제38조제2항(종합시험운행)에 따른 검토를 위하여 필요한 경우

5의2. 제38조의9(인증정비조직의 준수사항)에 따른 준수사항 이행 여부를 확인하려는 경우

6. 철도운영자가 열차운행을 일시 중지한 경우로서 그 결정 근거 등의 적정성에 대한 확인이 필요한 경우

7. 제44조제2항(위험물의 운송)에 따른 철도운영자의 안전조치 등이 적정한지에 대한 확인이 필요한 경우

7의2. 위험물 포장 및 용기의 안전성에 대한 확인이 필요한 경우

7의3. 철도로 운송하는 위험물을 취급하는 종사자의 위험물취급안전교육 이수 여부에 대한 확인이 필요한 경우

8. 제61조(철도사고등 의무보고)에 따른 보고와 관련하여 사실 확인 등이 필요한 경우

9. 제68조 등(철도안전기술 육성) 따른 시책을 마련하기 위하여 필요한 경우

10. 제72조의2제1항(철도횡단교량 개축 개량 지원)에 따른 비용의 지원을 결정하기 위하여 필요한 경우

② 국토교통부장관이나 관계 지방자치단체는 소속 공무원으로 하여금 철도관계기관등의 사무소 또는 사업장에 출입하여 관계인에게 질문하게 하거나 서류를 검사하게 할 수 있다.

③ 출입·검사를 하는 공무원은 국토교통부령으로 정하는 바에 따라 그 권한을 표시하는 증표를 지니고 이를 관계인에게 보여주어야 한다.

④ 증표에 관하여 필요한 사항은 국토교통부령으로 정한다.

📑 영 제61조(보고 및 검사)

① 국토교통부장관 또는 관계 지방자치단체의 장은 법 제73조제1항에 따라 보고 또는 자료의 제출을 명할 때에는 7일 이상의 기간을 주어야 한다. 다만, 공무원이 철도사고등이 발생한 현장에 출동하는 등 긴급한 상황인 경우에는 그러하지 아니하다.

② 국토교통부장관은 검사 등의 업무를 효율적으로 수행하기 위하여 특히 필요하다고 인정하는 경우에는 철도안전에 관한 전문가를 위촉하여 검사 등의 업무에 관하여 자문에 응하게 할 수 있다.

📄 법 제74조(수수료)

① 이 법에 따른 교육훈련, 면허, 검사, 진단, 성능인증 및 성능시험 등을 신청하는 자는 국토교통부령으로 정하는 수수료를 내야 한다. 다만, 이 법에 따라 국토교통부장관의 지정을 받은 운전적성검사기관, 관제적성검사기관, 운전교육훈련기관, 관제교육훈련기관, 정비교육훈련기관, 정밀안전진단기관, 인증기관, 시험기관, 안전전문기관, 위험물 포장·용기검사기관 및 위험물취급전문교육기관 또는 제77조제2항에 따라 업무를 위탁받은 기관의 경우에는 대행기관 또는 수탁기관이 정하는 수수료를 대행기관 또는 수탁기관에 내야 한다.

② 제1항 단서에 따라 수수료를 정하려는 대행기관 또는 수탁기관은 그 기준을 정하여 국토교통부장관의 승인을 받아야 한다. 승인받은 사항을 변경하려는 경우에도 또한 같다.

📝 규칙 제94조(수수료의 결정절차)

① 법 제74조제1항 단서에 따른 대행기관 또는 수탁기관이 수수료에 대한 기준을 정하려는 경우에는 해당 기관의 인터넷 홈페이지에 20일간 그 내용을 게시하여 이해관계인의 의견을 수렴하여야 한다. 다만, 긴급하다고 인정하는 경우에는 인터넷 홈페이지에 그 사유를 소명하고 10일간 게시할 수 있다.

② 제1항에 따라 대행기관 또는 수탁기관이 수수료에 대한 기준을 정하여 국토교통부장관의 승인을 얻은 경우에는 해당 기관의 인터넷 홈페이지에 그 수수료 및 산정내용을 공개하여야 한다.

국토교통부장관은 다음 각 호의 어느 하나에 해당하는 처분을 하는 경우에는 청문을 하여야 한다.

1. 안전관리체계의 승인 취소

2. 운전적성검사기관의 지정취소(제16조제5항, 제21조의6제5항, 제21조의7제5항, 제24조의4제5항 또는 제69조제7항에서 준용하는 경우를 포함한다)

4. 운전면허의 취소 및 효력정지

4의2. 관제자격증명의 취소 또는 효력정지

4의3. 철도차량정비기술자의 인정 취소

5. 제26조의2제1항(제27조제4항에서 준용하는 경우를 포함한다)에 따른 형식승인의 취소

6. 제26조의7(제27조의2제4항에서 준용하는 경우를 포함한다)에 따른 제작자승인의 취소

7. 인증정비조직의 인증 취소

8. 정밀안전진단기관의 지정 취소

8의2. 위험물 포장·용기검사기관의 지정 취소 또는 업무정지

8의3. 위험물취급전문교육기관의 지정 취소 또는 업무정지

9. 시험기관의 지정 취소

10. 철도운행안전관리자의 자격 취소

11. 철도안전전문기술자의 자격 취소

📄 **법 제75조의2(통보 및 징계권고)**

① 국토교통부장관은 이 법 등 철도안전과 관련된 법규의 위반에 따른 범죄혐의가 있다고 인정할 만한 상당한 이유가 있을 때에는 관할 수사기관에 그 내용을 통보할 수 있다.

② 국토교통부장관은 이 법 등 철도안전과 관련된 법규의 위반에 따라 사고가 발생했다고 인정할 만한 상당한 이유가 있을 때에는 사고에 책임이 있는 사람을 징계할 것을 해당 철도운영자등에게 권고할 수 있다. 이 경우 권고를 받은 철도운영자등은 이를 존중하여야 하며 그 결과를 국토교통부장관에게 통보하여야 한다.

📄 법 제76조(벌칙 적용에서 공무원 의제)

다음 각 호의 어느 하나에 해당하는 사람은 「형법」의 규정을 적용할 때에는 공무원으로 본다.

1. 운전적성검사 업무에 종사하는 운전적성검사기관의 임직원 또는 관제적성검사 업무에 종사하는 관제적성검사기관의 임직원

2. 운전교육훈련 업무에 종사하는 운전교육훈련기관의 임직원 또는 관제교육훈련 업무에 종사하는 관제교육훈련기관의 임직원

2의2. 정비교육훈련 업무에 종사하는 정비교육훈련기관의 임직원

2의3. 정밀안전진단 업무에 종사하는 정밀안전진단기관의 임직원

2의4. 제27조의3에 따라 위탁받은 검사 업무에 종사하는 기관 또는 단체의 임직원

2의5. 성능시험 업무에 종사하는 시험기관의 임직원 및 성능인증·점검 업무에 종사하는 인증기관의 임직원

2의6. 철도안전 전문인력의 양성 및 자격관리 업무에 종사하는 안전전문기관의 임직원

2의7. 위험물 포장·용기검사 업무에 종사하는 위험물 포장·용기검사기관의 임직원

2의8. 위험물취급안전교육 업무에 종사하는 위험물취급전문교육기관의 임직원

3. 위탁업무에 종사하는 철도안전 관련 기관 또는 단체의 임직원

📄 법 제77조(권한의 위임·위탁)

① 국토교통부장관은 이 법에 따른 권한의 일부를 대통령령으로 정하는 바에 따라 소속 기관의 장 또는 시·도지사에게 위임할 수 있다.

② 국토교통부장관은 이 법에 따른 업무의 일부를 대통령령으로 정하는 바에 따라 철도안전 관련 기관 또는 단체에 위탁할 수 있다.

① 국토교통부장관은 해당 특별시·광역시·특별자치시·도 또는 특별자치도의 소관 도시철도(도시철도 또는 도시철도건설사업 또는 도시철도운송사업을 위탁받은 법인이 건설·운영하는 도시철도를 말한다)에 대한 다음 각 호의 권한을 해당 시·도지사에게 위임한다.

  1. 이동·출발 등의 명령과 운행기준 등의 지시, 조언·정보의 제공 및 안전조치 업무

  2. 법 제82조제1항제10호(안전한 운행을 위하여 철도시설 내에서 사람, 자동차 및 철도차량의 운행제한 등 필요한 안전조치를 따르지 아니한 자)에 따른 과태료의 부과·징수

② 국토교통부장관은 다음 각 호의 권한을 철도특별사법경찰대장에게 위임한다.

  1. 술을 마셨거나 약물을 사용하였는지에 대한 확인 또는 검사

  2. 철도보안정보체계의 구축·운영

  3. 법 제82조제1항제14호, 같은 조 제2항제7호·제8호·제9호·제10호, 같은 조 제4항 및 같은 조 제5항제2호에 따른 과태료의 부과·징수

    (철도종사자의 직무상 지시에 따르지 아니한 사람, 여객출입 금지장소에 출입하거나 물건을 여객열차 밖으로 던지는 행위를 한 사람, 철도시설에 승낙 없이 출입하거나 통행한 사람, 철도시설에 유해물 또는 오물을 버리거나 열차운행에 지장을 준 사람, 여객열차에서 흡연을 한 사람, 공중이나 여객에게 위해를 끼치는 행위를 한 사람)

① 국토교통부장관은 다음 각 호의 업무를 한국교통안전공단에 위탁한다.

  1. 안전관리기준에 대한 적합 여부 검사

  1의2. 법 제7조제5항에 따른 기술기준의 제정 또는 개정을 위한 연구·개발

    (철도안전경영, 위험관리, 사고 조사 및 보고, 내부점검, 비상대응계획, 비상대응훈련, 교육훈련, 안전정보관리, 운행안전관리, 차량·시설의 유지관리(차량의 기대수명에 관한 사항을 포함한다) 등 철도운영 및 철도시설의 안전관리에 필요한 기술기준)

  1의3. 안전관리체계에 대한 정기검사 또는 수시검사

  1의4. 철도운영자등에 대한 안전관리 수준평가

  2. 운전면허시험의 실시

  3. 운전면허증 또는 관제자격증명서의 발급과 운전면허증 또는 관제자격증명서의 재발급이나 기재사항의 변경

  4. 운전면허증 또는 관제자격증명서의 갱신 발급과 운전면허 또는 관제자격증명 갱신에 관한 내용 통지

  5. 운전면허증 또는 관제자격증명서의 반납의 수령 및 보관

  6. 운전면허 또는 관제자격증명의 발급·갱신·취소 등에 관한 자료의 유지·관리

  6의2. 관제자격증명시험의 실시

6의3. 철도차량정비기술자의 인정 및 철도차량정비경력증의 발급·관리

6의4. 철도차량정비기술자 인정의 취소 및 정지에 관한 사항

6의5. 종합시험운행 결과의 검토

6의6. 철도차량의 이력관리에 관한 사항

6의7. 철도차량 정비조직의 인증 및 변경인증의 적합 여부에 관한 확인

6의8. 정비조직운영기준의 작성

6의9. 정밀안전진단기관이 수행한 해당 정밀안전진단의 결과 평가

6의10. 철도안전 자율보고의 접수

7. 철도안전에 관한 지식 보급과 철도안전에 관한 정보의 종합관리를 위한 정보체계 구축 및 관리

7의2. 철도차량정비기술자의 인정 취소에 관한 청문

② 국토교통부장관은 다음 각 호의 업무를 한국철도기술연구원에 위탁한다.

　　1. 법 제25조제1항, 제26조제3항, 제26조의3제2항, 제27조제2항 및 제27조의2제2항에 따른 기술기준의
　　　제정 또는 개정을 위한 연구·개발
　　　(제작자승인을 하는 경우에는 해당 철도차량 품질관리체계가 국토교통부장관이 정하여 고시하는
　　　철도차량의 제작관리 및 품질유지에 필요한 기술기준)

　　5. 법 제26조의8 및 제27조의2제4항에서 준용하는 법 제8조제2항에 따른 정기검사 또는 수시검사
　　　(철도용품 제작자승인의 변경, 철도용품 품질관리체계의 유지·검사 및 시정조치, 과징금의 부과·징수,
　　　제작자승인 등의 면제, 제작자승인의 결격사유 및 지위승계, 제작자승인의 취소, 업무의 제한·정지 등)

　　8. 철도차량·철도용품 표준규격의 제정·개정 등에 관한 업무 중 다음 각 목의 업무

　　　가. 표준규격의 제정·개정·폐지에 관한 신청의 접수

　　　나. 표준규격의 제정·개정·폐지 및 확인 대상의 검토

　　　다. 표준규격의 제정·개정·폐지 및 확인에 대한 처리결과 통보

　　　라. 표준규격서의 작성

　　　마. 표준규격서의 기록 및 보관

　　9. 철도차량 개조승인검사

③ 국토교통부장관은 철도보호지구 등의 관리에 관한 다음 각 호의 업무를 국가철도공단에 위탁한다.

　　1. 철도보호지구에서의 행위의 신고 수리, 노면전차 철도보호지구의 바깥쪽 경계선으로부터 20미터
　　　이내의 지역에서의 행위의 신고 수리 및 행위 금지·제한이나 필요한 조치명령

　　2. 손실보상과 손실보상에 관한 협의

④ 국토교통부장관은 다음 각 호의 업무를 국토교통부장관이 지정하여 고시하는 철도안전에 관한
　전문기관이나 단체에 위탁한다.

　　2. 법 제69조제4항(철도안전 전문인력)에 따른 자격부여 등에 관한 업무 중 자격부여신청 접수,
　　　자격증명서 발급, 관계 자료 제출 요청 및 자격부여에 관한 자료의 유지·관리 업무

📑 영 제63조의2(민감정보 및 고유식별정보의 처리)

국토교통부장관(국토교통부장관의 권한을 위탁받은 자를 포함한다), 의료기관과
운전적성검사기관,운전교육훈련기관, 관제적성검사기관 및 관제교육훈련기관은 다음 각 호의 사무를
수행하기 위하여 불가피한 경우 「개인정보 보호법」에 따른 건강에 관한 정보나 주민등록번호 또는
여권번호가 포함된 자료를 처리할 수 있다.
1. 운전면허의 신체검사에 관한 사무
2. 운전적성검사에 관한 사무
3. 운전교육훈련에 관한 사무
4. 운전면허시험에 관한 사무
5. 관제자격증명의 신체검사에 관한 사무
6. 관제적성검사에 관한 사무
7. 관제교육훈련에 관한 사무
8. 관제자격증명시험에 관한 사무
9. 철도차량정비기술자의 인정에 관한 사무
10. 제1호부터 제9호까지의 규정에 따른 사무를 수행하기 위하여 필요한 사무

📑 영 제63조의3(규제의 재검토)

국토교통부장관은 다음 각 호의 사항에 대하여 다음 각 호의 기준일을 기준으로 3년마다(매 3년이 되는 해의
기준일과 같은 날 전까지를 말한다) 그 타당성을 검토하여 개선 등의 조치를 하여야 한다.
1. 운송위탁 및 운송 금지 위험물 등: 2017년 1월 1일
2. 철도안전 전문인력의 자격기준: 2017년 1월 1일

📝 규칙 제96조(규제의 재검토)

국토교통부장관은 다음 각 호의 사항에 대하여 2020년 1월 1일을 기준으로 3년마다(매 3년이 되는 해의 1월
1일 전까지를 말한다) 그 타당성을 검토하여 개선 등의 조치를 하여야 한다.
1. 신체검사 방법·절차·합격기준 등
2. 적성검사 방법·절차 및 합격기준 등
4. 위해물품의 종류 등
5. 안전전문기관의 세부 지정기준 등

> **💯 이것만 알아도 합격한다! – 철도왕의 8장 핵심 요약**
>
> **73조 보고 및 검사의 상황 / 법75조 청문 / 영 62조 시도지사 등 위임사항**

01.

철도관계기관등에 대하여 필요한 사항을 보고하게 하거나 자료의 제출을 명할 수 있는 경우가 아닌 것은?

① 철도안전투자의 공시가 적정한지를 확인하려는 경우

② 철도운영자 관리의무 준수 여부에 대한 확인이 필요한 경우

③ 위험물의 운송에 대한 철도운영자의 안전조치 등이 적정한지에 대한 확인이 필요한 경우

④ 비용의 징수를 결정하기 위하여 필요한 경우

답 ④

해 법 73조 보고 및 검사, 비용의 지원이다.

02.

보고 및 검사에 관한 내용으로 틀린 것은?

① 국토교통부장관 또는 관계 지방자치단체의 장은 보고 또는 자료의 제출을 명할 때는 10일 이상의 기간을 주어야 한다.

② 다만, 1번의 경우 공무원이 철도사고등이 발생한 현장에 출동하는 등 긴급한 상황인 경우에는 그러하지 아니하다.

③ 수수료에 대한 기준을 정하려는 경우에는 해당 기관의 인터넷 홈페이지에 20일간 그 내용을 게시하여 이해관계인의 의견을 수렴하여야 한다.

④ 다만, 위의 경우 긴급하다고 인정하는 경우에는 인터넷 홈페이지에 그 사유를 소명하고 10일간 게시할 수 있다.

답 ①

해 영 제 61조 보고 및 검사, 7일

03.

국토교통부 장관이 청문을 해야하는 처분과 관련한 내용으로 옳지 않은 것은?

① 운전적성검사기관의 지정취소 및 업무정지

② 철도운행안전관리자의 자격 취소

③ 위험물 포장ㆍ용기검사기관의 지정 취소 또는 업무정지

④ 관제자격증명의 취소 또는 효력정지

답 ①

해 법 제75조(청문), 적성검사기관은 업무정지가 없다.

04.

벌칙 적용에서 공무원 의제되는 사람이 아닌 것은?

① 철도안전 전문인력의 양성 및 자격관리 업무에 종사하는 안전전문기관의 임직원

② 위험물 운송 업무에 종사하는 위험물 운송기관의 임직원

③ 운전적성검사 업무에 종사하는 운전적성검사기관의 임직원

④ 관제교육훈련 업무에 종사하는 관제교육훈련기관의 임직원

답 ②

해 법 제76조(벌칙 적용에서 공무원 의제), 위험물 운송은 없다.

05.

국토교통부장관이 시 도지사에게 위탁할 수 있는 사항은?
① 운전면허시험의 실시
② 철도안전 전문인력에 따른 자격부여 등에 관한 업무 중 자격부여신청 접수, 자격증명서 발급, 관계 자료 제출 요청 및 자격부여에 관한 자료의 유지 · 관리 업무
③ 이동 · 출발 등의 명령과 운행기준 등의 지시, 조언 · 정보의 제공 및 안전조치 업무
④ 손실보상과 손실보상에 관한 협의

답 ③
해 영 제63조 업무의 위탁

06.

국토교통부장관이 철도특별사법경찰대장에게 위탁할 수 있는 사항으로 옳지 않은 것은?
① 철도보안정보체계의 운영
② 안전관리기준에 대한 적합 여부 검사
③ 철도보안정보체계의 구축
④ 술을 마셨거나 약물을 사용하였는지에 대한 확인 또는 검사

답 ②
해 영 제63조 업무의 위탁

07.

국토교통부장관이 한국교통안전공단에게 위탁할 수 있는 사항으로 옳지 않은 것은?
① 운전면허 또는 관제자격증명 갱신에 관한 내용 통지
② 종합시험운행 결과의 검토
③ 철도용품 표준규격의 제정 · 개정 등에 관한 업무
④ 철도안전 자율보고의 접수

답 ③
해 영 제63조 업무의 위탁, 표준규격은 한국철도기술연구원 위탁이다.

08.

사무를 수행하기 위하여 불가피한 경우 건강에 관한 정보나 주민등록번호 또는 여권번호가 포함된 자료를 처리할 수 있는 사무가 아닌 것은?
① 관제적성검사에 관한 사무
② 운전면허의 신체검사에 관한 사무
③ 위험물운송에 관한 사무
④ 철도차량정비기술자의 인정에 관한 사무

답 ③
해 영 제 63조의 2 민감정보 및 고유식별정보의 처리

✋ 철도왕의 실무이야기 ⑧

철도왕님 기능 끝나고 7일 만에 코레일 합격했다고요? 어떻게 해야 빨리 붙나요?

철도왕은 몇 년 전 기능시험 끝난 후 2-3일 만에 코레일 원서 접수해서

최단 시간 내에 합격했습니다.

이것은 제가 머리가 좋다거나 기계에 친숙하다거나 하는 이유가 절대 아닙니다.

저는 문과였고 철도왕의 애제자들이었던 1호기 2호기 3호기들도(4호기는 현재 기능시험 준비 중)

어려운 부분이 있었지만(1호기는 입사시험, 2호기는 면접, 3호기는 입교 시험)

철도왕 코칭 이후 현재는 전부 현직에 있습니다.

철도는 열심히 보다는 '잘' 준비해야 합니다.

철도왕 오픈 채팅과 인터넷 강의로 쉽고 빠르고 재밌게 합격하시기 바랍니다.

CHAPTER

벌칙

Stay hungry stay foolish
항상 갈망해라. 그리고 꾸준히 우직하게 노력하라
스티브 잡스 – 스마트폰 창시자

벌칙

법 제78조(벌칙)

① 다음 각 호의 어느 하나에 해당하는 사람은 무기징역 또는 5년 이상의 징역에 처한다.

    1. 사람이 탑승하여 운행 중인 철도차량에 불을 놓아 소훼한 사람

    2. 사람이 탑승하여 운행 중인 철도차량을 탈선 또는 충돌하게 하거나 파괴한 사람

② 철도시설 또는 철도차량을 파손하여 철도차량 운행에 위험을 발생하게 한 사람은 10년 이하의 징역 또는 1억원 이하의 벌금에 처한다.

③ 과실로 제1항(소훼, 탑승 차량 탈선)의 죄를 지은 사람은 1년 이하의 징역 또는 1천만원 이하의 벌금에 처한다.

④ 과실로 제2항(시설 파손)의 죄를 지은 사람은 1천만원 이하의 벌금에 처한다.

⑤ 업무상 과실이나 중대한 과실로 제1항(소훼, 탑승 차량 탈선)의 죄를 지은 사람은 3년 이하의 징역 또는 3천만원 이하의 벌금에 처한다.

⑥ 업무상 과실이나 중대한 과실로 제2항(시설 파손)의 죄를 지은 사람은 2년 이하의 징역 또는 2천만원 이하의 벌금에 처한다.

⑦ 제1항 및 제2항의 미수범은 처벌한다.

법 제79조(벌칙)

① 폭행·협박으로 철도종사자의 직무집행을 방해한 자는 5년 이하의 징역 또는 5천만원 이하의 벌금에 처한다.

② 다음 각 호의 어느 하나에 해당하는 자는 3년 이하의 징역 또는 3천만원 이하의 벌금에 처한다.

    1. 안전관리체계의 승인을 받지 아니하고 철도운영을 하거나 철도시설을 관리한 자

    2. 철도차량 제작자승인을 받지 아니하고 철도차량을 제작한 자

    3. 철도용품 제작자승인을 받지 아니하고 철도용품을 제작한 자

    3의2. 개조승인을 받지 아니하고 철도차량을 임의로 개조하여 운행한 자

    3의3. 적정 개조능력이 있다고 인정되지 아니한 자에게 철도차량 개조 작업을 수행하게 한 자

    3의4. 국토교통부장관의 운행제한 명령을 따르지 아니하고 철도차량을 운행한 자

    4. 철도사고등 발생 시 제40조의2제2항제2호 또는 제5항을 위반하여 사람을 사상(死傷)에 이르게 하거나 철도차량 또는 철도시설을 파손에 이르게 한 자

(제40조의2제2항제2호 : 철도사고, 철도준사고 및 운행장애 발생 시 국토교통부령으로 정하는 조치

사항을 이행할 것

제5항 - 철도사고등이 발생하는 경우 해당 철도차량의 운전업무종사자와 여객승무원은 철도사고등의

현장을 이탈하여서는 아니 되며, 철도차량 내 안전 및 질서유지를 위하여 승객 구호조치 등

국토교통부령으로 정하는 후속조치를 이행)

5. 술을 마시거나 약물을 사용한 상태에서 업무를 한 사람

6. 운송 금지 위험물의 운송을 위탁하거나 그 위험물을 운송한 자

7. 위험물을 운송한 자

7의2. 여객열차에서 다른 사람을 폭행하여 열차운행에 지장을 초래한 자

8. 제48조제1항제2호부터 제4호까지의 규정에 따른 금지행위를 한 자

(제48조제1항제2호. 철도차량을 향하여 돌이나 그 밖의 위험한 물건을 던져 철도차량 운행에 위험을

발생하게 하는 행위

3호 - 궤도의 중심으로부터 양측으로 폭 3미터 이내의 장소에 철도차량의 안전 운행에 지장을 주는

물건을 방치하는 행위

4호 - 철도교량 등 국토교통부령으로 정하는 시설 또는 구역에 국토교통부령으로 정하는 폭발물 또는

인화성이 높은 물건 등을 쌓아 놓는 행위)

③ 다음 각 호의 어느 하나에 해당하는 자는 2년 이하의 징역 또는 2천만원 이하의 벌금에 처한다.

1. 거짓이나 그 밖의 부정한 방법으로 안전관리체계의 승인을 받은 자

2. 안전관리체계의 유지를 위반하여 철도운영이나 철도시설의 관리에 중대하고 명백한 지장을 초래한 자

3. 거짓이나 그 밖의 부정한 방법으로 제15조제4항, 제16조제3항, 제21조의6제3항, 제21조의7제3항,

제24조의4제2항, 제38조의13제1항 또는 제69조제5항에 따른 지정을 받은 자(운전적성검사기관,

운전교육훈련기관, 관제적성검사기관, 관제교육훈련기관, 정비교육훈련기관, 정밀안전진단기관,

안전전문기관)

4. 제15조의2(제16조제5항, 제21조의6제5항, 제21조의7제5항, 제24조의4제5항 또는 제69조제7항에서

준용하는 경우를 포함한다)에 따른 업무정지 기간 중에 해당 업무를 한 자

5. 거짓이나 그 밖의 부정한 방법으로 형식승인을 받은 자

6. 형식승인을 받지 아니한 철도차량을 운행한 자

7. 거짓이나 그 밖의 부정한 방법으로 제작자승인을 받은 자

8. 거짓이나 그 밖의 부정한 방법으로 제작자승인의 면제를 받은 자

9. 완성검사를 받지 아니하고 철도차량을 판매한자

10. 업무정지 기간 중에 철도차량 또는 철도용품을 제작한 자

11. 형식승인을 받지 아니한 철도용품을 철도시설 또는 철도차량 등에 사용한 자

11의2. 거짓이나 그 밖의 부정한 방법으로 위탁받은 검사 업무를 수행한 자

12. 철도차량 또는 철도용품 제작, 수입, 판매 사용 중지명령에 따르지 아니한 자

13. 종합시험운행을 실시하지 아니하거나 실시한 결과를 국토교통부장관에게 보고하지 아니하고 철도노선을 정상운행한 자

13의2. 철도차량정비가 되지 않은 철도차량임을 알면서 운행한 자

13의3. 철도차량정비 또는 원상복구 명령에 따르지 아니한 자

13의4. 거짓이나 그 밖의 부정한 방법으로 철도차량 정비조직의 인증을 받은 자

13의5. 고의 또는 중대한 과실로 철도사고 또는 중대한 운행장애를 발생시킨 자

13의6. 정밀안전진단을 받지 아니하거나 정밀안전진단 결과 또는 정밀안전진단 결과에 대한 평가 결과 계속 사용이 적합하지 아니하다고 인정된 철도차량을 운행한 자

13의7. 제40조제2항 후단을 위반하여 특별한 사유 없이 열차운행을 중지하지 아니한 자
(열차운행에 중대한 장애 발생)

13의8. 제40조제4항을 위반하여 철도종사자에게 불이익한 조치를 한 자
(열차운행의 중지를 요청한 철도종사자에게 불이익한 조치 금지)

15. 제41조제2항에 따른 확인 또는 검사에 불응한 자
(철도종사자의 음주 제한)

16. 정당한 사유 없이 위해물품을 휴대하거나 적재한 사람

17. 제45조제1항 및 제2항에 따른 신고를 하지 아니하거나 같은 조 제3항(철도보호지구에서의 행위제한)에 따른 명령에 따르지 아니한 자

18. 운행 중 비상정지버튼을 누르거나 승강용 출입문을 여는 행위를 한 사람

19. 철도안전 자율보고를 한 사람에게 불이익한 조치를 한 자

④ 다음 각 호의 어느 하나에 해당하는 자는 1년 이하의 징역 또는 1천만원 이하의 벌금에 처한다.

1. 운전면허를 받지 아니하고(운전면허가 취소되거나 그 효력이 정지된 경우를 포함한다) 철도차량을 운전한 사람

2. 거짓이나 그 밖의 부정한 방법으로 운전면허를 받은 사람

2의2. 거짓이나 그 밖의 부정한 방법으로 관제자격증명을 받은 사람

2의3. 거짓이나 그 밖의 부정한 방법으로 철도차량정비기술자로 인정받은 사람

2의4. 운전면허증을 다른 사람에게 빌려주거나 빌리거나 이를 알선한 사람

3. 실무수습을 이수하지 아니하고 철도차량의 운전업무에 종사한 사람

3의2. 운전면허를 받지 아니하거나(운전면허가 취소되거나 그 효력이 정지된 경우를 포함한다) 실무수습을 이수하지 아니한 사람을 철도차량의 운전업무에 종사하게 한 철도운영자등

3의3. 관제자격증명을 받지 아니하고(관제자격증명이 취소되거나 그 효력이 정지된 경우를 포함한다) 관제업무에 종사한 사람

3의4. 관제자격증명서를 다른 사람에게 빌려주거나 빌리거나 이를 알선한 사람

4. 실무수습을 이수하지 아니하고 관제업무에 종사한 사람

4의2. 관제자격증명을 받지 아니하거나(관제자격증명이 취소되거나 그 효력이 정지된 경우를 포함한다) 실무수습을 이수하지 아니한 사람을 관제업무에 종사하게 한 철도운영자등

5. 신체검사와 적성검사를 받지 아니하거나 신체검사와 적성검사에 합격하지 아니하고 업무를 한 사람 및 그로 하여금 그 업무에 종사하게 한 자

5의2. 다음 각 목의 어느 하나에 해당하는 사람

    가. 다른 사람에게 자기의 성명을 사용하여 철도차량정비 업무를 수행하게 하거나 자신의 철도차량정비경력증을 빌려 준 사람

    나. 다른 사람의 성명을 사용하여 철도차량정비 업무를 수행하거나 다른 사람의 철도차량정비경력증을 빌린 사람

    다. 가목 및 나목의 행위를 알선한 사람

6. 형식승인을 받지 아니한 철도차량 또는 철도용품을 판매한 자

6의2. 제31조제6항(형식승인 등의 사후관리)에 따른 이행 명령에 따르지 아니한 자

7. 종합시험운행 결과를 허위로 보고한 자

7의2. 정비조직의 인증을 받지 아니하고 철도차량정비를 한 자

8. 제39조의2제1항(국토교통부장관이 지시하는 이동·출발·정지 등의 명령)에 따른 지시를 따르지 아니한 자

9. 설치 목적과 다른 목적으로 영상기록장치를 임의로 조작하거나 다른 곳을 비춘 자 또는 운행기간 외에 영상기록을 한 자

10. 영상기록을 목적 외의 용도로 이용하거나 다른 자에게 제공한 자

11. 안전성 확보에 필요한 조치를 하지 아니하여 영상기록장치에 기록된 영상정보를 분실·도난·유출·변조 또는 훼손당한 자

12. 술을 마시거나 약물을 복용하고 다른 사람에게 위해를 주는 행위를 한 사람

13. 거짓이나 부정한 방법으로 철도운행안전관리자 자격을 받은 사람

14. 철도운행안전관리자를 배치하지 아니하고 철도시설의 건설 또는 관리와 관련한 작업을 시행한 철도운영자

15. 정기교육을 받지 아니하고 업무를 한 사람 및 그로 하여금 그 업무에 종사하게 한 자

16. 철도안전 전문인력의 분야별 자격을 다른 사람에게 빌려주거나 빌리거나 이를 알선한 사람

⑤ 제47조제1항제5호(철도종사자와 여객 등에게 성적(性的) 수치심을 일으키는 행위)를 위반한 자는 500만원 이하의 벌금에 처한다.

📄 법 제80조(형의 가중)

① 제78조제1항의 죄를 지어 사람을 사망에 이르게 한 자는 사형, 무기징역 또는 7년 이상의 징역에 처한다.

    (1. 사람이 탑승하여 운행 중인 철도차량에 불을 놓아 소훼한 사람)

② 제79조제1항, 제3항제16호 또는 제17호의 죄를 범하여 열차운행에 지장을 준 자는 그 죄에 규정된 형의 2분의 1까지 가중한다.

    (1. 폭행·협박으로 철도종사자의 직무집행을 방해한 자(원래 5년), 16. 위해물품을 휴대하거나 적재한 사람(원래 2년),

    17. 철도보호지구 행위제한에 따른 신고를 하지 아니하거나 명령에 따르지 아니한 자(원래 2년))

③ 제79조제3항제16호 또는 제17호의 죄를 범하여 사람을 사상에 이르게 한 자는 5년 이하의 징역 또는
5천만원 이하의 벌금에 처한다.

(16. 위해물품을 휴대하거나 적재한 사람, 17. 철도보호지구 행위제한에 따른 신고를 하지 아니하거나 명령에 따르지
아니한 자)

📄 법 제81조(양벌규정)

법인의 대표자나 법인 또는 개인의 대리인, 사용인, 그 밖의 종업원이 그 법인 또는 개인의 업무에 관하여
제79조제2항(3년 이하의 징역 또는 3천만원 이하의 벌금)
같은 조 제3항(2년 이하의 징역 또는 2천만원 이하의 벌금) (제16호(위해물품을 휴대하거나 적재한 사람)는 제외한다) 및
제4항(1년 이하의 징역 또는 1천만원 이하의 벌금) (제2호(거짓이나 그 밖의 부정한 방법으로 운전면허를 받은 사람)는
제외한다)
또는 제80조(제79조제3항제17호(철도보호지구 행위제한에 따른 신고를 하지 아니하거나 명령에 따르지 아니한)의
가중죄를 범한 경우만 해당한다)의 어느 하나에 해당하는 위반행위를 하면 그 행위자를 벌하는 외에 그 법인
또는 개인에게도 해당 조문의 벌금형을 과(科)한다.
다만, 법인 또는 개인이 그 위반행위를 방지하기 위하여 해당 업무에 관하여 상당한 주의와 감독을
게을리하지 아니한 경우에는 그러하지 아니하다.

📄 법 제82조(과태료)

① 다음 각 호의 어느 하나에 해당하는 자에게는 1천만원 이하의 과태료를 부과한다.

1. 안전관리체계의 변경승인을 받지 아니하고 안전관리체계를 변경한 자
2. 제8조제3항(제26조의8 및 제27조의2제4항에서 준용하는 경우를 포함한다)을 위반하여 정당한 사유
   없이 시정조치 명령에 따르지 아니한 자(안전관리체계의 유지)

2의2. 제9조의4제4항(철도안전 우수운영자 지정)을 위반하여 시정조치 명령을 따르지 아니한 자

4. 제26조제2항(제27조제4항에서 준용하는 경우를 포함한다)을 위반하여 변경승인을 받지 아니한 자
   (형식승인)
5. 제26조의5제2항(제27조의2제4항에서 준용하는 경우를 포함한다)에 따른 신고를 하지 아니한 자
   (철도차량 제작자승인의 지위를 승계)
6. 형식승인표시를 하지 아니한 자
7. 조사·열람·수거 등을 거부, 방해 또는 기피한 자
8. (중지명령을 받은 철도차량 또는 철도용품의 제작자)시정조치계획을 제출하지 아니하거나 시정조치의
   진행 상황을 보고하지 아니한 자
9. 제38조제2항(종합시험운행)에 따른 개선·시정 명령을 따르지 아니한 자

9의2. 다음 각 목의 어느 하나에 해당하는 자

가. 이력사항을 고의로 입력하지 아니한 자

나. 이력사항을 위조·변조하거나 고의로 훼손한 자

다. 이력사항을 무단으로 외부에 제공한 자

9의3. 제38조의7제2항(철도차량 정비조직인증)을 위반하여 변경인증을 받지 아니한 자

9의4. 제38조의9(인증정비조직의 준수사항)에 따른 준수사항을 지키지 아니한 자

9의5. 정밀안전진단 명령을 따르지 아니한 자

9의6. 제38조의14제2항 후단(정밀안전진단 결과의 평가)을 위반하여 특별한 사유 없이 자료를 제출하지 아니하거나 거짓으로 제출한 자

10. 제39조의2제3항(국토교통부장관은 철도차량의 안전한 운행을 위하여 철도시설 내에서 사람, 자동차 및 철도차량의 운행제한)에 따른 안전조치를 따르지 아니한 자

10의2. 영상기록장치를 설치·운영하지 아니한 자

13의2. 국토교통부장관의 성능인증을 받은 보안검색장비를 사용하지 아니한 자

14. 철도종사자의 직무상 지시에 따르지 아니한 사람

15. 제61조제1항 및 제61조의2제1항·제2항에 따른 보고를 하지 아니하거나 거짓으로 보고한 자(사상자가 많은 철도사고등의 즉시보고, 고장 등 보고 의무)

16. 제73조제1항에 따른 보고(국토교통부장관이나 관계 지방자치단체가 보고하게 하는 경우)를 하지 아니하거나 거짓으로 보고한 자

17. 제73조제1항국토교통부장관이나 관계 지방자치단체가 보고하게 하는 경우)에 따른 자료제출을 거부, 방해 또는 기피한 자

18. 제73조제2항(소속 공무원으로 하여금 철도관계기관등의 사무소 또는 사업장에 출입)에 따른 소속 공무원의 출입·검사를 거부, 방해 또는 기피한 자

② 다음 각 호의 어느 하나에 해당하는 자에게는 500만원 이하의 과태료를 부과한다.

1. 안전관리체계의 변경신고를 하지 아니하고 안전관리체계를 변경한 자

2. 안전교육을 실시하지 아니한 자 직무교육을 실시하지 아니한 자

2의2. 안전교육 실시 여부를 확인하지 아니하거나 안전교육을 실시하도록 조치하지 아니한 철도운영자등

3. 제26조제2항(제27조제4항에서 준용하는 경우를 포함한다)을 위반하여 변경신고를 하지 아니한 자 (형식승인 받은 자가 경미한 사항을 변경하려는 경우)

4. 개조신고를 하지 아니하고 개조한 철도차량을 운행한 자

5. 이력사항을 과실로 입력하지 아니한 자

6. 제38조의7제2항(철도차량 정비조직인증)을 위반하여 변경신고를 하지 아니한 자

7. 제40조의2(철도종사자의 준수사항)에 따른 준수사항을 위반한 자

7의2. 위험물취급의 방법, 절차 등을 따르지 아니하고 위험물취급을 한 자(위험물을 철도로 운송한 자는 제외한다)

7의3. 제44조의2제1항(위험물 포장 및 용기의 검사)에 따른 검사를 받지 아니하고 포장 및 용기를 판매 또는 사용한 자

7의4. 자신이 고용하고 있는 종사자가 위험물취급안전교육을 받도록 하지 아니한 위험물취급자

8. 여객출입 금지장소에 출입하거나 물건을 여객열차 밖으로 던지는 행위를 한 사람

8의2. 여객열차에서의 금지행위에 관한 사항을 안내하지 아니한 자

9. 철도시설(선로는 제외한다)에 승낙 없이 출입하거나 통행한 사람

10. 철도시설에 유해물 또는 오물을 버리거나 열차운행에 지장을 준 사람

11. 보안검색장비의 성능인증을 위한 기준·방법·절차 등을 위반한 인증기관 및 시험기관

12. 제61조제2항(철도사고등 의무보고)에 따른 보고를 하지 아니하거나 거짓으로 보고한 자

③ 다음 각 호의 어느 하나에 해당하는 자에게는 300만원 이하의 과태료를 부과한다.

1. 우수운영자로 지정되었음을 나타내는 표시를 하거나 이와 유사한 표시를 한 자

4. 운전면허증을 반납하지 아니한 사람

④ 다음 각 호의 어느 하나에 해당하는 자에게는 100만원 이하의 과태료를 부과한다.

1. 업무에 종사하는 동안에 열차 내에서 흡연을 한 사람

2. 여객열차에서 흡연을 한 사람

3. 선로에 승낙 없이 출입하거나 통행한 사람

4. 폭언 또는 고성방가 등 소란을 피우는 행위를 한 사람

⑤ 다음 각 호의 어느 하나에 해당하는 자에게는 50만원 이하의 과태료를 부과한다.

1. 제45조제4항(철도보호지구에서의 행위제한)을 위반하여 조치명령을 따르지 아니한 자

2. 공중이나 여객에게 위해를 끼치는 행위를 한 사람

⑥ 제1항부터 제5항까지에 따른 과태료는 대통령령으로 정하는 바에 따라 국토교통부장관 또는 시·도지사(이 조 제1항제14호·제16호 및 제17호, 제2항제8호부터 제10호까지, 제4항제1호·제2호 및 제5항제1호·제2호만 해당한다)가 부과·징수한다.

📄 법 제83조(과태료 규정의 적용 특례)

제82조의 과태료에 관한 규정을 적용할 때 제9조의2(제26조의8, 제27조의2제4항, 제38조의4, 제38조의11 및 제38조의15에서 준용하는 경우를 포함한다)에 따라 과징금을 부과한 행위에 대해서는 과태료를 부과할 수 없다. (이미 과징금을 부과한 행위에 대해서는 과태료를 부과할 수 없다)

위반행위	근거 법조문	과태료 금액(단위: 만원)		
		1회 위반	2회 위반	3회 이상 위반
가. 안전관리체계의 변경승인을 받지 않고 안전관리체계를 변경한 경우	법 제82조 제1항 제1	300	600	900
나. 안전관리체계의 변경신고를 하지 않고 안전관리체계를 변경한 경우	법 제82조 제2항제1호	150	300	450
다. 법 제8조제3항 (안전관리체계가 지속적으로 유지)을 위반하여 정당한 사유 없이 시정조치명령에 따르지 않은 경우	법 제82조 제1항제2호	300	600	900
라. 우수운영자로 지정되었음을 나타내는 표시를 하거나 이와 유사한 표시를 한 경우	법 제82조 제3항제1호	90	180	270
마. 법 제9조의4제4항을 위반하여(위반하여 우수운영자로 지정되었음을 나타내는 표시) 시정조치명령을 따르지 않은 경우	법 제82조 제1항제2호의2	300	600	900
바. 운전면허증을 반납하지 않은 경우	법 제82조 제3항제4호	90	180	270
사. 안전교육을 실시하지 않거나 직무교육을 실시하지 않은 경우	법 제82조 제2항제2호	150	300	450
아. 철도운영자 등이 안전교육 실시 여부를 확인하지 않거나 안전교육을 실시하도록 조치하지 않은 경우	법 제82조 제2항제2호의2	150	300	450
자. 법 제26조제2항 본문(형식승인 변경승인)을 위반하여 변경승인을 받지 않은 경우	법 제82조 제1항제4호	300	600	900
차. 법 제26조제2항 단서를 위반하여 변경신고를 하지 않은 경우	법 제82조 제2항제3호	150	300	450
카. 법 제26조의5제2항(제작자승인의 지위 승계)에 따른 신고를 하지 않은 경우	법 제82조 제1항제5호	300	600	900
타. 법 제27조의2제3항(철도용품 제작자승인)을 위반하여 형식승인표시를 하지 않은 경우	법 제82조 제1항제6호	300	600	900
파. 법 제31조제2항(형식승인 등의 사후관리)을 위반하여 조사·열람·수거 등을 거부, 방해 또는 기피한 경우	법 제82조 제1항제7호	300	600	900
하. 법 제32조제2항 또는 제4항을 위반하여(철도차량 또는 철도용품 제작 또는 판매 중지 등) 시정조치계획을 제출하지 않거나 시정조치의 진행 상황을 보고하지 않은 경우	법 제82조 제1항제8호	300	600	900
거. 법 제38조제2항(종합시험운행)에 따른 개선·시정 명령을 따르지 않은 경우	법 제82조 제1항제9호	300	600	900

위반행위	근거 법조문	과태료 금액(단위: 만원)		
		1회 위반	2회 위반	3회 이상 위반
너. 개조신고를 하지 않고 개조한 철도차량을 운행한 경우	법 제82조 제2항제4호	150	300	450
더. 다음의 어느 하나에 해당하는 경우 　1) 이력사항을 고의로 입력하지 않은 경우 　2) 이력사항을 위조·변조하거나 고의로 훼손한 경우 　3) 이력사항을 무단으로 외부에 제공한 경우	법 제82조 제1항제9호의2	300	600	900
러. 이력사항을 과실로 입력하지 않은 경우	법 제82조 제2항제5호	150	300	450
머. 법 제38조의7제2항(철도차량 정비조직인증)을 위반하여 변경인증을 받지 않은 경우	법 제82조 제1항제9호의3	300	600	900
버. 법 제38조의7제2항(철도차량 정비조직인증)을 위반하여 변경신고를 하지 않은 경우	법 제82조 제2항제6호	150	300	450
서. 법 제38조의9(인증정비조직의 준수사항)에 따른 준수사항을 지키지 않은 경우	법 제82조 제1항제9호의4	300	600	900
어. 법 제38조의12제2항(정밀안전진단 결과의 평가)에 따른 정밀안전진단 명령을 따르지 않은 경우	법 제82조 제1항제9호의5	300	600	900
저. 법 제38조의14제2항(정밀안전진단 결과의 평가) 후단을 위반하여 특별한 사유 없이 자료를 제출하지 않거나 거짓으로 제출한 경우	법 제82조 제1항제9호의6	300	600	900
처. 법 제39조의2제3항(철도교통관제)에 따른 안전조치를 따르지 않은 경우	법 제82조 제1항제10호	300	600	900
커. 영상기록장치를 설치·운영하지 않은 경우	법 제82조 제1항제10호의2	300	600	900
터. 법 제40조의2에 따른(철도종사자의 준수사항 – 핸드폰) 준수사항을 위반한 경우	법 제82조 제2항제7호	150	300	450
퍼. 업무에 종사하는 동안에 열차 내에서 흡연을 한 경우	법 제82조 제4항제1호	30	60	90
허. 위험물취급의 방법, 절차 등을 따르지 않고 위험물취급을 한 경우(위험물을 철도로 운송한 경우는 제외한다)	법 제82조 제2항제7호의2	150	300	450
고. 법 제44조의2제1항(위험물 포장 및 용기의 검사)에 따른 검사를 받지 않고 포장 및 용기를 판매 또는 사용한 경우	법 제82조 제2항제7호의	150	300	450
노. 위험물취급자가 자신이 고용하고 있는 종사자가 위험물취급안전교육을 받도록 하지 않은 경우	법 제82조 제2항제7호의4	150	300	450
도. 법 제45조제4항(철도보호지구에서의 행위제한)을 위반하여 조치명령을 따르지 않은 경우	법 제82조 제5항제1호	15	30	45

위반행위	근거 법조문	과태료 금액(단위: 만원)		
		1회 위반	2회 위반	3회 이상 위반
로. 여객출입 금지장소에 출입하거나 물건을 여객열차 밖으로 던지는 행위를 한 경우	법 제82조 제2항제8호	150	300	450
모. 여객열차에서 흡연을 한 경우	법 제82조 제4항제2호	30	60	90
보. 법 제47조제1항제7조를 위반하여 공중이나 여객에게 위해를 끼치는 행위를 한 경우 　1) 여객에게 위해를 끼칠 우려가 있는 동식물을 안전조치 없이 여객열차에 동승하거나 휴대하는 행위 　2) 타인에게 전염의 우려가 있는 법정 감염병자가 철도종사자의 허락 없이 여객열차에 타는 행위 　3) 철도종사자의 허락 없이 여객에게 기부를 부탁하거나 물품을 판매·배부하거나 연설·권유 등을 하여 여객에게 불편을 끼치는 행위	법 제82조 제5항제2호	15	30	45
소. 여객열차에서의 금지행위에 관한 사항을 안내하지 않은 경우	법 제82조 제2항	150	300	450
오. 철도시설(선로는 제외한다)에 승낙 없이 출입하거나 통행한 경우	법 제82조 제2항제9호	150	300	450
조. 선로에 승낙 없이 출입하거나 통행한 경우	법 제82조 제4항제3호	30	60	90
초. 폭언 또는 고성방가 등 소란을 피우는 행위를 한 경우	법 제82조 제4항 제4호	30	60	90
코. 철도시설에 유해물 또는 오물을 버리거나 열차운행에 지장을 준 경우	법 제82조 제2항제10호	150	300	450
토. 국토교통부장관의 성능인증을 받은 보안검색장비를 사용하지 않은 경우	법 제82조 제1항제13호의2	300	600	900
포. 인증기관 및 시험기관이 보안검색장비의 성능인증을 위한 기준·방법·절차 등을 위반한 경우	법 제82조 제2항제11호	150	300	450
호. 철도종사자의 직무상 지시에 따르지 않은 경우	법 제82조 제1항제14호	300	600	900
구. 법 제61조제1항(철도사고등 의무보고)에 따른 보고를 하지 않거나 거짓으로 보고한 경우	법 제82조 제1항제15호	300	600	900
누. 법 제61조제2항(대통령령 정하는 철도사고 제외한 철도사고등 의무보고)에 따른 보고를 하지 않거나 거짓으로 보고한 경우	법 제82조 제2항제12호	150	300	450

위반행위	근거 법조문	과태료 금액(단위: 만원)		
		1회 위반	2회 위반	3회 이상 위반
두. 법 제61조의2제1항·제2항(철도차량 등에 발생한 고장 등 보고 의무)에 따른 보고를 하지 않거나 거짓으로 보고한 경우	법 제82조 제1항제15호	300	600	900
루. 법 제73조제1항(철도관계기관등에 대하여 필요한 사항을 보고하게 하거나 자료의 제출)에 따른 보고를 하지 않거나 거짓으로 보고한 경우	법 제82조 제1항제16호	300	600	900
무. 법 제73조제1항(철도관계기관등에 대하여 필요한 사항을 보고하게 하거나 자료의 제출)에 따른 자료제출을 거부, 방해 또는 기피한 경우	법 제82조 제1항제17호	300	600	900
부. 법 제73조제2항에 따른 소속 공무원의 출입·검사를 거부, 방해 또는 기피한 경우	법 제82조 제1항제18호	300	600	900

💯 이것만 알아도 합격한다! – 철도왕의 9장 핵심 요약

법78조 벌칙 소훼, 파손 / 79조 5년 – 폭행 협박 / 3년 – 안전관리체계 승인 받지아니함, 위험물 운송 /

2년 – 거짓으로 안전관리체계 승인, 비상정지버튼, 자율보고 불이익 / 1년 – 운전면허 없이 운전 /

과태료 1천만원 안전관리체계 승인 받지 아니함, 보고 자료제출 기피 /

500만원 이하 과태료 – 안전관리체계 신고 하지 아니함, 안전교육 하지 아니함, 위험물 취급함,

300만원 우수운영자, 운전면허 반납안함 / 100만원 과태료 열차 내 흡연

별표 부과기준 안전관리체계 승인 받지 아니함 300 600 900

열차 내에서 흡연 30 60 90

핸드폰 150 300 450

01.

무기징역 또는 5년 이상의 징역에 처하지 않는 것은?
① 철도차량을 파손하여 철도차량 운행에 위험을 발생하게 한 사람
② 사람이 탑승하여 운행 중인 철도차량을 탈선하게 한 사람
③ 사람이 탑승하여 운행 중인 철도차량에 불을 놓아 소훼한 사람
④ 사람이 탑승하여 운행 중인 철도차량을 충돌하게 하거나 파괴한 사람

답 ①
해 법 제78조 벌칙

02.

징역 3년 또는 벌금 3000만원 이하에 해당하는 행위로 맞는 것은?
① 폭행·협박으로 철도종사자의 직무집행을 방해한 자
② 술을 마시거나 약물을 사용한 상태에서 업무를 한 사람
③ 거짓이나 그 밖의 부정한 방법으로 안전관리체계의 승인을 받은 자
④ 철도운영이나 철도시설의 관리에 중대하고 명백한 지장을 초래한 자

답 ②
해 법 제78조(벌칙), 1번 5년, 3번 2년, 4번 2년

03.

징역 1년 또는 벌금 1000만원 이하에 해당하는 행위로 맞는 것은?
① 운전적성검사기관 등이 업무정지 기간 중에 업무를 한 자
② 개조승인을 받지 아니하고 철도차량을 임의로 개조하여 운행한 자
③ 여객열차에서 다른 사람을 폭행하여 열차운행에 지장을 초래한 자
④ 종합시험운행 결과를 허위로 보고한 자

답 ④
해 법 제78조(벌칙) 1번 2년, 2번 3년, 3번 3년

04.

가장 높은 처벌을 받는 것은?
① 설치 목적과 다른 목적으로 영상기록장치를 임의로 조작하거나 다른 곳을 비춘 자 또는 운행기간 외에 영상기록을 한 자
② 술을 마시거나 약물을 복용하고 다른 사람에게 위해를 주는 행위를 한 사람
③ 거짓이나 그 밖의 부정한 방법으로 운전면허를 받은 사람
④ 정당한 사유 없이 위해물품을 휴대하거나 적재한 사람

답 ④
해 법 제79조(벌칙), 4번만 2년이다.

05.

과태료가 높은 순서대로 나열된 것은?

ㄱ. 안전관리 체계의 변경 승인을 받지 아니하고 안전관리 체계를 변경한 자
ㄴ. 여객열차에서 흡연을 한 사람
ㄷ. 운전면허증을 반납하지 아니한 사람
ㄹ. 철도 보호지구에서의 행위 제한을 위반하여 조치명령을 따르지 아니한 자
ㅁ. 위험물 취급의 방법, 절차 등을 따르지 아니하고 위험물 취급을 한 자

① ㄱ, ㄴ, ㄷ, ㄹ, ㅁ
② ㄱ, ㅁ, ㄷ, ㄴ, ㄹ
③ ㄱ, ㄷ, ㄴ, ㄹ, ㅁ
④ ㅁ, ㄱ, ㄴ, ㄷ, ㄹ

답 ②
해 법 제82조 과태료

06.

500만원 이하의 과태료를 부과가 아닌 것은?

① 철도시설(선로는 제외한다)에 승낙 없이 출입하거나 통행한 사람
② 우수운영자로 지정되었음을 나타내는 표시를 하거나 이와 유사한 표시를 한 자
③ 보안검색장비의 성능인증을 위한 기준 · 방법 · 절차 등을 위반한 인증기관 및 시험기관
④ 여객열차에서의 금지행위에 관한 사항을 안내하지 아니한 자

답 ②
해 법 제82조(과태료) 2번 300만원이다.

07.

과태료 금액이 가장 많은 것은?

① 안전관리체계의 변경신고를 하지 않고 안전관리체계를 변경한 경우 2회 위반
② 운전면허증을 반납하지 않은 경우 3회 위반
③ 위험물취급의 방법, 절차 등을 따르지 않고 위험물취급을 한 경우 3회 위반
④ 우수운영자로 지정되었음을 나타내는 표시의 시정조치명령을 따르지 않은 경우 2회 위반

답 ④
해 철도안전법 시행령 별표6, 600만원
　1번 300만원, 2번 270만원, 3번 450만원

08.

철도안전법 과태료가 옳지 않은 것은?

① 철도운영자 등이 안전교육 실시 여부를 확인하지 않거나 안전교육을 실시하도록 조치하지 않은 경우 2차 위반: 300만원
② 이력사항을 무단으로 외부에 제공한 경우 1차 위반: 300만원
③ 영상기록장치를 설치 · 운영하지 않은 경우 1차 위반: 150만원
④ 업무에 종사하는 동안에 열차 내에서 흡연을 한 경우 1차 위반: 30만원

답 ③
해 300만원이다.

시험들의 불합격 사유는 무엇인가요?

머리말에도 적혀있지만, 다시 말씀드리자면

입교 시험 → 면허 필기시험 → 기능시험 → 입사 시험 → 면접 → 근무

철도왕과 함께 이 순서대로 나아가시게 됩니다.

각각의 불합격 사유를 말씀드리겠습니다.

입교 시험 : 정보 부족, 올바른 교재 인강의 미사용, 커트라인 숙지 부족

면허 필기시험 : 올바른 인강 미사용, 전기동차, 운전 이론, 도시철도공사 순으로 과락률이 높다.

기능시험 : 출입문 오취급이 대다수, 시간초과, 조치 미흡 순이다.

입사 시험 : 정보 부족, 올바른 교재 인강 미사용, 가산점과 NCS에 대한 이해 부족

철도차량 운전규칙

"65세"
커넬 샌더슨이 KFC 창업을 처음 시작한 나이
그리고 KFC는 세계적인 기업이 되었다. 도전에 늦을 때란 없다.

철도차량 운전규칙

1장 총칙

제1조(목적)

이 규칙은 열차의 편성, 철도차량의 운전 및 신호방식 등 철도차량의 안전운행에 관하여 필요한 사항을 정함을 목적으로 한다.

제2조(정의)

1. "정거장"이라 함은 여객의 승강(여객 이용시설 및 편의시설을 포함한다), 화물의 적하(積下), 열차의 조성(組成: 철도차량을 연결하거나 분리하는 작업을 말한다), 열차의 교행(交行) 또는 대피를 목적으로 사용되는 장소를 말한다.
2. "본선"이라 함은 열차의 운전에 상용하는 선로를 말한다.
3. "측선"이라 함은 본선이 아닌 선로를 말한다.
6. "차량"이라 함은 열차의 구성부분이 되는 1량의 철도차량을 말한다.
7. "전차선로"라 함은 전차선 및 이를 지지하는 공작물을 말한다.
8. "완급차(緩急車)"라 함은 관통제동기용 제동통·압력계·차장변(車掌弁) 및 수(手)제동기를 장치한 차량으로서 열차승무원이 집무할 수 있는 차실이 설비된 객차 또는 화차를 말한다.
9. "철도신호"라 함은 신호·전호(傳號) 및 표지를 말한다.
10. "진행지시신호"라 함은 진행신호·감속신호·주의신호·경계신호·유도신호 및 차내신호(정지신호를 제외한다) 등 차량의 진행을 지시하는 신호를 말한다.
11. "폐색"이라 함은 일정 구간에 동시에 2 이상의 열차를 운전시키지 아니하기 위하여 그 구간을 하나의 열차의 운전에만 점용시키는 것을 말한다.

> **철도왕의 암기 TIP!**
>
> 1조 목적은 편운안이라고 외운다.
>
> 2조 1번 정거장은 여화조교라고 외운다.
>
> 2조 8번 완급차는 제압차수라고 외운다.

12. "구내운전"이라 함은 정거장내 또는 차량기지 내에서 입환신호에 의하여 열차 또는 차량을 운전하는 것을 말한다.
13. "입환(入換)"이라 함은 사람의 힘에 의하거나 동력차를 사용하여 차량을 이동·연결 또는 분리하는 작업을 말한다.
14. "조차장(操車場)"이라 함은 차량의 입환 또는 열차의 조성을 위하여 사용되는 장소를 말한다.
15. "신호소"라 함은 상치신호기 등 열차제어시스템을 조작·취급하기 위하여 설치한 장소를 말한다.
16. "동력차"라 함은 기관차(機關車), 전동차(電動車), 동차(動車) 등 동력발생장치에 의하여 선로를 이동하는 것을 목적으로 제조한 철도차량을 말한다.
17. "위험물"이라 함은 「철도안전법」 제44조제1항의 규정에 의한 위험물을 말한다.
18. "무인운전"이란 사람이 열차 안에서 직접 운전하지 아니하고 관제실에서의 원격조종에 따라 열차가 자동으로 운행되는 방식을 말한다.
19. "운전취급담당자"란 철도 신호기·선로전환기 또는 조작판을 취급하는 사람을 말한다.

제3조(적용범위)

철도에서의 철도차량의 운행에 관하여는 다른 법령에 특별한 규정이 있는 경우를 제외하고는 이 규칙이 정하는 바에 의한다.

제4조(업무규정의 제정·개정 등)

① 철도운영자 및 철도시설관리자(이하 "철도운영자등"이라 한다)는 이 규칙에서 정하지 아니한 사항이나 지역별로 상이한 사항 등 열차운행의 안전관리 및 운영에 필요한 세부기준 및 절차를 이 규칙의 범위 안에서 따로 정할 수 있다.
② 철도운영자등은 다음 각 호의 경우에는 이와 관련된 다른 철도운영자등과 사전에 협의해야 한다.
　　1. 다른 철도운영자등이 관리하는 구간에서 열차를 운행하려는 경우
　　2. 제1호에 따른 열차 운행과 관련하여 업무규정을 제정·개정하는 경우

제5조(철도운영자등의 책무)

철도운영자등은 열차 또는 차량을 운행함에 있어 철도사고를 예방하고 여객과 화물을 안전하고 원활하게 운송할 수 있도록 필요한 조치를 하여야 한다.

제6조(교육 및 훈련 등)

① 철도운영자등은 다음 각 호의 어느 하나에 해당하는 사람에게 「철도안전법」 등 관계 법령에 따라 필요한 교육을 실시해야 하고, 해당 철도종사자 등이 업무 수행에 필요한 지식과 기능을 보유한 것을 확인한 후 업무를 수행하도록 해야 한다.

    1. 「철도안전법」에 따른 철도차량의 운전업무에 종사하는 사람(이하 "운전업무종사자"라 한다)

    2. 철도차량운전업무를 보조하는 사람(이하 "운전업무보조자"라 한다)

    3. 「철도안전법」에 따라 철도차량의 운행을 집중 제어·통제·감시하는 업무에 종사하는 사람(이하 "관제업무종사자"라 한다)

    4. 「철도안전법」에 따른 여객에게 승무 서비스를 제공하는 사람(이하 "여객승무원"이라 한다)

    5. 운전취급담당자

    6. 철도차량을 연결·분리하는 업무를 수행하는 사람

    7. 원격제어가 가능한 장치로 입환 작업을 수행하는 사람

② 철도운영자등은 운전업무종사자, 운전업무보조자 및 여객승무원이 철도차량에 탑승하기 전 또는 철도차량의 운행중에 필요한 사항에 대한 보고·지시 또는 감독 등을 적절히 수행할 수 있도록 안전관리체계를 갖추어야 한다.

③ 철도운영자등은 제2항의 규정에 의한 업무를 수행하는 자가 과로 등으로 인하여 당해 업무를 적절히 수행하기 어렵다고 판단되는 경우에는 그 업무를 수행하도록 하여서는 아니된다.

제7조(열차에 탑승하여야 하는 철도종사자)

① 열차에는 운전업무종사자와 여객승무원을 탑승시켜야 한다. 다만, 해당 선로의 상태, 열차에 연결되는 차량의 종류, 철도차량의 구조 및 장치의 수준 등을 고려하여 열차운행의 안전에 지장이 없다고 인정되는 경우에는 운전업무종사자 외의 다른 철도종사자를 탑승시키지 않거나 인원을 조정할 수 있다.

② 제1항에도 불구하고 무인운전의 경우에는 운전업무종사자를 탑승시키지 않을 수 있다.

📄 3장 적재제한 등

제8조(차량의 적재 제한 등)

① 차량에 화물을 적재할 경우에는 차량의 구조와 설계강도 등을 고려하여 허용할 수 있는 최대적재량을 초과하지 않도록 해야 한다.

② 차량에 화물을 적재할 경우에는 중량의 부담을 균등히 해야 하며, 운전 중의 흔들림으로 인하여 무너지거나 넘어질 우려가 없도록 해야 한다.

③ 차량에는 차량한계(차량의 길이, 너비 및 높이의 한계를 말한다. 이하 이 조에서 같다)를 초과하여 화물을 적재·운송해서는 안 된다. 다만, 열차의 안전운행에 필요한 조치를 하는 경우에는 차량한계를 초과하는 화물(이하 "특대화물"이라 한다)을 운송할 수 있다.

④ 차량의 화물 적재 제한 등에 필요한 세부사항은 국토교통부장관이 정하여 고시한다.

제9조(특대화물의 수송).

철도운영자등은 특대화물을 운송하려는 경우에는 사전에 해당 구간에 열차운행에 지장을 초래하는 장애물이 있는지 등을 조사·검토한 후 운송해야 한다.

제10조(열차의 최대연결차량수 등)

열차의 최대연결차량수는 이를 조성하는 동력차의 견인력, 차량의 성능·차체(Frame) 등 차량의 구조 및 연결장치의 강도와 운행선로의 시설현황에 따라 이를 정하여야 한다.

제11조(동력차의 연결위치)

열차의 운전에 사용하는 동력차는 열차의 맨 앞에 연결하여야 한다. 다만, 다음 각 호의 어느 하나에 해당하는 경우에는 그러하지 아니하다.

1. 기관차를 2 이상 연결한 경우로서 열차의 맨 앞에 위치한 기관차에서 열차를 제어하는 경우
2. 보조기관차를 사용하는 경우
3. 선로 또는 열차에 고장이 있는 경우
4. 구원열차·제설열차·공사열차 또는 시험운전열차를 운전하는 경우
5. 정거장과 그 정거장 외의 본선 도중에서 분기하는 측선과의 사이를 운전하는 경우
6. 그 밖에 특별한 사유가 있는 경우

제12조(여객열차의 연결제한)

① 여객열차에는 화차를 연결할 수 없다. 다만, 회송의 경우와 그 밖에 특별한 사유가 있는 경우에는 그러하지 아니하다.

② 제1항 단서의 규정에 의하여 화차를 연결하는 경우에는 화차를 객차의 중간에 연결하여서는 아니된다.

③ 파손차량, 동력을 사용하지 아니하는 기관차 또는 2차량 이상에 무게를 부담시킨 화물을 적재한 화차는 이를 여객열차에 연결하여서는 아니된다.

제13조(열차의 운전위치)

① 열차는 운전방향 맨 앞 차량의 운전실에서 운전하여야 한다.

② 제1항에도 불구하고 다음 각 호의 어느 하나에 해당하는 경우에는 운전방향 맨 앞 차량의 운전실 외에서도 열차를 운전할 수 있다.

   1. 철도종사자가 차량의 맨 앞에서 전호를 하는 경우로서 그 전호에 의하여 열차를 운전하는 경우

   2. 선로·전차선로 또는 차량에 고장이 있는 경우

   3. 공사열차·구원열차 또는 제설열차를 운전하는 경우

   4. 정거장과 그 정거장 외의 본선 도중에서 분기하는 측선과의 사이를 운전하는 경우

   5. 철도시설 또는 철도차량을 시험하기 위하여 운전하는 경우

   6. 사전에 정한 특정한 구간을 운전하는 경우

   6의2. 무인운전을 하는 경우

7. 그 밖에 부득이한 경우로서 운전방향 맨 앞 차량의 운전실에서 운전하지 아니하여도 열차의 안전한 운전에 지장이 없는 경우

제14조(열차의 제동장치)

2량 이상의 차량으로 조성하는 열차에는 모든 차량에 연동하여 작용하고 차량이 분리되었을 때 자동으로 차량을 정차시킬 수 있는 제동장치를 구비하여야 한다. 다만, 다음 각 호의 어느 하나에 해당하는 경우에는 그러하지 아니하다.

1. 정거장에서 차량을 연결·분리하는 작업을 하는 경우
2. 차량을 정지시킬 수 있는 인력을 배치한 구원열차 및 공사열차의 경우
3. 그 밖에 차량이 분리된 경우에도 다른 차량에 충격을 주지 아니하도록 안전조치를 취한 경우

제15조(열차의 제동력)

① 열차는 선로의 굴곡정도 및 운전속도에 따라 충분한 제동능력을 갖추어야 한다.
② 철도운영자등은 연결축수(연결된 차량의 차축 총수를 말한다)에 대한 제동축수(소요 제동력을 작용시킬 수 있는 차축의 총수를 말한다)의 비율(이하 "제동축비율"이라 한다)이 100이 되도록 열차를 조성하여야 한다. 다만, 긴급상황 발생 등으로 인하여 열차를 조성하는 경우 등 부득이한 사유가 있는 경우에는 그러하지 아니하다.
③ 열차를 조성하는 경우에는 모든 차량의 제동력이 균등하도록 차량을 배치하여야 한다. 다만, 고장 등으로 인하여 일부 차량의 제동력이 작용하지 아니하는 경우에는 제동축비율에 따라 운전속도를 감속하여야 한다.

철도왕의 암기 TIP!

연제라고 외운다.

제16조(완급차의 연결)

① 관통제동기를 사용하는 열차의 맨 뒤(추진운전의 경우에는 맨 앞)에는 완급차를 연결하여야 한다. 다만, 화물열차에는 완급차를 연결하지 아니할 수 있다.
② 제1항 단서의 규정에 불구하고 군전용열차 또는 위험물을 운송하는 열차 등 열차승무원이 반드시 탑승하여야 할 필요가 있는 열차에는 완급차를 연결하여야 한다.

제17조(제동장치의 시험)

열차를 조성하거나 열차의 조성을 변경한 경우에는 당해 열차를 운행하기 전에 제동장치를 시험하여 정상작동여부를 확인하여야 한다.

제18조(철도신호와 운전의 관계)

철도차량은 신호·전호 및 표지가 표시하는 조건에 따라 운전하여야 한다.

제19조(정거장의 경계)

철도운영자등은 정거장 내·외에서 운전취급을 달리하는 경우 이를 내·외로 구분하여 운영하고 그 경계지점과 표시방식을 지정하여야 한다.

제20조(열차의 운전방향 지정 등)

① 철도운영자등은 상행선·하행선 등으로 노선이 구분되는 선로의 경우에는 열차의 운행방향을 미리 지정하여야 한다.

② 다음 각 호의 어느 하나에 해당되는 경우에는 제1항의 규정에 의하여 지정된 선로의 반대선로로 열차를 운행할 수 있다.

　1. 철도운영자등과 상호 협의된 방법에 따라 열차를 운행하는 경우

　2. 정거장내의 선로를 운전하는 경우

　3. 공사열차·구원열차 또는 제설열차를 운전하는 경우

　4. 정거장과 그 정거장 외의 본선 도중에서 분기하는 측선과의 사이를 운전하는 경우

　5. 입환운전을 하는 경우

　6. 선로 또는 열차의 시험을 위하여 운전하는 경우

　7. 퇴행(退行)운전을 하는 경우

　8. 양방향 신호설비가 설치된 구간에서 열차를 운전하는 경우

　9. 철도사고 또는 운행장애 수습 또는 선로보수공사 등으로 인하여 부득이하게 지정된 선로방향을 운행할 수 없는 경우

③ 철도운영자등은 제2항의 규정에 의하여 반대선로로 운전하는 열차가 있는 경우 후속 열차에 대한 운행통제 등 필요한 안전조치를 하여야 한다.

제21조(정거장외 본선의 운전)

차량은 이를 열차로 하지 아니하면 정거장외의 본선을 운전할 수 없다. 다만, 입환작업을 하는 경우에는 그러하지 아니하다.

제22조(열차의 정거장외 정차금지)

열차는 정거장외에서는 정차하여서는 아니된다. 다만, 다음 각 호의 어느 하나에 해당하는 경우에는 그러하지 아니하다.

1. 경사도가 1000분의 30 이상인 급경사 구간에 진입하기 전의 경우

2. 정지신호의 현시(現示)가 있는 경우

3. 철도사고등이 발생하거나 철도사고등의 발생 우려가 있는 경우

4. 그 밖에 철도안전을 위하여 부득이 정차하여야 하는 경우

제23조(열차의 운행시각)

철도운영자등은 정거장에서의 열차의 출발·통과 및 도착의 시각을 정하고 이에 따라 열차를 운행하여야 한다. 다만, 긴급하게 임시열차를 편성하여 운행하는 경우 등 부득이한 경우에는 그러하지 아니하다.

제24조(운전정리)

철도사고등의 발생 등으로 인하여 열차가 지연되어 열차의 운행일정의 변경이 발생하여 열차운행상 혼란이 발생한 때에는 열차의 종류·등급·목적지 및 연계수송 등을 고려하여 운전정리를 행하고, 정상운전으로 복귀되도록 하여야 한다.

철도랑의 암기 TIP!

종등목연으로 외운다.

제25조(열차 출발시의 사고방지)

철도운영자등은 열차를 출발시키는 경우 여객이 객차의 출입문에 끼었는지의 여부, 출입문의 닫힘 상태 등을 확인하는 등 여객의 안전을 확보할 수 있는 조치를 하여야 한다.

제26조(열차의 퇴행 운전)

① 열차는 퇴행하여서는 아니된다. 다만, 다음 각 호의 어느 하나에 해당하는 경우에는 그러하지 아니하다.

1. 선로·전차선로 또는 차량에 고장이 있는 경우

2. 공사열차·구원열차 또는 제설열차가 작업상 퇴행할 필요가 있는 경우

3. 뒤의 보조기관차를 활용하여 퇴행하는 경우

4. 철도사고등의 발생 등 특별한 사유가 있는 경우

② 제1항 단서의 규정에 의하여 퇴행하는 경우에는 다른 열차 또는 차량의 운전에 지장이 없도록 조치를 취하여야 한다.

제27조(열차의 재난방지)

철도운영자등은 폭풍우·폭설·홍수·지진·해일 등으로 열차에 재난 또는 위험이 발생할 우려가 있는 경우에는 그 상황을 고려하여 열차운전을 일시 중지하거나 운전속도를 제한하는 등의 재난·위험방지 조치를 강구해야 한다.

제28조()

2 이상의 열차가 정거장에 진입하거나 정거장으로부터 진출하는 경우로서 열차 상호간 그 진로에 지장을 줄 염려가 있는 경우에는 2 이상의 열차를 동시에 정거장에 진입시키거나 진출시킬 수 없다. 다만, 다음 각 호의 어느 하나에 해당하는 경우에는 그러하지 아니하다.

1. 안전측선 · 탈선선로전환기 · 탈선기가 설치되어 있는 경우

2. 열차를 유도하여 서행으로 진입시키는 경우

3. 단행기관차로 운행하는 열차를 진입시키는 경우

4. 다른 방향에서 진입하는 열차들이 출발신호기 또는 정차위치로부터 200미터(동차 · 전동차의 경우에는 150미터) 이상의 여유거리가 있는 경우

5. 동일방향에서 진입하는 열차들이 각 정차위치에서 100미터 이상의 여유거리가 있는 경우

제29조(열차의 긴급정지 등)

철도사고등이 발생하여 열차를 급히 정지시킬 필요가 있는 경우에는 지체없이 정지신호를 표시하는 등 열차정지에 필요한 조치를 취하여야 한다.

제30조(선로의 일시 사용중지)

① 선로의 개량 또는 보수 등으로 열차의 운행에 지장을 주는 작업이나 공사가 진행 중인 구간에는 작업이나 공사 관계 차량 외의 열차 또는 철도차량을 진입시켜서는 안 된다.

② 작업 또는 공사가 완료된 경우에는 열차의 운행에 지장이 없는 지를 확인하고 열차를 운행시켜야 한다.

제31조(구원열차 요구 후)

① 철도사고등의 발생으로 인하여 정거장외에서 열차가 정차하여 구원열차를 요구하였거나 구원열차 운전의 통보가 있는 경우에는 당해 열차를 이동하여서는 아니된다. 다만, 다음 각 호의 어느 하나에 해당하는 경우에는 그러하지 아니하다.

1. 철도사고등이 확대될 염려가 있는 경우

2. 응급작업을 수행하기 위하여 다른 장소로 이동이 필요한 경우

② 철도종사자는 제1항 단서에 따라 열차나 철도차량을 이동시키는 경우에는 지체없이 구원열차의 운전업무종사자와 관제업무종사자 또는 운전취급담당자에게 그 이동 내용과 이동 사유를 통보하고, 열차의 방호를 위한 정지수신호 등 안전조치를 취해야 한다.

제32조(화재발생시의 운전)

① 열차에 화재가 발생한 경우에는 조속히 소화의 조치를 하고 여객을 대피시키거나 화재가 발생한 차량을 다른 차량에서 격리시키는 등의 필요한 조치를 하여야 한다.

② 열차에 화재가 발생한 장소가 교량 또는 터널 안인 경우에는 우선 철도차량을 교량 또는 터널 밖으로 운전하는 것을 원칙으로 하고, 지하구간인 경우에는 가장 가까운 역 또는 지하구간 밖으로 운전하는 것을 원칙으로 한다.

제32조의2(무인운전 시의 안전확보 등)

열차를 무인운전하는 경우에는 다음 각 호의 사항을 준수해야 한다.

1. 철도운영자등이 지정한 철도종사자는 차량을 차고에서 출고하기 전 또는 무인운전 구간으로 진입하기 전에 운전방식을 무인운전 모드(mode)로 전환하고, 관제업무종사자로부터 무인운전 기능을 확인받을 것

2. 관제업무종사자는 열차의 운행상태를 실시간으로 감시하고 필요한 조치를 할 것

3. 관제업무종사자는 열차가 정거장의 정지선을 지나쳐서 정차한 경우 다음 각 목의 조치를 할 것

    가. 후속 열차의 해당 정거장 진입 차단

    나. 철도운영자등이 지정한 철도종사자를 해당 열차에 탑승시켜 수동으로 열차를 정지선으로 이동

    다. 나목의 조치가 어려운 경우 해당 열차를 다음 정거장으로 재출발

4. 철도운영자등은 여객의 승하차 시 안전을 확보하고 시스템 고장 등 긴급상황에 신속하게 대처하기 위하여 정거장 등에 안전요원을 배치하거나 순회하도록 할 것

제33조(특수목적열차의 운전)

철도운영자등은 특수한 목적으로 열차의 운행이 필요한 경우에는 당해 특수목적열차의 운행계획을 수립·시행하여야 한다.

제34조(열차의 운전 속도)

① 열차는 선로 및 전차선로의 상태, 차량의 성능, 운전방법, 신호의 조건 등에 따라 안전한 속도로 운전하여야 한다.

② 철도운영자등은 다음 각 호를 고려하여 선로의 노선별 및 차량의 종류별로 열차의 최고속도를 정하여 운용하여야 한다.

    1. 선로에 대하여는 선로의 굴곡의 정도 및 선로전환기의 종류와 구조

    2. 전차선에 대하여는 가설방법별 제한속도

제35조(운전방법 등에 의한 속도제한)

철도운영자등은 다음 각 호의 어느 하나에 해당하는 경우에는 열차 또는 차량의 운전제한속도를 따로 정하여 시행하여야 한다.

1. 서행신호 현시구간을 운전하는 경우

2. 추진운전을 하는 경우(총괄제어법에 따라 열차의 맨 앞에서 제어하는 경우를 제외한다)

3. 열차를 퇴행운전을 하는 경우

4. 쇄정(鎖錠)되지 않은 선로전환기를 대향(對向)으로 운전하는 경우

5. 입환운전을 하는 경우

6. 전령법(傳令法)에 의하여 열차를 운전하는 경우

7. 수신호 현시구간을 운전하는 경우

8. 지령운전을 하는 경우

9. 무인운전 구간에서 운전업무종사자가 탑승하여 운전하는 경우

10. 그 밖에 철도안전을 위하여 필요하다고 인정되는 경우

제36조(열차 또는 차량의 정지)

① 열차 또는 차량은 정지신호가 현시된 경우에는 그 현시지점을 넘어서 진행할 수 없다. 다만, 다음 각 호의 어느 하나에 해당하는 경우에는 그러하지 아니하다.

    1. 수신호에 의하여 정지신호의 현시가 있는 경우

    2. 신호기 고장 등으로 인하여 정지가 불가능한 거리에서 정지신호의 현시가 있는 경우

② 제1항의 규정에 불구하고 자동폐색신호기의 정지신호에 의하여 일단 정지한 열차 또는 차량은 정지신호 현시중이라도 운전속도의 제한 등 안전조치에 따라 서행하여 그 현시지점을 넘어서 진행할 수 있다.

③ 서행허용표지를 추가하여 부설한 자동폐색신호기가 정지신호를 현시하는 때에는 정지신호 현시중이라도 정지하지 아니하고 운전속도의 제한 등 안전조치에 따라 서행하여 그 현시지점을 넘어서 진행할 수 있다.

제37조(열차 또는 차량의 진행)

열차 또는 차량은 진행을 지시하는 신호가 현시된 때에는 신호종류별 지시에 따라 지정속도 이하로 그 지점을 지나 다음 신호가 있는 지점까지 진행할 수 있다.

제38조(열차 또는 차량의 서행)

① 열차 또는 차량은 서행신호의 현시가 있을 때에는 그 속도를 감속하여야 한다.

② 열차 또는 차량이 서행해제신호가 있는 지점을 통과한 때에는 정상속도로 운전할 수 있다.

제39조(입환)

① 철도운영자등은 입환작업을 하려면 다음 각 호의 사항을 포함한 입환작업계획서를 작성하여 기관사, 운전취급담당자, 입환작업자에게 배부하고 입환작업에 대한 교육을 실시하여야 한다. 다만, 단순히 선로를 변경하기 위하여 이동하는 입환의 경우에는 입환작업계획서를 작성하지 아니할 수 있다.

  1. 작업 내용

  2. 대상 차량

  3. 입환 작업 순서

  4. 작업자별 역할

  5. 입환전호 방식

  6. 입환 시 사용할 무선채널의 지정

  7. 그 밖에 안전조치사항

② 입환작업자(기관사를 포함한다)는 차량과 열차를 입환하는 경우 다음 각 호의 기준에 따라야 한다.

  1. 차량과 열차가 이동하는 때에는 차량을 분리하는 입환작업을 하지 말 것

  2. 입환 시 다른 열차의 운행에 지장을 주지 않도록 할 것

  3. 여객이 승차한 차량이나 화약류 등 위험물을 적재한 차량에 대하여는 충격을 주지 않도록 할 것

제40조(선로전환기의 쇄정 및 정위치 유지)

① 본선의 선로전환기는 이와 관계된 신호기와 그 진로내의 선로전환기를 연동쇄정하여 사용하여야 한다. 다만, 상시 쇄정되어 있는 선로전환기 또는 취급회수가 극히 적은 배향(背向)의 선로전환기의 경우에는 그러하지 아니하다.

② 쇄정되지 아니한 선로전환기를 대향으로 통과할 때에는 쇄정기구를 사용하여 텅레일(Tongue Rail)을 쇄정하여야 한다.

③ 선로전환기를 사용한 후에는 지체없이 미리 정하여진 위치에 두어야 한다.

제41조(차량의 정차시 조치)

차량을 측선 등에 정차시켜 두는 경우에는 차량이 움직이지 아니하도록 필요한 조치를 하여야 한다.

제42조(열차의 진입과 입환)

① 다른 열차가 정거장에 진입할 시각이 임박한 때에는 다른 열차에 지장을 줄 수 있는 입환을 할 수 없다. 다만, 다른 열차가 진입할 수 없는 경우 등 긴급하거나 부득이한 경우에는 그러하지 아니하다.

② 열차의 도착 시각이 임박한 때에는 그 열차가 정차 예정인 선로에서는 입환을 할 수 없다. 다만, 열차의 운전에 지장을 주지 아니하도록 안전조치를 한 후에는 그러하지 아니하다.

제43조(정거장외 입환)

다른 열차가 인접정거장 또는 신호소를 출발한 후에는 그 열차에 대한 장내신호기의 바깥쪽에 걸친 입환을 할 수 없다. 다만, 특별한 사유가 있는 경우로서 충분한 안전조치를 한 때에는 그러하지 아니하다.

제45조(인력입환)

본선을 이용하는 입력입환은 관제업무종사자 또는 운전취급담당자의 승인을 받아야 하며, 운전취급담당자는 그 작업을 감시해야 한다.

1절 총칙

제46조(열차 간의 안전 확보)

① 열차는 열차 간의 안전을 확보할 수 있도록 다음 각 호의 어느 하나의 방법으로 운전해야 한다. 다만, 정거장 내에서 철도신호의 현시·표시 또는 그 정거장의 운전을 관리하는 사람의 지시에 따라 운전하는 경우에는 그렇지 않다.

    1. 폐색에 의한 방법

    2. 열차 간의 간격을 확보하는 장치(이하 "열차제어장치"라 한다)에 의한 방법

    3. 시계(視界)운전에 의한 방법

② 단선(單線)구간에서 폐색을 한 경우 상대역의 열차가 동시에 당해 구간에 진입하도록 하여서는 아니된다.

③ 구원열차를 운전하는 경우 또는 공사열차가 있는 구간에서 다른 공사열차를 운전하는 등의 특수한 경우로서 열차운행의 안전을 확보할 수 있는 조치를 취한 경우에는 제1항 및 제2항의 규정에 의하지 아니할 수 있다.

제47조(진행지시신호의 금지)

열차 또는 차량의 진로에 지장이 있는 경우에는 이에 대하여 진행을 지시하는 신호를 현시할 수 없다.

제47조의2(열차의 방호)

① 철도운영자등은 철도사고등이 발생하여 인접 선로의 열차 운행에 지장을 주는 등 다른 열차의 정차가 필요한 경우에는 방호 조치를 해야 한다.

② 운전업무종사자는 다른 열차의 방호 조치를 확인한 경우 즉시 열차를 정차해야 한다.

2절 폐색에 의한 방법

제48조(폐색에 의한 방법)

폐색에 의한 방법을 사용하는 경우에는 당해 열차의 진로상에 있는 폐색구간의 조건에 따라 신호를 현시하거나 다른 열차의 진입을 방지할 수 있어야 한다.

제49조(폐색에 의한 열차 운행)

① 폐색에 의한 방법으로 열차를 운행하는 경우에는 본선을 폐색구간으로 분할하여야 한다. 다만, 정거장내의 본선은 이를 폐색구간으로 하지 아니할 수 있다.

② 하나의 폐색구간에는 둘 이상의 열차를 동시에 운행할 수 없다. 다만, 다음 각 호에 해당하는 경우에는 그렇지 않다.

1. 제36조제2항 및 제3항에 따라 열차를 진입시키려는 경우(서행허용표지를 추가하여 부설한 자동폐색신호기)
2. 고장열차가 있는 폐색구간에 구원열차를 운전하는 경우
3. 선로가 불통된 구간에 공사열차를 운전하는 경우
4. 폐색구간에서 뒤의 보조기관차를 열차로부터 떼었을 경우
5. 열차가 정차되어 있는 폐색구간으로 다른 열차를 유도하는 경우
6. 폐색에 의한 방법으로 운전을 하고 있는 열차를 열차제어장치로 운전하거나 시계운전이 가능한 노선에서 열차를 서행하여 운전하는 경우
7. 그 밖에 특별한 사유가 있는 경우

제50조(폐색방식의 구분)

폐색방식은 각 호와 같이 구분한다.

1. 상용(常用)폐색방식 : 자동폐색식·연동폐색식·차내신호폐색식·통표폐색식
2. 대용(代用)폐색방식 : 통신식·지도통신식·지도식·지령식

철도왕의 암기 TIP!

상용폐색방식은 자연차통으로 외우자.

제51조(자동폐색장치의 기능)

자동폐색식을 시행하는 폐색구간의 폐색신호기·장내신호기 및 출발신호기는 다음 각 호의 기능을 갖추어야 한다.

1. 폐색구간에 열차 또는 차량이 있을 때에는 자동으로 정지신호를 현시할 것
2. 폐색구간에 있는 선로전환기가 정당한 방향으로 개통되지 아니한 때 또는 분기선 및 교차점에 있는 차량이 폐색구간에 지장을 줄 때에는 자동으로 정지신호를 현시할 것
3. 폐색장치에 고장이 있을 때에는 자동으로 정지신호를 현시할 것
4. 단선구간에 있어서는 하나의 방향에 대하여 진행을 지시하는 신호를 현시한 때에는 그 반대방향의 신호기는 자동으로 정지신호를 현시할 것

제52조(연동폐색장치의 구비조건)

연동폐색식을 시행하는 폐색구간 양끝의 정거장 또는 신호소에는 다음 각 호의 기능을 갖춘 연동폐색기를 설치해야 한다.

1. 신호기와 연동하여 자동으로 다음 각 목의 표시를 할 수 있을 것

    가. 폐색구간에 열차 있음

    나. 폐색구간에 열차 없음

2. 열차가 폐색구간에 있을 때에는 그 구간의 신호기에 진행을 지시하는 신호를 현시할 수 없을 것

3. 폐색구간에 진입한 열차가 그 구간을 통과한 후가 아니면 제1호가목(폐색구간 열차 있음)의 표시를 변경할 수 없을 것

4. 단선구간에 있어서 하나의 방향에 대하여 폐색이 이루어지면 그 반대방향의 신호기는 자동으로 정지신호를 현시할 것

제53조(열차를 연동폐색구간에 진입시킬 경우의 취급)

① 열차를 폐색구간에 진입시키려는 경우에는 제52조제1호나목(폐색구간에 열차 없음)의 표시를 확인하고 전방의 정거장 또는 신호소의 승인을 받아야 한다.

② 제1항에 따른 승인은 제52조제1호가목(폐색구간에 열차 있음)의 표시로 해야 한다.

③ 폐색구간에 열차 또는 차량이 있을 때에는 제1항의 규정에 의한 승인을 할 수 없다.

제54조(차내신호폐색장치의 기능)

차내신호폐색식을 시행하는 구간의 차내신호는 다음 각 호의 경우에는 자동으로 정지신호를 현시하는 기능을 갖추어야 한다.

1. 폐색구간에 열차 또는 다른 차량이 있는 경우

2. 폐색구간에 있는 선로전환기가 정당한 방향에 있지 아니한 경우

3. 다른 선로에 있는 열차 또는 차량이 폐색구간을 진입하고 있는 경우

4. 열차제어장치의 지상장치에 고장이 있는 경우

5. 열차 정상운행선로의 방향이 다른 경우

제55조(통표폐색장치의 기능 등)

① 통표폐색식을 시행하는 폐색구간 양끝의 정거장 또는 신호소에는 다음 각 호의 기능을 갖춘 통표폐색장치를 설치해야 한다.

    1. 통표는 폐색구간 양끝의 정거장 또는 신호소에서 협동하여 취급하지 아니하면 이를 꺼낼 수 없을 것

    2. 폐색구간 양끝에 있는 통표폐색기에 넣은 통표는 1개에 한하여 꺼낼 수 있으며, 꺼낸 통표를 통표폐색기에 넣은 후가 아니면 다른 통표를 꺼내지 못하는 것일 것

    3. 인접 폐색구간의 통표는 넣을 수 없는 것일 것

② 통표폐색기에는 그 구간 전용의 통표만을 넣어야 한다.

③ 인접폐색구간의 통표는 그 모양을 달리하여야 한다.

④ 열차는 당해 구간의 통표를 휴대하지 아니하면 그 구간을 운전할 수 없다. 다만, 특별한 사유가 있는
경우에는 그러하지 아니하다.

제56조(열차를 통표폐색구간에 진입시킬 경우의 취급)

① 열차를 통표폐색구간에 진입시키려는 경우에는 폐색구간에 열차가 없는 것을 확인하고 운행하려는
방향의 정거장 또는 신호소 운전취급담당자의 승인을 받아야 한다.

② 열차의 운전에 사용하는 통표는 통표폐색기에 넣은 후가 아니면 이를 다른 열차의 운전에 사용할 수 없다.
다만, 고장열차가 있는 폐색구간에 구원열차를 운전하는 경우 등 특별한 사유가 있는 경우에는 그러하지
아니하다.

제57조(통신식 대용폐색 방식의 통신장치)

통신식을 시행하는 구간에는 전용의 통신설비를 설치하여야 한다. 다만, 다음 각 호의 어느 하나에 해당하는
경우에는 다른 통신설비로서 이를 대신할 수 있다.

1. 운전이 한산한 구간인 경우

2. 전용의 통신설비에 고장이 있는 경우

3. 철도사고등의 발생 그 밖에 부득이한 사유로 인하여 전용의 통신설비를 설치할 수 없는 경우

제58조(열차를 통신식 폐색구간에 진입시킬 경우의 취급)

① 열차를 통신식 폐색구간에 진입시키려는 경우에는 관제업무종사자 또는 운전취급담당자의 승인을 받아야
한다.

② 관제업무종사자 또는 운전취급담당자는 폐색구간에 열차 또는 차량이 없음을 확인한 경우에만 열차의
진입을 승인할 수 있다.

제59조(지도통신식의 시행)

① 지도통신식을 시행하는 구간에는 폐색구간 양끝의 정거장 또는 신호소의 통신설비를 사용하여 서로
협의한 후 시행한다.

② 지도통신식을 시행하는 경우 폐색구간 양끝의 정거장 또는 신호소가 서로 협의한 후 지도표를 발행하여야
한다.

③ 지도표는 1폐색구간에 1매로 한다.

제60조(지도표와 지도권의 사용구별)

① 지도통신식을 시행하는 구간에서 동일방향의 폐색구간으로 진입시키고자 하는 열차가 하나뿐인 경우에는 지도표를 교부하고, 연속하여 2 이상의 열차를 동일방향의 폐색구간으로 진입시키고자 하는 경우에는 최후의 열차에 대하여는 지도표를, 나머지 열차에 대하여는 지도권을 교부한다.

② 지도권은 지도표를 가지고 있는 정거장 또는 신호소에서 서로 협의를 한 후 발행하여야 한다.

제61조(열차를 지도통신식 폐색구간에 진입시킬 경우의 취급)

열차는 당해구간의 지도표 또는 지도권을 휴대하지 아니하면 그 구간을 운전할 수 없다. 다만, 고장열차가 있는 폐색구간에 구원열차를 운전하는 경우 등 특별한 사유가 있는 경우에는 그러하지 아니하다.

제62조(지도표 · 지도권의 기입사항)

① 지도표에는 그 구간 양끝의 정거장명 · 발행일자 및 사용열차번호를 기입하여야 한다.

② 지도권에는 사용구간 · 사용열차 · 발행일자 및 지도표 번호를 기입하여야 한다.

제63조(지도식의 시행)

지도식은 철도사고등의 수습 또는 선로보수공사 등으로 현장과 가장 가까운 정거장 또는 신호소간을 1폐색구간으로 하여 열차를 운전하는 경우에 후속열차를 운전할 필요가 없을 때에 한하여 시행한다.

제64조(지도표의 발행)

① 지도식을 시행하는 구간에는 지도표를 발행하여야 한다.

② 지도표는 1폐색구간에 1매로 하며, 열차는 당해구간의 지도표를 휴대하지 아니하면 그 구간을 운전할 수 없다.

제64조의2(지령식의 시행)

① 지령식은 폐색 구간이 다음 각 호의 요건을 모두 갖춘 경우 관제업무종사자의 승인에 따라 시행한다.

    1. 관제업무종사자가 열차 운행을 감시할 수 있을 것

    2. 운전용 통신장치 기능이 정상일 것

② 관제업무종사자는 지령식을 시행하는 경우 다음 각 호의 사항을 준수해야 한다.

    1. 지령식을 시행할 폐색구간의 경계를 정할 것

    2. 지령식을 시행할 폐색구간에 열차나 철도차량이 없음을 확인할 것

    3. 지령식을 시행하는 폐색구간에 진입하는 열차의 기관사에게 승인번호, 시행구간, 운전속도 등 주의사항을 통보할 것

3절 열차제어장치에 의한 방법

제65조(열차제어장치에 의한 방법)

열차 간의 간격을 자동으로 확보하는 열차제어장치는 운행하는 열차와 동일 진로상의 다른 열차와의 간격 및 선로 등의 조건에 따라 자동으로 해당 열차를 감속시키거나 정지시킬 수 있어야 한다.

제66조(열차제어장치의 종류)

열차제어장치는 다음 각 호와 같이 구분한다.
1. 열차자동정지장치(ATS, Automatic Train Stop)
2. 열차자동제어장치(ATC, Automatic Train Control)
3. 열차자동방호장치(ATP, Automatic Train Protection)

제67조(열차제어장치의 기능)

① 열차자동정지장치는 열차의 속도가 지상에 설치된 신호기의 현시 속도를 초과하는 경우 열차를 자동으로 정지시킬 수 있어야 한다.

② 열차자동제어장치 및 열차자동방호장치는 다음 각 호의 기능을 갖추어야 한다.
　1. 운행 중인 열차를 선행열차와의 간격, 선로의 굴곡, 선로전환기 등 운행 조건에 따라 제어정보가 지시하는 속도로 자동으로 감속시키거나 정지시킬 수 있을 것
　2. 장치의 조작 화면에 열차제어정보에 따른 운전 속도와 열차의 실제 속도를 실시간으로 나타내 줄 것
　3. 열차를 정지시켜야 하는 경우 자동으로 제동장치를 작동하여 정지목표에 정지할 수 있을 것

4절 시계운전에 의한 방법

제70조(시계운전에 의한 방법)

① 시계운전에 의한 방법은 신호기 또는 통신장치의 고장 등으로 제50조제1호 및 제2호 외의 방법(상용, 대용 폐색방식)으로 열차를 운전할 필요가 있는 경우에 한하여 시행하여야 한다.

② 철도차량의 운전속도는 전방 가시거리 범위 내에서 열차를 정지시킬 수 있는 속도 이하로 운전하여야 한다.

③ 동일 방향으로 운전하는 열차는 선행 열차와 충분한 간격을 두고 운전하여야 한다.

제71조(단선구간에서의 시계운전)

단선구간에서는 하나의 방향으로 열차를 운전하는 때에 반대방향의 열차를 운전시키지 아니하는 등 사고예방을 위한 안전조치를 하여야 한다.

제72조(시계운전에 의한 열차의 운전)

시계운전에 의한 열차운전은 다음 각 호의 어느 하나의 방법으로 시행해야 한다. 다만, 협의용 단행기관차의 운행 등 철도운영자등이 특별히 따로 정한 경우에는 그렇지 않다.

1. 복선운전을 하는 경우

    가. 격시법

    나. 전령법

2. 단선운전을 하는 경우

    가. 지도격시법(指導隔時法)

    나. 전령법

제73조(격시법 또는 지도격시법의 시행)

① 격시법 또는 지도격시법을 시행하는 경우에는 최초의 열차를 운전시키기 전에 폐색구간에 열차 또는 차량이 없음을 확인하여야 한다.

② 격시법은 폐색구간의 한끝에 있는 정거장 또는 신호소의 운전취급담당자가 시행한다.

③ 지도격시법은 폐색구간의 한끝에 있는 정거장 또는 신호소의 운전취급담당자가 적임자를 파견하여 상대의 정거장 또는 신호소 운전취급담당자와 협의한 후 시행해야 한다. 다만, 지도통신식을 시행 중인 구간에서 통신두절이 된 경우 지도표를 가지고 있는 정거장 또는 신호소에서 출발하는 최초의 열차에 대해서는 적임자를 파견하지 않고 시행할 수 있다.

제74조(전령법의 시행)

① 열차 또는 차량이 정차되어 있는 폐색구간에 다른 열차를 진입시킬 때에는 전령법에 의하여 운전하여야 한다.

② 전령법은 그 폐색구간 양끝에 있는 정거장 또는 신호소의 운전취급담당자가 협의하여 이를 시행해야 한다. 다만, 다음 각 호의 어느 하나에 해당하는 경우에는 협의하지 않고 시행할 수 있다.

    1. 선로고장 등으로 지도식을 시행하는 폐색구간에 전령법을 시행하는 경우

    2. 제1호 외의 경우로서 전화불통으로 협의를 할 수 없는 경우

③ 제2항제2호에 해당하는 경우에는 당해 열차 또는 차량이 정차되어 있는 곳을 넘어서 열차 또는 차량을 운전할 수 없다.

제75조(전령자)

① 전령법을 시행하는 구간에는 전령자를 선정하여야 한다.

② 전령자는 1폐색구간 1인에 한한다.

④ 전령법을 시행하는 구간에서는 당해구간의 전령자가 동승하지 아니하고는 열차를 운전할 수 없다.

1절 총칙

제76조(철도신호)

철도의 신호는 다음 각 호와 같이 구분하여 시행한다.

1. 신호는 모양·색 또는 소리 등으로 열차나 차량에 대하여 운행의 조건을 지시하는 것으로 할 것
2. 전호는 모양·색 또는 소리 등으로 관계직원 상호간에 의사를 표시하는 것으로 할 것
3. 표지는 모양 또는 색 등으로 물체의 위치·방향·조건 등을 표시하는 것으로 할 것

제77조(주간 또는 야간의 신호 등)

주간과 야간의 현시방식을 달리하는 신호·전호 및 표지의 경우 일출 후부터 일몰 전까지는 주간 방식으로, 일몰 후부터 다음 날 일출 전까지는 야간 방식으로 한다. 다만, 일출 후부터 일몰 전까지의 경우에도 주간 방식에 따른 신호·전호 또는 표지를 확인하기 곤란한 경우에는 야간 방식에 따른다.

제78조(지하구간 및 터널 안의 신호)

지하구간 및 터널 안의 신호·전호 및 표지는 야간의 방식에 의하여야 한다. 다만, 길이가 짧아 빛이 통하는 지하구간 또는 조명시설이 설치된 터널 안 또는 지하 정거장 구내의 경우에는 그러하지 아니하다.

제79조(제한신호의 추정)

① 신호를 현시할 소정의 장소에 신호의 현시가 없거나 그 현시가 정확하지 아니할 때에는 정지신호의 현시가 있는 것으로 본다.
② 상치신호기 또는 임시신호기와 수신호가 각각 다른 신호를 현시한 때에는 그 운전을 최대로 제한하는 신호의 현시에 의하여야 한다. 다만, 사전에 통보가 있을 때에는 통보된 신호에 의한다.

제80조(신호의 겸용금지)

하나의 신호는 하나의 선로에서 하나의 목적으로 사용되어야 한다. 다만, 진로표시기를 부설한 신호기는 그러하지 아니하다.

2절 상치신호기

제81조(상치신호기)

상치신호기는 일정한 장소에서 색등(色燈) 또는 등열(燈列)에 의하여 열차 또는 차량의 운전조건을 지시하는 신호기를 말한다.

제82조(상치신호기의 종류)

상치신호기의 종류와 용도는 다음 각 호와 같다.

1. 주신호기

　　가. 장내신호기 : 정거장에 진입하려는 열차에 대하여 신호를 현시하는 것

　　나. 출발신호기 : 정거장을 진출하려는 열차에 대하여 신호를 현시하는 것

　　다. 폐색신호기 : 폐색구간에 진입하려는 열차에 대하여 신호를 현시하는 것

　　라. 엄호신호기 : 특히 방호를 요하는 지점을 통과하려는 열차에 대하여 신호를 현시하는 것

　　마. 유도신호기 : 장내신호기에 정지신호의 현시가 있는 경우 유도를 받을 열차에 대하여 신호를 현시하는 것

　　바. 입환신호기 : 입환차량 또는 차내신호폐색식을 시행하는 구간의 열차에 대하여 신호를 현시하는 것

2. 종속신호기

　　가. 원방신호기: 장내신호기·출발신호기·폐색신호기 및 엄호신호기에 종속하여 열차에 주 신호기가 현시하는 신호의 예고신호를 현시하는 것

　　나. 통과신호기: 출발신호기에 종속하여 정거장에 진입하는 열차에 신호기가 현시하는 신호를 예고하며, 정거장을 통과할 수 있는지에 대한 신호를 현시하는 것

　　다. 중계신호기: 장내신호기·출발신호기·폐색신호기 및 엄호신호기에 종속하여 열차에 주 신호기가 현시하는 신호의 중계신호를 현시하는 것

3. 신호부속기

　　가. 진로표시기 : 장내신호기·출발신호기·진로개통표시기 및 입환신호기에 부속하여 열차 또는 차량에 대하여 그 진로를 표시하는 것

　　나. 진로예고기 : 장내신호기·출발신호기에 종속하여 다음 장내신호기 또는 출발신호기에 현시하는 진로를 열차에 대하여 예고하는 것

　　다. 진로개통표시기: 차내신호를 사용하는 열차가 운행하는 본선의 분기부에 설치하여 진로의 개통 상태를 표시하는 것

4. 차내신호: 동력차 내에 설치하여 신호를 현시하는 것

제83조(차내신호)

차내신호의 종류 및 그 제한속도는 다음 각 호와 같다.

1. 정지신호 : 열차운행에 지장이 있는 구간으로 운행하는 열차에 대하여 정지하도록 하는 것
2. 15신호 : 정지신호에 의하여 정지한 열차에 대한 신호로서 1시간에 15킬로미터 이하의 속도로 운전하게 하는 것
3. 야드신호 : 입환차량에 대한 신호로서 1시간에 25킬로미터 이하의 속도로 운전하게 하는 것
4. 진행신호 : 열차를 지정된 속도 이하로 운전하게 하는 것

철도왕의 암기 TIP!

정진십야로 외운다.

제84조(신호현시방식)

상치신호기의 현시방식은 다음 각 호와 같다.

1. 장내신호기·출발신호기·폐색신호기 및 엄호신호기

종류	신호현시방식					
	5현시	4현시	3현시	2현시		
					완목식	
	색등식	색등식	색등식	색등식	주간	야간
정지신호	적색등	적색등	적색등	적색등	완수평	적색등
경계신호	상위: 등황색등 하위: 등황색등					
주의신호	등황색등	등황색등	등황색등			
감속신호	상위: 등황색등 하위: 녹색등	상위: 등황색등 하위: 녹색등				
진행신호	녹색등	녹색등	녹색등	녹색등	완 좌하향 45도	녹색등

2. 유도신호기(등열식) : 백색등열 좌·하향 45도

3. 입환신호기

종류	신호현시방식		
	등열식	색등식	
		차내신호폐색구간	그 밖의 구간
정지신호	백색등열 수평 무유도등 소등	적색등	적색등
진행신호	백색등열 좌하향 45도 무유도등 점등	등황색등	청색등 무유도등 점등

4. 원방신호기(통과신호기를 포함한다)

종류		신호현시		
		색등식	완목식	
			주간	야간
주신호기가 정지신호를 할 경우	주의신호	등황색등	완 수평	등황색등
주신호기가 진행을 지시하는 신호를 할 경우	진행신호	녹색등	완 좌하향 45도	녹색등

5. 중계신호기

종류	등열식		색등식
주신호기가 정지신호를 할 경우	정지중계	백색등열 (3등) 수평	적색등
주신호기가 진행을 지시하는 신호를 할 경우	제한중계	백색등열 (3등) 좌하향 45도	주신호기가 진행을 지시하는 색등
	진행중계	백색등열 (3등) 수직	

6. 차내신호

종류	신호현시방식
정지신호	적색사각형등 점등
15신호	적색원형등 점등("15" 지시)
야드신호	노란색 직사각형등과 적색원형등(25등신호) 점등
진행신호	적색원형등(해당신호등) 점등

제85조(신호현시의 기본원칙)

① 별도의 작동이 없는 상태에서의 상치신호기의 기본원칙은 다음 각 호와 같다.

    1. 장내신호기 : 정지신호

    2. 출발신호기 : 정지신호

    3. 폐색신호기(자동폐색신호기를 제외한다) : 정지신호

    4. 엄호신호기 : 정지신호

    5. 유도신호기 : 신호를 현시하지 아니한다.

    6. 입환신호기 : 정지신호

    7. 원방신호기 : 주의신호

② 자동폐색신호기 및 반자동폐색신호기는 진행을 지시하는 신호를 현시함을 기본으로 한다. 다만,
　단선구간의 경우에는 정지신호를 현시함을 기본으로 한다.

③ 차내신호는 진행신호를 현시함을 기본으로 한다.

제86조(배면광 설비)

상치신호기의 현시를 후면에서 식별할 필요가 있는 경우에는 배면광(背面光)을 설비하여야 한다.

제87조(신호의 배열)

기둥 하나에 같은 종류의 신호 2 이상을 현시할 때에는 맨 위에 있는 것을 맨 왼쪽의 선로에 대한 것으로 하고, 순차적으로 오른쪽의 선로에 대한 것으로 한다.

제88조(신호현시의 순위)

원방신호기는 그 주된 신호기가 진행신호를 현시하거나, 3위식 신호기는 그 신호기의 배면쪽 제1의 신호기에 주의 또는 진행신호를 현시하기 전에 이에 앞서 진행신호를 현시할 수 없다.

제89조(신호의 복위)

열차가 상치신호기의 설치지점을 통과한 때에는 그 지점을 통과한 때마다 유도신호기는 신호를 현시하지 아니하며 원방신호기는 주의신호를, 그 밖의 신호기는 정지신호를 현시하여야 한다.

3절 임시신호기

제90조(임시신호기)

선로의 상태가 일시 정상운전을 할 수 없는 상태인 경우에는 그 구역의 바깥쪽에 임시신호기를 설치하여야 한다.

제91조(임시신호기의 종류)

임시신호기의 종류와 용도는 다음 각 호와 같다.

1. 서행신호기 : 서행운전할 필요가 있는 구간에 진입하려는 열차 또는 차량에 대하여 당해구간을 서행할 것을 지시하는 것

2. 서행예고신호기 : 서행신호기를 향하여 진행하려는 열차에 대하여 그 전방에 서행신호의 현시 있음을 예고하는 것

3. 서행해제신호기 : 서행구역을 진출하려는 열차에 대하여 서행을 해제할 것을 지시하는 것

4. 서행발리스(Balise) : 서행운전할 필요가 있는 구간의 전방에 설치하는 송·수신용 안테나로 지상 정보를 열차로 보내 자동으로 열차의 감속을 유도하는 것

제92조(신호현시방식)

① 임시신호기의 신호현시방식은 다음과 같다.

종류	신호현시방식	
	주간	야간
서행신호	백색테두리를 한 등황색 원판	등황색등 또는 반사재
서행예고신호	흑색삼각형 3개를 그린 백색삼각형	흑색삼각형 3개를 그린 백색등 또는 반사재
서행해제신호	백색테두리를 한 녹색원판	녹색등 또는 반사재

② 서행신호기 및 서행예고신호기에는 서행속도를 표시하여야 한다.

4절 수신호

제93조(수신호의 현시방법)

신호기를 설치하지 아니하거나 이를 사용하지 못하는 경우에 사용하는 수신호는 다음 각 호와 같이 현시한다.

1. 정지신호

    가. 주간 : 적색기. 다만, 적색기가 없을 때에는 양팔을 높이 들거나 또는 녹색기외의 것을 급히 흔든다.

    나. 야간 : 적색등. 다만, 적색등이 없을 때에는 녹색등 외의 것을 급히 흔든다.

2. 서행신호

    가. 주간 : 적색기와 녹색기를 모아쥐고 머리 위에 높이 교차한다.

    나. 야간 : 깜박이는 녹색등

3. 진행신호

    가. 주간 : 녹색기. 다만, 녹색기가 없을 때는 한 팔을 높이 든다.

    나. 야간 : 녹색등

제94조(선로에서 정상 운행이 어려운 경우의 조치)

선로에서 정상적인 운행이 어려워 열차를 정지하거나 서행시켜야 하는 경우로서 임시신호기를 설치할 수 없는 경우에는 다음 각 호의 구분에 따른 조치를 해야 한다. 다만, 열차의 무선전화로 열차를 정지하거나 서행시키는 조치를 한 경우에는 다음 각 호의 구분에 따른 조치를 생략할 수 있다.

1. 열차를 정지시켜야 하는 경우: 철도사고등이 발생한 지점으로부터 200미터 이상의 앞 지점에서 정지 수신호를 현시할 것

2. 열차를 서행시켜야 하는 경우: 서행구역의 시작지점에서 서행수신호를 현시하고 서행구역이 끝나는 지점에서 진행수신호를 현시할 것

6절 전호

제98조(전호현시)

열차 또는 차량에 대한 전호는 전호기로 현시하여야 한다. 다만, 전호기가 설치되어 있지 아니하거나 고장이 난 경우에는 수전호 또는 무선전화기로 현시할 수 있다.

제99조(출발전호)

열차를 출발시키고자 할 때에는 출발전호를 하여야 한다.

제100조(기적전호)

다음 각 호의 어느 하나에 해당하는 경우에는 기관사는 기적전호를 하여야 한다.

1. 위험을 경고하는 경우
2. 비상사태가 발생한 경우

제101조(입환전호 방법)

① 입환작업자(기관사를 포함한다)는 서로 맨눈으로 확인할 수 있도록 다음 각 호의 방법으로 입환전호해야 한다.

  1. 오너라전호
    가. 주간: 녹색기를 좌우로 흔든다. 다만, 부득이한 경우에는 한 팔을 좌우로 움직임으로써 이를 대신할 수 있다.
    나. 야간: 녹색등을 좌우로 흔든다.
  2. 가거라전호
    가. 주간: 녹색기를 위·아래로 흔든다. 다만, 부득이 한 경우에는 한 팔을 위·아래로 움직임으로써 이를 대신할 수 있다.
    나. 야간: 녹색등을 위·아래로 흔든다.
  3. 정지전호
    가. 주간: 적색기. 다만, 부득이한 경우에는 두 팔을 높이 들어 이를 대신할 수 있다.
    나. 야간: 적색등

② 제1항에도 불구하고 다음 각 호의 어느 하나에 해당하는 경우에는 무선전화를 사용하여 입환전호를 할 수 있다.

  1. 무인역 또는 1인이 근무하는 역에서 입환하는 경우
  2. 1인이 승무하는 동력차로 입환하는 경우
  3. 신호를 원격으로 제어하여 단순히 선로를 변경하기 위하여 입환하는 경우
  4. 지형 및 선로여건 등을 고려할 때 입환전호하는 작업자를 배치하기가 어려운 경우
  5. 원격제어가 가능한 장치를 사용하여 입환하는 경우

제102조(작업전호)

다음 각 호의 어느 하나에 해당하는 때에는 전호의 방식을 정하여 그 전호에 따라 작업을 하여야 한다.

1. 여객 또는 화물의 취급을 위하여 정지위치를 지시할 때
2. 퇴행 또는 추진운전시 열차의 맨 앞 차량에 승무한 직원이 철도차량운전자에 대하여 운전상 필요한 연락을 할 때
3. 검사·수선연결 또는 해방을 하는 경우에 당해 차량의 이동을 금지시킬 때
4. 신호기 취급직원 또는 입환전호를 하는 직원과 선로전환기취급 직원간에 선로전환기의 취급에 관한 연락을 할 때
5. 열차의 관통제동기의 시험을 할 때

7절 표지

제103조(열차의 표지)

열차 또는 입환 중인 동력차는 표지를 게시하여야 한다.

제104조(안전표지)

열차 또는 차량의 안전운전을 위하여 안전표지를 설치하여야 한다.

100 이것만 알아도 합격한다! – 철도차량 운전규칙 핵심 요약

목적: 편운안 / 완급차 정의 : 제압차수

6조 교육훈련 대상자 / 12조 여객열차의 연결제한(화차 연결 불가, 중간연결, 파손차량 절대불가) /
14조 열차의 제동장치 구비예외 / 22조 정차금지(1000분의 30이상 등)

24조 운전정리 – 종등목연 / 27조 재난 – 우설수지해 / 31조 구원열차 후 이동금지 예외(사고 확대등) /
50조 상용폐색 – 자연차통 / 62조 지도권 기입사항 – 권구 / 72조 단선운전 시계운전 – 단지전령 /
82조 상치신호기 – 종주부신 / 주신호기 – 장출폐업유입 / 종속신호기 – 원통중 / 신호부속기 – 표예개 /
차내신호 – 정진십야 / 84조 신호 현시방식 / 85조 신호 기본원칙 / 101조 가거라전호 – 위아래

11조 동력차 연결 위치 맨 앞 예외	4. 공구제 (열차)	3. 고장 (선로, 열차)	5. 측선	4. 시험	2. 보조기관차		1. 맨앞에서 제어
13조 운전위치 맨앞 예외	3. 공구제	2. 고장 (선로, 차량)	4. 측선	5. 시험	6의2. 무인	6. 특정구간	1. 맨앞 전호
20조 운전방향 반대운전	3. 공구제	9. 고장 x 사고	4. 측선	6. 시험	8. 양방향 7. 퇴행	5. 입환 2. 정거장내	1. 상호협의
26조 퇴행예외	2. 공구제	1. 고장 4. 사고 (선로, 차량)			3. 보조기관차		
49조 폐색 예외	2,3. 공구	2. 고장열차	5. 폐색 유도	6. 열차제어 장치 시계	4. 보조기관차		1. 서행
35조 속도제한	1. 서행신호	4. 선로전환기 대향	6. 전령 7. 수신호 8. 지령		9. 무인 3. 퇴행	5. 입환	2. 추진운전 (맨 앞 총괄제어 제외)
28조 동시 진출입 금지 예외	1. 안전측선탈선 선로전환기 탈선기	2. 서행	3. 단행 기관차	4. 다른방향 200 전동차 150	5. 동일방향 100미터		

01.

철도차량 운전규칙의 목적으로 옳지 <u>않은</u> 것은?

① 철도차량의 운전 및 신호방식을 정함
② 열차의 편성에 관한 사항을 정함
③ 공공복리 증진에 관한 사항을 정함
④ 철도차량의 안전운행에 사항을 정함

답 ③
해 제1조 목적, 편운안

02.

철도차량 운전규칙에서 용어 정의로 옳지 <u>않은</u> 것은?

① "측선"이라 함은 본선이 아닌 선로를 말한다.
② "완급차(緩急車)"라 함은 관통제동기용 제동통 · 제동신호변 · 차장변(車掌弁) 및 수(手)제동기를 장치한 차량을 말한다.
③ "전차선로"라 함은 전차선 및 이를 지지하는 공작물을 말한다.
④ "차량"이라 함은 열차의 구성부분이 되는 1량의 철도차량을 말한다.

답 ②
해 제2조 정의, 제압차수

03.

철도운영자등이 업무 수행에 필요한 지식과 기능을 보유한 것을 확인한 후 업무를 수행하도록 해야 하는 철도종사자가 아닌 것은?

① 원격제어가 가능한 장치로 입환 작업을 수행하는 사람
② 운전업무보조자
③ 철도차량을 연결 · 분리하는 업무를 수행하는 사람
④ 철도에 공급되는 전력의 원격제어장치를 운영하는 사람

답 ④
해 제6조 교육 및 훈련 등

04.

철도차량운전규칙에서 열차의 운전에 사용하는 동력차는 열차의 맨 앞에 연결하여야 하는 경우의 예외가 <u>아닌</u> 것은?

① 구원열차 · 제설열차 · 공사열차 또는 시험운전열차를 운전하는 경우
② 사전에 정한 특정한 구간을 운전하는 경우
③ 보조기관차를 사용하는 경우
④ 기관차를 2 이상 연결한 경우로서 열차의 맨 앞에 위치한 기관차에서 열차를 제어하는 경우

답 ②
해 제11조 동력차의 연결위치

05.

열차가 운전방향 맨 앞 차량의 운전실에서 운전하여야 하는 예외가 <u>아닌</u> 것은?

① 보조기관차를 사용하는 경우
② 정거장과 그 정거장 외의 본선 도중에서 분기하는 측선과의 사이를 운전하는 경우
③ 무인운전을 하는 경우
④ 철도종사자가 차량의 맨 앞에서 전호를 하는 경우로서 그 전호에 의하여 열차를 운전하는 경우

답 ①

해 제13조 열차의 운전위치, 보조기관차는 동력차 맨 앞 연결의 예외사항이다.

06.

철도차량운전규칙에서 말하는 완급차의 연결에 관한 내용으로 <u>틀린</u> 것은?

① 관통제동기를 사용하는 열차의 맨 뒤에는 완급차를 연결하여야 한다.
② 추진운전의 경우에는 맨 뒤에 완급차를 연결하여야 한다.
③ 화물열차에는 완급차를 연결하지 아니할 수 있다.
④ 군전용열차 또는 위험물을 운송하는 열차 등 열차승무원이 반드시 탑승하여야 할 필요가 있는 열차에는 완급차를 연결하여야 한다.

답 ②

해 제16조 완급차의 연결, 추진운전은 맨 앞

07.

다음 중 괄호 속에 들어갈 말로 알맞은 것은?

열차는 정거장 외에서는 정차하여서는 아니 된다. 다만, 경사도가 1,000분의 (　　　) 이상인 급경사 구간에 진입하기 전의 경우에는 그러하지 아니하다.

① 10　　　　　　　② 20　　　　　　　③ 30　　　　　　　④ 40

답 ③

해 제22조 열차의 정거장외 정차금지

08.

열차 또는 차량의 운전제한속도를 따로 정하여 하는 경우가 <u>아닌</u> 것은?

① 쇄정(鎖錠)되지 않은 선로전환기를 배향으로 운전하는 경우
② 무인운전 구간에서 운전업무종사자가 탑승하여 운전하는 경우
③ 제74조에 따른 전령법(傳令法)에 의하여 열차를 운전하는 경우
④ 추진운전을 하는 경우(총괄제어법에 따라 열차의 맨 앞에서 제어하는 경우를 제외한다)

답 ①

해 제35조 운전방법 등에 의한 속도제한, 대향

다음 중 상용 폐색 방식이 아닌 것은?
① 통표폐색식　　　　　　　　　　② 차내신호폐색식
③ 연동폐색식　　　　　　　　　　④ 지도통신식

답　④
해　제50조 폐색방식의 구분, 자연차통

10

연동폐색장치가 갖춰야 하는 기능에 대한 설명으로 옳지 않은 것은?
① 열차가 폐색구간에 있을 때에는 그 구간의 신호기에 진행을 지시하는 신호를 현시할 수 없을 것
② 단선구간에 있어서 하나의 방향에 대하여 폐색이 이루어지면 그 반대방향의 신호기는 자동으로 정지신호를 현시할 것
③ 폐색구간에 열차 있음과 없음 을 신호기와 연동하여 자동으로 표시할 수 있어야 한다.
④ 폐색구간에 진입한 열차가 그 구간을 통과한 후가 아니면 폐색구간 열차 없음 표시를 변경할 수 없을 것

답　④
해　제52조 연동폐색장치의 구비조건, 열차있음 표시

다음 중 지도권의 기입할 사항이 아닌 것은?
① 발행일자　　　　　② 지도권 번호　　　　　③ 사용열차　　　　　④ 사용구간

답　②
해　제62조 지도표 지도권의 기입사항, 지도표번호

다음 중 지도통신식에 대한 설명으로 옳지 않은 것은?
① 동일방향의 폐색구간으로 진입시키고자 하는 열차가 하나뿐인 경우에는 지도표를 교부한다.
② 연속하여 2 이상의 열차를 동일방향의 폐색구간으로 진입시키고자 하는 경우에는 최후의 열차에 대하여는 지도권을, 나머지 열차에 대하여는 지도표를 교부한다.
③ 열차는 당해구간의 지도표 또는 지도권을 휴대하지 아니하면 그 구간을 운전할 수 없다.
④ 고장열차가 있는 폐색구간에 구원열차를 운전하는 경우 등 특별한 사유가 있는 경우에는 그러하지 아니하다.

답　②
해　제60조 지도표와 지도권의 사용구별, 최후의 열차 지도표

13

상치신호기의 종류가 아닌 것은?
① 지상신호기　　　　　② 주신호기　　　　　③ 신호부속기　　　　　④ 차내신호

답　①
해　제82조 상치신호기의 종류, 종주부차로 외운다.

14.

상치신호기(폐색신호기,엄호신호기)의 현시방식으로 옳지 <u>않은</u> 것은?

① 2현시 정지신호 완목식은 완 · 수평이다.

② 4현시 주의신호 색등식은 등황색등이다.

③ 2현시 진행신호 완목식 야간은 녹색등이다.

④ 5현시 감속신호 색등식은 상위:녹색등 하위:등황색등이다.

답 ④

해 제84조 신호현시방식, 상위 등황색등 하위 녹색등

15.

입환전호 방법에 대한 설명으로 옳지 <u>않은</u> 것은?

① 오너라전호 – 야간: 녹색등을 좌우로 흔든다.

② 가거라전호 – 주간: 녹색기를 위 · 아래로 흔든다. 다만, 부득이 한 경우에는 한 팔을 좌우로 움직임으로써 이를 대신할 수 있다.

③ 가거라전호 – 야간: 녹색등을 위 · 아래로 흔든다.

④ 정지전호 – 주간: 적색기. 다만, 부득이한 경우에는 두 팔을 높이 들어 이를 대신할 수 있다.

답 ②

해 제101조 입환전호 방법, 위아래

지하철 운전이 감이 안 와요! 자동차 운전과 비교했을 때 차이점이 있나요?

자동차 운전보다 쉽다고 생각합니다.

그 이유는 자동차는 끼어들기, 잦은 변수가 있지만

철도는 안전을 최우선시하여, 이중 삼중으로 보안 체계를 만들었기 때문입니다.

이에 더해서 매일 같은 길을 30년간 운전하다 보면 나중에는 지하철 운전에 달인이 됩니다.

서울교통공사는 최우수 기관사 선발대회가 있지만, 코레일은 없습니다.

물론 노선마다 다르지만, 코레일 운전이 서울교통공사보다 훨씬 어렵습니다.

CHAPTER

도시철도 운전규칙

도시철도 운전규칙

제1조(목적)

이 규칙은 도시철도의 운전과 차량 및 시설의 유지·보전에 필요한 사항을 정하여 도시철도의 안전운전을
도모함을 목적으로 한다.

> **철도왕의 암기 TIP!**
>
> 운유안으로 외운다.

제2조(적용범위)

도시철도의 운전에 관하여 이 규칙에서 정하지 아니한 사항이나 도시교통권역별로 서로 다른 사항은 법령의
범위에서 도시철도운영자가 따로 정할 수 있다.

제3조(정의)

1. "정거장"이란 여객의 승차·하차, 열차의 편성, 차량의 입환(入換) 등을 위한 장소를 말한다.
2. "선로"란 궤도 및 이를 지지하는 인공구조물을 말하며, 열차의 운전에 상용(常用)되는 본선(本線)과 그 외의
   측선(側線)으로 구분된다.
3. "열차"란 본선에서 운전할 목적으로 편성되어 열차번호를 부여받은 차량을 말한다.
4. "차량"이란 선로에서 운전하는 열차 외의 전동차·궤도시험차·전기시험차 등을 말한다.
5. "운전보안장치"란 열차 및 차량의 안전운전을 확보하기 위한 장치로서 폐색장치, 신호장치, 연동장치,
   선로전환장치, 경보장치, 열차자동정지장치, 열차자동제어장치, 열차자동운전장치, 열차종합제어장치 등을
   말한다.
6. "폐색(閉塞)"이란 선로의 일정구간에 둘 이상의 열차를 동시에 운전시키지 아니하는 것을 말한다.
7. "전차선로"란 전차선 및 이를 지지하는 인공구조물을 말한다.
8. "운전사고"란 열차등의 운전으로 인하여 사상자(死傷者)가 발생하거나 도시철도시설이 파손된 것을
   말한다.
9. "운전장애"란 열차등의 운전으로 인하여 그 열차등의 운전에 지장을 주는 것 중 운전사고에 해당하지
   아니하는 것을 말한다.

10. "노면전차"란 도로면의 궤도를 이용하여 운행되는 열차를 말한다.

11. "무인운전"이란 사람이 열차 안에서 직접 운전하지 아니하고 관제실에서의 원격조종에 따라 열차가 자동으로 운행되는 방식을 말한다.

12. "시계운전(視界運轉)"이란 사람의 맨눈에 의존하여 운전하는 것을 말한다.

제4조(직원 교육)

① 도시철도운영자는 도시철도의 안전과 관련된 업무에 종사하는 직원에 대하여 적성검사와 정해진 교육을 하여 도시철도 운전 지식과 기능을 습득한 것을 확인한 후 그 업무에 종사하도록 하여야 한다. 다만, 해당 업무와 관련이 있는 자격을 갖춘 사람에 대해서는 적성검사나 교육의 전부 또는 일부를 면제할 수 있다.

② 도시철도운영자는 소속직원의 자질 향상을 위하여 적절한 국내연수 또는 국외연수 교육을 실시할 수 있다.

제5조(안전조치 및 유지 · 보수 등)

① 도시철도운영자는 열차등을 안전하게 운전할 수 있도록 필요한 조치를 하여야 한다.

② 도시철도운영자는 재해를 예방하고 안전성을 확보하기 위하여 도시철도시설의 안전점검 등 안전조치를 하여야 한다.

제6조(응급복구용 기구 및 자재 등의 정비)

도시철도운영자는 차량, 선로, 전력설비, 운전보안장치, 그 밖에 열차운전을 위한 시설에 재해 · 고장 · 운전사고 또는 운전장애가 발생할 경우에 대비하여 응급복구에 필요한 기구 및 자재를 항상 적당한 장소에 보관하고 정비하여야 한다.

제8조(안전운전계획의 수립 등)

도시철도운영자는 안전운전과 이용승객의 편의 증진을 위하여 장기 · 단기계획을 수립하여 시행하여야 한다.

제9조(신설구간 등에서의 시험운전)

도시철도운영자는 선로 · 전차선로 또는 운전보안장치를 신설 · 이설(移設) 또는 개조한 경우 그 설치상태 또는 운전체계의 점검과 종사자의 업무 숙달을 위하여 정상운전을 하기 전에 60일 이상 시험운전을 하여야 한다. 다만, 이미 운영하고 있는 구간을 확장 · 이설 또는 개조한 경우에는 관계 전문가의 안전진단을 거쳐 시험운전 기간을 줄일 수 있다.

1절 선로

제10조(선로의 보전)

선로는 열차등이 도시철도운영자가 정하는 속도(이하 "지정속도"라 한다)로 안전하게 운전할 수 있는 상태로 보전(保全)해야 한다.

제11조(선로의 점검ㆍ정비)

① 선로는 매일 한 번 이상 순회점검 하여야 하며, 필요한 경우에는 정비하여야 한다.
② 선로는 정기적으로 안전점검을 하여 안전운전에 지장이 없도록 유지ㆍ보수하여야 한다.

제12조(공사 후의 선로 사용)

선로를 신설ㆍ개조 또는 이설하거나 일시적으로 사용을 중지한 경우에는 이를 검사하고 시험운전을 하기 전에는 사용할 수 없다. 다만, 경미한 정도의 개조를 한 경우에는 그러하지 아니하다.

2절 전력설비

제13조(전력설비의 보전)

전력설비는 열차등이 지정속도로 안전하게 운전할 수 있는 상태로 보전하여야 한다.

제14조(전차선로의 점검)

전차선로는 매일 한 번 이상 순회점검을 하여야 한다.

제15조(전력설비의 검사)

전력설비의 각 부분은 도시철도운영자가 정하는 주기에 따라 검사를 하고 안전운전에 지장이 없도록 정비하여야 한다.

제16조(공사 후의 전력설비 사용)

전력설비를 신설ㆍ이설ㆍ개조 또는 수리하거나 일시적으로 사용을 중지한 경우에는 이를 검사하고 시험운전을 하기 전에는 사용할 수 없다. 다만, 경미한 정도의 개조 또는 수리를 한 경우에는 그러하지 아니하다.

3절 통신설비

제17조(통신설비의 보전)

통신설비는 항상 통신할 수 있는 상태로 보전하여야 한다.

제18조(통신설비의 검사 및 사용)

① 통신설비의 각 부분은 일정한 주기에 따라 검사를 하고 안전운전에 지장이 없도록 정비하여야 한다.

② 신설·이설·개조 또는 수리한 통신설비는 검사하여 기능을 확인하기 전에는 사용할 수 없다.

4절 운전보안장치

제19조(운전보안장치의 보전)

운전보안장치는 완전한 상태로 보전하여야 한다.

제20조(운전보안장치의 검사 및 사용)

① 운전보안장치의 각 부분은 일정한 주기에 따라 검사를 하고 안전운전에 지장이 없도록 정비하여야 한다.

② 신설·이설·개조 또는 수리한 운전보안장치는 검사하여 기능을 확인하기 전에는 사용할 수 없다.

5절 건축한계안의 물품유치금지

제21조(물품유치 금지)

차량 운전에 지장이 없도록 궤도상에 설정한 건축한계 안에는 열차등 외의 다른 물건을 둘 수 없다. 다만, 열차등을 운전하지 아니하는 시간에 작업을 하는 경우에는 그러하지 아니하다.

제22조(선로 등 검사에 관한 기록보존)

선로·전력설비·통신설비 또는 운전보안장치의 검사를 하였을 때에는 검사자의 성명·검사상태 및 검사일시 등을 기록하여 일정 기간 보존하여야 한다.

제23조(열차등의 보전)

열차등은 안전하게 운전할 수 있는 상태로 보전하여야 한다.

제24조(차량의 검사 및 시험운전)

① 제작·개조·수선 또는 분해검사를 한 차량과 일시적으로 사용을 중지한 차량은 검사하고 시험운전을 하기 전에는 사용할 수 없다. 다만, 경미한 정도의 개조 또는 수선을 한 경우에는 그러하지 아니하다.

② 차량의 각 부분은 일정한 기간 또는 주행거리를 기준으로 하여 그 상태와 작용에 대한 검사와 분해검사를 하여야 한다.

③ 검사를 할 때 차량의 전기장치에 대해서는 절연저항시험 및 절연내력시험을 하여야 한다.

제25조(편성차량의 검사)

열차로 편성한 차량의 각 부분은 검사하여 안전운전에 지장이 없도록 하여야 한다.

제27조(검사 및 시험의 기록)

검사 또는 시험을 하였을 때에는 검사 종류, 검사자의 성명, 검사 상태 및 검사일 등을 기록하여 일정 기간 보존하여야 한다.

제1절 열차의 편성

제28조(열차의 편성)

열차는 차량의 특성 및 선로 구간의 시설 상태 등을 고려하여 안전운전에 지장이 없도록 편성하여야 한다.

제29조(열차의 비상제동거리)

열차의 비상제동거리는 600미터이하로 하여야 한다.

제30조(열차의 제동장치)

열차에 편성되는 각 차량에는 제동력이 균일하게 작용하고 분리 시에 자동으로 정차할 수 있는 제동장치를 구비하여야 한다.

제31조(열차의 제동장치시험)

열차를 편성하거나 편성을 변경할 때에는 운전하기 전에 제동장치의 기능을 시험하여야 한다.

제2절 열차의 운전

제32조(열차등의 운전)

① 열차등의 운전은 열차등의 종류에 따라 운전면허를 소지한 사람이 하여야 한다. 다만, 무인운전의
　　경우에는 그러하지 아니하다.
② 차량은 열차에 함께 편성되기 전에는 정거장 외의 본선을 운전할 수 없다. 다만, 차량을 결합·해체하거나
　　차선을 바꾸는 경우 또는 그 밖에 특별한 사유가 있는 경우에는 그러하지 아니하다.

제32조의2(무인운전 시의 안전 확보 등)

도시철도운영자가 열차를 무인운전으로 운행하려는 경우에는 다음 각 호의 사항을 준수하여야 한다.

1. 관제실에서 열차의 운행상태를 실시간으로 감시 및 조치할 수 있을 것
2. 열차 내의 간이운전대에는 승객이 임의로 다룰 수 없도록 잠금장치가 설치되어 있을 것
3. 간이운전대의 개방이나 운전 모드(mode)의 변경은 관제실의 사전 승인을 받을 것
4. 운전 모드를 변경하여 수동운전을 하려는 경우에는 관제실과의 통신에 이상이 없음을 먼저 확인할 것
5. 승차·하차 시 승객의 안전 감시나 시스템 고장 등 긴급상황에 대한 신속한 대처를 위하여 필요한 경우에는 열차와 정거장 등에 안전요원을 배치하거나 안전요원이 순회하도록 할 것
6. 무인운전이 적용되는 구간과 무인운전이 적용되지 아니하는 구간의 경계 구역에서의 운전 모드 전환을 안전하게 하기 위한 규정을 마련해 놓을 것
7. 열차 운행 중 다음 각 목의 긴급상황이 발생하는 경우 승객의 안전을 확보하기 위한 조치 규정을 마련해 놓을 것
   가. 열차에 고장이나 화재가 발생하는 경우
   나. 선로 안에서 사람이나 장애물이 발견된 경우
   다. 그 밖에 승객의 안전에 위험한 상황이 발생하는 경우

제33조(열차의 운전위치)

열차는 맨 앞의 차량에서 운전하여야 한다. 다만, 추진운전, 퇴행운전 또는 무인운전을 하는 경우에는 그러하지 아니하다.

제34조(열차의 운전 시각)

열차는 도시철도운영자가 정하는 열차시간표에 따라 운전하여야 한다. 다만, 운전사고, 운전장애 등 특별한 사유가 있는 경우에는 그러하지 아니하다.

제35조(운전 정리)

도시철도운영자는 운전사고, 운전장애 등으로 열차를 정상적으로 운전할 수 없을 때에는 열차의 종류, 도착지, 접속 등을 고려하여 열차가 정상운전이 되도록 운전 정리를 하여야 한다.

제36조(운전 진로)

① 열차의 운전방향을 구별하여 운전하는 한 쌍의 선로에서 열차의 운전 진로는 우측으로 한다. 다만, 좌측으로 운전하는 기존의 선로에 직통으로 연결하여 운전하는 경우에는 좌측으로 할 수 있다.

② 다음 각 호의 어느 하나에 해당하는 경우에는 제1항에도 불구하고 운전 진로를 달리할 수 있다.
   1. 선로 또는 열차에 고장이 발생하여 퇴행운전을 하는 경우
   2. 구원열차(救援列車)나 공사열차(工事列車)를 운전하는 경우
   3. 차량을 결합·해체하거나 차선을 바꾸는 경우

　4. 구내운전(構內運轉)을 하는 경우

　5. 시험운전을 하는 경우

　6. 운전사고 등으로 인하여 일시적으로 단선운전(單線運轉)을 하는 경우

　7. 그 밖에 특별한 사유가 있는 경우

제37조(폐색구간)

① 본선은 폐색구간으로 분할하여야 한다. 다만, 정거장 안의 본선은 그러하지 아니하다.

② 폐색구간에서는 둘 이상의 열차를 동시에 운전할 수 없다. 다만, 다음 각 호의 어느 하나에 해당하는 경우에는 그러하지 아니하다.

　1. 고장난 열차가 있는 폐색구간에서 구원열차를 운전하는 경우

　2. 선로 불통으로 폐색구간에서 공사열차를 운전하는 경우

　3. 다른 열차의 차선 바꾸기 지시에 따라 차선을 바꾸기 위하여 운전하는 경우

　4. 하나의 열차를 분할하여 운전하는 경우

제38조(추진운전과 퇴행운전)

① 열차는 추진운전이나 퇴행운전을 하여서는 아니 된다. 다만, 다음 각 호의 어느 하나에 해당하는 경우에는 그러하지 아니하다.

　1. 선로나 열차에 고장이 발생한 경우

　2. 공사열차나 구원열차를 운전하는 경우

　3. 차량을 결합·해체하거나 차선을 바꾸는 경우

　4. 구내운전을 하는 경우

　5. 시설 또는 차량의 시험을 위하여 시험운전을 하는 경우

　6. 그 밖에 특별한 사유가 있는 경우

② 노면전차를 퇴행운전하는 경우에는 주변 차량 및 보행자들의 안전을 확보하기 위한 대책을 마련하여야 한다.

제39조(열차의 동시출발 및 도착의 금지)

둘 이상의 열차는 동시에 출발시키거나 도착시켜서는 아니 된다. 다만, 열차의 안전운전에 지장이 없도록 신호 또는 제어설비 등을 완전하게 갖춘 경우에는 그러하지 아니하다.

제40조(정거장 외의 승차·하차금지)

정거장 외의 본선에서는 승객을 승차·하차시키기 위하여 열차를 정지시킬 수 없다. 다만, 운전사고 등 특별한 사유가 있을 때에는 그러하지 아니하다.

제41조(선로의 차단)

도시철도운영자는 공사나 그 밖의 사유로 선로를 차단할 필요가 있을 때에는 미리 계획을 수립한 후 그 계획에 따라야 한다. 다만, 긴급한 조치가 필요한 경우에는 운전업무를 총괄하는 사람(관제사)의 지시에 따라 선로를 차단할 수 있다.

제42조(열차등의 정지)

① 열차등은 정지신호가 있을 때에는 즉시 정지시켜야 한다.

② 제1항에 따라 정차한 열차등은 진행을 지시하는 신호가 있을 때까지는 진행할 수 없다. 다만, 특별한 사유가 있는 경우 관제사의 속도제한 및 안전조치에 따라 진행할 수 있다.

제43조(열차등의 서행)

① 열차등은 서행신호가 있을 때에는 지정속도 이하로 운전하여야 한다.

② 열차등이 서행해제신호가 있는 지점을 통과한 후에는 정상속도로 운전할 수 있다.

제44조(열차등의 진행)

열차등은 진행을 지시하는 신호가 있을 때에는 지정속도로 그 표시지점을 지나 다음 신호기까지 진행할 수 있다.

제44조의2(노면전차의 시계운전)

시계운전을 하는 노면전차의 경우에는 다음 각 호의 사항을 준수하여야 한다.

1. 운전자의 가시거리 범위에서 신호 등 주변상황에 따라 열차를 정지시킬 수 있도록 적정 속도로 운전할 것
2. 앞서가는 열차와 안전거리를 충분히 유지할 것
3. 교차로에서 앞서가는 열차를 따라서 동시에 통과하지 않을 것

제45조(차량의 결합 · 해체 등)

① 차량을 결합 · 해체하거나 차량의 차선을 바꿀 때에는 신호에 따라 하여야 한다.

② 본선을 이용하여 차량을 결합 · 해체하거나 열차등의 차선을 바꾸는 경우에는 다른 열차등과의 충돌을 방지하기 위한 안전조치를 하여야 한다.

제46조(차량결합 등의 장소)

정거장이 아닌 곳에서 본선을 이용하여 차량을 결합 · 해체하거나 차선을 바꾸어서는 아니 된다. 다만, 충돌방지 등 안전조치를 하였을 때에는 그러하지 아니하다.

제4절 선로전환기의 취급

제47조(선로전환기의 잠금 및 정위치 유지)

① 본선의 선로전환기는 이와 관계있는 신호장치와 연동하여 잠금(전기적 또는 기계적으로 작동되지 않도록 잠금장치를 하는 것을 말한다)되도록 해야 한다.

② 선로전환기를 사용한 후에는 지체 없이 미리 정하여진 위치에 두어야 한다.

③ 노면전차의 경우 도로에 설치하는 선로전환기는 보행자 안전을 위해 열차가 충분히 접근하였을 때에 작동하여야 하며, 운전자가 선로전환기의 개통 방향을 확인할 수 있어야 한다.

제5절 운전속도

제48조(운전속도)

① 도시철도운영자는 열차등의 특성, 선로 및 전차선로의 구조와 강도 등을 고려하여 열차의 운전속도를 정하여야 한다.

② 내리막이나 곡선선로에서는 제동거리 및 열차등의 안전도를 고려하여 그 속도를 제한하여야 한다.

③ 노면전차의 경우 도로교통과 주행선로를 공유하는 구간에서는 「도로교통법」에 따른 최고속도를 초과하지 않도록 열차의 운전속도를 정하여야 한다.

제49조(속도제한)

도시철도운영자는 다음 각 호의 어느 하나에 해당하는 경우에는 운전속도를 제한해야 한다.

1. 서행신호를 하는 경우
2. 추진운전이나 퇴행운전을 하는 경우
3. 차량을 결합·해체하거나 차선을 바꾸는 경우
4. 잠금되지 않은 선로전환기를 향하여 진행하는 경우
5. 대용폐색방식으로 운전하는 경우
6. 자동폐색신호의 정지신호가 있는 지점을 지나서 진행하는 경우
7. 차내신호의 "0" 신호가 있은 후 진행하는 경우
8. 감속·주의·경계 등의 신호가 있는 지점을 지나서 진행하는 경우
9. 그 밖에 안전운전을 위하여 운전속도제한이 필요한 경우

제6절 차량의 유치

제50조(차량의 구름 방지)

① 차량을 선로에 두는 경우에는 저절로 구르지 않도록 필요한 조치를 하여야 한다.

② 동력을 가진 차량을 선로에 두는 경우에는 그 동력으로 움직이는 것을 방지하기 위한 조치를 마련하여야 하며, 동력을 가진 동안에는 차량의 움직임을 감시하여야 한다.

제1절 통칙

제51조(폐색방식의 구분)

① 열차를 운전하는 경우의 폐색방식은 일상적으로 사용하는 폐색방식과 폐색장치의 고장이나 그 밖의 사유로 상용폐색방식에 따를 수 없을 때 사용하는 폐색방식에 따른다.

② 제1항에 따른 폐색방식에 따를 수 없을 때에는 전령법(傳令法)에 따르거나 무폐색운전을 한다.

제2절 상용폐색방식

제52조(상용폐색방식)

상용폐색방식은 자동폐색식 또는 차내신호폐색식에 따른다.

제53조(자동폐색식)

자동폐색구간의 장내신호기, 출발신호기 및 폐색신호기에는 다음 각 호의 구분에 따른 신호를 할 수 있는 장치를 갖추어야 한다.

1. 폐색구간에 열차등이 있을 때: 정지신호
2. 폐색구간에 있는 선로전환기가 올바른 방향으로 되어 있지 아니할 때 또는 분기선 및 교차점에 있는 다른 열차등이 폐색구간에 지장을 줄 때: 정지신호
3. 폐색장치에 고장이 있을 때: 정지신호

제54조(차내신호폐색식)

차내신호폐색식에 따르려는 경우에는 폐색구간에 있는 열차등의 운전상태를 그 폐색구간에 진입하려는 열차의 운전실에서 알 수 있는 장치를 갖추어야 한다.

제3절 대용폐색방식

제55조(대용폐색방식)

대용폐색방식은 다음 각 호의 구분에 따른다.

1. 복선운전을 하는 경우: 지령식 또는 통신식
2. 단선운전을 하는 경우: 지도통신식

제56조(지령식 및 통신식)

① 폐색장치 및 차내신호장치의 고장으로 열차의 정상적인 운전이 불가능할 때에는 관제사가 폐색구간에
　열차의 진입을 지시하는 지령식에 따른다.

② 상용폐색방식 또는 지령식에 따를 수 없을 때에는 폐색구간에 열차를 진입시키려는 역장 또는 소장이
　상대 역장 또는 소장 및 관제사와 협의하여 폐색구간에 열차의 진입을 지시하는 통신식에 따른다.

③ 지령식 또는 통신식에 따르는 경우에는 관제사 및 폐색구간 양쪽의 역장 또는 소장은 전용전화기를 설치·
　운용하여야 한다. 다만, 부득이한 사유로 전용전화기를 설치할 수 없거나 전용전화기에 고장이 발생하였을
　때에는 다른 전화기를 이용할 수 있다.

제57조(지도통신식)

① 지도통신식에 따르는 경우에는 지도표 또는 지도권을 발급받은 열차만 해당 폐색구간을 운전할 수 있다.

② 지도표와 지도권은 폐색구간에 열차를 진입시키려는 역장 또는 소장이 상대 역장 또는 소장 및 관제사와
　협의하여 발행한다.

③ 역장이나 소장은 같은 방향의 폐색구간으로 진입시키려는 열차가 하나뿐인 경우에는 지도표를 발급하고,
　연속하여 둘 이상의 열차를 같은 방향의 폐색구간으로 진입시키려는 경우에는 맨 마지막 열차에 대해서는
　지도표를, 나머지 열차에 대해서는 지도권을 발급한다.

④ 지도표와 지도권에는 폐색구간 양쪽의 역 이름 또는 소(所) 이름, 관제사, 명령번호, 열차번호 및 발행일과
　시각을 적어야 한다.

⑤ 열차의 기관사는 발급받은 지도표 또는 지도권을 폐색구간을 통과한 후 도착지의 역장 또는 소장에게
　반납하여야 한다.

제4절 전령법

제58조(전령법의 시행)

① 열차등이 있는 폐색구간에 다른 열차를 운전시킬 때에는 그 열차에 대하여 전령법을 시행한다.

② 전령법을 시행할 경우에는 이미 폐색구간에 있는 열차등은 그 위치를 이동할 수 없다.

제59조(전령자의 선정 등)

① 전령법을 시행하는 구간에는 한 명의 전령자를 선정하여야 한다.

② 전령자는 백색 완장을 착용하여야 한다.

③ 전령법을 시행하는 구간에서는 그 구간의 전령자가 탑승하여야 열차를 운전할 수 있다. 다만, 관제사가
　취급하는 경우에는 전령자를 탑승시키지 아니할 수 있다.

제60조(신호의 종류)

도시철도의 신호의 종류는 다음 각 호와 같다.

1. 신호: 형태·색·음 등으로 열차등에 대하여 운전의 조건을 지시하는 것

2. 전호(傳號): 형태·색·음 등으로 직원 상호간에 의사를 표시하는 것

3. 표지: 형태·색 등으로 물체의 위치·방향·조건을 표시하는 것

제61조(주간 또는 야간의 신호)

① 주간과 야간의 신호방식을 달리하는 경우에는 일출부터 일몰까지는 주간의 방식, 일몰부터 다음날 일출까지는 야간방식에 따라야 한다. 다만, 일출부터 일몰까지의 사이에 기상상태로 인하여 상당한 거리로부터 주간방식에 따른 신호를 확인하기 곤란할 때에는 야간방식에 따른다.

② 차내신호방식 및 지하구간에서의 신호방식은 야간방식에 따른다.

제62조(제한신호의 추정)

① 신호가 필요한 장소에 신호가 없을 때 또는 그 신호가 분명하지 아니할 때에는 정지신호가 있는 것으로 본다.

② 상설신호기 또는 임시신호기의 신호와 수신호가 각각 다를 때에는 열차등에 가장 많은 제한을 붙인 신호에 따라야 한다. 다만, 사전에 통보가 있었을 때에는 통보된 신호에 따른다.

제63조(신호의 겸용금지)

하나의 신호는 하나의 선로에서 하나의 목적으로 사용되어야 한다. 다만, 진로표시기를 부설한 신호기는 그러하지 아니하다.

제64조(상설신호기)

상설신호기는 일정한 장소에서 색등 또는 등열에 의하여 열차등의 운전조건을 지시하는 신호기를 말한다.

제65조(상설신호기의 종류)

상설신호기의 종류와 기능은 다음 각 호와 같다.

1. 주신호기

　　가. 차내신호기: 열차등의 가장 앞쪽의 운전실에 설치하여 운전조건을 지시하는 신호기

나. 장내신호기: 정거장에 진입하려는 열차등에 대하여 신호기 뒷방향으로의 진입이 가능한지를 지시하는 신호기

다. 출발신호기: 정거장에서 출발하려는 열차등에 대하여 신호기 뒷방향으로의 진입이 가능한지를 지시하는 신호기

라. 폐색신호기: 폐색구간에 진입하려는 열차등에 대하여 운전조건을 지시하는 신호기

마. 입환신호기: 차량을 결합·해체하거나 차선을 바꾸려는 차량에 대하여 신호기 뒷방향으로의 진입이 가능한지를 지시하는 신호기

2. 종속신호기

가. 원방신호기: 장내신호기 및 폐색신호기에 종속되어 그 신호상태를 예고하는 신호기

나. 중계신호기: 주신호기에 종속되어 그 신호상태를 중계하는 신호기

3. 신호부속기

가. 진로표시기: 장내신호기, 출발신호기, 진로개통표시기 또는 입환신호기에 부속되어 열차등에 대하여 그 진로를 표시하는 것

나. 진로개통표시기: 차내신호기를 사용하는 본선로의 분기부에 설치하여 진로의 개통상태를 표시하는 것

제66조(상설신호기의 종류 및 신호 방식)

상설신호기는 계기·색등 또는 등열(燈列)로써 다음 각 호의 방식으로 신호하여야 한다.

1. 주신호기

가. 차내신호기

	정지신호	진행신호
주간 및 야간	'0'속도를 표시	지령속도를 표시

나. 장내신호기, 출발신호기 및 폐색신호기

방식		정지신호	경계신호	주의신호	감속신호	진행신호
색등식	주간 및 야간	적색등	상하위 등황색등	등황색등	상위는 등황색등 하위는 녹색등	녹색등

다. 입환신호기

방식		정지신호	진행신호
색등식	주간 및 야간	적색등	등황색등

2. 종속신호기

가. 원방신호기

방식		주신호기가 정지신호를 할 경우	주신호기가 진행을 지시하는 신호를 할 경우
색등식	주간 및 야간	등황색등	녹색등

나. 중계신호기

방식		주신호기가 정지신호를 할 경우	주신호기가 진행을 지시하는 신호를 할 경우
색등식	주간 및 야간	적색등	주신호기가 한 진행을 지시하는 색등

3. 신호부속기

가. 진로표시기

방식		좌측진로	중앙진로	우측진로
색등식	주간 및 야간	흑색바탕에 좌측방향 백색 화살표 ←	흑색바탕에 수직방향 백색 화살표 ↑	흑색바탕에 우측방향 백색 화살표 →
문자식	주간 및 야간	4각 흑색바탕에 문자		

나. 진로개통표시기

방식		진로가 개통되었을 경우		진로가 개통되지 아니한 경우	
색등식	주간 및 야간	등황색등	· 。	적색등	。 ·

제67조(임시신호기의 설치)

선로가 일시 정상운전을 하지 못하는 상태일때에는 그 구역의 앞쪽에 임시신호기를 설치하여야 한다.

제68조(임시신호기의 종류)

임시신호기의 종류는 다음 각 호와 같다.

1. 서행신호기 서행운전을 필요로 하는 구역에 진입하는 열차등에 대하여 그 구간을 서행할 것을 지시하는 신호기
2. 서행예고신호기 서행신호기가 있을 것임을 예고하는 신호기
3. 서행해제신호기 서행운전구역을 지나 운전하는 열차등에 대하여 서행 해제를 지시하는 신호기

제69조(임시신호기의 신호방식)

① 임시신호기의 형태·색 및 신호방식은 다음과 같다.

	서행신호	서행예고신호	서행해제신호
주간	백색 테두리의 황색 원판	흑색 삼각형 무늬 3개를 그린 3각형판	백색 테두리의 녹색 원판
야간	등황색등	흑색 삼각형 무늬 3개를 그린 백색등	녹색등

② 임시신호기 표지의 배면(背面)과 배면광(背面光)은 백색으로 하고, 서행신호기에는 지정속도를
표시하여야 한다.

제4절 수신호

제70조(수신호방식)

신호기를 설치하지 아니한 경우 또는 신호기를 사용하지 못할 경우에는 다음 각 호의 방식으로 수신호를
하여야 한다.

1. 정지신호

    가. 주간: 적색기. 다만, 부득이한 경우에는 두 팔을 높이 들거나 또는 녹색기 외의 물체를 급격히 흔드는
        것으로 대신할 수 있다.

    나. 야간: 적색등. 다만, 부득이한 경우에는 녹색등 외의 등을 급격히 흔드는 것으로 대신할 수 있다.

2. 진행신호

    가. 주간: 녹색기. 다만, 부득이한 경우에는 한 팔을 높이 드는 것으로 대신할 수 있다.

    나. 야간: 녹색등

3. 서행신호

    가. 주간: 적색기와 녹색기를 머리 위로 높이 교차한다. 다만, 부득이한 경우에는 양 팔을 머리 위로 높이
        교차하는 것으로 대신할 수 있다.

    나. 야간: 명멸(明滅)하는 녹색등

제71조(선로 지장 시의 방호신호)

선로의 지장으로 인하여 열차등을 정지시키거나 서행시킬 경우, 임시신호기에 따를 수 없을 때에는
지장지점으로부터 200미터 이상의 앞 지점에서 정지수신호를 하여야 한다.

제5절 전호

제72조(출발전호)

열차를 출발시키려 할 때에는 출발전호를 하여야 한다. 다만, 승객안전설비를 갖추고 차장을
승무(乘務)시키지 아니한 경우에는 그러하지 아니하다.

제73조(기적전호)

다음 각 호의 어느 하나에 해당하는 경우에는 기적전호를 하여야 한다.

1. 비상사고가 발생한 경우
2. 위험을 경고할 경우

제74조(입환전호)

입환전호방식은 다음과 같다.

1. 접근전호

    가. 주간: 녹색기를 좌우로 흔든다. 다만, 부득이한 경우에는 한 팔을 좌우로 움직이는 것으로 대신할 수
       있다.

    나. 야간: 녹색등을 좌우로 흔든다.

2. 퇴거전호

    가. 주간: 녹색기를 상하로 흔든다. 다만, 부득이한 경우에는 한 팔을 상하로 움직이는 것으로 대신할 수
       있다.

    나. 야간: 녹색등을 상하로 흔든다.

3. 정지전호

    가. 주간: 적색기를 흔든다. 다만, 부득이한 경우에는 두 팔을 높이 드는 것으로 대신할 수 있다.

    나. 야간: 적색등을 흔든다.

제6절 표지

제75조(표지의 설치)

도시철도운영자는 열차등의 안전운전에 지장이 없도록 운전관계표지를 설치하여야 한다.

제7절 노면전차 신호

제76조(노면전차 신호기의 설계)

노면전차의 신호기는 다음 각 호의 요건에 맞게 설계하여야 한다.

1. 도로교통 신호기와 혼동되지 않을 것

2. 크기와 형태가 눈으로 볼 수 있도록 뚜렷하고 분명하게 인식될 것

1일 이것만 알아도 합격한다! – 도시철도 운전규칙 핵심 요약

목적: 운유안 / 정거장 정의: 승편입 / 운전보안장치의 종류 /

9조 시험운전 60일 이상 / 29조 비상제동 거리 600미터 이하 /

36조 운전진로 표 / 37조 폐색구간 표 / 38조 추진운전 퇴행운전 표 / 49조 속도제한 표

52조 상용폐색방식: 자차 55조 대용폐색방식 단지 / 65조 상설신호기 종류 종주부 / 주신호기 종류 장출폐입차 /

종속신호기 원중 / 신호부속기 표개 / 69조 서행예고신호: 흑색 삼각형 무늬 3개를 그린 백색등 /

70조 서행신호 야간 수신호 명멸하는 녹색등

36조 운전진로 예외	2. 공구	1. 고장	3. 차량 결합	4. 구내운전	5. 시험운전	6. 단선운전
37조 폐색구간 두 열차 운행	1.2. 공구		4. 분할	3. 차선 변경		
38조 추진 퇴행운전 예외	2. 공구	1. 고장	3. 결합 해체 차선변경	4. 구내운전	5. 시험운전	

01.

도시철도 운전규칙의 목적으로 틀린 것은?

① 도시철도의 안전운전을 도모함
② 차량의 운전 및 신호방식 등 필요한 사항을 정함
③ 차량 및 시설의 유지 보전에 필요한 사항을 정함
④ 도시철도의 운전에 필요한 사항을 정함

답 ②

02.

도시철도 운전규칙의 내용으로 틀린 것은?

① 도시철도운영자는 안전운전과 이용승객의 편의 증진을 위하여 장기·단기계획을 수립하여 시행하여야 한다.
② 도시철도운영자는 응급복구에 필요한 기구 및 자재를 항상 적당한 장소에 보관하고 정비하여야 한다.
③ 도시철도운영자는 선로·전차선로 또는 운전보안장치를 신설·이설(移設) 또는 개조한 경우 정상운전을 하기 전에 30일 이상 시험운전을 하여야 한다.
④ 도시철도운영자는 소속직원의 자질 향상을 위하여 적절한 국내연수 또는 국외연수 교육을 실시할 수 있다.

답 ③
해 60일 이상

03.

다음 중 괄호 안에 들어갈 말로 맞는 것은?

열차의 비상제동거리는 (　　　)미터 이하로 하여야 한다.

① 200　　　② 300　　　③ 500　　　④ 600

답 ④

04.

다음 중 도시철도 운전규칙에서 무인운전 운행 중 안전을 위한 규정 상황이 아닌 것은?

① 신호 현시가 불명확하게 나타나는 경우
② 선로 안에서 사람이나 장애물이 발견된 경우
③ 열차에 고장이나 화재가 발생하는 경우
④ 그 밖에 승객의 안전에 위험한 상황이 발생하는 경우

답 ①

05.

도시철도 운전규칙에서 규정하는 운전진로를 달리 할 수 있는 경우가 <u>아닌</u> 것은?

① 차량을 결합 · 해체하거나 차선을 바꾸는 경우

② 무인운전을 하는 경우

③ 구원열차(救援列車)나 공사열차(工事列車)를 운전하는 경우

④ 선로 또는 열차에 고장이 발생하여 퇴행운전을 하는 경우

답 ②

해 제36조 운전진로

06.

다음 중 도시철도 운전규칙의 내용으로 <u>틀린</u> 것은?

① 본선의 선로전환기는 이와 관계있는 신호장치와 연동하여 잠금되도록 해야 한다.

② 선로전환기를 사용한 후에는 지체 없이 미리 정하여진 위치에 두어야 한다.

③ 노면전차의 경우 도로에 설치하는 선로전환기는 보행자 안전을 위해 열차가 접근하였을 때에 작동하여서는 안된다.

④ 운전자가 선로전환기의 개통 방향을 확인할 수 있어야 한다.

답 ③

해 제47조 선로전환기의 쇄정 및 정위치 유지, 접근하였을 때 작동하여야 한다.

07.

도시철도 운전규칙의 대용폐색방식에 대한 설명으로 <u>틀린</u> 것은?

① 복선운전 – 지령식

② 복선운전 – 통신식

③ 단선운전 – 지령식

④ 단선운전 – 지도통신식

답 ③

해 제55조 대용폐색방식

08.

도시철도 운전규칙의 지령식 및 통신에 대한 설명으로 <u>틀린</u> 것은?

① 폐색장치 및 차내신호장치의 고장으로 열차의 정상적인 운전이 불가능할 때에는 관제사가 폐색구간에 열차의 진입을 지시하는 지령식에 따른다.

② 상용폐색방식 또는 지령식에 따를 수 없을 때에는 폐색구간에 열차를 진입시키려는 역장 또는 소장이 상대 역장 또는 소장 및 관제사와 협의하여 폐색구간에 열차의 진입을 지시하는 통신식에 따른다.

③ 지령식 또는 통신식에 따르는 경우에는 관제사 및 폐색구간 한쪽의 역장 또는 소장은 전용전화기를 설치 · 운용하여야 한다.

④ 다만, 부득이한 사유로 전용전화기를 설치할 수 없거나 전용전화기에 고장이 발생하였을 때에는 다른 전화기를 이용할 수 있다.

답 ③

해 제56조 지령식 및 통신식, 양쪽

도시철도 운전규칙의 전령법에 대한 설명으로 틀린 것은?

① 열차등이 있는 폐색구간에 다른 열차를 운전시킬 때에는 그 열차에 대하여 전령법을 시행한다.

② 전령자는 백색 완장을 착용하여야 한다.

③ 전령법을 시행하는 구간에서는 그 구간의 전령자가 탑승하여야 열차를 운전할 수 있다. 관제사가 취급하는 경우 또한 같다.

④ 전령법을 시행할 경우에는 이미 폐색구간에 있는 열차등은 그 위치를 이동할 수 없다.

답 ③

해 제59조 전령자의 선정, 관제사 취급시 제외

10.

도시철도 운전규칙에서 말하는 상설신호기의 종류로 틀린 것은?

① 장내신호기: 폐색구간에 진입하려는 열차등에 대하여 운전조건을 지시하는 신호기

② 입환신호기: 차량을 결합 · 해체하거나 차선을 바꾸려는 차량에 대하여 신호기 뒷방향으로의 진입이 가능한지를 지시하는 신호기

③ 차내신호기: 열차등의 가장 앞쪽의 운전실에 설치하여 운전조건을 지시하는 신호기

④ 출발신호기: 정거장에서 출발하려는 열차등에 대하여 신호기 뒷방향으로의 진입이 가능한지를 지시하는 신호기

답 ①

해 제65조 상설신호기의 종류, 폐색신호기에 대한 설명이다.

11.

도시철도 운전규칙에의 상설신호기의 종류 및 신호 방식으로 틀린 것은?

① 차내신호기 정지신호 – 0속도를 표시　　　② 차내신호기 진행신호 – 지령속도를 표시
③ 장내신호기 주의신호 상하위 등황색등　　　④ 입환신호기 진행신호 등황색등

답 ③

해 제66조 상설신호기의 종류 및 신호방식, 경계신호에 대한 설명이다.

12.

도시철도 운전규칙의 수신호 방식으로 틀린 것은?

① 정지신호 수신호 – 적색기. 다만, 부득이한 경우에는 두 팔을 높이 들거나 또는 녹색기 외의 물체를 급격히 흔드는 것으로 대신할 수 있다.

② 진행신호 야간 – 녹색등

③ 서행신호 야간: 명멸(明滅)하는 등황색등

④ 서행신호 주간: 적색기와 녹색기를 머리 위로 높이 교차한다. 다만, 부득이한 경우에는 양 팔을 머리 위로 높이 교차하는 것으로 대신할 수 있다.

답 ③

해 제70조 수신호방식, 명멸하는 녹색등이다.

✋ 철도왕의 실무이야기 ⑪

Q1. 공무원 사기업 경력도 호봉 산정 넣어주나요?

A1. 서교공은 일정 규모 이상 사기업 공기업 100퍼센트 호봉 인정합니다.

코레일은 5년일 겁니다. 자세한 건 인사과 문의

Q2. 승객들 민원 처리할 일도 많나요?

A2. 운전실 교대하거나 막차에서 승객 하차하는 경우 있는데

위험한 일은 거의 없고 지원 요청하면 됩니다.

Q3. 장기 연차 사용도 가능한지

A3. 무조건 가능합니다. 업무가 쌓이지도 않고, 그게 기관사 장점이죠!

Q4. 면백에 관한 이야기가 많아요

A4. 앞서 말씀드린 대로, 기관사의 평균 커트는 타 직렬에 비하면 낮습니다.

철도왕과 함께 공부하다 보면 철도왕처럼 7일 만에 코레일에 정규직 입사하실 수 있습니다.

CHAPTER

대부분의 입교기관 시험 범위에선 제외됩니다. (25년 기준 우송대, 동양대는 포함)
면허 시험 범위 안에는 포함됩니다.
공고문을 꼭 참고하시기 바랍니다.

철도 사고·장애, 철도차량 고장 등에 따른 의무 보고 및 철도 안전 자율 보고에 관한 지침

📄 제1장 총칙

제1조(목적)

이 지침은 다음 각 호의 보고의 절차 및 방법 등의 세부사항을 정하는 것을 목적으로 한다.

1. 「철도안전법 시행규칙」에 따른 철도사고등 의무보고
2. 「철도안전법 시행규칙」에 따른 철도차량에 발생한 고장, 결함 또는 기능장애 보고
3. 「철도안전법 시행규칙」에 따른 철도안전 자율보고

제2조(정의)

① 이 지침에서 사용하는 "철도사고"라 함은 「철도안전법」에 따른 철도사고를 말하며(단 전용철도에서 발생한 사고는 제외한다), 규칙 제1조의2에서 별도로 정하지 않은 세부분류기준은 다음 각 호와 같다.

  1. 규칙 제1조의2 제1호 라목의 "기타철도교통사고"란 다음 각 목의 어느 하나에 해당하는 것을 말한다.

    가. 위험물사고 : 열차에서 위험물 또는 위해물품이 누출되거나 폭발하는 등으로 사상자 또는 재산피해가 발생한 사고

    나. 건널목사고 : 건널목에서 열차 또는 철도차량과 도로를 통행하는 차마, 사람 또는 기타 이동 수단으로 사용하는 기계기구와 충돌하거나 접촉한 사고

    다. 철도교통사상사고 : "충돌사고", "탈선사고", "열차화재사고"를 동반하지 않고, 위 가목, 나목을 동반하지 않고 열차 또는 철도차량의 운행으로 여객(이하 철도를 이용하여 여행할 목적으로 역구내에 들어온 사람이나 열차를 이용 중인 사람을 말한다), 공중(公衆), 직원(이하 계약을 체결하여 철도운영자등의 업무를 수행하는 사람을 포함한다)이 사망하거나 부상을 당한 사고

  2. 규칙 제1조의2 제2호 다목의 "기타철도안전사고"란 다음 각 목의 어느 하나에 해당하는 것을 말한다.

    가. 철도안전사상사고 : 규칙 제1조의2의 "철도화재사고", "철도시설파손사고"를 동반하지 않고 대합실, 승강장, 선로 등 철도시설에서 추락, 감전, 충격 등으로 여객, 공중(公衆), 직원이 사망하거나 부상을 당한 사고

    나. 기타안전사고 : 위 가목의 사고에 해당되지 않는 기타철도안전사고

② 이 지침에서 사용하는 "철도준사고"라 함은 법 제2조제12호에 따른 철도준사고를 말한다.

③ 이 지침에서 사용하는 "운행장애"라 함은 법 제2조제13호에 따른 운행장애를 말한다.

④ 이 지침에서 사용하는 "사상자"라 함은 다음 각 호의 인명피해를 말한다.

    1. 사망자 : 사고로 즉시 사망하거나 30일 이내에 사망한 사람

    2. 부상자 : 사고로 24시간 이상 입원 치료한 사람

⑤ 이 지침에서 사용하는 "철도안전정보관리시스템"이라 함은 「철도안전법 시행령」에 따라 구축되는 정보시스템을 말한다.

제3조(적용범위)

① 철도사고·준사고 및 운행장애의 보고절차 및 방법

② 철도차량 등에 발생한 고장 등의 보고와 관련하여 보고절차 및 방법

③ 철도안전 자율보고의 접수·분석 및 전파에 필요한 절차와 방법

제4조(철도사고등의 즉시보고)

① 철도운영자등(철도운영자 및 철도시설관리자를 말한다. 전용철도의 운영자는 제외한다. 이하 같다)이
   즉시보고를 할 때에는 보고계통에 따라 전화 등 가능한 통신수단을 이용하여 구두로 다음 각 호와 같이
   보고하여야 한다.
　　1. 일과시간 : 국토교통부(관련과) 및 항공·철도사고조사위원회
　　2. 일과시간 이외 : 국토교통부 당직실
② 즉시보고는 사고발생 후 30분 이내에 하여야 한다.
③ 즉시보고를 접수한 때에는 지체 없이 사고관련 부서(팀) 및 항공·철도사고조사위원회에 그 사실을
   통보하여야 한다.
④ 철도운영자등은 제1항의 사고 보고 후 제5조제4항제1호 및 제2호(중간보고 종결보고)에 따라
   국토교통부장관에게 보고하여야 한다.
⑤ 보고 중 종결보고는 철도안전정보관리시스템을 통하여 보고할 수 있다.
⑥ 철도운영자등은 즉시보고를 신속하게 할 수 있도록 비상연락망을 비치하여야 한다.

제5조(철도사고등의 조사보고)

① 철도운영자등이 사고내용을 조사하여 그 결과를 보고하여야 할 철도사고등은 영 제57조
   (국토교통부장관에게 즉시 보고하여야 하는 철도사고)에 따른 철도사고등을 제외한다.
② 철도운영자등은 제1항의 조사보고 대상 가운데 다음 각 호의 사항에 대한 초기보고는 철도사고등이
   발생한 후 또는 사고발생 신고(여객 또는 공중(公衆)이 사고발생 신고를 하여야 알 수 있는 열차와
   승강장사이 발빠짐, 승하차시 넘어짐, 대합실에서 추락·넘어짐 등의 사고를 말한다)를 접수한 후 1시간
   이내에 사고발생현황을 보고계통에 따라 전화 등 가능한 통신수단을 이용하여 국토교통부(관련과)에
   보고하여야 한다.
　　1. 영 제57조에 따른 철도사고등을 제외한 철도사고
　　2. 철도준사고
　　3. 지연운행으로 인하여 열차운행이 고속열차 및 전동열차는 40분, 일반여객열차는 1시간 이상 지연이
　　　예상되는 사건
　　4. 그 밖에 언론보도가 예상되는 등 사회적 파장이 큰 사건
③ 철도운영자등은 제2항 각 호에 해당하지 않는 제1항에 따른 조사보고 대상에 대하여는 철도사고등이
   발생한 후 또는 사고발생 신고를 접수한 후 72시간 이내(해당 기간에 포함된 토요일 및 법정공휴일에
   해당하는 시간은 제외한다)에 초기보고를 보고계통에 따라 전화 등 가능한 통신수단을 이용하여
   국토교통부(관련과)에 보고하여야 한다.
④ 철도운영자등은 제2항 또는 제3항에 따른 보고 후에 중간보고 및 종결보고를 다음 각 호와 같이 하여야 한다.

1. 중간보고는 제1항의 철도사고등이 발생한 후 철도사고보고서에 사고수습 및 복구사항 등을 작성하여 사고수습·복구기간 중에 1일 2회 또는 수습상황 변동시 등 수시로 보고할 것(다만 사고수습 및 복구상황의 신속한 보고를 위해 필요한 경우에는 전화 등 가능한 통신수단으로 보고 가능)

2. 종결보고는 발생한 철도사고등의 수습·복구(임시복구 포함)가 끝나 열차가 정상 운행하는 시점을 기준으로 다음달 15일 이전에 다음 각 목의 사항이 포함된 조사결과 보고서와 사고현장상황 및 사고발생원인 조사표를 작성하여 보고 할 것

   가. 철도사고등의 조사 경위

   나. 철도사고등과 관련하여 확인된 사실

   다. 철도사고등의 원인 분석

   라. 철도사고등에 대한 대책 등

3. 자연재난이 발생한 경우에는 재난상황 보고서를 작성하여 보고할 것

⑤ 초기보고 및 종결보고는 철도안전정보관리시스템을 통하여 할 수 있다.

제7조(철도운영자의 사고보고에 대한 조치)

① 국토교통부장관은 철도운영자등이 보고한 철도사고보고서의 내용이 미흡하다고 인정되는 경우에는 당해 내용을 보완 할 것을 지시하거나 철도안전감독관 등 관계전문가로 하여금 미흡한 내용을 조사토록 할 수 있다.

② 국토교통부장관은 철도운영자등이 보고한 내용이 철도사고등의 재발을 방지하기 위하여 필요한 경우 그 내용을 발표할 수 있다. 다만, 관련내용이 공개됨으로써 당해 또는 장래의 정확한 사고조사에 영향을 줄 수 있거나 개인의 사생활이 침해될 우려가 있는 다음 각 호의 내용은 공개하지 아니할 수 있다.

1. 사고조사과정에서 관계인들로부터 청취한 진술

2. 열차운행과 관계된 자들 사이에 행하여진 통신기록

3. 철도사고등과 관계된 자들에 대한 의학적인 정보 또는 사생활 정보

4. 열차운전실 등의 음성자료 및 기록물과 그 번역물

5. 열차운행관련 기록장치 등의 정보와 그 정보에 대한 분석 및 제시된 의견

6. 철도사고등과 관련된 영상 기록물

제9조(둘 이상의 기관과 관련된 사고의 처리)

둘 이상의 철도운영자등이 관련된 철도사고등이 발생된 경우 해당 철도운영자등은 공동으로 조사를 시행할 수 있으며, 다음 각 호의 구분에 따라 보고하여야 한다.

1. 최초 보고: 사고 발생 구간을 관리하는 철도운영자등

2. 제1호의 보고 이후 조사 보고 등

   가. 보고 기한일 이전에 사고원인이 명확하게 밝혀진 경우 : 철도차량 관련 사고 등은 해당 철도차량 운영자, 철도시설 관련 사고 등은 철도시설 관리자

   나. 보고 기한일 이전에 사고원인이 명확하게 밝혀지지 않은 경우 : 사고와 관련된 모든 철도차량 운영자 및 철도시설 관리자

제10조(고장보고 방법)

고장보고를 할 때에는 관련서식에 따라 국토교통부장관(철도운행안전과장) 공문과 fax를 통해 보고하여야 한다.

제11조(고장보고의 기한)

고장보고는 보고자가 관련사실을 인지한 후 7일 이내로 한다.

제12조(고장보고 내용의 전파 및 조치)

① 고장보고를 접수한 국토교통부장관은 필요한 경우 관련 부서(철도운영기관, 한국철도기술연구원, 한국교통안전공단 등)에 그 사실을 통보하여야 한다.

② 고장보고를 받은 국토교통부장관은 필요하다고 판단하는 경우, 철도차량 또는 철도용품에 결함이 있는 여부에 대한 조사를 실시할 수 있다.

제13조(자율보고 방법)

자율보고의 보고자는 다음 각 호의 방법에 따라 보고할 수 있다.

1. 유선전화 : 054)459-7323
2. 전자우편 : krails@kotsa.or.kr
3. 인터넷 웹사이트 : www.railsafety.or.kr

제14조(자율보고 매뉴얼 작성 등)

① 한국교통안전공단 이사장은 자율보고 접수·분석 및 전파에 필요한 세부 방법·절차 등을 규정한 철도안전 자율보고 매뉴얼을 제정하여야 한다.

② 공단 이사장은 자율보고 매뉴얼을 제정하거나 변경할 때에는 국토교통부장관에게 사전 승인을 받아야 한다.

③ 공단 이사장은 자율보고 매뉴얼 중 업무처리절차 등 주요 내용에 대하여는 보고자가 인터넷 등 온라인을 통해 쉽게 열람할 수 있도록 조치하여야 한다.

제15조(조치 등)

① 국토교통부장관은 철도안전 자율보고의 접수 및 처리업무에 관하여 필요한 지시를 하거나 조치를 명할 수 있다.

제16조(업무담당자 지정 등)

① 공단 이사장은 자율보고 접수·분석 및 전파에 관한 업무를 담당할 내부 부서 및 임직원을 지정하고, 직무범위와 책임을 부여하여야 한다.

② 공단 이사장은 지정한 담당 임직원이 해당업무를 수행하기 전에 자율보고 매뉴얼에 대한 초기교육을 시행하여야 한다.

제17조(자율보고 등의 접수)

① 공단 이사장은 자율보고를 접수한 경우 보고자에게 접수번호를 제공하여야 한다.

② 공단 이사장은 제1항에 따른 자율보고 내용을 파악한 후 누락 또는 부족한 내용이 있는 경우 보고자에게 추가 정보 제공 등을 요청하거나 관련 현장을 방문할 수 있다.

③ 공단 이사장은 보고내용이 긴급히 철도안전에 영향을 미칠 수 있다고 판단되는 경우 지체 없이 철도운영자등에게 통보하여 조치를 취하도록 하여야 한다.

④ 철도운영자등은 통보받은 보고내용의 진위여부, 조치 필요성 등을 확인하고, 필요한 경우 조치를 취하여야 한다.

⑤ 철도운영자등은 보고내용에 대한 조치가 완료된 이후 10일 이내에 해당 조치결과를 공단 이사장에게
통보하여야 한다.

제18조(보고자 개인정보 보호)

① 공단 이사장은 보고자의 의사에 반하여 보고자의 개인정보를 공개하여서는 아니 된다.

② 공단 이사장은 보고자의 의사에 반하여 개인정보가 공개되지 않도록 업무처리절차를 마련하여
시행하여야 하며, 관계 임직원이 이를 준수하도록 하여야 한다.

제19조(자율보고 분석)

① 공단 이사장은 접수한 자율보고에 대하여 초도 분석을 실시하고 분석결과를 월 1회(전월 접수된 건에 대한
초도 분석결과를 토요일 및 공휴일을 제외한 업무일 기준 10일 내에) 국토교통부장관에게 제출하여야
한다.

② 공단 이사장은 초도분석에 이어 위험요인(Hazard) 분석, 위험도(Safety Risk) 평가, 경감조치(관계기관
협의, 전파) 등 해당 발생 건에 대한 위험도를 관리하기 위해 심층분석을 실시하여야 한다. 필요한 경우
분석회의를 구성 및 운영할 수 있다.

③ 공단 이사장은 심층분석 결과를 분기 1회(전 분기 접수된 건에 대한 심층분석 결과를 다음 분기까지)
국토교통부장관에게 제출하여야 한다.

제20조(위험요인 등록)

공단 이사장은 자율보고 분석을 통해 식별한 위험요인, 위험도, 후속조치 등을 체계적으로 관리하기 위하여
철도안전위험요인 등록부(Hazard Register)를 작성하고 관리하여야 한다.

제21조(자율보고 연간 분석 등)

공단 이사장은 매년 2월말까지 전년도 자율보고 접수, 분석결과 및 경향 등을 포함하는 자율보고 연간
분석결과를 국토교통부장관에게 보고하여야 한다.

제22조(안전정보 전파)

공단 이사장은 자율보고 분석 결과 중 철도안전 증진에 기여할 수 있을 것으로 판단되는 안전정보는
철도운영자등 및 철도종사자와 공유하여야 한다.

제23조(전자시스템 구축 등)

공단 이사장은 자율보고의 접수단계부터 자율보고의 분석단계 업무를 효과적으로 처리 및 기록·관리하기
위한 전자시스템을 구축·관리하여야 한다.

제24조(자율보고제도 개선 등)

① 공단 이사장은 자율보고의 편의성을 제고하고 안전정보 공유 체계를 개선하기 위해 지속적으로
노력하여야 한다.

② 공단 이사장은 자율보고제도를 운영하고 있는 국내 타 분야 및 해외 철도사례 연구 등을 통해
자율보고제도를 보다 효과적이고 효율적으로 운영할 수 있는 방안을 지속 연구하고, 이를
국토교통부장관에게 건의할 수 있다.

📄 제5장 보칙

제25조(재검토기한)

국토교통부장관은 이 고시에 대하여 2021년 1월 1일 기준으로 매3년이 되는 시점(매 3년째의 12월
31일까지를 말한다)마다 그 타당성을 검토하여 개선 등의 조치를 하여야 한다.

💯 이것만 알아도 합격한다! – 자율보고에 관한 지침 핵심 요약

목적: 의기자 /

제2조 정의 : 기타철도교통사고 – 위건철 / 사상자: 사망자, 부상자 /

제3조 적용범위: 1. 철도사고, 2. 고장보고, 3. 자율보고 / 제4조 즉시보고 30분 이내 /

제5조 1시간 이내 초기보고 대상 :

1. 시행령 제외 철도사고, 2. 철도준사고, 3. 고전 40, 일반 여객열차 1시간 이상, 4. 사회적 파장 큰 /

중간보고는 1일 2회, 종결보고는 다음달 15일까지 /

제11조 고장보고의 기한 7일 이내, 제17조 자율보고 조치완료 후 10일 이내 통보,

제21조 자율보고 연간 분석 매년 2월 말까지

01.

철도안전 자율보고에 관한 지침의 대상이 되는 보고가 <u>아닌</u> 것은?
① 「철도안전법 시행규칙」 제86조제3항에 따른 철도사고등 의무보고
② 「철도안전법」 제2조 제11호에 따른 전용철도에서 발생한 사고
③ 규칙 제87조제3항 및 제5항에 따른 철도차량에 발생한 고장, 결함 또는 기능장애 보고
④ 규칙 제88조제1항 및 제3항에 따른 철도안전 자율보고

답 ②
해 제1조 목적, 의기자로 외운다.

02.

철도안전 자율보고에 관한 지침에서 말하는 기타철도교통사고의 대상이 <u>아닌</u> 것은?
① 위험물사고 : 열차에서 위험물 또는 위해물품이 누출되거나 폭발하는 등으로 사상자 또는 재산피해가 발생한 사고
② 철도교통사상사고 : "충돌사고", "탈선사고", "열차화재사고"를 동반하지 않고 열차 또는 철도차량의 운행으로 여객 공중(公衆), 직원이 사망하거나 부상을 당한 사고
③ 철도안전사상사고 : "철도화재사고", "철도시설파손사고"를 동반하지 않고 대합실, 승강장, 선로 등 철도시설에서 추락, 감전, 충격 등으로 여객, 공중(公衆), 직원이 사망하거나 부상을 당한 사고
④ 건널목사고 : 건널목에서 열차 또는 철도차량과 도로를 통행하는 차마, 사람 또는 기타 이동 수단으로 사용하는 기계기구와 충돌하거나 접촉한 사고

답 ③
해 제2조 정의, 위건철로 외운다.

03.

철도사고등의 즉시보고에 관한 설명으로 <u>틀린</u> 것은?
① 일과시간 : 국토교통부(관련과) 및 항공 · 철도사고조사위원회
② 즉시보고는 사고발생 후 1시간 이내에 하여야 한다.
③ 종결보고는 철도안전정보관리시스템을 통하여 보고할 수 있다.
④ 철도운영자등은 즉시보고를 신속하게 할 수 있도록 비상연락망을 비치하여야 한다.

답 ②
해 제4조 철도사고 등의 즉시보고, 30분 이내

04.

철도안전 자율보고에 관한 지침에서 말하는 접수한 후 1시간 이내에 보고하여야 하는 조사보고 대상이 <u>아닌</u> 것은?

① 영 제57조에 따른 철도사고

② 철도준사고

③ 지연운행으로 인하여 열차운행이 고속열차 및 전동열차는 40분, 일반여객열차는 1시간 이상 지연이 예상되는 사건

④ 그 밖에 언론보도가 예상되는 등 사회적 파장이 큰 사건

답 ①

해 제5조 철도사고 등의 조사보고

05.

철도안전 자율보고에 관한 지침에서 순서대로 빈칸에 들어갈 말로 맞는 것은?

A. 중간보고는 철도사고등이 발생한 후 철도사고보고서에 사고수습 및 복구사항 등을 작성하여 사고수습 · 복구기간 중에 1일 (　　)회 또는 수습상황 변동시 등 수시로 보고할 것
B. 종결보고는 발생한 철도사고등의 수습 · 복구가 끝나 열차가 정상 운행하는 시점을 기준으로 다음달 (　　)일 이전에 다음 각 목의 사항이 포함된 조사결과 보고서와 사고현장상황 및 사고발생원인 조사표를 작성하여 보고 할 것
C. 철도운영자등은 조사보고 대상에 대하여는 철도사고등이 발생한 후 또는 사고발생 신고를 접수한 후 (　　)시간 이내에 초기보고를 보고계통에 따라 전화 등 가능한 통신수단을 이용하여 국토교통부(관련과)에 보고하여야 한다.

① 1 - 15 - 72　　　　　　　　　　　② 1 - 30 - 72
③ 2 - 15 - 72　　　　　　　　　　　④ 2 - 30 - 72

답 ③

해 제5조 철도사고 등의 조사보고

06.

철도안전 자율보고에 관한 지침에서 순서대로 빈칸에 들어갈 말로 맞는 것은?

A. 제11조(고장보고의 기한) 고장보고는 보고자가 관련사실을 인지한 후 (　　)일 이내로 한다.
B. 제21조(자율보고 연간 분석 등) 공단 이사장은 매년 (　　)월말까지 전년도 자율보고 접수, 분석결과 및 경향 등을 포함하는 자율보고 연간 분석결과를 국토교통부장관에게 보고하여야 한다.

① 7 - 1　　　　　　　　　　　　　② 7 - 2
③ 15 - 1　　　　　　　　　　　　　④ 15 - 2

답 ②

<철도 용어>

2종 면허 : 전기동차 (지하철)을 운전할 수 있는 면허, 대부분 이것을 취득한다.

자격 제한 : 코레일 등 입사 시험 시에 2종 면허 등 자격증이 있는 사람만 지원 가능

기관사 : 전부 운전실 운전

부기관사 : 기관차에서 기관사와 함께 근무, 환호 살사 등의 업무 처리, 사라지는 주세, 편하다.

승무 : 열차에 타는 사람 통칭, 기관사 차장 KTX 여객 승무 포함

차장 : 2인승 무시 후부 탑승, 출입문 취급이 주 업무, 냉난방 민원 처리, 편하다. 코레일은 따로 채용

차량 직렬 : 차량 정비 등, 자격 제한이 아님

기관사 근무 패턴 : 주야 비휴 4조 2교대 형태가 많다. 회사마다 다름

CHAPTER

철도종사자 등에 관한 교육훈련 시행지침

대부분의 입교기관 시험 범위에선 제외됩니다. (25년 기준 우송대, 동양대는 포함)

면허 시험 범위 안에는 포함됩니다.

공고문을 꼭 참고하시기 바랍니다.

철도종사자 등에 관한 교육훈련 시행지침

제1장 총칙

제1조(목적)

이 지침은 철도차량운전면허교육·관제자격증명교육·운전 및 관제업무의 실무수습·철도종사자 안전교육·철도종사자 직무교육·철도차량정비기술자 정비교육훈련·철도안전 전문인력교육의 내용·방법·절차·평가·교육훈련의 면제 등에 관하여 필요한 사항을 정함을 목적으로 한다.

제2조(적용범위)

운전면허교육·관제자격교육·운전 및 관제업무의 실무수습·철도종사자 안전교육·철도종사자 직무교육·정비기술자 정비교육훈련·전문인력 교육의 내용·방법·절차·평가·교육훈련의 면제 등에 관하여 법령에서 정한 것을 제외하고는 이 지침이 정하는 바에 따른다.

제3조(용어정의)

이 지침에서 사용하는 용어의 정의는 다음과 같다.

1. "운전교육훈련기관"이라 함은 국토교통부장관으로부터 철도차량 운전에 관한 전문교육훈련기관으로 지정받은 기관을 말한다.
2. "관제교육훈련기관"이라 함은 국토교통부장관으로부터 관제업무에 관한 전문교육훈련기관으로 지정 받은 기관을 말한다.
2의2. "정비교육훈련기관"이라 함은 국토교통부장관으로부터 철도차량정비기술에 관한 전문교육훈련기관으로 지정 받은 기관을 말한다.
3. "철도안전전문기관"이라 함은 국토교통부장관으로부터 철도안전 전문인력의 교육훈련 등을 담당하는 기관으로 지정받은 전문기관 또는 단체를 말한다.
4. "교육훈련시행자"라 함은 운전교육훈련기관·관제교육훈련기관·철도안전전문기관·정비교육훈련기관 및 철도운영기관의 장을 말한다.
5. "전기능모의운전연습기"라 함은 실제차량의 운전실과 운전 부속장치를 실제와 유사하게 제작하고, 영상 음향 진동 등 환경적인 요소를 현장감 있게 구현하여 운전연습 효과를 최대한 발휘할 수 있도록 제작한 운전훈련연습 장치를 말한다.

6. "전기능모의관제시스템"이라 함은 철도운영기관에서 운영 중인 관제설비와 유사하게 제작되어 철도차량의 운행을 제어·통제·감시하는 업무 수행 및 이례상황 구현이 가능하도록 제작된 관제훈련연습시스템을 말한다.

7. "기본기능모의운전연습기"라 함은 동력차제어대 등 운전취급훈련에 반드시 필요한 부분만 실제차량의 실물과 유사하게 제작하고 나머지는 간략하게 구성하며, 기타 장치 및 객실 등은 컴퓨터 그래픽으로 처리하여 운전취급훈련 및 이론 교육을 병행할 수 있도록 제작한 운전훈련연습 장치를 말한다.

8. "기본기능모의관제시스템"이라 함은 철도 관제교육훈련에 꼭 필요한 부분만 유사하게 제작한 관제훈련연습시스템을 말한다.

9. "컴퓨터지원교육시스템"이라 함은 컴퓨터시스템의 멀티미디어교육기능을 이용하여 철도차량운전과 관련된 차량, 시설, 전기, 신호 등을 학습할 수 있도록 제작된 프로그램 또는 철도관제와 관련된 교육훈련을 학습할 수 있도록 제작된 프로그램(기본기능모의관제시스템) 및 이를 지원하는 컴퓨터시스템 일체를 말한다.

제4조(교육훈련 대상자의 선발 등)

① 운전교육훈련기관 및 관제교육훈련기관장은 교육훈련 과정별 교육생 선발에 관한 기준을 마련하고 그 기준에 적합한 자를 교육훈련 대상자로 선발하여야 한다.

② 교육훈련기관의 장은 교육훈련 과정별 교육대상자가 적어 교육과정을 개설하지 아니하거나 교육훈련 시기를 변경하여 시행 할 필요가 있는 경우에는 모집공고를 할 때 미리 알려야 하며 교육과정을 폐지하거나 변경하는 경우에는 국토교통부장관에게 보고하여 승인을 받아야 한다.

③ 교육훈련대상자로 선발된 자는 교육훈련기관에 교육훈련을 개시하기 전까지 교육훈련에 필요한 등록을 하여야 한다.

제5조(운전면허의 교육방법)

① 운전교육훈련기관의 교육은 운전면허의 종류별로 구분하여 「철도안전법 시행규칙」에 따른 정원의 범위에서 교육을 실시하여야 한다.

② 컴퓨터지원교육시스템에 의하여 교육을 실시하는 경우에는 교육생 마다 각각의 컴퓨터 단말기를 사용하여야 한다.

③ 모의운전연습기를 이용하여 교육을 실시하는 경우에는 전기능모의운전연습기 · 기본기능모의운전연습기 및 컴퓨터지원교육시스템에 의한 교육이 모두 이루어지도록 교육계획을 수립하여야 한다.

④ 철도운영자 및 철도시설관리자(위탁 운영을 받은 기관의 장을 포함한다)은 다른 운전면허의 철도차량을 차량기지 내에서 시속 25킬로미터 이하로 운전하고자 하는 사람에 대하여는 업무를 수행하기 전에 기기취급 등에 관한 실무수습 · 교육을 받도록 하여야 한다.

⑤ 철도운영자등(위탁 받은 기관의 장을 포함한다)이 제4항의 교육을 실시하는 경우에는 평가에 관한 기준을 마련하여 교육을 종료할 때 평가하여야 한다.

⑥ 운전교육훈련기관의 장은 시행규칙 제24조에 따라 기능시험을 면제하는 운전면허에 대한 교육을 실시하는 경우에는 교육에 관한 평가기준을 마련하여 교육을 종료할 때 평가하여야 한다.

⑦ 그 밖의 교육훈련의 순서 및 교육운영기준 등 세부사항은 교육훈련시행자가 정하여야 한다.

제6조(관제자격의 교육방법)

① 관제교육훈련기관의 교육은 교육훈련 과정별로 구분하여 시행규칙 에 따른 정원의 범위에서 교육을 실시하여야 한다.

② 컴퓨터지원교육시스템에 의한 교육을 실시하는 경우에는 교육생 마다 각각의 컴퓨터 단말기를 사용하여야 한다.

③ 모의관제시스템을 이용하여 교육을 실시하는 경우에는 전기능모의관제시스템기본기능모의관제시스템 및 컴퓨터지원교육시스템에 의한 교육이 모두 이루어지도록 교육계획을 수립하여야 한다.

④ 교육훈련기관은 교육훈련을 종료하는 경우에는 평가에 관한 기준을 마련하여 평가 하여야 한다.

⑤ 그 밖의 교육훈련의 순서 및 교육운영기준 등 세부사항은 교육훈련시행자가 정하여야 한다.

📄 제3장 운전업무 및 관제업무의 실무수습

제7조(실무수습의 절차 등)

① 철도운영자등은 철도차량의 운전업무에 종사하려는 사람 또는 관제업무에 종사하려는 사람에 대하여 실무수습을 실시하여야 한다.

② 철도운영자등은 실무수습에 필요한 교육교재·평가 등 교육기준을 마련하고 그 절차에 따라 실무수습을 실시하여야 한다.

③ 철도운영자 등은 운전업무 및 관제업무에 종사하고자 하는 자에 대하여 제10조에 따른 자격기준을 갖춘 실무수습 담당자를 지정하여 가능한 개별교육이 이루어지도록 노력하여야 한다.

④ 철도운영자등은 실무수습을 이수한 자에 대하여는 매월 말일을 기준으로 다음달 10일까지 교통안전공단에 실무수습기간·실무수습을 받은 구간·인증기관·평가자 등의 내용을 통보하고 철도안전정보망에 관련 자료를 입력하여야 한다.

제8조(실무수습의 방법 등)

① 철도운영자등은 실무수습의 항목 및 교육시간 등에 관한 세부교육 계획을 마련·시행하여야 한다.

② 철도운영자등은 운전업무 또는 관제업무수행 경력자가 기기취급 방법이나 작동원리 및 조작방식 등이 다른 철도차량 또는 관제시스템을 신규 도입·변경하여 운영하고자 하는 때에는 조작방법 등에 관한 교육을 실시하여야 한다.

③ 철도운영자 등은 영업운행하고 있는 구간의 연장 또는 이설 등으로 인하여 변경된 구간에 대한 운전업무 또는 관제업무를 수행하려는 자에 대하여 해당 구간에 대한 실무수습을 실시하여야 한다.

제9조(실무수습의 평가)

① 철도운영자등은 철도차량운전면허취득자에 대한 실무수습을 종료하는 경우에는 다음 각호의 항목이 포함된 평가를 실시하여 운전업무수행에 적합여부를 종합평가하여야 한다.

　1. 기본업무

　2. 제동취급 및 제동기 이외 기기취급

　3. 운전속도, 운전시분, 정지위치, 운전충격

　4. 선로·신호 등 시스템의 이해

　5. 이례사항, 고장처치, 규정 및 기술에 관한 사항

　6. 기타 운전업무수행에 필요하다고 인정되는 사항

② 철도운영자등은 관제자격 취득자에 대한 실무수습을 종료하는 경우에는 다음 각 호의 항목이 포함된
　평가를 실시하여 관제업무수행에 적합여부를 종합평가하여야 한다.

　　1. 열차집중제어(CTC)장치 및 콘솔의 운용(시스템의 운용을 포함한 현장설비의 제어 및 감시능력 포함)

　　2. 운행정리 및 작업의 통제와 관리(작업수행을 위한 협의, 승인 및 통제 포함)

　　3. 규정, 절차서, 지침 등의 적용능력

　　4. 각종 응용프로그램의 운용능력

　　5. 각종 이례상황의 처리 및 운행정상화 능력(사고 및 장애의 수습과 운행정상화 업무포함)

　　6. 작업의 통제와 이례상황 발생시 조치요령

　　7. 기타 관제업무수행에 필요하다고 인정되는 사항

③ 평가결과 운전업무 및 관제업무를 수행하기에 부적합 하다고 판단되는 경우에는 재교육 및 재평가를
　실시하여야 한다.

제10조(실무수습 담당자의 자격기준)

① 운전업무수행에 필요한 실무수습을 담당할 수 있는 자의 자격기준은 다음 각호 1과 같다.

　　1. 운전업무경력이 있는 자로서 철도운영자등에 소속되어 철도차량운전자를 지도·교육·관리 또는
　　　감독하는 업무를 하는 자

　　2. 운전업무 경력이 5년 이상인 자

　　3. 운전업무경력이 있는 자로서 전문교육을 1월 이상 받은 자

　　4. 운전업무경력이 있는 자로서 철도운영자등으로부터 운전업무 실무수습을 담당할 수 있는 능력이
　　　있다고 인정받은 자

② 관제업무수행에 필요한 실무수습을 담당할 수 있는 자의 자격기준은 다음 각호 1과 같다.

　　1. 관제업무경력이 있는 자로서 철도운영자등에 소속되어 관제업무종사자를 지도·교육·관리 또는
　　　감독하는 업무를 하는 자

　　2. 관제업무 경력이 5년 이상인 자

　　3. 관제업무경력이 있는 자로서 전문교육을 1월 이상 받은 자

　　4. 관제업무경력이 있는 자로서 철도운영자등으로부터 관제업무 실무수습을 담당할 수 있는 능력이
　　　있다고 인정받은 자

📄 제4장 철도종사자 안전교육 및 직무교육

제11조(안전교육의 계획수립 등)

① 철도운영자등은 매년 안전교육 계획을 수립하여야 한다.

② 철도운영자등은 안전교육 계획에 따라 안전교육을 성실히 수행하고, 교육의 성과를 확인할 수 있도록 평가를 실시하여야 한다.

제12조(안전교육 실시 방법 등)

① 철도운영자등이 실시해야 하는 안전교육의 종류와 방법은 다음 각 호와 같다.

  1. 집합교육 : 시행규칙 제41조의2제3항에 적합한 교육교재와 적절한 교육장비 등을 갖추고 실습 또는 시청각교육을 병행하여 실시

  2. 원격교육 : 철도운영자등의 자체 전산망을 활용하여 실시

  3. 현장교육 : 현장소속(근무장소를 포함한다)에서 교육교재, 실습장비, 안전교육 자료 등을 활용하여 실시

  4. 위탁교육 : 교육훈련기관 등에 위탁하여 실시

② 철도운영자등이 제1항에 따른 원격교육을 실시는 경우에는 다음 각 호에 해당하는 요건을 갖추어야 한다.

  1. 교육시간에 상당하는 분량의 자료제공(1시간 학습 분량은 200자 원고지 20매 이상 또는 이와 동일한 분량의 자료)

  2. 교육대상자가 전산망에 게시된 자료를 열람하고 필요한 경우 질의·응답을 할 수 있는 시스템

  3. 교육자의 수강정보 등록(아이디, 비밀번호), 교육시작 및 종료시각, 열람여부 확인 등을 위한 관리시스템

③ 교육훈련기관이 교육을 실시하고자 하는 때에는 시행규칙 제41조의2제3항에 의한 교육내용이 포함된 교육과목을 편성하여 교육목적을 효과적으로 달성할 수 있도록 하여야 한다.

④ 철도운영자등이 안전교육을 실시하는 경우 교육계획, 교육결과를 기록·관리하여야 한다.

⑤ 교육계획에는 교육대상, 인원, 교육시행자, 교육내용을 포함하여야 하고, 교육결과는 실제 교육받은 인원, 교육평가결과를 포함해야 한다. 다만, 원격교육 및 전산으로 관리하는 경우 전산기록을 그 결과로 한다.

제13조(안전교육의 위탁)

철도운영자등이 안전교육 대상자를 교육훈련기관에 위탁하여 교육을 실시한 때에는 당해 교육이수 시간을 당해연도에 실시하여야 할 교육시간으로 본다.

제14조(안전교육 담당자의 자격기준)

철도종사자의 안전교육을 담당할 수 있는 사람의 자격기준은 다음 각 호와 같다

1. 제10조의 규정에 의한 실무수습 담당자의 자격기준을 갖춘 사람

2. 법 제16조의 규정에 의한 교육훈련기관 교수와 동등이상의 자격을 가진 사람

3. 철도운영자등이 정한 기준 및 절차에 따라 안전교육 담당자로 지정된 사람

제14조의2(직무교육의 계획수립 등)

① 철도운영자등은 매년 직무교육계획을 수립하여야 한다.

② 철도운영자등은 직무교육 계획에 따라 직무교육을 성실히 수행하고, 교육의 성과를 확인할 수 있도록 평가를 실시하여야 한다.

제14조의3(직무교육 실시 방법 등)

① 철도운영자등이 실시해야 하는 직무교육의 종류와 방법은 각 호와 같다.

  1. 집합교육 : 적합한 교육교재와 적절한 교육장비 등을 갖추고 실습 또는 시청각교육을 병행하여 실시

  2. 원격교육 : 철도운영자등의 자체 또는 외부위탁 전산망을 활용하여 실시

  3. 부서별 직장교육 : 현장소속(근무장소를 포함한다)에서 교육교재, 실습장비, 안전교육 자료 등을 활용하여 실시

  4. 위탁교육 : 교육훈련기관·철도안전전문기관·정비교육훈련기관 등에 위탁하여 실시

② 철도운영자등이 원격교육을 실시하는 경우에는 다음 각 호에 해당하는 요건을 갖추어야 한다.

  1. 교육시간에 상당하는 분량의 자료제공(1시간 학습 분량은 200자 원고지 20매 이상 또는 이와 동일한 분량의 자료)

  2. 교육대상자가 전산망에 게시된 자료를 열람하고 필요한 경우 질의·응답을 할 수 있는 시스템

  3. 교육자의 수강정보 등록(아이디, 비밀번호), 교육시작 및 종료시각, 열람여부 확인 등을 위한 관리시스템

③ 운전교육훈련기관 또는 관제교육훈련기관이 교육을 실시하고자 하는 때에는 시행규칙 제41조의3제2항에 의한 교육내용이 포함된 교육과목을 편성하여 교육목적을 효과적으로 달성할 수 있도록 하여야 한다.

④ 철도운영자등이 직무교육을 실시하는 경우 교육계획, 교육결과를 기록·관리하여야 한다.

⑤ 교육계획에는 교육대상, 인원, 교육시행자, 교육내용을 포함하여야 하고, 교육결과에는 실제 교육받은 인원, 교육평가내용을 포함해야 한다. 다만, 원격교육 및 전산으로 관리하는 경우 전산기록을 그 결과로 한다.

제14조의4(직무교육 담당자의 자격기준)

철도종사자의 직무교육을 담당할 수 있는 사람의 자격기준은 다음 각 호와 같다

1. 제10조의 규정에 의한 실무수습 담당자의 자격기준을 갖춘 사람

2. 법 제16조의 규정에 의한 교육훈련기관 교수와 동등이상의 자격을 가진 사람

3. 철도운영자등이 정한 기준 및 절차에 따라 직무교육 담당자로 지정된 사람

제15조(교육훈련 대상자의 선발 등)

① 정비교육훈련기관은 교육생 선발기준을 마련하고 그 기준에 적합하게 대상자를 선발하여야 한다.

② 정비교육훈련기관은 교육생을 선발할 경우에는 교육인원, 교육일시 및 장소 등에 관하여 미리 알려야 한다.

제15조의2(교육의 신청 등)

① 정비교육훈련을 받고자 하는 사람은 정비교육훈련기관에 철도차량정비기술자 교육훈련 신청서를
제출하여야 한다. 다만, 정비교육훈련기관은 자신이 소속되어 있는 철도운영자 소속의 종사자에게
교육훈련을 시행하는 경우 교육훈련 신청 절차를 따로 정할 수 있다.

② 교육훈련 대상자로 선발된 사람은 교육훈련을 개시하기 전까지 정비교육훈련기관에 등록 하여야 한다.
다만, 정비교육훈련기관은 자신이 소속되어 있는 철도운영자 소속의 종사자에게 교육훈련을 시행하는
경우 등록 절차를 따로 정할 수 있다.

제15조의4(교육방법 등)

① 정비교육훈련기관은 철도차량정비기술자에 대한 교육을 실시하고자 하는 경우 제15조의3 별표 3에 따른
교육내용이 포함된 교육과목을 편성하고 전문인력을 배치하여 교육목적을 효과적으로 달성할 수 있도록
하여야 한다.

② 정비교육훈련기관은 교육을 실시하는 경우에는 평가에 관한 기준을 마련하여 교육훈련을 종료할 때
평가를 하여야 한다.

③ 정비교육훈련기관은 교육운영에 관한 기준 등 세부사항을 정하고 그 기준에 맞게 운영하여야 한다.

④ 정비교육훈련기관은 교육훈련을 실시하여 수료자에 대하여는 철도차량정비기술자 교육훈련관리대장에
기록하고 유지·관리 하여야 한다.

⑤ 그 밖의 교육훈련의 순서 및 교육운영기준 등 세부사항은 교육훈련시행자가 정하여야 한다.

제16조(교육훈련 대상자의 선발 등)

① 철도안전전문기관의 장은 교육생 선발기준을 마련하고 그 기준에 적합하게 대상자로 선발하여야 한다.

② 철도안전전문기관의 장은 교육생을 선발할 경우에는 교육인원, 교육일시 및 장소 등에 관하여 미리 알려야 한다.

제17조(교육의 신청 등)

① 교육훈련 대상자로 선발된 자는 철도안전전문기관에 교육훈련을 개시하기 전까지 교육훈련에 필요한 등록을 하여야 한다.

제19조(교육방법 등)

① 철도안전전문기관에서 철도안전전문 인력의 교육을 실시하고자 하는 경우에는 제18조에 의한 교육내용이 포함된 교육과목을 편성하고 전문인력을 배치하여 교육목적을 효과적으로 달성할 수 있도록 하여야 한다.

② 철도안전전문기관의 장은 교육을 실시하는 경우에는 교육내용의 범위 안에서 전문성을 높일 수 있는 방법으로 교육을 실시하여야 한다.

③ 철도안전전문기관의 장은 교육을 실시하는 경우에는 평가에 관한 기준을 마련하여 교육을 종료할 때 평가를 하여야 한다.

④ 철도안전전문기관의 장은 교육운영에 관한 기준 등 세부사항을 정하고 그 기준에 맞게 운영하여야 한다.

⑤ 철도안전전문기관의 장은 교육훈련을 실시하여 수료자에 대하여는 철도안전전문인력 교육훈련관리대장에 기록하고 유지·관리 하여야 한다.

제20조(교육평가 및 수료기준)

교육훈련에 대한 평가나 시험방법 및 수료에 대한 기준 등에 관하여 별도의 규정이 없는 경우에는 교육훈련기관 또는 철도안전전문기관의 교육운영규정에 따른다.

제21조(교육계획의 제출)

① 교육훈련기관의 장 및 철도안전전문기관의 장은 매년 10월말까지 다음 연도의 교육계획을 수립하여 국토교통부장관에게 제출하여야 한다.

② 제1항에 따라 제출하는 교육계획에는 교육목표, 교육의 기본방향, 교육훈련의 기준, 최대 교육가능 인원 및 수용계획, 교육과정별 세부계획, 교육시설 및 장비의 유지와 운용계획, 기타 국토교통부장관이 필요하다고 인정하는 사항이 포함되어야 한다.

제22조(교육교재 등)

① 교육훈련기관·철도안전전문기관·철도운영자등에서 교육훈련을 실시하는 때에는 교육에 필요한 교재 및 교안을 작성하여 사용하여야 한다.

② 지정받은 철도안전전문기관은 제18조에 따른 교육내용에 대한 필요한 교육교재를 개발하고 대학교수 등 전문가의 감수를 받아 국토교통부장관에게 제출하여야 한다.

제23조(교육훈련의 기록·관리 등)

① 교육훈련기관 또는 철도안전전문기관의 장은 교육훈련 종료 후 수료증을 발급하는 때에는 관련된 자료 및 정보를 10년간 기록·관리하여야 한다.

② 제1항에 따른 자료에 대하여는 교육훈련기관 또는 철도안전전문기관에서 철도안전정보망에 입력하여야 하며 교통안전공단 이사장은 그 자료를 보관·관리하여야 한다.

③ 교육훈련기관 또는 철도안전전문기관의 장은 교육훈련 과정에서 알게 된 개인의 정보에 관하여는 누설하지 말아야 한다.

④ 교육훈련기관 및 철도안전전문기관의 지정이 취소되거나 스스로 지정을 반납하여 업무를 계속하지 못하게 된 경우에는 교육훈련과 관련된 모든 자료를 국토교통부장관에게 반납하여야 한다.

제24조(수수료)

교육훈련을 받고자 하는 자는 수수료를 교육훈련기관 또는 철도안전전문기관에 납부하여야 한다.

제25조(재검토기한)

국토교통부장관은 이 고시에 대하여 2019년 1월 1일 기준으로 매3년이 되는 시점(매 3년째의 12월 31일까지를 말한다)마다 그 타당성을 검토하여 개선 등의 조치를 하여야 한다.

제3조 용어의 정의 / 9조 실무수습의 평가 - 기본업무 등, / 제10조 실무수습 담당자의 자격기준 /

12조 안전교육 실시 - 집원현위 / 14조의 3 직무교육 실시방법 집원부위 /

제21조 교육계획의 제출 매년 10월 말까지, 수료증 발급 정보 10년간 기록 관리

01.

교육훈련 시행지침에서 사용하는 용어의 정의로 틀린 것은?

① "운전교육훈련기관"이라 함은 국토교통부장관으로부터 철도차량 운전에 관한 전문교육훈련기관으로 지정받은 기관을 말한다.

② "전기능모의운전연습기"라 함은 동력차제어대 등 운전취급훈련에 반드시 필요한 부분만 실제차량의 실물과 유사하게 제작한 운전훈련연습 장치를 말한다.

③ "교육훈련시행자"라 함은 운전교육훈련기관 · 관제교육훈련기관 · 철도안전전문기관 · 정비교육훈련기관 및 철도운영기관의 장을 말한다.

④ "컴퓨터지원교육시스템"이라 함은 컴퓨터시스템의 멀티미디어교육기능을 이용하여 철도차량운전과 관련된 차량, 시설, 전기, 신호 등을 학습할 수 있도록 제작된 프로그램 일체를 말한다.

답 ②

해 제3조(용어정의), 기본기능연습기의 정의이다.

02.

교육훈련 시행지침에서 말하는 교육방법에 대한 설명으로 틀린 것은?

① 교육과정을 폐지하거나 변경하는 경우에는 국토교통부장관에게 보고하여 승인을 받아야 한다.

② 교육훈련대상자로 선발된 자는 교육훈련기관에 교육훈련을 개시하기 전까지 교육훈련에 필요한 등록을 하여야 한다.

③ 컴퓨터지원교육시스템에 의하여 교육을 실시하는 경우에는 교육생 마다 각각의 컴퓨터 단말기를 사용하여야 한다.

④ 철도차량을 차량기지 내에서 시속 15킬로미터 이하로 운전하고자 하는 사람에 대하여는 업무를 수행하기 전에 기기취급 등에 관한 실무수습 · 교육을 받도록 하여야 한다.

답 ④

해 5조 운전면허의 교육방법, 25킬로미터

03.

빈칸에 들어갈 말로 맞는 것은?

철도운영자등은 실무수습을 이수한 자에 대하여는 매월 말일을 기준으로 다음달 (   )일까지 교통안전공단에 실무수습기간 · 실무수습을 받은 구간 · 인증기관 · 평가자 등의 내용을 통보하고 철도안전정보망에 관련 자료를 입력하여야 한다.

① 3   ② 5   ③ 10   ④ 15

답 ③

철도차량운전면허취득자에 대한 실무수습을 종료하는 경우평가내용에 포함되어야 하는 사항이 아닌 것은?
① 기본업무
② 제동취급 및 제동기 이외 기기취급
③ 운전속도, 운전시분, 정지위치, 운전충격
④ 운행정리 및 작업의 통제와 관리

답 ④
해 제9조(실무수습의 평가), 4번은 관제 해당사항이다.

운전업무수행에 필요한 실무수습을 담당할 수 있는 자의 자격기준으로 틀린 것은?
① 운전업무경력이 있는 자로서 철도운영자등에 소속되어 철도차량운전자를 지도·교육·관리 또는 감독하는 업무를
　하는 자
② 운전업무 경력이 3년 이상인 자
③ 운전업무경력이 있는 자로서 전문교육을 1월 이상 받은 자
④ 운전업무경력이 있는 자로서 철도운영자등으로부터 운전업무 실무수습을 담당할 수 있는 능력이 있다고 인정받은 자

답 ②
해 제10조(실무수습 담당자의 자격기준), 5년

철도운영자등이 실시해야 하는 안전교육의 종류와 방법으로 틀린 것은?
① 집합교육 : 적합한 교육교재와 적절한 교육장비 등을 갖추고 실습 또는 시청각교육을 병행하여 실시
② 원격교육 : 철도운영자등의 자체 또는 외부위탁 전산망을 활용하여 실시
③ 부서별 직장교육 : 현장소속(근무장소를 포함한다)에서 교육교재, 실습장비, 안전교육 자료 등을 활용하여 실시
④ 위탁교육 : 교육훈련기관 · 철도안전전문기관 · 정비교육훈련기관 등에 위탁하여 실시

답 ③
해 제11조(안전교육의 계획수립 등), 집원현위

✋ 철도왕의 실무이야기 ⑬

<철도 용어>

면백 : 면허 소지한채 입사하지 않으신 분들을 일컫는 인터넷 용어

면필 : 2종 면허필기의 준말, 최근 난이도 상승으로 자주 사용된다.

충당 : 기관사 업무 특성상 초과근무를 말하는데, 높은 급여로 관심의 대상이다.

김골라 : 김포골드라인

공철 : 공항철도

디트로 : 대구교통공사

디젯 : 대전교통공사

칼질 : 제동핸들로 제동과 완해를 빠르게 수정하는 것, 선호되지 않음

CHAPTER

문제 모음
[기본]

입교 커트라인은 보통 80점, 2종 면허 필기 커트라인 60점입니다.
점수가 부족하다면 조문을 다시 읽고 오시기를 바랍니다.

01　철도안전법의 용어의 정의로 틀린 것은?

① "철도차량"이란 기본법 제3조제4호에 따른 철도차량을 말한다.

② "철도시설관리자"란 철도시설의 건설 또는 관리에 관한 업무를 수행하는 자를 말한다.

③ "선로"란 철도차량을 운행하기 위한 궤도와 이를 받치는 도상 또는 인공구조물로 구성된 시설을 말한다.

④ "철도"란 「철도산업발전기본법」 제3조제1호에 따른 철도를 말한다.

해 제2조 정의, 궤노인으로 외운다.

02　철도안전법의 용어의 정의로 틀린 것은?

① "철도사고"란 철도안전에 중대한 위해를 끼쳐 사고로 이어질 수 있었던 것으로 국토교통부령으로 정하는 것을 말한다.

② "철도차량정비기술자"란 철도차량정비에 관한 자격, 경력 및 학력 등을 갖추어 제24조의2에 따라 국토교통부장관의 인정을 받은 사람을 말한다.

③ "선로전환기"란 철도차량의 운행선로를 변경시키는 기기를 말한다.

④ "선로"란 철도차량을 운행하기 위한 궤도와 이를 받치는 노반(路盤) 또는 인공구조물로 구성된 시설을 말한다.

해 제2조 정의, 철도준사고의 정의다.

03　철도안전법에서 말하는 철도종사자가 아닌 것은?

① 철도차량의 운전업무에 종사하는 사람

② 여객승무원

③ 여객에게 역무(驛務) 서비스를 제공하는 사람

④ 그 밖에 국토교통부령으로 정하는 사람

해 제2조 정의, 대통령령으로 정하는 사람

04　철도안전법에서 말하는 철도종사자가 아닌 것은?

① 운전교육훈련기관 또는 관제교육훈련기관의 교수

② 관제업무에 종사하는 사람

③ 철도차량의 운행선로 또는 그 인근에서 철도시설의 건설 또는 관리와 관련한 작업의 협의·지휘·감독·안전관리 등의 업무에 종사하도록 철도운영자 또는 철도시설관리자가 지정한 사람

④ 철도차량의 운전업무에 종사하는 사람

해 제2조 정의

05 철도안전법에서 대통령령으로 정하는 철도종사자가 아닌 것은?

① 철도차량 및 철도시설의 점검·정비 업무에 종사하는 사람
② 철도 이용객의 편의시설을 관리하거나 승차권을 발매하는 업무에 종사하는 사람
③ 「사법경찰관리의 직무를 수행할 자와 그 직무범위에 관한 법률」에 따른 철도공안 사무에 종사하는 국가공무원
④ 정거장에서 철도신호기·선로전환기 또는 조작판 등을 취급하거나 열차의 조성업무를 수행하는 사람

해 제2조 정의

06 철도준사고에 해당하지 않는 것은?

① 안전운행에 지장을 주는 철도차량의 차륜, 차축, 차축 베어링에 균열 등의 고장이 발생한 경우
② 열차운행을 중지하고 공사 또는 보수작업을 시행하는 구간으로 열차가 주행한 경우
③ 열차 또는 철도차량이 승인 없이 정지신호를 지난 경우
④ 열차가 운행하려는 선로에 장애가 있음에도 진행을 지시하는 신호가 표시되는 경우로서 복구 및 유지 보수를 위한 경우로서 관제 승인을 받은 경우 또한 포함한다.

해 규칙 제1조의3 철도준사고의 범위, 제외한다.

07 다음 중 철도준사고에 해당하지 않는 것은?

① 안전운행에 지장을 주는 레일 파손이나 유지보수 허용범위 안 선로 뒤틀림이 발생한 경우
② 복구 및 유지 보수를 위한 경우로서 관제 승인을 받은 경우, 열차가 운행하려는 선로에 장애가 있음에도 진행을 지시하는 신호가 표시되는 경우
③ 열차 또는 철도차량이 역과 역사 사이로 미끄러진 경우
④ 열차 또는 철도차량이 승인을 받은 뒤 정지신호를 지난 경우

해 규칙 제1조의 3 철도준사고의 범위, 허용범위 외 뒤틀림이다.

08 다음 중 운행장애에 해당하지 않는 것은?

① 관제의 사전승인 없는 정차역 통과
② 전동열차: 30분 이상 운행 지연
③ 기타열차: 60분 이상 운행 지연
④ 다른 철도사고 또는 운행장애로 인한 운행 지연은 제외한다.

해 규칙 제1조의 4 운행장애의 범위, 고전-일-화로 외우자.

01 다음 중 괄호 속에 들어갈 말로 알맞은 것은?

> 국토교통부장관은 (　　)년마다 철도안전에 관한 종합계획을 수립하여야 한다.

① 1　　　　　　　② 2
③ 3　　　　　　　④ 5

해 제5조 철도안전 종합계획

02 다음 중 괄호 속에 들어갈 말로 알맞은 것은?

> 국토교통부장관은 철도안전 종합계획을 수립할 때는 미리 관계 중앙행정기관의 장 및 철도운영자등과 협의한 후 (　　)의 심의를 거쳐야 한다. 수립된 철도안전 종합계획을 변경(대통령령으로 정하는 경미한 사항의 변경은 제외한다)할 때에도 또한 같다.

① 국토교통위원회　　② 철도산업위원회
③ 안전관리위원회　　④ 철도기술심의위원회

해 제5조 철도안전 종합계획

03 다음 중 철도안전법의 내용으로 옳지 <u>않은</u> 것은?

① 국토교통부장관은 5년마다 철도안전에 관한 종합계획을 수립하여야 한다.
② 국토교통부장관은 철도안전 종합계획을 수립할 때에는 미리 관계 중앙행정기관의 장 및 철도운영자등과 협의한 후 철도산업위원회의 심의를 거쳐야 한다.
③ 국토교통부장관은 철도안전 종합계획을 수립하거나 변경하였을 때에는 이를 관보에 고시하여야 한다.
④ 철도안전 종합계획에서 정한 총사업비를 원래 계획의 100분의 20 이내에서의 변경은 경미한 사항의 변경으로 본다.

해 영 제4조 철도안전 종합계획의 경미한 변경
　（총사업비 변경 허용범위는 10% 이내이며,
　20% 이내는 옳지 않은 내용입니다）

04 다음 중 괄호 속에 들어갈 말로 알맞은 것은?

> 시 · 도지사 및 철도운영자등은 전년도 철도안전 종합계획 시행계획의 추진실적을 매년 (　　)월 말까지 국토교통부장관에게 제출하여야 한다.

① 2　　　　　　　② 5
③ 10　　　　　　　④ 11

해 영 제5조 시행계획 수립절차

05 다음 중 괄호 속에 들어갈 말로 알맞은 것은?

> 철도운영자는 철도안전투자의 예산 규모를 매년
> (   ) 말까지 공시해야 한다.

① 2　　　　　　　　　② 5
③ 10　　　　　　　　④ 11

06 철도안전투자의 공시 기준에서 공시하는 예산이 아닌 것은?

① 철도운영자의 일반 관리비용에 관한 예산
② 안전설비의 설치에 관한 예산
③ 철도안전 연구개발에 관한 예산
④ 철도차량 교체에 관한 예산

해 규칙 제1조의 5 철도안전투자의 공시 기준 등

07 안전관리체계 승인에 관한 설명으로 틀린 것은?

① 철도운영자등은 철도운영등을 할 때에 비상대응계획 등 철도의 안전관리에 관한 유기적 체계를 갖추어 국토교통부장관의 승인을 받아야 한다.
② 국토교통부령으로 정하는 경미한 사항을 변경하려는 경우에는 국토교통부장관에게 신고하여야 한다.
③ 전용철도의 운영자는 자체적으로 안전관리체계를 갖추고 지속적으로 유지하여야 한다.
④ 안전관리체계 승인인 규정에 따른 승인절차, 승인방법, 검사기준, 검사방법, 신고절차 및 고시방법 등에 관하여 필요한 사항은 대통령령으로 정한다.

해 제7조 안전관리체계의 승인, 국토부령이다.

08 안전관리체계 승인을 받으려는 자가 국토교통부 장관에게 제출해야 하는 서류가 아닌 것은?

① 「철도사업법」 또는 「도시철도법」에 따른 철도사업면허증 사본
② 조직·인력의 구성, 업무 분장 및 책임에 관한 서류
③ 철도안전관리체계 승인신청서
④ 철도차량의 경과연한별 관리대장

해 규칙 제2조 안전관리체계 승인 신청 절차 등

09 다음 중 괄호 속에 들어갈 말로 알맞은 것은?

> 철도운영자 및 철도시설관리자가 안전관리체계를 승인받으려는 경우에는 철도운용 또는 철도시설 관리 개시 예정일 (   )일 전까지 별지 제1호서식의 철도안전관리체계 승인신청서에 다음 각 호의 서류를 첨부하여 국토교통부장관에게 제출하여야 한다.

① 15　　　　　　　　② 30
③ 60　　　　　　　　④ 90

해 규칙 제2조 안전관리체계 승인 신청 절차 등

10 철도운영자 등이 안전관리체계 승인을 신청할 때 국토교통부장관에게 제출하는 열차운행체계에 관한 서류에 포함되지 않는 것은?

① 열차운영 기록관리
② 철도차량 제작 감독
③ 열차운행 방법 및 절차
④ 열차 운행계획

해 규칙 제2조 안전관리체계 승인 신청 절차 등
제작 감독은 유지관리체계다.

11 안전관리체계의 경미한 사항 변경에서 제외하는 항목이 아닌 것은?

① 유지관리 주기의 증가

② 교량, 터널, 옹벽의 증가

③ 역사, 기지, 승강장안전문의 증가

④ 안전 업무를 수행하는 전담조직의 부서명 변경

해 규칙 제3조 안전관리체계의 경미한 사항 변경

12 빈칸에 들어갈 말로 맞는 것은?

> **규칙 제6조(안전관리체계의 유지 · 검사 등)**
> 1. 국토교통부장관은 정기검사를 1년마다 (   )회 실시해야 한다.
> 2. 국토교통부장관은 정기검사 또는 수시검사를 시행하려는 경우에는 검사 시행일 (   )일 전까지 다음 각 호의 내용이 포함된 검사계획을 검사 대상 철도운영자등에게 통보해야 한다.

① 1 - 7
② 1 - 15
③ 5 - 7
④ 5 - 15

해 규칙 제6조(안전관리체계의 유지 · 검사 등)

13 안전관리체계의 승인의 취소에 관한 설명으로 틀린 것은?

① 변경승인을 받지 아니하거나 변경신고를 하지 아니하고 안전관리체계를 변경한 경우 승인을 취소할 수 있다.

② 국토교통부장관은 안전관리체계의 승인을 받은 철도운영자들의 승인을 취소하거나 6개월 이내의 기간을 정하여 업무의 제한이나 정지를 명할 수 있다.

③ 거짓이나 그 밖의 부정한 방법으로 승인을 받은 경우 승인을 취소할 수 있다.

④ 안전관리체계를 지속적으로 유지하지 아니하여 철도운영이나 철도시설의 관리에 중대한 지장을 초래한 경우 승인을 취소할 수 있다.

해 제9조 승인의 취소 등, 취소하여야 한다.

14 안전관리체계 관련 과징금의 부과 및 납부에 관한 내용으로 틀린 것은?

① 과징금을 부과하는 위반행위의 종류는 대통령령으로 정한다.

② 국토교통부장관은 철도운영자등에 대하여 업무의 제한이나 정지를 명하여야 하는 경우로서 그 업무의 제한이나 정지가 철도 이용자 등에게 심한 불편을 주거나 그 밖에 공익을 해할 우려가 있는 경우에는 업무의 제한이나 정지를 갈음하여 30억원 이하의 과징금을 부과할 수 있다.

③ 국토교통부장관은 과징금을 내야 할 자가 납부기한까지 과징금을 내지 아니하는 경우에는 지방세 체납처분의 예에 따라 징수한다.

④ 과징금을 부과하는 과징금의 부과기준은 대통령령으로 정한다.

해 제9조의2 과징금, 국세체납처분이다.

15 괄호 속에 들어갈 말로 알맞은 것은?

> 통지를 받은 날부터 (　　　)일 이내에 국토교통부장관이 정하는 수납기관에 과징금을 내야 한다.

① 7
② 14
③ 15
④ 20

해 영 제7조 과징금의 부과 및 납부

16 철도운영자등에 대한 안전관리 수준평가에서 사고 분야에 해당하지 <u>않는</u> 것은?

① 안전관리 교육 실시 건수
② 운행장애 건수
③ 철도안전사고 건수
④ 사상자 수

해 규칙 제8조 철도운영자등에 대한 안전관리 수준평가의 대상 및 기준

17 다음 중 괄호 속에 들어갈 말로 알맞은 것은?

> 국토교통부장관은 매년 (　　　)월말까지 안전관리 수준평가를 실시한다.

① 2
② 3
③ 5
④ 10

해 규칙 제8조 철도운영자등에 대한 안전관리 수준평가의 대상 및 기준

18 철도안전 우수운영자 지정의 취소와 관련된 설명으로 <u>틀린</u> 것은?

① 거짓이나 그 밖의 부정한 방법으로 철도안전 우수운영자 지정을 받은 경우 지정을 취소하여야 한다.
② 안전관리체계의 승인이 취소된 경우 지정을 취소하여야 한다.
③ 계산 착오, 자료의 오류 등으로 안전관리 수준평가 결과가 최상위 등급이 아닌 것으로 확인된 경우 지정을 취소하여야 한다.
④ 국토교통부장관이 정해 고시하는 표시가 아닌 다른 표시를 사용한 경우 취소할 수 있다.

해 제9조의 5 우수운영자 지정의 취소

01 면허와 종류별 운전이 가능한 철도차량이 잘못 짝지어진 것은?

① 디젤차량 운전면허 - 디젤동차

② 고속철도차량 운전면허 - 고속철도차량

③ 제2종 전기차량 운전면허 - 전기기관차

④ 철도장비운전면허 – 철도시설의 검측장비

🖥 시행규칙 별표1의2 철도차량 운전면허 종류별 운전이 가능한 철도차량, 전기동차다.

02 운전면허 결격사유로 **틀린** 것은?

① 두 귀의 청력 또는 두 눈의 시력을 완전히 상실한 사람

② 운전면허가 취소된 날부터 1년이 지나지 아니하였거나 운전면허의 효력정지기간 중인 사람

③ 철도차량 운전상의 위험과 장해를 일으킬 수 있는 정신질환자 또는 뇌전증환자로서 대통령령으로 정하는 사람

④ 19세 미만인 사람

🖥 법 제11조(운전면허의 결격사유 등), 2년이다.

03 운전업무종사자 등에 대한 신체검사 불합격기준에 대한 설명으로 **틀린** 것은?

① 중증인 고혈압증(수축기 혈압 180mmHg 이상, 확장기 혈압 110mmHg 이상인 자)

② 한쪽 팔 또는 한쪽 다리 이상을 쓸 수 없는 자(운전업무에만 해당한다)

③ 두 눈의 교정시력 중 어느 한쪽의 시력이라도 0.5 이하인 자(다만 한쪽 눈의 시력이 0.7 이상이고 다른 쪽 눈의 시력이 0.3이상인 자는 제외한다)

④ 심부전증

🖥 교정시력은 0.8 이하이다.

04 신체검사를 실시할 수 있는 의료기관으로 **틀린** 것은?

① 의원 ② 병무청

③ 병원 ④ 종합병원

🖥 법 제13조 신체검사 실시 의료기관

05 철도교통관제사 적성검사 항목 및 불합격 기준으로 **틀린** 것은?

① 주의력 검사항목 - 지속주의

② 불합격기준: 문답형 검사항목 중 안전성향 검사에서 부적합으로 판정된 사람

③ 불합격기준: 반응형 검사 평가점수가 30점 미만인 사람

④ 문답형 검사항목: 안전성향

🖥 관제사에는 지속주의가 없다.

06 빈칸에 들어갈 말로 맞는 것은?

> 국토교통부장관은 운전적성검사기관 또는 관제적성
> 검사기관이 지정기준에 적합한지를 (   )년마다
> 심사해야 한다.

① 1 　　　　　② 2
③ 3 　　　　　④ 5

해 규칙 제18조(운전적성검사기관 및 관제적성검사기관의 세
부 지정기준 등)

07 운전적성검사기관 또는 관제 적성검사기관 검사인력의 세부 지정기준으로 틀린 것은?

① 책임 검사관 - 심리학 관련 분야 석사학위 취득한 사
람으로서 1년 이상 적성검사 분야에 근무한 경력이
있는 사람
② 선임 검사관 - 대학을 졸업한 사람으로서 검사관 경
력이 5년 이상 있는 사람
③ 선임 검사관 - 임상심리사 2급 자격을 취득한 사람
④ 검사관 - 학사학위 이상 취득자

해 2년이다.

08 운전적성검사기관의 지정취소 및 업무정지에 관한 내용으로 틀린 것은?

① 국토교통부장관은 운전적성검사기관 지정을 취소하
거나 6개월 이내의 기간을 정하여 업무의 정지를 명
할 수 있다.
② 지정기준에 맞지 아니하게 되었을 때는 취소하여야
한다.
③ 정당한 사유 없이 운전적성검사 업무를 거부하였을
때 취소할 수 있다.
④ 운전적성검사기관이나 그 기관의 설립·운영자 및 임
원이 그 지정이 취소된 날부터 2년이 지나지 아니하
고 설립·운영하는 검사기관을 운전적성검사기관으
로 지정하여서는 아니 된다.

해 법 제15조의2(운전적성검사기관의 지정취소 및 업무정지),
지정기준에 맞지 아니하게 되었을 때는 취소할 수 있다.

09 운전교육훈련의 내용으로 틀린 것은?

① 운전교육훈련기관의 지정기준, 지정절차 등에 관하
여 필요한 사항은 대통령령으로 정한다.
② 교육훈련은 운전면허 종류별로 실제 차량이나 모의
운전연습기를 활용하여 실시한다.
③ 운전교육훈련을 받으려는 사람은 운전교육훈련기관
에 운전교육훈련을 신청하여야 한다.
④ 운전면허를 받으려는 사람은 철도차량의 안전한 운
행을 위하여 교육훈련 기관의 장이 실시하는 운전에
필요한 지식과 능력을 습득할 수 있는 교육훈련을 받
아야 한다.

해 법 제16조(운전교육훈련), 국토교통부장관이다.

10 일반인이 운전면허 취득을 위한 과정별 교육시간으로 <u>틀린</u> 것은?

① 디젤차량 운전면허 :

　이론교육 - 340, 기능교육 - 470

② 제2종 전기 차량 운전면허 :

　이론교육 - 210, 기능교육 - 470

③ 노면전차 운전면허 :

　이론교육 - 200, 기능교육 - 240

④ 철도장비 운전면허 :

　이론교육 - 170, 기능교육 - 170

🖩 240시간에 440시간이다.

11 일반응시자가 제2종 전기 차량 운전면허 취득을 위한 과목으로 <u>틀린</u> 것은?

① 철도관련법

② 철도시스템 일반

③ 전기동차의 구조 및 기능

④ 운전이론 일반

🖩 도시철도시스템 일반이다.

12 운전교육훈련기관 지정기준으로 <u>틀린</u> 것은?

① 운전교육훈련기관의운영 등에 관한 업무규정을 갖출 것

② 운전교육훈련 시행에 필요한 사무실 교육장과 교육장비를 갖출 것

③ 운전면허의 종류별로 운전교육훈련 업무를 수행할 수 있는 전문인력을 3명 이상 확보할 것

④ 운전교육훈련 업무 수행에 필요한 상설 전담조직을 갖출 것

🖩 영 제17조 운전교육훈련기관 지정기준, 적성검사는 3명이지만, 교육훈련기관은 인원수 언급이 없다.

13 빈칸에 들어갈 말로 올바르게 짝지어진 것은?

> 필기시험에 합격한 사람에 대해서는 필기시험에 합격한 날부터 (　　　)년이 되는 날이 속하는 해의 12월 31일까지 실시하는 운전면허시험에 있어 필기시험의 합격을 유효한 것으로 본다.

① 1년 - 11월 31일　　② 1년 - 12월 31일

③ 2년 - 11월 31일　　④ 2년 - 12월 31일

🖩 규칙 제24조 운전면허시험의 과목 및 합격기준

14 철도차량 운전면허시험의 과목 및 합격기준에 관한 설명으로 <u>틀린</u> 것은?

① 필기시험 합격기준은 과목당 100점을 만점으로 하여 매 과목 40점 이상(철도 관련 법의 경우 60점 이상), 총점 평균 60점 이상 득점한 사람

② 기능시험은 실제차량이나 모의운전연습기를 활용한다.

③ 필기시험에 합격한 사람에 대해서는 필기시험 응시한 날부터 2년이 되는 날이 속하는 해의 12월 31일까지 실시하는 운전면허시험에 있어 필기시험의 합격을 유효한 것으로 본다.

④ 기능시험의 합격기준은 시험 과목당 60점 이상, 총점 평균 80점 이상 득점한 사람

🖩 응시한 날 x, 합격한 날부터

15 운전면허의 갱신에 관한 내용으로 **틀린** 것은?

① 운전면허의 효력이 정지된 사람이 6개월의 범위에서 대통령령으로 정하는 기간 내에 운전면허의 갱신을 신청하여 운전면허의 갱신을 받지 아니하면 그 기간이 만료되는 날부터 그 운전면허는 효력을 잃는다.

② 운전면허 취득자가 운전면허의 갱신을 받지 아니하면 그 운전면허의 유효기간이 만료되는 날의 다음 날부터 그 운전면허의 효력이 정지된다.

③ 운전면허 취득자로서 유효기간 이후에도 그 운전면허의 효력을 유지하려는 사람은 운전면허의 유효기간 만료 전에 국토교통부령으로 정하는 바에 따라 운전면허의 갱신을 받아야 한다.

④ 운전면허의 유효기간은 10년으로 한다.

해 법 제19조(운전면허의 갱신), 만료되는 다음 날부터이다.

16 운전면허 갱신에 필요한 경력에 해당하지 <u>않는</u> 것은?

① 철도운영자등에게 소속되어 철도차량 운전자를 지도·교육·관리하거나 감독하는 업무 2년 이상 종사

② 운전교육훈련기관에서의 운전교육훈련 업무 2년 이상 종사

③ 3개월 이상 해당 철도차량을 운전한 경력

④ 관제업무 2년 이상 종사

해 규칙 제32조(운전면허 갱신에 필요한 경력 등) 6개월 이상

17 운전면허의 취소 · 정지 등에 관한 사항을 **틀린** 것은?

① 국토교통부장관은 운전면허의 효력이 정지된 사람으로부터 운전면허증을 반납받았을 때에는 보관하였다가 정지기간이 끝나면 즉시 돌려주어야 한다.

② 운전면허의 취소 또는 효력정지 통지를 받은 운전면허 취득자는 그 통지를 받은 날부터 15일 이내에 운전면허증을 국토교통부장관에게 반납하여야 한다.

③ 국토교통부장관은 운전면허를 취소하거나 6개월 이내의 기간을 정하여 운전면허의 효력을 정지시킬 수 있다.

④ 누구든지 운전면허증을 다른 사람에게 빌려주거나 빌리거나 이를 알선하여서는 아니 된다.

해 법 제20조(운전면허의 취소 · 정지 등), 1년 이내의 기간이다.

18 2종 전기차량 운전면허 실무수습 이수경력이 있는 사람이 들어야 하는 실무수습 · 교육시간 또는 거리로 맞는 것을 고르시오.

① 400시간 이상 또는 6,000킬로미터 이상

② 400시간 이상 또는 8,000킬로미터 이상

③ 200시간 이상 또는 4,000킬로미터 이상

④ 200시간 이상 또는 3,000킬로미터 이상

| 📖 정답 | 15 ① | 16 ③ | 17 ③ | 18 ④ |

19 운전업무종사자 등에 대한 신체검사종류로 <u>틀린</u> 것은?

① 최초검사: 해당 업무를 수행하기 전에 실시하는 신체검사

② 정기검사: 최초검사를 받은 후 2년마다 실시하는 신체검사

③ 수시검사: 철도운영자가 필요하다고 인정할 때 실시하는 검사

④ 특별검사: 철도사고등을 일으키거나 철도운영자등이 인정하는 경우에 실시하는 신체검사

해 규칙 제40조(운전업무종사자 등에 대한 신체검사), 최정특으로 외운다.

20 철도종사자의 안전교육 대상자가 <u>아닌</u> 것은?

① 여객역무원

② 운전업무종사자

③ 철도경찰 사무에 종사하는 국가공무원

④ 철도시설 또는 철도차량을 보호하기 위한 순회점검 업무 또는 경비업무를 수행하는 사람

해 규칙 제41조의2(철도종사자의 안전교육 대상 등)

01 철도기술심의위원회에서 심의하는 사항이 **아닌** 것은?

① 기술기준의 제정·개정 또는 폐지

② 철도차량·철도용품 표준규격의 승인 및 관리

③ 형식승인 대상 철도용품의 선정·변경 및 취소

④ 철도안전에 관한 전문기관이나 단체의 지정

🗹 규칙 제44조 철도기술심의위원회의 설치, 제정·개정 또는 폐지

02 빈칸에 들어갈 말로 맞는 것은?

> 국토교통부장관은 철도차량 형식승인 또는 변경승인 신청을 받은 경우에 (　　　)일 이내에 승인 또는 변경승인에 필요한 검사 등의 계획서를 작성하여 신청인에게 통보하여야 한다.

① 7일　　　　　　　② 14일

③ 15일　　　　　　④ 30일

🗹 규칙 제46조(철도차량 형식승인 신청 절차 등)

03 빈칸에 들어갈 말로 맞는 것은?

> 변경승인 명령을 받은 자는 명령을 통보받은 날부터 (　　　)일 이내에 법 철도차량 형식승인의 변경승인을 신청하여야 한다.

① 7일　　　　　　　② 14일

③ 15일　　　　　　④ 30일

🗹 규칙 제50조(철도차량 형식 변경승인의 명령 등)

04 철도차량 제작자승인 등을 면제할 수 있는 경우와 범위로 **틀린** 것은?

① 철도시설의 유지 등 특수한 목적을 위하여 제작 철도차량으로서 국토교통부장관이 정하여 고시하는 철도차량에 해당하는 경우 제작자승인 등을 면제할 수 있다.

② 대한민국이 체결한 협정에 따라 제작자승인이 면제되는 경우 제작자승인 등을 면제할 수 있다.

③ 철도시설의 유지 등 특수한 목적을 위하여 제작 철도차량에 해당하는 경우: 제작자승인검사의 일부를 면제한다.

④ 대한민국이 체결한 협정에 따라 제작자승인이 면제에 해당하는 경우 가입한 협약에서 정한 제작자승인 또는 제작자승인검사의 면제 범위에 따른다.

🗹 영 제23조(철도차량 제작자승인 등을 면제할 수 있는 경우 등), 전부

05 빈칸에 들어갈 말로 맞는 것은?

> 철도차량 제작자승인검사는 다음 각 호의 구분에 따라 실시한다.
> 2. (　　　)검사: 해당 철도차량에 대한 품질관리체계의 적용 및 유지 여부 등을 확인하는 검사

① 합치성 검사

② 설계적합성 검사

③ 제작검사

④ 품질관리체계 적합성검사

🗹 규칙 제53조(철도차량 제작자승인검사의 방법 및 증명서 발급 등)

---

06 빈칸에 들어갈 말로 맞는 것은?

① 1개월
② 2개월
③ 3개월
④ 6개월

해 법 제26조의5(승계)

07 보기에서 말하는 검사의 종류는?

① 설계적합성 검사
② 주행시험
③ 합치성 검사
④ 완성차량검사

해 규칙 제57조(철도차량 완성검사의 방법 및 검사증명서 발급 등)

08 국토교통부 장관이 품질관리체계 검사를 할 때 통보해야 하는 사항이 아닌 것은?

① 검사 일정 및 장소
② 중점 검사 사항
③ 검사 결과에 대한 사전 통보
④ 검사 수행 분야 및 검사 항목

해 규칙 제59조(철도차량 품질관리체계의 유지 등), 구일분중으로 외운다.

09 철도용품 형식승인검사의 종류로 옳지 않은 것은?

① 용품형식 시험
② 내구성 인증
③ 합치성 검사
④ 설계적합성 검사

해 법 제27조(철도용품 형식승인), 철도용품 형식승인은 설합용으로 외운다.

10 형식승인을 받은 철도용품의 표시로 옳지 않은 것은?

① 형식승인품의 제조자명(제조자임을 나타내는 마크 또는 약호는 제외한다)
② 형식승인기관의 명칭
③ 형식승인품명의 제조일
④ 형식승인품명 및 형식승인번호

해 규칙 제68조(형식승인을 받은 철도용품의 표시), 포함한다.

11 국토교통부 장관이 형식승인 사후관리를 위해 소속 공무원으로 하여금 할 수 있는 조치가 아닌 것은?

① 철도차량 또는 철도용품에 대한 수거 · 검사
② 형식승인 신청인의 업무상태에 대한 실태조사
③ 철도차량 또는 철도용품의 안전 및 품질에 대한 전문 연구기관에의 시험 · 분석 의뢰
④ 철도차량 또는 철도용품이 기술기준에 적합한지에 대한 조사

해 법 제31조(형식승인 등의 사후관리)

12 국토교통부장관이 철도차량 또는 철도용품의 제작·수입·판매 또는 사용의 중지를 명할 수 있는 경우가 <u>아닌</u> 것은?

① 완성검사를 받지 아니한 철도차량을 판매한 경우(판매 또는 사용의 중지명령만 해당한다)

② 형식승인을 받은 내용과 다르게 철도차량 또는 철도용품을 제작·수입·판매한 경우

③ 철도차량 또는 철도용품에 구매자의 민원이 반복되어 접수된 경우

④ 변경승인 이행명령을 받은 경우

🖩 법 제32조(제작 또는 판매 중지 등)

13 중지명령을 받은 제작자가 시정조치계획서에 포함시켜야 하는 내용이 <u>아닌</u> 것은?

① 해당 철도차량 또는 철도용품의 회수, 환불, 교체, 보수 및 개선 등 시정계획

② 해당 철도차량 또는 철도용품의 별칭, 승인일자 및 최초운행일

③ 해당 철도차량 또는 철도용품의 소유자·점유자·관리자 등에 대한 통지문 또는 공고문

④ 해당 철도차량 또는 철도용품의 위반경위, 위반정도 및 위반결과

🖩 규칙 제73조(시정조치계획의 제출 및 보고 등)

14 철도표준규격의 제정과 관련된 사항으로 <u>틀린</u> 것은?

① 철도표준규격의 관리 등에 필요한 세부사항은 국토교통부장관이 정하여 고시한다.

② 국토교통부장관은 철도표준규격을 고시한 날부터 2년마다 타당성을 확인하여 필요한 경우에는 철도표준규격을 개정하거나 폐지할 수 있다.

③ 국토교통부장관은 철도표준규격을 제정·개정하거나 폐지하는 경우에 필요한 경우에는 공청회 등을 개최하여 이해관계인의 의견을 들을 수 있다.

④ 국토교통부장관은 철도차량이나 철도용품의 표준규격을 제정·개정하거나 폐지하려는 경우에는 기술위원회의 심의를 거쳐야 한다.

🖩 규칙 제74조(철도표준규격의 제정 등), 3년이다.

15 다음의 설명에 해당하는 것은 무엇인가?

> 종합시험운행은 다음 각 호의 절차로 구분하여 순서대로 실시한다.
> 1. (　　　) 해당 철도노선에서 허용되는 최고속도까지 단계적으로 철도차량의 속도를 증가시키면서 철도시설의 안전상태, 철도차량의 운행적합성이나 철도시설물과의 연계성(Interface), 철도시설물의 정상작동 여부 등을 확인·점검하는 시험

① 시설물검증시험　　　② 영업시운전

③ 내구성 인증　　　④ 합치성 검사

🖩 규칙 제75조(종합시험운행의 시기·절차 등)

16 철도차량 개조능력이 있다고 인정되는 자가 <u>아닌</u> 것은?

① 철도차량을 운행하는 기관사
② 개조 대상 철도차량 또는 그와 유사한 성능의 철도차량을 제작한 경험이 있는 자
③ 인증정비조직
④ 개조 대상 부품 또는 장치 등을 제작하여 납품한 실적이 있는 자

해 규칙 제75조의5(철도차량 개조능력이 있다고 인정되는 자)

17 인증정비조직의 준수사항으로 틀린 것은?

① 중고 부품을 사용하는 자의 단속하고 제재할 것
② 정비조직운영기준을 지속적으로 유지할 것
③ 철도차량정비가 완료되지 않은 철도차량은 운행할 수 없도록 관리할 것
④ 정비조직인증기준에 적합하도록 유지할 것

해 법 제38조의9(인증정비조직의 준수사항)

18 정밀안전진단의 시행시기로 맞는 것은?

> 1. 2014년 3월 19일 이후 구매계약을 체결한 철도차량:

① 철도차량 완성검사증명서를 발급받은 날부터 10년
② 철도차량 완성검사증명서를 발급받은 날부터 20년
③ 영업시운전을 시작한 날부터 10년
④ 영업시운전을 시작한 날부터 20년

해 규칙 제75조의13(정밀안전진단의 시행시기)

19 철도차량 정밀안전진단에 해당하지 <u>않는</u> 것은?

① 상태 평가
② 내구성 평가
③ 성능 평가
④ 안전성 평가

해 규칙 제75조의16(철도차량 정밀안전진단의 방법 등)

20 정밀안전진단기관의 업무에 해당하지 <u>않는</u> 것은?

① 정밀안전진단의 기록 보존 및 보호에 관한 업무
② 해당 업무분야의 철도차량에 대한 정밀안전진단 시행
③ 정밀안전진단의 항목 및 기준에 대한 제정·개정 요청
④ 정밀안전진단의 기술 인력과 설비장비 조언

해 규칙 제75조의18(정밀안전진단기관의 업무)

| 1회 | /25 | 2회 | /25 | 3회 | /25 |

01 국토교통부장관이 행하는 관제업무의 내용으로 옳지 않은 것은?

① 철도차량의 운행에 대한 집중 제어·통제 및 감시

② 철도시설의 운용상태 등 철도차량의 운행과 관련된 조언과 정보의 제공 업무

③ 정상운행을 하기 전의 신설선 또는 개량선에서 철도차량을 운행하는 경우

④ 철도사고등의 발생 시 사고복구, 긴급구조·구호 지시 및 관계 기관에 대한 상황 보고·전파 업무

해 규칙 제76조 철도교통관제업무의 대상 및 내용, 제외하는 것이다.

02 철도운영자등이 영상기록을 이용하거나 제공하여서는 아니 되는 경우의 예외가 아닌 것은?

① 범죄의 수사와 공소의 제기 및 유지에 필요한 경우

② 교통사고 상황 파악을 위하여 필요한 경우

③ 철도운영자의 영업비밀이나 경영상 중요한 정보 보호를 위하여 필요한 경우

④ 법원의 재판업무수행을 위하여 필요한 경우

해 제39조의 3 영상기록장치의 설치 운영 등

03 영상기록장치 설치대상이 아닌 것은?

① 열차의 맨 앞에 위치한 동력차로서 운전실 또는 운전설비가 있는 동력차

② 승객 설비를 갖추고 화물을 수송하는 화차

③ 「철도사업법」에 따른 고속철도차량을 정비하는 차량정비기지

④ 고속철도에 설치된 길이 1킬로미터 이상의 터널

해 영 제30조 영상기록장치 설치대상, 여객 수송하는 객차다.

04 영상기록장치의 운영 지침등에 포함될 사항이 아닌 것은?

① 영상기록의 촬영 시간, 보관기간, 보관장소 및 처리방법

② 영상기록을 안전하게 저장·전송할 수 있는 암호화 기술의 적용 또는 이에 상응하는 조치

③ 영상기록의 안전한 보관을 위한 보관시설의 마련 또는 잠금장치의 설치 등 물리적 조치

④ 영상기록의 촬영 화질 향상을 위한 카메라 렌즈 교체 및 보수 계획

해 영 제32조(영상기록장치의 운영·관리 지침)

05 열차운행 일시 중지할 수 있는 재해가 아닌 것은?

① 지진   ② 정전

③ 태풍   ④ 폭우

해 제40조 열차운행의 일시 중지

---

06 철도종사자의 준수사항으로 옳지 <u>않은</u> 것은?

① 관제업무종사자는 국토교통부령으로 정하는 바에 따라 운전업무종사자 등에게 열차 운행에 관한 정보를 제공해야 한다.

② 열차운행안전관리자는 국토교통부령으로 정하는 바에 따라 작업 수행 전에 작업원을 대상으로 안전교육을 실시해야 한다.

③ 운전업무종사자는 철도차량 출발 전 국토교통부령으로 정하는 조치 사항을 이행해야 한다.

④ 작업책임자는 국토교통부령으로 정하는 작업안전에 관한 조치 사항을 이행할 것

해 제40조의2 철도종사자의 준수사항, 작업책임자의 준수사항이다.

07 운전업무종사자가 이상 여부를 확인해야 하는 기능이 <u>아닌</u> 것은?

① 제동장치 기능

② 냉난방장치 기능

③ 운전제어와 관련된 장치의 기능

④ 그 밖에 운전 시 사용하는 각종 계기판의 기능

해 규칙 제76조의4 운전업무종사자의 준수사항

08 의료기관으로의 이송이 필요한 경우 등 후속조치 이행의 예외에 해당하는 경우가 <u>아닌</u> 것은?

① 여객을 안전하게 대피시킨 후 운전업무종사자와 여객승무원의 안전을 위하여 현장을 이탈하여야 하는 경우

② 관제업무종사자 또는 인접한 역시설의 철도종사자에게 철도사고등의 상황을 전파하는 경우

③ 운전업무종사자 또는 여객승무원이 중대한 부상 등으로 인하여 의료기관으로의 이송이 필요한 경우

④ 관제업무종사자 또는 철도사고등의 관리책임자로부터 철도사고등의 현장 이탈이 가능하다고 통보받은 경우

해 규칙 제76조의8(철도사고등의 발생 시 후속조치 등), 2번은 해야하는 역할이다.

09 다음 빈칸에 들어갈 말로 맞는 것은?

> 확인 또는 검사 결과 음주 제한의 대상이 되는 철도종사자가 술을 마시거나 약물을 사용하였다고 판단하는 기준은 다음과 같다.
> **술**: 혈중 알코올농도가 (　　　)% 이상인 경우
> 　　(작업책임자, 철도운행안전관리자 등 제외)
> **약물**: (　　　)

① 0.02 - 양성으로 의심되는 경우

② 0.02 - 양성으로 판정된 경우

③ 0.03 - 양성으로 의심되는 경우

④ 0.03 - 양성으로 판정된 경우

해 법 제41조(철도종사자의 음주 제한 등)

10 위해물품의 종류와 그 설명으로 옳지 <u>않은</u> 것은?

① 가연성고체 : 화기 등에 의하여 용이하게 점화되며 화재를 조장할 수 있는 가연성 고체

② 병독을 옮기기 쉬운 물질 : 살아 있는 병원체 및 살아 있는 병원체를 함유하거나 병원체가 부착되어 있다고 인정되는 물질

③ 인화성 액체 : 밀폐식 인화점 측정법에 따른 인화점이 섭씨 60.5도 이하인 액체나 개방식 인화점 측정법에 따른 인화점이 섭씨 65.6도 이하인 액체

④ 산화성 물질 : 다른 물질을 산화시키는 성질을 가진 유기물질

🖩 규칙 제78조 위해물품의 종류 등, 유기과산화물에 대한 설명이다.

11 운송취급주의 위험물의 종류와 그 설명으로 옳지 <u>않은</u> 것은?

① 마찰 · 충격 · 흡습(吸濕) 등 주위의 상황으로 인하여 발화할 우려가 있는 것

② 용기가 파손될 경우 내용물이 누출되어 철도차량 · 레일 · 기구 또는 다른 화물 등을 부식시키거나 침해할 우려가 있는 것

③ 인화성 · 산화성 등이 강하여 그 물질 자체의 성질에 따라 발화할 우려가 있는 것

④ 점화 또는 점폭약류를 붙인 폭약

🖩 영 제45조 운송취급주의 위험물, 폭마인용유로 외운다. 4번은 운송 금지 위험물이다.

12 빈칸에 들어갈 말로 맞는 것은?

> 철도보호지구 : 철도경계선(가장 바깥쪽 궤도의 끝선을 말한다)으로부터 (　ㄱ　)미터 이내[노면전차의 경우에는 (　ㄴ　)미터 이내]의 지역
> 노면전차 철도보호지구의 바깥쪽 경계선으로부터 (　ㄷ　)미터 이내의 지역에서 굴착, 행위를 하려는 자는 국토교통부장관 또는 시 · 도지사에게 신고하여야 한다.

① ㄱ : 30, ㄴ : 10, ㄷ : 10

② ㄱ : 30, ㄴ : 10, ㄷ : 20

③ ㄱ : 30, ㄴ : 20, ㄷ : 10

④ ㄱ : 30, ㄴ : 20, ㄷ : 20

🖩 법 제45조(철도보호지구에서의 행위제한 등)

13 철도보호지구에서 행위제한에 해당하지 <u>않는</u> 것은?

① 토지의 형질변경 및 굴착(掘鑿)

② 나무의 식재(국토교통부령으로 정하는 경우만 해당한다)

③ 토석, 자갈 및 모래의 채취

④ 건축물의 신축 · 개축(改築) · 증축 또는 인공구조물의 설치

🖩 법 제45조(철도보호지구에서의 행위제한 등), 대통령령이다.

14 국토교통부장관 또는 시·도지사는 철도차량의 안전운행 및 철도 보호를 위하여 소유자 등에게 명할 수 있는 조치가 <u>아닌</u> 것은?

① 시설등이 붕괴하여 철도에 위해(危害)를 끼치거나 끼칠 우려가 있으면 그 위해를 제거하고 필요하면 방지시설을 할 것

② 건축물의 신축·개축(改築)·증축 또는 인공구조물의 설치

③ 시설등이 시야에 장애를 주면 그 장애물을 제거할 것

④ 철도에 토사 등이 쌓이거나 쌓일 우려가 있으면 그 토사 등을 제거하거나 방지시설을 할 것

해 법 제45조(철도보호지구에서의 행위제한 등)
2번은 행위제한 대상이다.

15 철도보호지구에서 안전운행 저해행위에 해당하지 <u>않는</u> 것은?

① 철도신호등(鐵道信號燈)으로 오인할 우려가 있는 시설물이나 조명 설비를 설치하는 행위

② 먼지나 티끌 등이 발생하는 시설·설비나 장비를 운용하는 경우 방진막, 물을 뿌리는 설비 등 분진방지시설 설치

③ 철도차량 운전자 등이 선로나 신호기를 확인하는 데 지장을 주거나 줄 우려가 있는 시설이나 설비를 설치하는 행위

④ 전차선로에 의하여 감전될 우려가 있는 시설이나 설비를 설치하는 행위

해 영 제48조(철도보호지구에서의 안전운행 저해행위 등)
2번은 철도 보호를 위한 안전조치다.

16 철도 보호를 위한 안전조치에 해당하지 <u>않는</u> 것은?

① 시설 또는 설비가 선로의 위나 밑으로 횡단하거나 선로와 나란히 되도록 설치

② 공사로 인하여 약해질 우려가 있는 지반에 대한 보강대책 수립·시행

③ 굴착공사에 사용되는 장비나 공법 등의 변경

④ 신호기를 가리거나 신호기를 보는데 지장을 주는 시설이나 설비 등의 철거

해 영 제49조(철도 보호를 위한 안전조치)
1번은 철도보호지구에서의 안전운행 저해행위다.

17 여객열차에서의 금지행위를 한 사람에 대해 할 수 있는 조치로 명시되지 <u>않은</u> 것은?

① 금지행위의 녹음　　② 금지행위의 촬영
③ 금지물품 압수　　④ 금지행위의 제지

해 법 제47조(여객열차에서의 금지행위)

18 여객열차에서의 금지행위 안내방법에 해당하지 <u>않는</u> 것은?

① 음성으로 안내
② 영상으로 안내
③ 여객열차에서의 금지행위에 관한 안내판 설치
④ 금지행위 안내홍보물 배포

해 규칙 제80조의2 여객열차에서의 금지행위 안내방법

19 철도 보호 및 질서유지를 위한 금지행위에 해당하지 <u>않는</u> 것은?

① 선로 또는 국토교통부령으로 정하는 철도시설에 철도운영자등의 승낙 없이 출입하거나 통행하는 행위
② 철도시설에 국토교통부령으로 정하는 유해물 또는 열차운행에 지장을 줄 수 있는 오물을 버리는 행위
③ 궤도의 중심으로부터 양측으로 폭 5미터 이내의 장소에 철도차량의 안전 운행에 지장을 주는 물건을 방치하는 행위
④ 철도시설 또는 철도차량을 파손하여 철도차량 운행에 위험을 발생하게 하는 행위

해 법 제48조(철도 보호 및 질서유지를 위한 금지행위), 3미터 이내이다.

20 폭발물 등 적치금지 구역에 해당하지 <u>않는</u> 것은?

① 철도 역사
② 철도 터널
③ 정거장 및 선로(정거장 또는 선로를 지지하는 구조물 및 그 주변지역을 제외한다)
④ 철도 교량

해 규칙 제81조(폭발물 등 적치금지 구역) 포함한다. 선정역교터라고 외운다.

21 설명에서 말하는 단어로 맞는 것은?

> 국가의 중요 행사 기간이거나 국가 정보기관으로부터 테러 위험 등의 정보를 통보받은 경우 등 국토교통부장관이 보안검색을 강화하여야 할 필요가 있다고 판단하는 경우에 국토교통부장관이 지정한 보안검색 대상 역에서 보안검색 대상 전부에 대하여 실시

① 특별검사　　　　② 임시검사
③ 전부검색　　　　④ 일부검색

해 규칙 제85조의2(보안검색의 실시 방법 및 절차 등)

22 사전 설명 없이 보안검색을 실시하는 경우가 <u>아닌</u> 것은?

① 보안검색장비의 오류 등으로 제대로 작동하지 아니하는 경우
② 보안검색 장소의 안내문 등을 통하여 사전에 보안검색 실시계획을 안내한 경우
③ 의심물체로 신고된 물건에 대하여 검색하는 경우
④ 장시간 방치된 수하물로 신고된 물건에 대하여 검색하는 경우

해 규칙 제85조의2(보안검색의 실시 방법 및 절차 등)
1번은 여객의 동의를 받아 이동하여 검색하는 경우이다.

23 보안검색 시 안전을 위하여 착용 휴대하는 장비가 <u>아닌</u> 것은?

① 방폭 담요　　　　② 방폭 장갑
③ 방탄복　　　　　④ 방검복

해 규칙 제85조의3(보안검색장비의 종류)

24 직무장비의 사용기준에 대한 설명으로 <u>틀린</u> 것은?

① 경비봉의 경우: 타인 또는 철도특별사법경찰관리의 생명·신체의 위해와 공공시설·재산의 위험을 방지하기 위해 필요한 경우에 최소한의 범위에서 사용할 수 있다.

② 전자충격기의 경우: 14세 미만의 사람이나 임산부에게 사용해서는 안 된다.

③ 수갑·포승의 경우: 체포영장·구속영장의 집행, 신체의 자유를 제한하는 판결 또는 처분을 받은 사람을 법률에서 정한 절차에 따라 호송·수용하는 등의 경우에 최소한의 범위에서 사용할 것

④ 가스분사기: 1미터 이내의 거리에서는 상대방의 얼굴을 향해 발사할 것

🅗 규칙 제85조의10 직무장비의 사용기준, 발사하지 말 것이다.

25 철도종사자의 권한을 표시할 수 있는 방법으로 <u>옳지 않은</u> 것은?

① 복장　　　　② 모자

③ 증표　　　　④ 배지

🅗 영 제51조 철도종사자의 권한표시

01 철도사고조사 처리에 관한 내용으로 틀린 것은?

① 철도사고등이 발생하였을 때의 사상자 구호, 여객 수송 및 철도시설 복구 등에 필요한 사항은 국토교통부령으로 정한다.

② 국토교통부장관은 필요하다고 인정하는 경우에는 철도운영자등에게 사고 수습 등에 관하여 필요한 지시를 할 수 있다. 이 경우 특별한 사유가 없으면 지시에 따라야 한다.

③ 철도운영자등은 철도사고등이 발생하였을 때에는 인명피해 및 재산피해를 최소화하고 열차를 정상적으로 운행할 수 있도록 필요한 조치를 하여야 한다.

④ 철도운영자등은 사상자가 많은 사고 등 대통령령으로 정하는 철도사고등이 발생하였을 때에는 국토교통부령으로 정하는 바에 따라 즉시 국토교통부장관에게 보고하여야 한다.

해 제60조 철도사고 발생 시 조치

02 대통령령으로 정하는 국토교통부장관에게 즉시 보고하여야 하는 철도사고가 아닌 것은?

① 열차의 충돌

② 철도차량이나 열차에서 화재가 발생한 사고

③ 철도차량이나 열차의 운행과 관련하여 3명 이상 사상자가 발생한 사고

④ 열차의 탈선사고

해 영 57조 국토교통부장관에게 즉시 보고하여야 하는 철도사고등, 화재 + 운행중지

03 철도안전 자율보고에 관한 설명으로 틀린 것은?

① 누구든지 철도안전 자율보고를 한 사람에 대하여 이를 이유로 신분이나 처우와 관련하여 불이익한 조치를 하여서는 아니 된다.

② 국토교통부장관은 직권으로 보고를 한 사람의 의사에 반하여 보고자의 신분을 예외적으로 공개할 수 있다.

③ 철도안전 자율보고에 포함되어야 할 사항, 보고 방법 및 절차는 국토교통부령으로 정한다.

④ 철도안전위험요인이 발생한 것을 안 사람 또는 철도안전위험요인이 발생할 것이 예상된다고 판단하는 사람은 국토교통부장관에게 그 사실을 보고할 수 있다.

해 법 제61조의3(철도안전 자율보고)

04 빈칸에 들어갈 말로 맞는 것은?

> 철도안전 자율보고를 하려는 자는 철도안전 자율보고서를 (   )에게 제출하거나 국토교통부장관이 정하여 고시하는 방법으로 (   )에게 보고해야 한다.

① 국토교통부 장관 - 국토교통부 장관

② 국토교통부 장관 - 한국교통안전공단 이사장

③ 한국교통안전공단 이사장 - 한국교통안전공단 이사장

④ 한국교통안전공단 이사장 - 국토교통부 장관

해 법 제61조의3(철도안전 자율보고)

01 철도안전 전문기관 등의 육성에 관한 내용으로 틀린 것은?

① 국토교통부장관은 철도안전 전문인력의 분야별 자격을 철도운행안전관리자와 철도안전전문기술자로 구분하여 부여한다.

② 철도안전 전문인력의 분야별 자격기준, 자격부여 절차 및 자격을 받기 위한 안전교육훈련 등에 관하여 필요한 사항은 대통령령으로 정한다.

③ 국토교통부장관은 철도안전에 관한 전문기관을 지정하여 철도안전 전문인력의 양성 및 자격관리 등의 업무를 수행하게 할 수 있다.

④ 안전전문기관의 지정기준, 지정절차 등에 관하여 필요한 사항은 국토교통부령으로 정한다.

해 법 제69조(철도안전 전문기관 등의 육성), 대통령령이다.

02 철도안전전문기술자의 업무가 아닌 것은?

① 철도시설의 건설이나 관리와 관련된 설계·시공·감리·안전점검 업무

② 철도차량 운전자나 관제업무종사자와 연락체계 구축 등

③ 철도차량의 설계·제작·개조·시험검사·정밀안전진단·안전점검 등에 관한 품질관리 및 감리 등의 업무

④ 도시설의 건설이나 관리와 관련된 레일용접 등의 업무

해 영 제59조 철도안전 전문인력의 구분,
2번은 철도운행안전관리자의 업무이다.

03 분야별 안전전문기관으로 옳지 않은 것은?

① 철도운행안전 분야

② 전기신호 분야

③ 철도차량 분야

④ 철도궤도 분야

해 규칙 제92조의2(분야별 안전전문기관 지정), 전기철도 분야다.

04 안전전문기관의 지정기준으로 옳지 않은 것은?

① 업무수행에 필요한 상설 전담조직을 갖출 것

② 분야별 교육훈련을 수행할 수 있는 전문인력을 확보할 것

③ 관련 안전장비들을 직접 제조할 것

④ 안전전문기관 운영 등에 관한 업무규정을 갖출 것

해 영 제60조의3 안전전문 지정기준

05 안전전문기관의 지정취소 및 업무정지의 기준으로 틀린 것은?

① 거짓이나 그 밖의 부정한 방법으로 지정을 받은 경우
　- 1차 위반: 지정취소
② 정당한 사유 없이 안전교육훈련업무를 거부한 경우
　- 1차 위반: 경고
③ 거짓이나 그 밖의 부정한 방법으로 안전교육훈련 수료증 또는 자격증명서를 발급한 경우 - 1차 위반: 경고
④ 업무정지 명령을 위반하여 그 정지기간 중 안전교육훈련업무를 한 경우 - 1차 위반: 지정취소

해 시행규칙 별표26 안전전문기관의 지정취소 및 업무정지 기준, 업무정지 1개월이다.

06 "철도운영자등이 자체적으로 작업 또는 공사 등을 시행하는 경우 등 대통령령으로 정하는 경우"에 해당하지 <u>않은</u> 것은?

① 철도운영자등이 선로 점검 작업 등 3명 이하의 인원으로 할 수 있는 소규모 작업을 자체적으로 시행하는 경우
② 철도운영자등이 선로 운행이 끝난 뒤 임시로 작업을 시행하는 경우
③ 철도운영자등이 선로 점검 작업 등 3명 이하의 인원으로 할 수 있는 소규모 공사를 자체적으로 시행하는 경우
④ 천재지변 또는 철도사고 등 부득이한 사유로 긴급 복구 작업 등을 시행하는 경우

해 영 제60조의6 철도운행안전관리자의 배치

07 정부가 재정적 지원을 할 수 있는 기관이나 단체가 <u>아닌</u> 것은?

① 위험물 취급 기관
② 철도안전에 관한 단체
③ 운전적성검사기관
④ 인증기관

해 법 제72조 재정지원

---

01 국토교통부장관이나 관계 지방자치단체에서 철도관계기관 등에 대하여 자료의 제출을 명할 수 있는 경우가 <u>아닌</u> 것은?

① 철도운영자가 열차운행을 일시 중지한 경우로서 그 결정 근거 등의 적정성에 대한 확인이 필요한 경우
② 종합시험운행에 따른 검토를 위하여 필요한 경우
③ 철도운영자의 수익사업 운영성과를 검토하기 위하여 필요한 경우
④ 철도종사자 관리의무 준수 여부에 대한 확인이 필요한 경우

🔖 법 제73조(보고 및 검사)

02 보고 및 검사에 관한 내용으로 틀린 것은?

① 국토교통부장관 또는 관계 지방자치단체의 장은 보고 또는 자료의 제출을 명할 때에는 7일 이상의 기간을 주어야 한다.
② 철도사고등이 발생한 현장에 출동하는 등 긴급한 상황인 경우 자료의 제출을 명할 때에는 7일 이상의 기간을 주어야 한다.
③ 출입·검사를 하는 공무원은 국토교통부령으로 정하는 바에 따라 그 권한을 표시하는 증표를 지니고 이를 관계인에게 보여주어야 한다.
④ 증표에 관하여 필요한 사항은 국토교통부령으로 정한다.

🔖 영 제61조(보고 및 검사), 공무원이 철도사고등이 발생한 현장에 출동하는 등 긴급한 상황인 경우에는 그러하지 아니하다.

03 국토교통부 장관이 청문을 해야하는 처분과 관련한 내용으로 옳지 <u>않은</u> 것은?

① 운전면허의 취소 및 효력정지
② 철도차량정비기술자의 인정 취소 및 효력정지
③ 안전관리체계의 승인 취소
④ 철도안전전문기술자의 자격 취소

🔖 법 제75조 청문, 철도차량정비기술자는 인정취소만 존재한다.

04 벌칙 적용에서 공무원으로 의제 되는 경우가 <u>아닌</u> 것은?

① 열차 시운행 업무에 종사하는 임직원
② 운전적성검사 업무에 종사하는 운전적성검사기관의 임직원
③ 정밀안전진단 업무에 종사하는 정밀안전진단기관의 임직원
④ 위험물취급안전교육 업무에 종사하는 위험물취급전문교육기관의 임직원

🔖 법 제76조(벌칙 적용에서 공무원 의제)

05 국토교통부장관이 한국교통안전공단에게 위탁할 수 있는 사항으로 옳지 <u>않은</u> 것은?

① 철도안전에 관한 정보의 종합관리를 위한 정보체계 구축 및 관리

② 손실보상과 손실보상에 관한 협의

③ 정밀안전진단기관이 수행한 해당 정밀안전진단의 결과 평가

④ 관제자격증명의 발급·갱신·취소 등에 관한 자료의 유지·관리

해 영 제62조(권한의 위임), 손실보상은 국가철도공단 위탁사항이다.

06 국토교통부장관이 한국철도기술연구에게 위탁할 수 있는 사항으로 옳은 것은?

① 노면전차 철도보호지구의 바깥쪽 경계선으로부터 20미터 이내의 지역에서의 행위의 신고 수리 및 행위 금지·제한이나 필요한 조치명령

② 자격부여신청 접수, 자격증명서 발급, 관계 자료 제출 요청 및 자격부여에 관한 자료의 유지·관리 업무

③ 철도운영자등에 대한 안전관리 수준평가

④ 표준규격서의 작성

해 영 제62조(권한의 위임)
영 제63조의2(민감정보 및 고유식별정보의 처리)

01 철도안전법 벌칙에 대한 설명으로 옳지 <u>않은</u> 것은?

① 사람이 탑승하여 운행 중인 철도차량을 탈선 또는 충돌하게 하거나 파괴한 사람 무기징역 또는 5년 이상의 징역에 처한다.

② 1번의 경우 업무상 과실이나 중대한 과실로 죄를 지은 사람은 3년 이하의 징역 또는 3천만원 이하의 벌금에 처한다.

③ 1번의 경우 미수범은 처벌하지 않는다.

④ 철도시설 또는 철도차량을 파손하여 철도차량 운행에 위험을 발생하게 한 사람은 10년 이하의 징역 또는 1억원 이하의 벌금에 처한다.

해 제78조(벌칙), 미수범은 처벌한다.

02 철도안전법 벌칙과 처벌내용으로 옳은 것은?

① 안전관리체계의 승인을 받지 아니하고 철도운영을 하거나 철도시설을 관리한 자는 2년 이하의 징역 또는 2천만원 이하의 벌금에 처한다.

② 술을 마시거나 약물을 사용한 상태에서 업무를 한 사람은 3년 이하의 징역 또는 3천만원 이하의 벌금에 처한다.

③ 폭행·협박으로 철도종사자의 직무집행을 방해한 자는 3년 이하의 징역 또는 3천만원 이하의 벌금에 처한다.

④ 운송 금지 위험물의 운송을 위탁하거나 그 위험물을 운송한 자는 2년 이하의 징역 또는 2천만원 이하의 벌금에 처한다.

해 제79조(벌칙), 1번 3년, 3번 5년, 4번 3년

03 2년 이하의 징역 또는 2천만원 이하의 벌금에 해당하는 경우가 <u>아닌</u> 것은?

① 철도안전 자율보고를 한 사람에게 불이익한 조치를 한 자

② 운행 중 비상정지버튼을 누르거나 승강용 출입문을 여는 행위를 한 사람

③ 운전면허를 받지 아니하고(운전면허가 취소되거나 그 효력이 정지된 경우를 포함한다) 철도차량을 운전한 사람

④ 거짓이나 그 밖의 부정한 방법으로 안전관리체계의 승인을 받은 자

해 제79조(벌칙), 3번은 1년이다.

04 1천만원 이하의 과태료 부과 대상이 <u>아닌</u> 것은?

① 소속 공무원의 출입·검사를 거부, 방해 또는 기피한 자

② 영상기록장치를 설치·운영하지 아니한 자

③ 안전관리체계의 변경신고를 하지 아니하고 안전관리체계를 변경한 자

④ 철도종사자의 직무상 지시에 따르지 아니한 사람

해 제78조(벌칙), 3번은 500만원 이하이다.

05 벌칙과 과태료가 올바르게 짝지어진 것은?

① 이력사항을 위조·변조하거나 고의로 훼손한
  자 - 500만
② 정당한 사유 없이 안전관리체계 유지의 시정조치 명
  령에 따르지 아니한 자 - 500만
③ 안전교육을 실시하지 아니한 자 직무교육을 실시하지
  아니한 자 - 500만원
④ 공중이나 여객에게 위해를 끼치는 행위를 한 사람
  - 100만원

해 제82조 과태료, 1, 2번은 1천만원, 4번은 50만원이다.

06 벌칙 과태료가 올바르게 짝지어진 것은?

① 국토교통부장관의 성능인증을 받은 보안검색장비를
  사용하지 않은 경우 1회 위반 - 150만원
② 철도종사자의 직무상 지시에 따르지 않은 경우 3회
  위반 - 450만원
③ 철도시설에 유해물 또는 오물을 버리거나 열차운행
  에 지장을 준 경우 2회 위반 - 300만원
④ 선로에 승낙 없이 출입하거나 통행한 경우 1회 위반
  - 50만원

해 1번 300만원, 2번 900만원, 4번 30만원

| 정답 | 05 ③   06 ③

01 철도차량 운전규칙에서 정거장의 정의가 아닌 것은?

① 열차의 교행으로 이용되는 장소
② 철도 차량의 정비를 위한 장소
③ 여객의 승강으로 이용되는 장소
④ 화물의 적하로 이용되는 장소

해 제2조 정의

02 철도운영자등이 업무 수행에 필요한 지식과 기능을 보유한 것을 확인한 후 업무를 수행하도록 해야 하는 철도종사자가 아닌 것은?

① 운전취급담당자
② 「철도안전법」 제2조제10호나목에 따라 철도차량의 운행을 집중 제어·통제·감시하는 업무에 종사하는 사람
③ 여객에게 역무(驛務) 서비스를 제공하는 사람
④ 「철도안전법」 제2조제10호가목에 따른 철도차량의 운전업무에 종사하는 사람

해 제6조 교육 및 훈련 등, 역무는 안전법
3장 신체검사, 직무교육, 음주 등 많은 부분 제외다.

03 차량의 적재제한 내용으로 틀린 것은?

① 차량에는 건축한계(차량의 길이, 너비 및 높이의 한계를 말한다)를 초과하여 화물을 적재·운송해서는 안 된다.
② 1번의 경우에 열차의 안전운행에 필요한 조치를 하는 경우에는 차량한계를 초과하는 화물을 운송할 수 있다.
③ 차량의 화물 적재 제한 등에 필요한 세부사항은 국토교통부장관이 정하여 고시한다.
④ 차량에 화물을 적재할 경우에는 차량의 구조와 설계강도 등을 고려하여 허용할 수 있는 최대적재량을 초과하지 않도록 해야 한다.

해 제8조 차량의 적재 제한, 차량한계에 관한 내용이다.

04 최대연결차량수를 정할 때 고려할 요소가 아닌 것은?

① 연결장치의 강도　　② 차량의 구조
③ 열차의 제동력　　④ 동력차 견인력

해 제10조 열차의 최대연결차량수, 운행선로의 시설현황

05 여객열차의 연결제한에 관한 내용으로 **틀린** 것은?

① 여객열차에는 화차를 연결할 수 없다.

② 1번의 경우, 회송의 경우와 그 밖에 특별한 사유가 있는 경우에는 그러하지 아니하다.

③ 2번의 경우, 화차를 객차의 중간에 연결하여야 한다.

④ 파손차량, 동력을 사용하지 아니하는 기관차 또는 2차량 이상에 무게를 부담시킨 화물을 적재한 화차는 이를 여객열차에 연결하여서는 아니된다.

📵 제12조 여객열차의 연결제한, 화차를 객차의 중간에 연결하여서는 아니된다.

06 열차의 제동력에 관한 내용으로 **틀린** 것은?

① 열차를 조성하는 경우에는 모든 차량의 제동력이 균등하도록 차량을 배치하여야 한다.

② 고장 등으로 인하여 일부 차량의 제동력이 작용하지 아니하는 경우에는 제동축비율에 따라 운전속도를 감속하여야 한다.

③ 철도운영자등은 제동축수(연결된 차량의 차축 총수를 말한다)에 대한 연결축수(소요 제동력을 작용시킬 수 있는 차축의 총수를 말한다)의 비율이 100이 되도록 열차를 조성하여야 한다.

④ 열차는 선로의 굴곡정도 및 운전속도에 따라 충분한 제동능력을 갖추어야 한다.

📵 제15조 열차의 제동력, 연결축수와 제동축수가 반대로 되었다.

07 다음의 빈칸에 들어갈 말로 **틀린** 것은?

> 철도차량은 (　　　)가 표시하는 조건에 따라 운전하여야 한다.

① 표지　　　　　　② 수신호

③ 신호　　　　　　④ 전호

📵 제18조(철도신호와 운전의 관계)

08 다음 중 철도차량 운전규칙에서 열차의 정거장 외 정차금지의 예외가 **아닌** 것은?

① 경사도가 1000분의 30 이상인 급경사 구간에 진입하기 전의 경우

② 감속신호의 현시가 있는 경우

③ 철도사고등이 발생하거나 철도사고등의 발생 우려가 있는 경우

④ 그 밖에 철도안전을 위하여 부득이 정차하여야 하는 경우

📵 제22조 열차의 정거장외 정차금지, 정지신호의 현시가 있는 경우

09 철도차량 운전규칙에서 운전정리를 행할 때 고려사항이 **아닌** 것은?

① 열차의 목적지　　② 열차의 연계수송

③ 열차의 등급　　　④ 열차의 속도

📵 제24조 운전정리, 종등목연으로 외운다.

---

10 철도차량 운전규칙에서 열차운전을 일시 중지하거나 운전속도를 제한하는 등의 조치를 강구해야 하는 상황이 아닌 것은?

① 해일　　　　　　② 폭설
③ 홍수　　　　　　④ 화재

🖩 제27조 열차의 재난방지, 폭풍우 폭설 홍수 지진 해일이다.

11 구원열차 요구 후 이동금지와 관련된 내용으로 옳지 않은 것은?

① 응급작업을 수행하기 위하여 다른 장소로 이동이 필요한 경우 열차를 이동할 수 있다.
② 철도사고등이 확대될 염려가 있는 경우 열차를 이동할 수 있다.
③ 열차나 철도차량을 이동시키는 경우에는 지체없이 고장열차의 운전업무종사자와 관제업무종사자 또는 운전취급담당자에게 그 이동 내용과 이동 사유를 통보하고, 열차의 방호를 위한 정지수신호 등 안전조치를 취해야 한다.
④ 철도사고등의 발생으로 인하여 정거장외에서 열차가 정차하여 구원열차를 요구하였거나 구원열차 운전의 통보가 있는 경우에는 당해 열차를 이동하여서는 아니된다.

🖩 제31조 구원열차 요구 후 이동금지, 구원열차의 종사자이다.

12 열차의 운전 속도에 고려할 사항이 아닌 것은?

① 운전방법　　　　② 전차선로의 상태
③ 차량의 성능　　　④ 열차의 등급

🖩 제34조 열차의 운전 속도, 열차의 속도와 등급은 크게 관련이 없다.

13 입환작업계획서에 포함되어야 할 사항이 아닌 것은?

① 입환 시 사용할 무선채널의 지정
② 대상 차량
③ 작업자별 역할
④ 작업자 인적사항

🖩 제39조 입환

14 선로전환기의 쇄정 및 정위치 유지에 관한 내용으로 틀린 것은?

① 본선의 선로전환기는 이와 관계된 신호기와 그 진로 내의 선로전환기를 연동쇄정하여 사용하여야 한다.
② 상시 쇄정되어 있는 선로전환기 또는 취급회수가 극히 적은 배향(背向)의 선로전환기의 경우에는 아니할 수 있다.
③ 쇄정되지 아니한 선로전환기를 배향으로 통과할 때에는 쇄정기구를 사용하여 텅레일(Tongue Rail)을 쇄정하여야 한다.
④ 선로전환기를 사용한 후에는 지체없이 미리 정하여진 위치에 두어야 한다.

🖩 제40조 선로전환기의 쇄정 및 정위치 유지, 대향으로 통과할 때이다.

15 열차 간의 안전 확보에 관한 설명으로 틀린 것은?

① 시계(視界)운전에 의한 방법
② 폐색에 의한 방법
③ 열차 간의 간격을 확보하는 장치(이하 "열차제어장치"라 한다)에 의한 방법
④ 정거장 내에서 철도신호의 현시·표시 또는 그 정거장의 운전을 관리하는 사람의 지시에 따라 운전하는 경우에도 동일하다.

🖩 제46조 열차간의 안전확보, 경우에는 그렇지 않다.

16 대용 폐색 방식이 <u>아닌</u> 것은?

① 지령식　　　　② 자동폐색식

③ 지도통신식　　④ 지도식

圙 제50조 폐색방식의 구분, 자연차통은 상용폐색방식이다.

17 자동폐색장치가 갖춰야 하는 기능에 대한 설명으로 <u>옳지 않은</u> 것은?

① 폐색구간에 있는 선로전환기가 정당한 방향으로 개통되지 아니한 때 또는 분기선 및 교차점에 있는 차량이 폐색구간에 지장을 줄 때에는 자동으로 정지신호를 현시할 것

② 폐색장치에 고장이 있을 때에는 자동으로 정지신호를 현시할 것

③ 폐색구간에 열차 또는 차량이 있을 때에는 자동으로 정지신호를 현시할 것

④ 복선구간에 있어서는 하나의 방향에 대하여 진행을 지시하는 신호를 현시한 때에는 그 반대방향의 신호기는 자동으로 정지신호를 현시할 것

圙 제51조 자동폐색장치의 기능, 단선구간

18 지령식을 시행할 때 폐색구간에 진입하는 열차의 기관사에게 통보해야 하는 사항이 <u>아닌</u> 것은?

① 운전속도　　　　② 승인번호

③ 시행구간　　　　④ 열차등급

圙 제64조의2 지령식의 시행

19 다음 중 열차 제어장치의 종류로 <u>옳지 않은</u> 것은?

① 열차자동정지장치(ATS, Automatic Train Stop)

② 열차자동운전장치(ATO, Automatic Train Operation)

③ 열차자동방호장치(ATP, Automatic Train Protection)

④ 열차자동제어장치(ATC, Automatic Train Control)

圙 제66조 열차제어장치의 구분종류

20 시계운전 방법이 잘못 짝지어진 것은?

① 복선운전 - 전령법

② 단선운전 - 지도격시법

③ 복선운전 - 격시법

④ 단선운전 - 지령법

圙 제72조 시계운전에 의한 열차의 운전

21 철도신호와 관련된 설명으로 <u>옳지 않은</u> 것은?

① 신호를 현시할 소정의 장소에 신호의 현시가 없거나 그 현시가 정확하지 아니할 때에는 정지신호의 현시가 있는 것으로 본다.

② 상치신호기 또는 임시신호기와 수신호가 각각 다른 신호를 현시한 때에는 그 운전을 최대로 제한하는 신호의 현시에 의하여야 한다.

③ 하나의 신호는 하나의 선로에서 하나의 목적으로 사용되어야 한다.

④ 진로표시기를 부설한 신호기는 하나의 선로에서 하나의 목적으로 사용되어야 한다.

圙 제80조(신호의 겸용금지), 진로표시기는 진로를 보여주기때문에 여러 선로에 사용할 수 있다.

---

22 주신호기의 종류가 <u>아닌</u> 것은?

① 엄호신호기 : 특히 방호를 요하는 지점을 통과하려는 열차에 대하여 신호를 현시하는 것

② 유도신호기 : 장내신호기에 정지신호의 현시가 있는 경우 유도를 받을 열차에 대하여 신호를 현시하는 것

③ 중계신호기 : 장내신호기 · 출발신호기 · 폐색신호기 및 엄호신호기에 종속하여 열차에 주 신호기가 현시하는 신호의 중계신호를 현시하는 것

④ 입환신호기 : 입환차량 또는 차내신호폐색식을 시행하는 구간의 열차에 대하여 신호를 현시하는 것

해 제82조 상치신호기의 종류, 중계신호기는 종속신호기다.

23 차내신호에 대한 설명으로 <u>옳지 않은</u> 것은?

① 진행신호 : 열차를 지정된 속도 이하로 운전하게 하는 것

② 25신호 : 정지신호에 의하여 정지한 열차에 대한 신호로서 1시간에 25킬로미터 이하의 속도로 운전하게 하는 것

③ 정지신호 : 열차운행에 지장이 있는 구간으로 운행하는 열차에 대하여 정지하도록 하는 것

④ 야드신호 : 입환차량에 대한 신호로서 1시간에 25킬로미터 이하의 속도로 운전하게 하는 것

해 제83조 차내신호, 정진십야로 외운다 15신호다.

24 신호현시의 기본원칙으로 <u>옳지 않은</u> 것은?

① 입환신호기 : 정지신호

② 자동폐색신호기 및 반자동폐색신호기는 진행을 지시하는 신호를 현시함을 기본으로 한다.

③ 차내신호 : 정지신호

④ 엄호신호기 : 정지신호

해 제85조 신호현시의 기본원칙, 차내신호는 진행신호

25 수신호의 현시방법으로 <u>옳지 않은</u> 것은?

① 정지신호 - 야간 : 적색등. 다만, 적색등이 없을 때에는 녹색등 외의 것을 급히 흔든다.

② 서행신호 - 야간 : 깜박이는 녹색등

③ 진행신호 - 주간 : 녹색기. 다만, 녹색기가 없을 때는 양팔을 높이 든다.

④ 진행신호 - 야간 : 녹색등

해 제93조 수신호의 현시방법, 한 팔을 높이 든다.

도시철도 운전규칙

01 도시철도 운전규칙에서 사용하는 용어의 뜻으로 틀린 것은?

① "차량"이란 선로에서 운전하는 열차 외의 전동차, 임시열차 및 복구열차 등을 말한다.
② "정거장"이란 여객의 승차·하차, 열차의 편성, 차량의 입환(入換) 등을 위한 장소를 말한다.
③ "선로"란 궤도 및 이를 지지하는 인공구조물을 말하며, 열차의 운전에 상용(常用)되는 본선(本線)과 그 외의 측선(側線)으로 구분된다.
④ "열차"란 본선에서 운전할 목적으로 편성되어 열차번호를 부여받은 차량을 말한다.

해 제3조 정의, 전동차 궤도시험차 전기시험차

02 도시철도 운전규칙의 내용으로 틀린 것은?

① 차량의 검사 및 시험운전 검사를 할 때 차량의 전기장치에 대해서는 절연저항시험 및 절연내력시험을 하여야 한다.
② 차량의 각 부분은 일정한 기간 또는 주행거리를 기준으로 하여 그 상태와 작용에 대한 검사와 분해검사를 하여야 한다.
③ 차량 운전에 지장이 없도록 궤도상에 설정한 차량한계 안에는 열차등 외의 다른 물건을 둘 수 없다.
④ 제작·개조·수선 또는 분해검사를 한 차량과 일시적으로 사용을 중지한 차량은 검사하고 시험운전을 하기 전에는 사용할 수 없다.

해 제21조 물품유치 금지, 건축한계다.

03 다음 중 도시철도 운전규칙에서 규정한 무인운전 관련 내용으로 틀린 것은?

① 무인운전이 적용되는 구간과 무인운전이 적용되지 아니하는 구간의 경계 구역에서의 운전 모드 전환을 안전하게 하기 위한 규정을 마련해 놓을 것
② 관제실에서 열차의 운행상태를 실시간으로 감시 및 조치할 수 있을 것
③ 간이운전대의 개방이나 운전 모드(mode)의 변경은 변경 후 관제실의 승인을 받을 것
④ 열차 내의 간이운전대에는 승객이 임의로 다룰 수 없도록 잠금장치가 설치되어 있을 것

해 제32조의2 무인운전 시의 안전 확보 등, 사전승인이다.

04 열차가 맨 앞의 차량에서 운전해야 하는 경우의 예외가 아닌 것은?

① 무인운전
② 특별운전
③ 추진운전
④ 퇴행운전

해 제33조 열차의 운전위치, 추퇴무라고 외운다.

05 도시철도 운영자가 운전정리를 할 때 고려할 상황이 아닌 것은?

① 종류
② 접속
③ 열차간격
④ 도착지

해 제35조 운전정리

06 도시철도 운전규칙에서 규정하는 운전진로를 달리 할 수 있는 경우가 <u>아닌</u> 것은?

① 운전사고 등으로 인하여 일시적으로 단선운전(單線運轉)을 하는 경우

② 차량을 결합·해체하거나 차선을 바꾸는 경우

③ 보조기관차를 운전하는 경우

④ 그 밖에 특별한 사유가 있는 경우

해 제36조 운전진로, 도시철도는 지하철이다보니 보조기관차 등이 없습니다.

07 도시철도 운전규칙의 내용으로 <u>틀린</u> 것은?

① 본선의 선로전환기는 이와 관계있는 신호장치와 연동하여 잠금되도록 해야 한다.

② 선로전환기를 사용한 후에는 즉시 사용한 위치에 두어야 한다.

③ 노면전차의 경우 도로에 설치하는 선로전환기는 보행자 안전을 위해 열차가 충분히 접근하였을 때에 작동하여야 한다.

④ 운전자가 선로전환기의 개통 방향을 확인할 수 있어야 한다.

해 제47조 선로전환기의 쇄정 및 정위치 유지, 미리 정하여진 위치에 두어야한다.

08 운전속도를 제한할 수 있는 경우로 <u>틀린</u> 것은?

① 잠금되지 않은 선로전환기를 향하여 진행하는 경우

② 상용폐색방식으로 운전하는 경우

③ 추진운전이나 퇴행운전을 하는 경우

④ 자동폐색신호의 정지신호가 있는 지점을 지나서 진행하는 경우

해 제49조 속도제한, 대용폐색 방식으로

09 폐색방식에 따를 수 없을 때 사용하는 폐색방식이 옳게 짝지어진 것은?

ㄱ.지령식	ㄴ.전령법
ㄷ.통신식	ㄹ.무폐색운전
ㅁ.수신호	

① ㄱ, ㄷ

② ㄱ, ㄷ, ㅁ

③ ㄴ, ㄹ

④ ㅁ

해 제51조 폐색방식의 구분, 전령법과 무폐색 운전이다.

10 도시철도 운전규칙의 지도통신식에 대한 설명으로 <u>틀린</u> 것은?

① 지도통신식에 따르는 경우에는 지도표 또는 지도권을 발급받은 열차만 해당 폐색구간을 운전할 수 있다.

② 역장이나 소장은 같은 방향의 폐색구간으로 진입시키려는 열차가 하나뿐인 경우에는 지도표를 발급하고, 연속하여 둘 이상의 열차를 같은 방향의 폐색구간으로 진입시키려는 경우에는 맨 마지막 열차에 대해서는 지도권을, 나머지 열차에 대해서는 지도표를 발급한다.

③ 지도표와 지도권에는 폐색구간 양쪽의 역 이름 또는 소(所) 이름, 관제사, 명령번호, 열차번호 및 발행일과 시각을 적어야 한다.

④ 열차의 기관사는 발급받은 지도표 또는 지도권을 폐색구간을 통과한 후 도착지의 역장 또는 소장에게 반납하여야 한다.

해 제57조 지도통신식, 맨 마지막 열차 지도표

11 전령법에 대한 설명으로 틀린 것은?

① 전령법을 시행할 경우에는 이미 폐색구간에 있는 열차등은 그 위치를 이동할 수 없다.

② 전령자는 적색 완장을 착용하여야 한다.

③ 전령법을 시행하는 구간에서는 그 구간의 전령자가 탑승하여야 열차를 운전할 수 있다. 다만, 관제사가 취급하는 경우에는 전령자를 탑승시키지 아니할 수 있다.

④ 열차등이 있는 폐색구간에 다른 열차를 운전시킬 때에는 그 열차에 대하여 전령법을 시행한다.

해 제59조 전령자의 선정, 백색 완장

12 도시철도 운전규칙에서 말하는 상설신호기의 종류로 틀린 것은?

① 종속신호기　　　　② 차내신호

③ 주신호기　　　　　④ 신호부속기

해 제65조 상설신호기의 종류, 철도차량 운전규칙은 종주부차이다.

13 도시철도 운전규칙에서 말하는 신호기의 종류와 설명로 틀린 것은?

① 차내신호기 정지신호 - 적색등 현시

② 차내신호기 진행신호 - 지령속도를 표시

③ 출발신호기 - 감속신호 상위 등황색등 하위 녹색등

④ 입환신호기 - 정지신호 적색

해 제66조 상설신호기의 종류 및 신호방식, 정지신호는 0 속도를 표시한다.

14 도시철도 운전규칙에서 말하는 신호기의 종류와 설명로 틀린 것은?

① 서행해제신호기 : 서행운전구역을 지나 운전하는 열차등에 대하여 서행 해제를 지시하는 신호기

② 주간 - 서행신호 형태 : 백색 테두리의 황색 원판

③ 서행신호기 : 서행운전을 필요로 하는 구역에 진입하는 열차등에 대하여 그 구간을 서행할 것을 지시하는 신호기

④ 주간 - 서행예고표지 : 백색 삼각형 무늬 3개를 그린 흑색 3각형판

해 제69조 임시신호기의 신호방식, 흑색 삼형 무늬 3개를 그린 백색등이다.

15 도시철도 운전규칙에서 말하는 입환전호 방식으로 틀린 것은?

① 접근전호 - 야간 : 녹색등을 좌우로 흔든다.

② 퇴거전호 - 야간 : 녹색등을 상하로 흔든다.

③ 정지전호 - 주간 : 적색기를 흔든다. 다만, 부득이한 경우에는 한 팔을 높이 드는 것으로 대신할 수 있다.

④ 정지전호 - 야간 : 적색등을 흔든다.

해 제74조 입환전호, 두 팔이다.

자율보고 기본문제

1회	/2	2회	/2	3회	/2

01 종결보고의 조사결과 보고서에 포함되지 <u>않는</u> 것은?

① 철도사고등에 대한 대책

② 철도사고등의 조사 경위

③ 철도사고등의 처리 결과

④ 철도사고등과 관련하여 확인된 사실

해 제5조(철도사고등의 조사보고), 경사분대로 외운다.
6장에서도 나온다.

02 철도사고 등의 내용발표에서 공개하지 아니할 수 있는 내용이 <u>아닌</u> 것은?

① 열차운행관련 기록장치 등의 정보와 그 정보에 대한 분석 및 제시된 의견

② 열차운행과 관계되지 않은 자들 사이에 행하여진 통신기록

③ 사고조사과정에서 관계인들로부터 청취한 진술

④ 철도사고등과 관계된 자들에 대한 의학적인 정보 또는 사생활 정보

해 제7조(철도운영자의 사고보고에 대한 조치),
5장에서도 나온다.

교육훈련 시행지침

<table>
<tr><td>1회</td><td>/2</td><td>2회</td><td>/2</td><td>3회</td><td>/2</td></tr>
</table>

01 안전교육 담당자 기준으로 <u>틀린</u> 것은?

① 교육훈련기관 교수와 동등이상의 자격을 가진 사람

② 적성검사 담당자 이상의 자격을 가진 사람

③ 실무수습 담당자의 자격기준을 갖춘 사람

④ 철도운영자등이 정한 기준 및 절차에 따라 안전교육 담당자로 지정된 사람

🔲 제14조(안전교육 담당자의 자격기준)

02 철도운영자등이 원격교육을 실시하는 경우에 갖춰야 하는 요건이 <u>아닌</u> 것은?

① 교육대상자가 전산망에 게시된 자료를 열람하고 필요한 경우 질의·응답을 할 수 있는 시스템

② 교육시간에 상당하는 분량의 자료제공(1시간 학습 분량은 200자 원고지 20매 이상 또는 이와 동일한 분량의 자료)

③ 교육자료는 반드시 국토교통부에서 제작, 검수한 교재만 사용해야 한다.

④ 교육자의 수강정보 등록(아이디, 비밀번호), 교육시작 및 종료시각, 열람여부 확인 등을 위한 관리시스템

🔲 제12조(안전교육 실시 방법 등)

CHAPTER

문제 모음
[심화]

입교 커트라인은 보통 80점, 2종 면허 필기 커트라인 60점입니다.
점수가 부족하다면 조문을 다시 읽고 오시기를 바랍니다.

01 철도안전법에서 말하는 철도종사자가 아닌 것은?

① 철도운행안전관리자

② 여객승무원

③ 철도 기관 공무원

④ 여객에게 역무(驛務) 서비스를 제공하는 사람

해 제2조 정의

02 철도안전법의 용어의 정의로 틀린 것은?

① "정거장"이란 여객의 승하차(여객 이용시설 및 편의시설을 포함한다), 화물의 적하(積下), 열차의 조성(組成 : 철도차량을 연결하거나 분리하는 작업을 말한다), 열차의 교차통행 또는 대피를 목적으로 사용되는 장소를 말한다.

② "운행장애"란 철도사고 및 철도준사고를 포함하여 철도차량의 운행에 지장을 주는 것으로서 국토교통부령으로 정하는 것을 말한다.

③ "선로전환기"란 철도차량의 운행선로를 변경시키는 기기를 말한다.

④ "철도사고"란 철도운영 또는 철도시설관리와 관련하여 사람이 죽거나 다치거나 물건이 파손되는 사고로 국토교통부령으로 정하는 것을 말한다.

해 제2조 정의, 제외하여

03 빈칸에 들어갈 말로 맞는 것은?

> (   )란 철도운영에 관한 업무를 수행하는 자를 말한다.
> (   )란 철도시설의 건설 또는 관리에 관한 업무를 수행하는 자를 말한다.

① 철도관리자 - 철도시설운영자

② 철도운영자 - 철도시설운영자

③ 철도관리자 - 철도시설관리자

④ 철도운영자 - 철도시설관리자

해 제2조 정의

04 대통령령으로 정하는 안전운행 또는 질서유지 철도종사자가 아닌 것은?

① 철도에 공급되는 전력의 원격제어장치를 운영하는 사람

② 철도사고,철도준사고 및 운행장애가 발생한 현장에서 조사·수습·복구 등의 업무를 수행하는 사람

③ 철도차량의 운전업무에 종사하는 사람

④ 철도차량 및 철도시설의 점검·정비 업무에 종사하는 사람

해 제2조 정의, 대통령령으로 정하는 대상이 아님

05 철도교통사고에 해당하지 <u>않는</u> 것은?

① 열차화재사고: 철도차량에서 화재가 발생하는 사고

② 충돌사고: 철도차량이 다른 철도차량 또는 장애물
　　(동물 및 조류는 포함한다)과 충돌하거나 접촉한 사고

③ 탈선사고: 철도차량이 궤도를 이탈하는 사고

④ 기타철도교통사고: 가목부터 다목까지의 사고에 해당
　　하지 않는 사고로서 철도차량의 운행과 관련된 사고

🅷 규칙 제1조의 2 철도사고의 범위, 제외한다.

06 철도준사고에 해당하지 <u>않는</u> 것은?

① 열차가 운행하려는 선로에 장애가 있음에도 진행을
　　지시하는 신호가 표시되는 경우

② 열차 또는 철도차량이 승인을 받지 않고 정지신호를
　　지난 경우

③ 관제의 사전승인 없는 정차역 통과

④ 열차운행을 중지하고 공사 또는 보수작업을 시행하
　　는 구간으로 열차가 주행한 경우

🅷 규칙 제1조의 3 철도준사고의 범위, 운행장애에 해당된다.

07 빈칸에 들어갈 말로 맞는 것은?

> **제4조(국가 등의 책무)**
> (　　　)는 국민의 생명·신체 및 재산을 보호하기 위하여
> 철도안전시책을 마련하여 성실히 추진하여야 한다.
> ② (　　　)는 철도운영이나 철도시설관리를 할 때에는
> 　　법령에서 정하는 바에 따라 철도안전을 위하여 필요한
> 　　조치를 하고, (　　　)가 시행하는 철도안전시책에 적극
> 　　협조하여야 한다.

① 국가와 지방자치단체 - 철도운영자 및 철도시설관리
　　자 - 국가와 지방자치단체

② 국토교통부장관 - 철도운영자 및 철도시설관리자
　　 - 국가와 지방자치단체

③ 시 도지사 - 철도운영자 및 철도시설관리자 - 국가
　　와 지방자치단체

④ 철도운영자 - 철도운영자 및 철도시설관리자 - 국가
　　와 지방자치단체

🅷 제4조 국가 등의 책무

08 철도안전법에 관한 설명으로 <u>틀린</u> 것은?

① 국가와 지방자치단체는 국민의 생명·신체 및 재산을
　　보호하기 위하여 철도안전시책을 마련하여 성실히
　　추진하여야 한다.

② 철도운영자는 국가나 지방자치단체가 시행하는 철도
　　안전시책에 적극 협조하여야 한다.

③ 철도안전에 관하여 다른 법률에 특별한 규정이 있는
　　경우를 제외하고는 철도안전법에서 정하는 바에 따
　　른다.

④ 철도운영이나 철도시설 관리를 할 때에는 철도운영
　　자가 아닌 별도의 기관이 하도록 규정한다.

🅷 제4조 국가 등의 책무, 철도운영자는 필요한 조치를 한다.

---

01 철도안전법의 내용으로 옳지 않은 것은?

① 법령의 개정, 행정구역의 변경 등과 관련하여 철도안전 종합계획을 변경하는 등 당초 수립된 철도안전 종합계획의 기본방향에 영향을 미치는 사항의 변경은 경미한 사항의 변경으로 본다.

② 국토교통부장관은 철도안전 종합계획을 수립하거나 변경하기 위하여 필요하다고 인정하면 관계 중앙행정기관의 장 또는 특별시장·광역시장·특별자치시장·도지사·특별자치도지사에게 관련 자료의 제출을 요구할 수 있다.

③ 자료 제출 요구를 받은 관계 중앙행정기관의 장 또는 시·도지사는 특별한 사유가 없으면 이에 따라야 한다.

④ 철도안전 종합계획 수립 및 시행절차 등에 관하여 필요한 사항은 대통령령으로 정한다.

해 영 제4조 철도안전 종합계획의 경미한 변경, 미치지 아니하는 사항

02 빈칸에 들어올 수 없는 단어는?

> ① 제6조 시행계획 : (   ), (   ) 및 (   )등은 철도안전 종합계획에 따라 소관별로 철도안전 종합계획의 단계적 시행에 필요한 연차별 시행계획을 수립·추진하여야 한다.

① 시·도지사   ② 대통령

③ 국토교통부장관   ④ 철도운영자

해 제6조 시행계획

03 다음 중 철도안전법의 시기에 관한 내용으로 틀린 것은?

① 철도운영자는 철도차량의 교체, 철도시설의 개량 등 철도안전 분야에 투자하는 예산 규모를 5년마다 공시하여야 한다.

② 국토교통부장관은 5년마다 철도안전에 관한 종합계획을 수립하여야 한다.

③ 특별시장·광역시장·특별자치시장·도지사 또는 특별자치도지사와 철도운영자 및 철도시설관리자는 다음 연도의 시행계획을 매년 10월 말까지 국토교통부장관에게 제출하여야 한다.

④ 시·도지사 및 철도운영자등은 전년도 시행계획의 추진실적을 매년 2월 말까지 국토교통부장관에게 제출하여야 한다.

해 제6조의 2, 철도안전투자의 공시, 매년이다.

04 철도안전투자 공시 기준에 관한 설명으로 **틀린** 것은?

① 과거 3년간 철도안전투자의 예산 및 그 집행 실적이 모두 포함된 예산 규모를 공시할 것
② 국가의 보조금, 지방자치단체의 보조금 및 철도운영자의 자금 등 철도안전투자 예산의 재원을 합산해 공시할 것
③ 그 밖에 철도안전투자와 관련된 예산으로서 국토교통부장관이 정해 고시하는 예산을 포함해 공시할 것
④ 향후 2년간 철도안전투자의 예산이 모두 포함된 예산 규모를 공시할 것

해 규칙 제1조의 5 철도안전투자의 공시기준 등, 구분해 공시하여야 한다.

05 괄호 속에 들어갈 말로 알맞은 것은?

> 철도운영자등이 법 제7조제3항 본문에 따라 승인받은 안전관리체계를 변경하려는 경우에는 변경된 철도운용 또는 철도시설 관리 개시 예정일 (   ) 일 전까지 별지 제1호의2서식의 철도안전관리체계 변경승인신청서에 서류를 첨부하여 국토교통부장관에게 제출하여야 한다.

① 15　　　　　　② 30
③ 60　　　　　　④ 90

해 규칙 제2조 안전관리체계 승인 신청 절차 등

06 안전관리체계 승인을 받으려는 자가 국토교통부 장관에게 제출해야 하는 서류가 **아닌** 것은?

① 철도사업계획서
② 철도안전관리시스템에 관한 서류
③ 철도안전관리체계 승인신청서
④ 유지관리체계에 관한 서류

해 규칙 제2조 안전관리체계 승인 신청 절차 등

07 철도안전법의 안전관리체계의 변경에 관한 설명으로 **틀린** 것은?

① 국토교통부장관은 안전관리체계의 승인 또는 변경승인 신청을 받은 경우에는 15일 이내에 승인 또는 변경승인에 필요한 검사 등의 계획서를 작성하여 신청인에게 통보하여야 한다.
② 종합시험운행 실시 결과 보고서에 따른 서류는 철도운용 또는 철도시설 관리 개시 예정일 14일 전까지 제출할 수 있다.
③ 철도운영자 및 철도시설관리자가 안전관리체계를 승인받으려는 경우에는 철도운용 또는 철도시설 관리 개시 예정일 90일 전까지 철도안전관리체계 승인신청서에 서류를 첨부하여 국토교통부장관에게 제출하여야 한다.
④ 철도운영자등은 경미한 사항을 변경하려는 경우에는 철도안전관리체계 변경승인서에 서류를 첨부하여 국토교통부장관에게 제출하여야 한다.

해 규칙 제3조 안전관리체계의 경미한 사항 변경

08 다음에 해당하는 철도시설의 증가가 경미한 사항 변경 제외에 해당하지 **않는** 것은?

① 열차보안장치　　　　② 옹벽
③ 변전설비　　　　　　④ 열차무선설비

해 규칙 제3조 안전관리체계의 경미한 사항 변경

---

09 안전관리체계의 승인 방법 및 증명서 발급에 관한 설명으로 **틀린** 것은?

① 안전관리에 필요한 기술기준에 적합 여부를 판단할 수 있는 경우에는 서류검사를 생략할 수 있다.

② 협의 요청을 받은 시·도지사는 협의를 요청받은 날부터 20일 이내에 의견을 제출하여야 하며, 그 기간 내에 의견을 제출하지 아니하면 의견이 없는 것으로 본다.

③ 현장검사: 안전관리체계의 이행가능성 및 실효성을 현장에서 확인하기 위한 검사

④ 안전관리체계 승인 검사에 관한 세부적인 기준, 절차 및 방법 등은 국토교통부장관이 정하여 고시한다.

해 규칙 제4조 안전관리체계의 승인 방법 및 증명서 발급, 현장검사를 생략가능하다.

10 국토교통부장관은 정기검사 또는 수시검사를 마친 경우에 검사 결과보고서에 포함되어야 하는 사항이 **아닌** 것은?

① 제출된 시정조치계획서에 따른 시정조치명령의 이행 정도

② 안전관리체계의 검사 개요 및 현황

③ 법 제8조제3항에 따른 시정조치 사항

④ 안전관리체계의 검사 결과 및 요약

해 규칙 제6조 안전관리체계의 유지 검사 등, 과정 및 내용

11 철도안전법에 관한 내용으로 **틀린** 것은?

① 국토교통부장관은 법 제8조제2항에 따른 정기검사 또는 수시검사를 시행하려는 경우에는 검사 시행일 7일 전까지 검사계획을 검사 대상 철도운영자등에게 통보해야 한다.

② 국토교통부장관은 안전관리체계의 유지·검사에 따른 정기검사를 3년마다 1회 실시해야 한다.

③ 철도운영자등이 시정조치명령을 받은 경우에 14일 이내에 시정조치계획서를 작성하여 국토교통부장관에게 제출하여야 하고, 시정조치를 완료한 경우에는 지체 없이 그 시정내용을 국토교통부장관에게 통보하여야 한다.

④ 국토교통부장관은 안전관리체계의 승인을 취소하거나 1년이내의 기간을 정하여 업무의 제한이나 정지를 명할 수 있다.

해 규칙 제6조 안전관리체계의 유지 검사 등, 1년마다 1회

12 다음 중 안전관리체계 관련 처분기준의 내용이 옳지 않게 짝지어진 것은?

① 변경승인을 받지 않고 안전관리체계를 변경한 경우 3차 위반 - 업무정지(업무제한) 60일

② 거짓이나 그 밖의 부정한 방법으로 승인을 받은 경우 1차 위반 - 승인취소

③ 철도사고 또는 운행장애로 인한 재산피해액 5억원 이상 10억원 미만 - 업무정지(업무제한) 15일

④ 시정조치명령을 정당한 사유 없이 이행하지 않는 경우 4차 이상 위반 - 업무정지(업무제한) 160일

해 안전관리체계 관련 처분기준: 규칙 별표1, 40일이다.

13 과징금의 액수가 가장 큰 순서대로 나열 된 것은?

> ㄱ. 변경신고를 하지 않고 안전관리체계를 변경한 경우 3차 이상 위반
> ㄴ. 안전관리체계를 지속적으로 유지하지 않고 철도사고로 인한 중상자 수 5명 이상 10명 미만
> ㄷ. 안전관리체계를 지속적으로 유지하지 않고 철도운영이 철도사고 또는 운행장애로 인한 재산피해액 10억원 이상 20억원 미만
> ㄹ. 시정조치명령을 정당한 사유 없이 이행하지 않은 경우 2차 위반

① ㄱ - ㄴ - ㄷ - ㄹ   ② ㄱ - ㄷ - ㄹ - ㄴ
③ ㄴ - ㄹ - ㄱ - ㄷ   ④ ㄹ - ㄷ - ㄱ - ㄴ

해 안전관리체계 관련 과징금의 부과기준 별표
ㄱ - 240, ㄴ - 180, ㄷ - 360, ㄹ - 480

14 안전관리체계 과징금 부과기준의 일반기준에 관한 내용으로 틀린 것은?

① 위반행위의 횟수에 따른 행정처분의 가중된 부과기준은 최근 2년간 같은 위반행위로 행정처분을 받은 경우에 적용한다.
② 위반행위가 둘 이상인 경우로서 그에 해당하는 각각의 처분기준이 다른 경우에는 그 중 무거운 처분기준에 따른다.
③ 둘 이상의 처분기준이 같은 업무제한·정지인 경우에는 무거운 처분기준의 2분의1 범위에서 가중할 수 있다.
④ 각 처분기준을 합산할 경우 합산한 기간을 초과 부과할 수 있다.

해 안전관리체계 과징금 부과기준: 영 별표1, 부과할 수 없다.

15 안전관리체계 과징금 부과기준의 일반기준에서 업무제한·정지 기간의 2분의 1 범위에서 그 기간을 줄일 수 있는 경우가 아닌 것은?

① 위반행위가 사소한 부주의나 오류로 인한 것으로 인정되는 경우
② 법 위반상태의 기간이 3개월 이상인 경우
③ 위반행위의 정도, 위반행위의 동기와 그 결과 등을 고려하여 업무제한·정지기간을 줄일 필요가 있다고 인정되는 경우
④ 위반행위자가 법 위반상태를 시정하거나 해소하기 위한 노력이 인정되는 경우

해 안전관리체계 과징금 부과기준: 영 별표1

16 안전관리체계 과징금 부과기준의 일반기준에서 업무제한·정지 기간의 2분의 1 범위에서 그 기간을 늘릴 수 있는 경우가 아닌 것은?

① 위반행위자가 법 위반상태를 시정하거나 해소하기 위한 노력이 인정되는 경우
② 위반의 내용 및 정도가 중대하여 공중에게 미치는 피해가 크다고 인정되는 경우
③ 위반행위의 정도, 위반행위의 동기와 그 결과 등을 고려하여 업무제한·정지기간을 늘릴 필요가 있다고 인정되는 경우
④ 법 위반상태의 기간이 6개월 이상인 경우

해 안전관리체계 과징금 부과기준: 영 별표1

---

17 안전관리체계 과징금 부과기준의 비고에 관한 설명으로 <u>틀린</u> 것은?

① "사망자"란 철도사고가 발생한 날부터 30일 이내에 그 사고로 사망한 경우를 말한다.

② "중상자"란 철도사고로 인해 부상을 입은 날부터 7일 이내 실시된 의사의 최초 진단결과 24시간 이상 입원 치료가 필요한 상해를 입은 사람(의식불명, 시력상실을 포함)을 말한다.

③ "재산피해액"이란 시설피해액(인건비와 자재비등 포함), 차량피해액(인건비와 자재비등 포함), 운임환불 등을 포함한 직접손실액을 말한다.

④ 과징금을 부과하는 경우에 사망자, 중상자, 재산피해가 동시에 발생한 경우는 각각의 과징금을 각각 부과한다.

해 안전관리체계 과징금 부과기준 : 영 별표1, 합산한다.

18 철도시설관리자에 대해서 안전관리 수준평가를 하는 경우 제외하고 실시할 수 있는 분야는?

① 사고 분야

② 철도안전투자 분야

③ 안전관리 분야

④ 모두 제외하고 실시할 수 있다.

해 철도시설관리자에 대해서 안전관리 수준평가를 하는 경우 제2호를 제외하고 실시할 수 있다.

01 면허와 종류별 운전이 가능한 철도차량이 잘못 짝지어진 것은?

① 디젤차량 운전면허 - 디젤기관차

② 고속철도차량 운전면허 - 철도장비 운전면허에 의하여 운전할 수 있는 차량

③ 철도장비운전면허 - 철도 도로를 모두 운행할 수 있는 철도복구장비

④ 철도장비운전면허 - 전용철도에서 시속 15킬로미터 이하로 운전하는 차량

해 시행규칙 별표1의2 철도차량 운전면허 종류별 운전이 가능한 철도차량, 25킬로미터 이하이다.

미출제, 지엽

02 운전면허의 결격사유 확인을 위하여 요청할 수 있는 개인정보의 내용이 잘못 짝지어진 것은?

① 보건복지부장관 - 시각장애인 또는 청각장애인으로 등록된 사람에 대한 자료

② 육군참모총장 - 군 재직 중 정신질환 또는 뇌전증으로 전역 조치된 사람에 대한 자료

③ 병무청장 - 정신질환 및 뇌전증으로 신체등급이 5급 또는 6급으로 판정된 사람에 대한 자료

④ 특별자치시장 - 정신질환으로 6개월 이상 입원·치료 중인 사람에 대한 자료

해 시행령 [별표 1의2] 운전면허의 결격사유 확인을 위하여 요청할 수 있는 개인정보의 내용, 특별자치시장의 정보이다.

03 운전업무종사자 등에 대한 신체검사 불합격기준의 검사항목이 <u>틀린</u> 것은?

① 업무수행에 지장이 있는 급성 및 만성 늑막질환

② 손의 필기능력과 한 손의 악력이 없는 경우

③ 두 눈의 교정시력 중 어느 한쪽의 시력이라도 0.8 이하인 경우(다만, 한쪽 눈의 교정시력이 1.0 이상이고 다른 쪽 눈의 교정시력이 0.5 이상인 경우는 제외한다)

④ 수면장애

해 두 손의 악력이 없는 경우

04 제2종 전기차량의 적성검사 항목 및 불합격 기준으로 <u>틀린</u> 것은?

① 주의력 검사항목 - 지속주의

② 인성 검사항목 - 일반성격

③ 인식 및 기억력 - 시각변별

④ 불합격기준: 반응형 검사 평가점수가 40점 미만인 사람

해 적성검사 항목 및 불합격 기준, 30점 미만인 사람

미출제, 지엽

05 운전적성검사기관 또는 관제 적성검사기관 세부 지정기준으로 <u>틀린</u> 것은?

① 운전적성검사기관과 관제적성검사기관으로 함께 지정받으려는 경우 시설기준을 중복하여 갖추지 않을 수 있다.

② 1일 검사능력 50명(1회 25명) 이상의 검사장(50㎡ 이상이어야 한다)을 확보하여야 한다.

③ 운전적성검사 또는 관제적성검사업무를 수행하는 상설 전담조직을 1일 50명을 검사하는 것을 기준으로 하며, 책임검사관과 선임검사관 및 검사관은 각각 1명 이상 보유하여야 한다.

④ 1일 검사인원이 25명 추가될 때마다 적성검사를 진행할 수 있는 검사관을 1명씩 추가로 보유하여야 한다.

해 70이다.

미출제, 지엽

06 운전적성검사기관 또는 관제 업무규정으로 포함되지 <u>않은</u> 것은?

① 조직 및 인원

② 운영계획서

③ 수수료 징수기준

④ 각종 증명의 발급 및 대장의 관리

07 운전적성검사기관 지정취소 및 업무정지 세부 기준으로 <u>틀린</u> 것은?

① 지정기준에 맞지 아니하게 된 경우 3차 위반 - 지정취소

② 정당한 사유 없이 운전 적성검사업무 또는 관제적성검사업무를 거부한 경우 1차 위반 - 경고

③ 업무정지 명령을 위반 하여 그 정지기간 중 운전적성검사업무 또는 관제적성검사업무를 한 경우 1차 위반 - 지정취소

④ 거짓이나 그 밖의 부정한 방법으로 운전적성검사 판정서 또는 관제적성검사 판정서를 발급한 경우 2차 위반 - 업무정지 3개월

해 철도안전법 시행규칙 [별표 6], 업무정지 3개월

08 제2종 전기차량 운전면허 소지자가 제1종 전기차량 운전면허를 취득할 때 들어야 하는 교육 시간으로 맞는 것은?

① 이론 교육 50시간 기능 교육 : 80시간

② 이론 교육 60시간 기능 교육 : 70시간

③ 이론 교육 70시간 기능 교육 : 60시간

④ 이론 교육 80시간 기능 교육 : 50시간

09 철도관제자격증명 소지자가 제2종 전기차량 운전면허를 취득할 때 들어야 하는 과목으로 <u>틀린</u> 것은?

① 도시철도시스템 일반

② 전기동차의 구조및 기능

③ 비상시 조치

④ 운전이론

미출제, 지엽

10 철도차량 운전 관련 업무경력자가 면허 취득시 들어야하는 교육시간으로 틀린 것은?

① 철도차량 운전업무 보조경력 1년 이상 - 디젤 또는 제1종 차량 운전면허 (310)

② 철도차량 운전업무 보조경력 1년 이상 또는 전동차 차장 경력이 2년 이상 - 제2종 전기 차량운전면허 (290)

③ 철도차량 운전업무 보조경력 1년 이상 - 철도장비 운전면허 (100)

④ 철도건설 및 유지보수에 필요한 기계 또는 장비작업 경력 1년 이상 - 철도장비 운전면허 (185)

해 290시간이다.

미출제, 지엽

11 운전교육훈련기관의 지정절차에서 제출해야 하는 서류가 아닌 것은?

① 운전교육훈련에 필요한 철도차량 또는 모의운전연습기 등 장비 내역서

② 운전교육훈련기관 운영규정

③ 운전교육훈련계획서(운전교육훈련평가계획을 제외한다)

④ 운전교육훈련기관에서 사용하는 직인의 인영

해 포함한다.

12 운전면허시험의 과목 및 합격기준으로 틀린 것은?

① 철도차량 운전면허시험은 운전면허의 종류별로 필기시험과 기능시험으로 구분하여 시행한다.

② 운전면허를 받으려는 사람은 교통안전공단에서 실시하는 철도차량 운전면허시험에 합격하여야 한다.

③ 운전면허시험은 결격사유에 해당하지 아니하는 사람으로서 신체검사 및 운전적성검사에 합격한 후 운전교육훈련을 받은 사람이 응시할 수 있다.

④ 운전면허시험의 과목, 절차 등에 관하여 필요한 사항은 국토교통부령으로 정한다.

해 법 제17조(운전면허시험), 국토교통부장관이 실시하는

13 운전면허시험에 관한 설명으로 틀린 것은?

① 응시원서 제출 시 필요한 신체검사 판정서는 운전면허시험 응시원서 접수일 이전 2년 이내인 것에 한정한다)

② 한국교통안전공단은 운전면허시험을 실시하려는 때에는 매년 11월 30일까지 필기시험 및 기능시험의 일정·응시과목 등을 포함한 다음 해의 운전면허시험 시행계획을 인터넷 홈페이지 등에 공고하여야 한다.

③ 응시원서 제출 시 필요한 운전적성검사 판정서는 운전면허시험 응시원서 접수일 이전 10년 이내인 것에 한정한다)

④ 한국교통안전공단은 공고한 시행계획을 변경할 경우 변경된 후의 필기시험일 또는 기능시험일의 7일 전까지 그 변경사항을 인터넷 홈페이지 등에 공고하여야 한다.

해 규칙 제25조(운전면허시험 시행계획의 공고), 변경되기 전

---

14 운전면허 취소와 효력정지에 관한 내용으로 **틀린 것은?**

① 운전면허증을 타인에게 대여한 경우

   - 1차 위반: 면허취소

② 철도차량을 운전 중 고의 또는 중과실로 철도사고를 일으킨 경우 사망자 가 발생 한 경우

   - 1차 위반: 면허취소

③ 술을 마시거나 약물을 사용한 상태에서 업무를 하였다고 인정할 만한 상당한 이유가 있음에도 불구하고 확인이나 검사 요구에 불응한 경우

   - 1차 위반: 면허취소

④ 철도차량 운전규칙을 위반하여 운전을 하다가 열차 운행에 중대한 차질을 초래한 경우

   - 1차 위반: 면허취소

🖩 규칙 별표10의2 운전면허취소의 세부기준, 효력정지 1개월이다.

15 제2종 전기차량 운전면허 실무수습 이수경력이 **없는** 사람이 들어야 하는 교육항목으로 **틀린 것은?**

① 선로·신호 등 시스템

② 전기동차 구조 및 기능

③ 제동기 취급

④ 운전취급 관련 규정

16 관제교육훈련의 일부를 면제할 수 있는 경우가 **아닌 것은?**

① 철도차량의 운전업무에 대하여 5년 이상의 경력을 취득한 사람

② 철도신호기 업무에 대하여 1년 이상의 경력을 취득한 사람

③ 관제자격증명을 받은 후 제21조의3제2항에 따른 다른 종류의 관제자격증명을 받으려는 사람

④ 「고등교육법」에 따른 학교에서 국토교통부령으로 정하는 관제업무 관련 교과목을 이수한 사람

🖩 법 제21조의7(관제교육훈련), 5년 이상이다.

17 철도운영자등 및 사업주는 철도안전교육을 강의 및 실습의 방법으로 몇 시간 이상 실시 하여야 하는가?

① 매 분기 3시간   ② 매 년 3시간

③ 매 분기 6시간   ④ 매 년 6시간

🖩 4장, 규칙 제41조의2(철도종사자의 안전교육 대상 등)

18 철도차량정비기술자의 인정 기준에 관한 내용으로 **틀린 것은?**

① 1등급 철도차량정비기술자 역량지수: 80점 이상

② 4등급 철도차량정비기술자 역량지수: 10점 이상 40점 미만

③ 기술사 및 기능장 경력점수: 10점/년

④ 국가기술자격증이 없는 경우 경력점수: 없음

🖩 철도차량정비기술자의 인정 기준(제21조의2 관련) 3점/년

19 정비교육훈련기관의 지정취소 및 업무정지에 관한 내용으로 <u>틀린</u> 것은?

① 업무정지 명령을 위반하여 그 정지기간 중 정비 교육훈련업무를 한 경우 - 1차 위반: 지정취소

② 법에 따른 지정기준에 맞지 않은 경우
   - 1차 위반: 경고 또는 보완명령

③ 거짓이나 그 밖의 부정한 방법으로 정비교육훈련 수료증을 발급한 경우 - 2차 위반: 지정취소

④ 정당한 사유 없이 정비교육훈련업무를 거부한 경우
   - 2차 위반: 업무정지 1개월

해 업무정지 3개월이다.

20 철도차량정비기술자의 인정취소에 관한 내용으로 <u>틀린</u> 것은?

① 다른 사람에게 철도차량정비경력증을 빌려준 경우 인정을 취소하여야 한다.

② 철도차량정비 업무 수행 중 고의로 철도사고의 원인을 제공한 경우 인정을 취소하여야 한다.

③ 철도차량정비 업무 수행 중 중과실로 철도사고의 원인을 제공한 경우 1년의 범위에서 철도차량정비기술자의 인정을 정지시킬 수 있다.

④ 법에 따른 자격기준에 해당하지 아니하게 된 경우 인정을 취소하여야 한다.

해 법 제24조의5(철도차량정비기술자의 인정취소 등), 1년의 범위에서 철도차량정비기술자의 인정을 정지시킬 수 있다.

01 형식승인검사를 면제할 수 있는 범위로 틀리게 연결된 것은?

① 시험·연구·개발 목적에 해당하는 철도차량 : 형식승인검사의 전부

② 대한민국이 가입한 협약에 따라 면제 에 해당하는 철도차량 : 대한민국이 체결한 협정 또는 대한민국이 가입한 협약에서 정한 면제의 범위

③ 사고복구 등 특수한 목적에 해당하는 철도차량 : 형식승인검사 중 철도차량의 시운전단계에서 실시하는 검사를 제외한 검사로서 국토교통부령으로 정하는 검사

④ 수출 목적으로 제작에 해당하는 철도차량 : 형식승인검사 중 철도차량의 시운전단계에서 실시하는 검사를 제외한 검사로서 국토교통부령으로 정하는 검사

해 영 제22조 형식승인검사를 면제할 수 있는 철도차량 등, 사고복구 등 특수한 목적의 경우이다.

02 철도차량 형식승인을 받은 사항을 변경하려는 경우에는 철도차량 형식변경승인신청서에 첨부 제출하여야 하는 서류가 <u>아닌</u> 것은?

① 해당 철도차량의 철도차량 형식승인증명서

② 차량형식 시험 절차서(변경되는 부분 및 그와 연관되는 부분에 한정한다)

③ 변경 전후의 대비표 및 해설서

④ 변경 후의 주요 제원

해 규칙 제46조(철도차량 형식승인 신청 절차 등), 4번은 경미한 사항 변경 시 첨부 서류

03 빈칸에 들어갈 말로 맞는 것은?

> 거짓이나 그 밖의 부정한 방법으로 형식승인을 받은 경우에 해당되는 사유로 형식승인이 취소된 경우에는 그 취소된 날부터 (　　　)년 간 동일한 형식의 철도차량에 대하여 새로 형식승인을 받을 수 없다.

① 1년　　　　　　　② 2년

③ 3년　　　　　　　④ 5년

해 법 제26조의2(형식승인의 취소 등)

04 철도차량 제작자승인의 경미한 사항 변경에 해당하지 <u>않는</u> 것은?

① 철도차량 제작자의 조직변경에 따른 품질관리조직 또는 품질관리책임자에 관한 사항의 변경

② 서류간 불일치 사항 및 품질관리규정의 기본방향에 영향을 미치지 아니하는 사항으로서 그 변경근거가 분명한 사항의 변경

③ 법령 또는 행정구역의 변경 등으로 인한 품질관리규정의 세부내용 변경

④ 철도차량 제작자의 주요 생산 설비를 신규 도입하거나 교체하는 경우

해 규칙 제52조(철도차량 제작자승인의 경미한 사항 변경)

05 결격사유에서 말하는 철도 관계 법령에 해당하지 않는 것은?

> "대통령령으로 정하는 철도 관계 법령"이란 각각 다음 각 호의 어느 하나에 해당하는 법령을 말한다.

① 「항공·철도 사고조사에 관한 법률」
② 「철도사업법」
③ 「철도안전법」
④ 「건널목 개량촉진법」

해 명 제24조(철도 관계 법령의 범위)

06 지위승계를 신고할 때 제출해야 하는 서류가 아닌 것은?

① 철도차량 제작자승인증명서
② 사업 양도의 경우: 양도·양수계약서 사본 등 양도 사실을 입증할 수 있는 서류
③ 사업 상속의 경우: 사업을 상속받은 사실을 확인할 수 있는 서류
④ 사업 합병의 경우: 합병계약서 및 합병에 따라 소멸된 법인의 등기사항증명서

해 규칙 제55조(지위승계의 신고 등), 합병 후 존속하거나 합병에 따라 신설된 법인의 등기사항증명서

07 철도차량 완성검사를 받으려는 자가 첨부해야 하는 서류로 옳지 않은 것은?

① 철도차량 제작자승인증명서
② 주행시험 절차서
③ 철도차량 완성검사증명서
④ 형식승인된 설계와의 형식동일성 입증계획서 및 입증서류

해 규칙 제56조(철도차량 완성검사의 신청 등), 철도차량 형식승인증명서다.

08 철도차량 제작자승인 관련 처분기준으로 틀린 것은?

① 업무정지 기간 중에 철도차량을 제작한 경우 - 승인취소
② 시정조치명령을 정당한 사유 없이 이행하지 않은 경우 3차 위반 - 업무정지 6개월
③ 변경승인을 받지 않고 철도차량을 제작한 경우 2차 위반 - 업무정지 3개월
④ 거짓이나 그 밖의 부정한 방법으로 제작자승인을 받은 경우 1차 위반 - 승인취소

해 시행규칙 [별표 14] 철도차량 제작자승인 관련 처분기준, 업무정지 6개월이다.

09 철도용품 형식승인의 경미한 사항 변경에 해당하지 않는 것은?

① 중량분포 및 크기에 영향을 미치지 아니하는 장치 또는 부품의 배치 변경
② 철도용품의 안전에 영향을 미치지 아니하는 설비의 변경
③ 철도용품의 안전 및 성능에 영향을 미치지 아니하는 형상 변경
④ 동일 성능으로 입증할 수 없는 부품의 규격 변경

해 규칙 제61조(철도용품 형식승인의 경미한 사항 변경), 있는

10 철도용품 제작자승인 관련 과징금의 부과기준으로 틀린 것은?

① 변경승인을 받지 않고 철도용품을 제작한 경우
- 업무정지 3개월 : 20 백만원
② 변경신고를 하지 않고 철도용품을 제작한 경우
- 업무정지 3개월 : 10 백만원
③ 시정조치명령을 정당한 사유 없이 이행하지 않은 경우 - 업무정지 3개월 : 10 백만원
④ 시정조치명령을 정당한 사유 없이 이행하지 않은 경우 - 업무정지 6개월 : 20 백만원

해 시행령 [별표 3] 철도용품 제작자승인 관련 과징금의 부과기준, 10 백만원

11 철도차량 부품의 안정적 공급에 대한 설명으로 틀린 것은?

① 철도차량 완성검사를 받아 판매한 자는 그 철도차량의 완성검사를 받은 날부터 20년 이상 부품을 해당 철도차량을 구매한 자에게 공급해야 한다.
② 철도차량 판매자가 철도차량 구매자와 협의하여 철도차량 판매자가 공급하는 부품 외의 다른 부품의 사용이 가능하다고 약정하는 경우에는 철도차량 판매자는 해당 부품을 철도차량 구매자에게 공급하지 않을 수 있다.
③ 국토교통부장관이 제작자승인 대상으로 고시하는 철도용품은 안정적 공급 대상이다.
④ 철도차량의 동력전달장치 등이 고장난 경우 해당 철도차량 자력(自力)으로 계속 운행이 불가능하여 다른 철도차량의 견인을 받아야 운행할 수 있는 부품

해 규칙 제72조의2(철도차량 부품의 안정적 공급 등), 형식승인 대상이다.

12 철도차량 철도차량을 판매한 자가 제공해야 하는 자료가 아닌 것은?

① 해당 철도차량에 대한 고장진단기(고장진단기의 원활한 작동을 위한 소프트웨어는 제외한다) 및 그 사용 설명서

② 해당 철도차량이 최적의 상태로 운용되고 유지보수될 수 있도록 철도차량시스템 및 각 장치의 개별부품에 대한 운영 및 정비 방법 등에 관한 유지보수 기술문서

③ 철도차량 운전 및 주요 시스템의 작동방법, 응급조치방법, 안전규칙 및 절차 등에 대한 설명서 및 고장수리 절차서

④ 철도차량의 정비에 필요한 특수공기구 및 시험기와 그 사용 설명서

해 규칙 제72조의3(자료제공 · 기술지도 및 교육의 시행), 포함한다.

13 철도차량 철도차량을 판매한 자가 제공해야 하는 유지보수 기술문서 안에 포함되는 사항이 아닌 것은?

① 유지보수에 필요한 설비 또는 장비 등의 현황

② 부품의 재고관리, 주요 부품의 교환주기, 기록관리 사항

③ 유지보수 공정의 계획 및 내용(일상 유지보수, 정기 유지보수, 비정기 유지보수 등)

④ 철도차량 구매자의 예산 운용 계획 및 인건비 추정 자료

해 규칙 제72조의3(자료제공 · 기술지도 및 교육의 시행)

14 종합시험운행계획에 포함되어야 하는 사항이 아닌 것은?

① 종합시험운행의 실시 조직 및 소요인원

② 철도차량의 제원 및 기능

③ 평가항목 및 평가기준 등

④ 종합시험운행에 사용되는 시험기기 및 장비

해 규칙 제75조(종합시험운행의 시기 · 절차 등)

15 종합시험운행의 결과 검토 요소가 아닌 것은?

① 철도시설 및 열차운행체계의 안전성 여부 검토

② 시험운행 참여자의 전문성 및 안전성 조사

③ 철도의 건설 및 철도시설 유지관리에 관한 법률」 제19조제1항 및 제2항에 따른 기술기준에의 적합여부 검토

④ 정상운행 준비의 적절성 여부 검토

해 규칙 제75조의2(종합시험운행 결과의 검토 및 개선명령 등)

16 철도차량의 경미한 개조의 해당사항으로 틀린 것은?

① 고속철도차량 및 일반철도차량의 동력차(기관차) : 100분의 2이하로 중량 및 중량분포가 변동되는 경우

② 차체구조 등 철도차량 구조체의 개조로 인하여 해당 철도차량의 허용 적재하중 등 철도차량의 강도가 100분의 5 미만으로 변동되는 경우

③ 주행장치 중 주행장치틀, 차륜 및 차축에 해당하지 아니하는 장치 또는 부품의 개조 또는 변경

④ 주요 제동장치의 제어장치 또는 제동력을 1%미만 변경하는 경우

해 규칙 제75조의4(철도차량의 경미한 개조)

17 철도차량의 이력관리에서 금지되는 행위로 옳지 않은 것은?

① 이력사항을 무단으로 외부에 제공하는 행위

② 이력사항을 위조·변조하거나 고의로 훼손하는 행위

③ 이력사항을 과실로 입력하지 아니하는 행위

④ 이력사항을 정기적으로 점검하고 수정하는 행위

해 법 제38조의5(철도차량의 이력관리)

18 국토교통부장관이 철도차량정비 또는 원상복구를 명할 수 있는 경우가 아닌 것은?

① 이력사항을 위조 변조하거나 고의로 훼손된 차량

② 철도차량기술기준에 적합하지 아니하거나 안전운행에 지장이 있다고 인정되는 경우

③ 국토교통부령으로 정하는 철도사고 또는 운행장애 등이 발생한 경우

④ 소유자등이 개조승인을 받지 아니하고 철도차량을 개조한 경우

해 법 제38조의5(철도차량의 이력관리)

19 경미한 사항에 해당하는 정비조직이 아닌 것은?

① 전용철도 노선에서만 운행하는 철도차량을 정비하는 조직

② 철도차량 정비업무에 상시 종사하는 사람이 50명 미만의 조직

③ 국가철도공단이 직접 운영하는 정비 조직

④ 소기업 중 해당 기업의 주된 업종이 운수 및 창고업에 해당하는 기업(통계청장이 고시하는 한국표준산업분류의 대분류에 따른 운수 및 창고업을 말한다)

해 규칙 제75조의11(정비조직인증기준의 경미한 변경 등)

20 정밀안전진단 계획서에 포함되어야 하는 사항이 아닌 것은?

① 정밀안전진단 대상 차종별 대상항목

② 정밀안전진단 신청자의 인적사항

③ 정밀안전진단 일정·장소

④ 정밀안전진단에 사용될 장비 등의 사용에 관한 사항

해 규칙 제75조의14(정밀안전진단의 신청 등)

01 철도차량 운행안전에 관한 설명으로 <u>틀린</u> 것은?

① 열차의 편성, 철도차량 운전 및 신호방식 등 철도차량의 안전운행에 필요한 사항은 대통령령으로 정한다.

② 철도차량을 운행하는 자는 국토교통부장관이 지시하는 이동·출발·정지 등의 명령과 운행 기준·방법·절차 및 순서 등에 따라야 한다.

③ 정상운행을 하기 전의 신설선 또는 개량선에서 철도차량을 운행하는 경우 철도교통관제업무의 대상에서 제외한다.

④ 철도차량을 보수·정비하기 위한 차량정비기지 및 차량유치시설에서 철도차량을 운행하는 경우 철도교통관제업무의 대상에서 제외한다.

해 제39조의2 철도교통관제, 국토교통부령으로 정한다.

02 영상기록장치의 설치 운영에 관한 내용으로 <u>틀린</u> 것은?

① 철도운영자등은 영상기록장치를 설치하는 경우 운전업무종사자, 여객 등이 쉽게 인식할 수 있도록 국토교통부령으로 정하는 바에 따라 안내판 설치 등 필요한 조치를 하여야 한다.

② 영상기록장치의 설치 기준, 방법 등은 대통령령으로 정한다.

③ 철도운영자등은 철도차량의 운행상황 기록, 교통사고 상황 파악, 안전사고 방지, 범죄 예방 등을 위하여 철도차량 또는 철도시설에 영상기록장치를 설치·운영하여야 한다.

④ 철도운영자등은 설치 목적과 다른 목적으로 영상기록장치를 임의로 조작하거나 다른 곳을 비추어서는 아니 된다.

해 제39조의 3 영상기록장치의 설치 운영 등, 대통령령이다.

`미출제, 지엽`

03 영상기록장치를 설치하지 않을 수 있는 경우가 <u>아닌</u> 것은?

① 운행정보의 기록장치 등을 통해 철도차량의 운전조작 상황을 파악할 수있는 철도차량

② 전용철도의 철도차량

③ 시험운전 철도차량

④ 무인운전 철도차량

해 시행령 별표4의4 영상기록장치의 설치 기준 및 방법

---

04 객차에 설치하는 영상기록장치의 기준이 아닌 것은?

① 객차 내에 사각지대가 없도록 설치할 것
② 여객 등이 영상기록장치를 쉽게 인식할 수 있는 위치에 설치할 것
③ 영상기록장치는 객차 안에 3대 이상씩 배치해야 한다
④ 영상기록장치의 해상도는 범죄 예방 및 범죄 상황 파악에 지장이 없는 정도일 것

해 시행령 별표4의4 영상기록장치의 설치 기준 및 방법

05 철도시설에 설치하는 영상기록장치가 촬영할 수 있는 상황이 아닌 것은?

① 철도시설의 운영 및 현장 상황
② 여객의 대기 승하차 및 이동 상황
③ 무임승차 보고 및 조사를 위한 상황
④ 철도차량의 진출·입 및 운행 상황

해 철도안전법 시행령 [별표 4의4], 영상기록장치의 설치 기준 및 방법

06 열차운행 일시 중지와 관련하여 틀린 것은?

① 철도종사자는 철도사고 및 운행장애의 징후가 발견되거나 발생 위험이 높다고 판단되는 경우에는 관제업무종사자에게 열차운행을 일시 중지할 것을 요청할 수 있다.
② 1번의 경우 요청을 받은 운전업무종사자는 특별한 사유가 없으면 즉시 열차운행을 중지하여야 한다.
③ 누구든지 열차운행의 중지를 요청한 철도종사자에게 이를 이유로 불이익한 조치를 하여서는 아니 된다.
④ 철도종사자는 열차운행의 중지 요청과 관련하여 고의 또는 중대한 과실이 없는 경우에는 민사상 책임을 지지 아니한다.

해 법 제40조(열차운행의 일시 중지), 관제업무 종사자다.

07 철도종사자의 준수사항이 옳게 짝지어진 것은?

> (ㄱ) 작업일정 및 열차의 운행일정을 작업과 관련하여 관할 역의 관리책임자 및 관제업무종사자와 협의하여 조정할 것
> (ㄴ) 철도사고, 철도준사고 및 운행장애발생 시 국토교통부령으로 정하는 조치 사항을 이행할 것
> (ㄷ) 국토교통부령으로 정하는 작업안전에 관한 조치 사항을 이행할 것
> (ㄹ) 국토교통부령으로 정하는 철도차량 운행에 관한 안전 수칙을 준수할 것

① ㄱ. 작업책임자, ㄴ. 운전업무종사자, ㄷ. 철도운행안전관리자, ㄹ. 관제업무종사자
② ㄱ. 운전업무종사자, ㄴ. 철도운행안전관리자, ㄷ. 관제업무종사자, ㄹ. 작업책임자
③ ㄱ. 철도운행안전관리자, ㄴ. 관제업무종사자 ㄷ. 작업책임자, ㄹ. 운전업무종사자
④ ㄱ. 관제업무종사자, ㄴ. 작업책임자 ㄷ. 운전업무종사자, ㄹ. 철도운행안전관리자

해 제40조의2 철도종사자의 준수사항

08 관제업무종사자가 제공하여야 하는 열차 운행에 영향을 주는 정보에 해당하지 <u>않는</u> 것은?

① 철도사고등에 관련된 정보

② 역사 내 문화행사·공연 관련 정보

③ 철도차량이 운행하는 선로 주변의 공사·작업의 변경 정보

④ 재난 관련 정보

해 규칙 제76조의5 관제업무종사자의 준수사항

09 작업책임자가 작업 수행 전 시행해야 하는 안전교육에 포함되지 <u>않는</u> 것은?

① 작업책임자와 작업원의 의사소통 방법, 작업통제 방법 및 그 준수에 관한 사항

② 건설기계 등 장비를 사용하는 작업의 경우에는 철도사고 예방에 관한 사항

③ 작업원의 인적사항과 위험작업 참여 이력 및 숙련도 평가에 관한 사항

④ 작업특성 및 현장여건에 따른 위험요인에 대한 안전조치 방법

해 규칙 제76조의6 작업책임자의 준수사항

10 철도운행안전관리자가 준수해야 하는 '국토교통부령으로 정하는 열차운행 및 작업안전에 관한 조치사항'에 해당하지 <u>않는</u> 것은?

① 작업시간 내 작업현장 이탈 금지

② 조정 내용을 작업책임자에게 통지

③ 작업이 지연되거나 작업 중 비상상황 발생 시 작업일정 및 열차의 운행일정 재조정 등에 관한 조치

④ 열차 지연을 방지하기 위해 안전조치 효율화

해 규칙 제76조의7 철도운행안전관리자의 준수사항

11 철도시설 건설·관리 작업 관련 협의서에 포함되어야 하는 내용이 <u>아닌</u> 것은?

① 협의 당사자의 성명 및 소속

② 협의 대상 작업의 일시, 구간, 내용 및 참여인원

③ 협의 결과에 따른 관제업무종사자의 관제 승인 내역

④ 이례상황 시 비상연락 체계에 관한 내용

해 규칙 제76조의9(철도시설 건설·관리 작업 관련 협의서의 작성 등)

12 철도종사자의 음주 등에 대한 확인 또는 검사에 관한 내용 중 <u>틀린</u> 것은?

① 술을 마셨는지에 대한 확인 또는 검사는 호흡측정기 검사의 방법으로 실시하고, 검사 결과에 불복하는 사람에 대해서는 그 철도종사자의 동의를 받아 혈액 채취 등의 방법으로 다시 측정할 수 있다.

② 검사의 방법·절차 등에 관하여 필요한 사항은 대통령령으로 정한다.

③ 음주 여부는 철도종사자의 자진신고에 의해 확인하는 것을 원칙으로 한다.

④ 약물을 사용하였는지에 대한 확인 또는 검사는 소변 검사 또는 모발 채취 등의 방법으로 실시한다.

해 법 제41조(철도종사자의 음주 제한 등), 상당한 이유가 있을 때 검사할 수 있다. 거부하여서는 아니 된다.

13 위험물 포장 및 용기의 안전성에 관한 검사의 전부 또는 일부를 면제할 수 있는 경우에 해당하지 <u>않는</u> 것은?

① 대한민국이 체결한 협정 또는 대한민국이 가입한 협약에 따라 검사하여 외국 정부 등이 발행한 증명서가 있는 경우
② 「선박안전법」에 따른 검사에 합격한 경우
③ 「고압가스 안전관리법」에 따른 검사에 합격하거나 검사가 생략된 경우
④ 「교통안전법」에 따른 검사에 합격한 경우

해 법 제44조의2(위험물 포장 및 용기의 검사 등)

14 국토교통부장관은 위험물 포장·용기검사기관에 행하는 조치로 <u>틀린</u> 것은?

① 그 지정을 취소하거나 1년 이내의 기간을 정하여 그 업무의 전부 또는 일부의 정지를 명할 수 있다.
② 업무정지 기간 중에 검사 업무를 수행한 경우 지정 취소 사유이다.
③ 포장 및 용기의 검사방법·합격기준 등을 위반하여 검사를 한 경우 지정 취소 할 수 있다.
④ 거짓이나 그 밖의 부정한 방법으로 위험물 포장·용기검사기관으로 지정받은 경우 지정 취소 사유이다.

해 법 제44조의2(위험물 포장 및 용기의 검사 등), 6개월이다.

15 위험물취급안전교육을 전부 또는 일부를 면제할 수 있는 대상이 <u>아닌</u> 것은?

① 「고압가스 안전관리법」에 따른 안전교육을 이수한 운반책임자
② 「원자력안전법」에 따른 유해화학물질 안전교육을 이수한 유해화학물질 취급 담당자
③ 철도안전에 관한 교육을 통하여 위험물취급에 관한 교육을 이수한 철도종사자
④ 「위험물안전관리법」에 따른 안전교육을 이수한 위험물의 안전관리와 관련된 업무를 수행하는 자

해 법 제44조의3(위험물취급에 관한 교육 등), 화학물질관리법이다.

16 빈칸에 들어갈 말로 맞는 것은?

> **영 제46조(철도보호지구에서의 행위 신고절차)**
> 국토교통부장관 또는 시·도지사는 검토 결과 안전조치등을 명령할 필요가 있는 경우에는 신고를 받은 날부터 (　　　)일 이내에 신고인에게 그 이유를 분명히 밝히고 안전조치등을 명하여야 한다.

① 10　　　　　　② 15
③ 20　　　　　　④ 30

해 영 제46조(철도보호지구에서의 행위 신고절차)

17 빈칸에 들어갈 말로 맞는 것은?

> **법 제46조(손실보상)**
> 협의가 성립되지 아니하거나 협의를 할 수 없을 때에는 대통령령으로 정하는 바에 따라 「공익사업을 위한 토지 등의 취득 및 보상에 관한 법률」에 따른 관할 (　　　)에 재결(裁決)을 신청할 수 있다.

① 토지수용위원회　　　② 철도손실보상위원회

③ 국토교통부　　　④ 토지손실보상위원회

해 법 제46조(손실보상)

18 국토교통부령으로 정하는 출입금지 철도시설에 해당하는 것은?

① 철도 터널

② 정거장 및 선로(정거장 또는 선로를 지지하는 구조물 및 그 주변지역을 포함한다)

③ 철도역사

④ 철도운전용 급유시설물이 있는 장소

해 규칙 제83조(출입금지 철도시설), 123은 폭발물 등 적치금지 구역이다.

19 철도보안정보체계 구축을 위해 국토교통부장관이 요구할 수 있는 정보가 아닌 것은?

① 보안검색을 실시하는 직원에 대한 교육 등에 관한 정보

② 보안검색 관련 통계(보안검색 횟수 및 보안검색 장비 사용 내역 등을 포함한다)

③ 철도차량 운행에 관한 정보

④ 그 밖에 철도보안·치안을 위해 필요한 정보로서 대통령이 정해 고시하는 정보

해 규칙 제85조의4(철도보안정보체계의 구축·운영 등), 국토교통부장관이다.

20 보안검색장비의 성능인증 기준으로 틀린 것은?

① 국토교통부장관이 정하여 고시하는 성능 등을 갖출 것

② 국제표준화기구(ISO)에서 정한 품질경영시스템을 갖출 것

③ 국토교통부장관이 정하여 고시하는 안전성 등을 갖출 것

④ 정당한 입찰방식의 절차를 통과한 장비일 것

해 규칙 제85조의5(보안검색장비의 성능인증 기준)

21 보안검색장비의 성능인증을 받으려는 자는 철도보안검색장비 성능인증 신청서에 첨부해야 하는 서류가 아닌 것은?

① 사업자등록증 사본

② 국제표준화기구(ISO) 또는 국제전기기술위원회(IEC)에서 정한 국제기준에 적합한 품질관리규정

③ 보안검색장비의 성능 제원표 및 시험용 물품(테스트 키트)에 관한 서류

④ 보안검색장비의 구조·외관도

해 규칙 제85조의6(보안검색장비의 성능인증 신청 등), 지엽적인 문제지만 성능인증 신청과 시험기관 신청 구분

22 시험기관으로 지정된 기관이 운영규정에 포함해야 하는 내용이 아닌 것은?

① 시험기관의 조직·인력 및 시험설비

② 시험기관 지정일자 및 지정번호

③ 시험원의 임무 및 교육훈련

④ 시험원 및 시험과정 등의 보안관리

해 규칙 제85조의8(시험기관의 지정 등), 지엽적인 문제지만 관보 고시 사항과 구분

---

23 시행규칙 별표20의 시험기관 지정취소 기준에 대한 설명으로 <u>틀린</u> 것은?

① 거짓이나 그 밖의 부정한 방법을 사용해서 시험기관으로 지정을 받은 경우 - 1차 위반: 지정취소

② 정당한 사유 없이 성능시험을 실시하지 않은 경우
- 1차 위반: 업무정지 30일

③ 시험기관 지정기준을 충족하지 못하게 된 경우
- 1차 위반: 경고

④ 성능시험 결과를 거짓으로 조작해서 수행한 경우
- 1차 위반: 업무정지 30일

🄷 시행규칙 별표20의 시험기관 지정취소 기준

신유형

24 직무장비 안전교육 및 안전검사에 관한 내용으로 <u>틀린</u> 것은?

① 최초 안전교육: 해당 직무장비를 사용하는 부서에 발령된 직후 실시

② 정기 안전교육: 직전 안전교육을 받은 날부터 반기마다 실시

③ 안전검사 - 가스분사기의 경우: 안전장치의 결함 유무 및 약제통의 균열 유무 등

④ 안전검사 - 전자충격기의 경우: 구경(口徑)의 임의 개조 유무 및 방아쇠를 당기기 위해 필요한 힘이 1킬로그램 이상인지 여부 등

🄷 제85조의11(직무장비의 안전교육 및 안전검사), 가스발사총의 안전검사 항목이다.

25 철도종사자가 퇴거시키거나 철거할 수 있는 경우에 해당하지 <u>않는</u> 것은?

① 보안검색에 따르지 아니한 사람

② 철도종사자의 직무상 지시를 따르지 아니하거나 직무집행을 방해하는 사람

③ 운송 금지 위험물을 운송위탁하거나 운송하는 자 및 그 위험물

④ 무임승차하거나 유효한 승차권 없이 열차에 탑승하는 경우

🄷 법 제50조(사람 또는 물건에 대한 퇴거 조치 등)

01 철도사고등의 발생 시 대통령령으로 정하는 사항이 아닌 것은?

① 철도시설 복구 ② 여객 수송

③ 유관기관 협조 ④ 사상자 구호

해 제60조 철도사고 발생 시 조치

02 법 제61조의 2 제1항에서 국토교통부령으로 정하는 고장, 결함 또는 기능장애에 해당하지 <u>않는</u> 것은?

① 승인내용과 다른 설계 또는 제작으로 인한 철도차량의 고장, 결함 또는 기능장애

② 하자보수 또는 피해배상을 해야 하는 철도차량 및 철도용품의 고장, 결함 또는 기능장애

③ 철도차량 중정비가 요구되는 구조적 손상

④ 승인내용과 다른 설계 또는 제작으로 인한 철도용품의 고장, 결함 또는 기능장애

해 규칙 제87조(철도차량에 발생한 고장, 결함 또는 기능장애 보고
3번은 법 제61조의2 제2항(정비조직인증 받은 자가 운영하거나 정비하는 대상)이다.

03 법 제61조의 2 제2항에서 국토교통부령으로 정하는 고장, 결함 또는 기능장애에 해당하지 <u>않는</u> 것은?

① 철도차량 중정비(철도차량을 완전히 분해하여 검수·교환하거나 탈선·화재 등으로 중대하게 훼손된 철도차량을 정비하는 것을 말한다)가 요구되는 구조적 손상

② 차상신호장치, 추진장치, 주행장치 그 밖에 철도차량 주요장치의 고장 중 차량 안전에 중대한 영향을 주는 고장

③ 고시된 기술기준에 따른 최대허용범위를 초과하는 철도차량 구조의 균열, 영구적인 변형이나 부식

④ 하자보수 또는 피해배상을 해야 하는 철도차량 및 철도용품의 고장, 결함 또는 기능장애

해 규칙 제87조(철도차량에 발생한 고장, 결함 또는 기능장애 보고)
4번은 제61조의2 제1항(형식승인, 제작자승인 대상)이다.

04 국토교통부령으로 정하는 고장, 결함 또는 기능장애에 해당하지 <u>않는</u> 것은?

① 차상신호장치의 고장

② 추진장치의 고장

③ 제동장치의 고장

④ 주행장치의 고장

해 규칙 제87조(철도차량에 발생한 고장, 결함 또는 기능장애 보고)

---

01 철도안전 전문인력의 자격을 부여받으려는 자가 제출해야 하는 서류가 아닌 것은?

① 국가기술자격증 사본(해당자에 한정한다)

② 교육훈련 이수증명서(해당자에 한정한다)

③ 주민등록증 사본

④ 경력을 확인할 수 있는 자료

해 규칙 제92조(철도안전 전문인력 자격부여 절차 등)

02 철도안전 전문인력의 교육에 관한 내용으로 틀린 것은?

① 철도운행 안전 관리자의 교육시간 : 120시간

② 철도운행 안전 관리자의 교육내용 : 기초전문 직무교육

③ 철도안전 전문 기술자 : 120시간

④ 철도안전 전문 기술자의 교육내용 : 안전관리 일반

해 시행규칙 별표24 : 철도안전 전문인력의 교육훈련, 기초전문 직무교육은 철도안전 전문기술자 대상이다.

03 국토교통부장관이 안전전문기관의 지정 신청을 받은 경우 심사할 요소가 아닌 것은?

① 안전전문기관의 운영계획

② 안전전문기관의 정보보안 시스템 구축 여부

③ 철도안전 전문인력 등의 수급에 관한 사항

④ 그 밖에 국토교통부장관이 필요하다고 인정하는 사항

해 영 제60조의4 안전전문기관 지정절차

04 시행령 별표5의 철도안전전문기술자의 자격기준에 대한 설명으로 틀린 것은?

① 특급 - 관계법령에 따른 특급 기술자로서 「국가기술자격법」에 따른 철도의 해당 기술 분야의 기술사 또는 기사자격 취득자

② 고급 - 관계법령에 따른 고급기술인으로서 3년 이상 철도의 해당 기술 분야에 종사한 경력이 있는 사람

③ 중급 - 관계법령에 따른 중급감리원으로서 3등급 철도차량정비기술자로서 경력에 포함되는 기술자격의 종목과 관련된 기사, 산업기사 또는 기능사 자격 취득자

④ 초급 - 관계법령에 따른 중급전기공사 기술자로서 4등급 철도차량정비기술자로서 경력에 포함되는 기술자격의 종목과 관련된 기사, 산업기사 또는 기능사 자격 취득자

해 시행령 별표5의 철도안전전문기술자의 자격기준, 초급 자격은 초급기술자다.

05 철도안전 전문기관 기술인력의 자격기준으로 틀린 것은?

① 교육책임자 : 철도 관련 분야 박사학위를 취득한 사람으로서 10년 이상 철도 관련 분야에 근무한 경력이 있는 사람

② 이론 교관 : 철도 관련 분야 박사학위를 취득한 사람으로서 5년 이상 철도 관련 분야에 근무한 경력이 있는 사람

③ 기능 교관 : 철도 관련 해당 분야 기사 이상의 자격을 취득한 사람으로서 2년 이상 철도 관련 분야에 근무한 경력이 있는 사람

④ 기능 교관 : 철도 관련 분야 석사학위를 취득한 사람으로서 3년 이상 철도 관련 분야에 근무한 경력이 있는 사람

해 시행규칙 별표25 철도안전 전문기관 세부 지정기준, 2년이다.

06 철도운행안전관리자의 정기교육으로 틀린 것은?

① 직무전문 교육 : 열차운행선 지장작업의 순서와 절차

② 직무전문 교육 : 선로지장작업 관련 사고사례 분석 및 예방대책

③ 철도안전 관련법령 : 철도안전법령 및 관련규정의 이해

④ 실무실습 : 전기철도 시설물 점검방법

해 시행규칙 별표28·철도안전 전문인력의 정기교육,
4번은 전기철도분야 안전전문기술자의 실무실습 내용이다.

07 철도안전 전문인력 분야별 자격의 취소·정지로 옳지 않은 것은?

① 철도운행안전관리자 자격을 다른 사람에게 빌려주었을 때는 자격을 취소할 수 있다.

② 술을 마시거나 약물을 사용한 상태에서 철도운행안전관리자 업무를 하였을 때는 자격을 취소할 수 있다.

③ 철도운행안전관리자 자격의 효력정지기간 중에 철도운행안전관리자 업무를 수행하였을 때는 자격을 취소하여야 한다.

④ 술을 마시거나 약물을 사용한 상태에서 업무를 하였다고 인정할 만한 상당한 이유가 있음에도 불구하고 국토교통부장관 또는 시·도지사의 확인 또는 검사를 거부하였을 때는 자격을 취소할 수 있다.

해 법 제69조의5 철도운행안전관리자 자격 취소 정지, 취소 하여야 하는 사유다.

8장(보칙)

| 1회 | /6 | 2회 | /6 | 3회 | /6 |

01 국토교통부장관이나 관계 지방자치단체에서 철도관계기관 등에 대하여 자료의 제출을 명할 수 있는 경우가 <u>아닌</u> 것은?

① 철도로 운송하는 위험물을 취급하는 종사자의 위험물취급안전교육 이수 여부에 대한 확인이 필요한 경우

② 철도사고등 의무보고에 따른 보고와 관련하여 사실확인 등이 필요한 경우

③ 위험물의 운송에 따른 작업책임자의 안전조치 등이 적정한지에 대한 확인이 필요한 경우

④ 철도안전기술 육성에 따른 시책을 마련하기 위하여 필요한 경우

해 법 제73조(보고 및 검사), 철도운영자다.

02 철도안전법 보칙에 관한 내용으로 <u>틀린</u> 것은?

① 국토교통부장관은 이 법에 따른 권한의 일부를 대통령령으로 정하는 바에 따라 소속 기관의 장 또는 시·도지사에게 위임할 수 있다.

② 국토교통부장관은 이 법 등 철도안전과 관련된 법규의 위반에 따른 범죄혐의가 있다고 인정할 만한 상당한 이유가 있을 때에는 관할 수사기관에 그 내용을 통보할 수 있다.

③ 국토교통부장관은 이 법 등 철도안전과 관련된 법규의 위반에 따라 사고가 발생했다고 인정할 만한 상당한 이유가 있을 때에는 사고에 책임이 있는 사람을 징계할 것을 해당 철도운영자등에게 권고하여야 한다.

④ 권고를 받은 철도운영자등은 이를 존중하여야 하며 그 결과를 국토교통부장관에게 통보하여야 한다.

해 제75조의 2 통보 및 징계권고, 징계를 권고 할 수 있다.

03 국토교통부장관이 철도특별사법경찰대장에게 위임하는 과태료 부과 징수의 사무가 <u>아닌</u> 것은?

① 철도종사자의 직무상 지시에 따르지 아니한 사람

② 철도시설 내에서 철도차량등의 운행제한에 필요한 안전조치를 따르지 아니한 자

③ 여객열차에서 흡연을 한 사람

④ 공중이나 여객에게 위해를 끼치는 행위를 한 사람

해 영 제62조 권한의 위임, 2번은 시도지사 위임사항이다.

04 업무를 수행함에 있어 불가피한 경우 「개인정보 보호법」에 따른 건강에 관한 정보나 여권번호가 포함된 자료를 처리할 수 있는 기관으로 법에 명시되지 <u>않은</u> 것은?

① 의료기관　　　　② 교통안전공단

③ 운전적성검사기관　　④ 국토교통부장관

해 영 제 63조의 2 민감정보 및 고유식별정보의 처리

05 다음 중 괄호 속에 들어갈 말로 알맞은 것은?

> 국토교통부장관은 (　　　)년마다 그 타당성을 검토하여 개선 등의 조치를 하여야 한다.

① 1　　　　　② 2

③ 3　　　　　④ 4

해 영 제 63조의3 규제의 재검토

06 2020년 1월 1일을 기준으로 3년마다 타당성을 검토하는 항목이 <u>아닌</u> 것은?

① 안전전문기관의 세부 지정기준 등

② 적성검사 방법·절차 및 합격기준 등

③ 운송위탁 및 운송 금지 위험물

④ 신체검사 방법·절차·합격기준 등

해 규칙 제96조 규제의 재검토

9장(벌칙)

| 1회 | /6 | 2회 | /6 | 3회 | /6 |

01 철도안전법 벌칙과 처벌내용으로 옳지 않은 것은?

① 과실로 사람이 탑승하여 운행 중인 철도차량에 불을 놓아 소훼한 사람은 1년 이하의 징역 또는 1천만원 이하의 벌금에 처한다.

② 과실로 철도시설 또는 철도차량을 파손하여 철도차량 운행에 위험을 발생하게 한 사람은 1천만원 이하 이하의 벌금에 처한다.

③ 업무상 과실이나 중대한 과실로 사람이 탑승하여 운행 중인 철도차량을 탈선하게 한 사람은 3년 이하의 징역 또는 3천만원 이하의 벌금에 처한다.

④ 업무상 과실이나 중대한 과실로 철도시설 또는 철도차량을 파손하여 철도차량 운행에 위험을 발생하게 한 사람 은 1년 이하의 징역 또는 1천만원 이하의 벌금에 처한다.

해 제78조(벌칙), 2년 2천만원이다.

02 철도안전법 벌칙과 처벌내용으로 옳지 않은 것은?

① 열차운행에 중대한 장애 발생 시에 특별한 사유 없이 열차운행을 중지하지 아니한 자 - 2년 이하 징역 및 2천만원 이하 벌금

② 열차운행의 중지를 요청한 철도종사자에게불이익한 조치를 한 자 - 2년 이하 징역 및 2천만원 이하 벌금

③ 종합시험운행 결과를 허위로 보고한 자 - 2년 이하 징역 및 2천만원 이하 벌금

④ 국토교통부장관이 지시하는 이동·출발·정지 등의 명령에 따른 지시를 따르지 아니한 자 - 1년 이하 징역 및 1천만원 이하 벌금

해 제78조(벌칙) 1년이다.

03 가장 높은 처벌을 받는 것은?

① 운전면허증을 다른 사람에게 빌려주거나 빌리거나 이를 알선한 사람

② 실무수습을 이수하지 아니하고 관제업무에 종사한 사람

③ 철도보호지구에서의 행위제한에 따른 신고를 하지 아니하거나 명령에 따르지 아니한 자

④ 다른 사람에게 자기의 성명을 사용하여 철도차량정비 업무를 수행하게 하거나 자신의 철도차량정비경력증을 빌려 준 사람

해 제78조(벌칙) 3번만 2년이다.

04 같은 수준의 처벌을 받는 것으로 짝지어진 것은?

> ㄱ. 철도차량정비 또는 원상복구 명령에 따르지 아니한 자
> ㄴ. 정기교육을 받지 아니하고 업무를 한 사람 및 그로 하여금 그 업무에 종사하게 한 자
> ㄷ. 형식승인을 받지 아니한 철도차량 또는 철도용품을 판매한 자
> ㄹ. 형식승인을 받지 아니한 철도차량을 운행한 자

① ㄱ, ㄹ / ㄴ, ㄷ
② ㄱ, ㄴ / ㄷ, ㄹ
③ ㄱ, ㄷ / ㄴ, ㄹ
④ ㄴ, ㄹ / ㄱ, ㄷ

해 제79조 벌칙

05 형의 가중과 양벌규정의 내용으로 틀린 것은?

① 사람이 탑승하여 운행 중인 철도차량에 불을 놓아 소훼한 사람사람을 사망에 이르게 한 자는 사형, 무기징역 또는 7년 이상의 징역에 처한다.
② 폭행·협박으로 철도종사자의 직무집행을 방해하여 열차운행에 지장을 준 자는 그 죄에 규정된 형의 2분의 1까지 가중한다.
③ 3년 이하의 징역 또는 3천만원 이하의 벌금에 해당하는 행위를 하면 , 그 행위자를 벌하는 외에 그 법인 또는 개인에게도 해당 조문의 벌금형을 과(科)한다.
④ 법인 또는 개인이 그 위반행위를 방지하기 위하여 해당 업무에 관하여 상당한 주의와 감독을 게을리하지 아니한 경우에도 양벌에 처한다.

해 제80조(형의 가중), 제81조(양벌규정, 감독을 게을리하지 아니한 경우에는 그러하지 아니하다)

06 철도안전법 과태료로 옳지 <u>않은</u> 것은?

① 여객에게 위해를 끼칠 우려가 있는 동식물을 안전조치 없이 여객열차에 동승하거나 휴대하는 행위 1차 위반 : 15만원
② 여객열차에서의 금지행위에 관한 사항을 안내하지 않은 경우 2차 위반 : 300만원
③ 철도시설(선로는 제외한다)에 승낙 없이 출입하거나 통행한 경우 1차 위반 : 150만원
④ 선로에 승낙 없이 출입하거나 통행한 경우 2차 위반 : 300만원

해 60만원이다.

01 철도차량 운전규칙에서 정의로 옳지 <u>않은</u> 것은?

① "철도신호"라 함은 신호·전호(傳號) 및 표지를 말한다.

② "입환(入換)"이라 함은 사람의 힘에 의하거나 동력차를 사용하여 차량을 이동·연결 또는 분리하는 작업을 말한다.

③ "신호소"라 함은 임시신호기 등 열차제어시스템을 조작·취급하기 위하여 설치한 장소를 말한다.

④ "본선"이라 함은 열차의 운전에 상용하는 선로를 말한다.

해 제3조 정의, 신상으로 외운다. 상치신호기

02 열차에 탑승하는 철도종사자의 인원을 조정할 때 고려하는 사항이 <u>아닌</u> 것은?

① 해당 선로의 상태

② 운행거리 길이와 열차의 등급

③ 열차에 연결되는 차량의 종류

④ 철도차량의 구조 및 장치의 수준

해 제7조 열차에 탑승하여야 하는 철도종사자

03 동력차가 열차의 맨 앞에 연결하여야 하는 경우의 예외가 <u>아닌</u> 것은?

① 무인운전을 하는 경우

② 정거장과 그 정거장 외의 본선 도중에서 분기하는 측선과의 사이를 운전하는 경우

③ 선로 또는 열차에 고장이 있는 경우

④ 그 밖에 특별한 사유가 있는 경우

해 제11조 동력차의 연결위치

04 차량이 분리되었을 때 자동으로 차량을 정차시킬 수 있는 제동장치를 구비하여야 하는 경우의 예외사항이 <u>아닌</u> 것은

① 차량을 정지시킬 수 있는 인력을 배치한 구원열차 및 공사열차의 경우

② 정거장에서 차량을 분리하는 작업을 하는 경우

③ 본선에서 차량을 연결 하는 작업을 하는 경우

④ 그 밖에 차량이 분리된 경우에도 다른 차량에 충격을 주지 아니하도록 안전조치를 취한 경우

해 제14조 열차의 제동장치

05 제동장치의 시험을 실시하여야 하는 경우는 언제인가?

① 열차를 조성한 후 열차를 운행하기 전
② 열차를 조성한 후 열차를 운행한 직후
③ 열차의 조성을 변경하지 않고 열차를 운행하기 전
④ 열차를 조성을 변경하지 않고 열차를 운행한 직후

해 제17조(제동장치의 시험)

06 빈칸으로 들어갈 말로 맞는 것은?

> 철도운영자등은 정거장 내·외에서 운전취급을 달리하는 경우 이를 내·외로 구분하여 운영하고 그 (　　)과 (　　)을 지정하여야 한다.

① 작업구간 - 지정방식
② 작업구간 - 지정방식
③ 경계지점 - 지정방식
④ 경계지점 - 표시방식

해 제19조 정거장의 경계

07 열차의 운행시각에 관한 내용으로 <u>틀린</u> 것은?

① 차량은 이를 열차로 하지 아니하면 정거장외의 본선을 운전할 수 없다.
② 1번의 경우 입환작업을 하는 경우에는 그러하지 아니하다.
③ 철도운영자등은 정거장에서의 열차의 출발·통과 및 도착의 시각을 정하고 이에 따라 열차를 운행하여야 한다.
④ 3번의 경우 긴급하게 임시열차를 편성하여 운행하는 경우에도 시각을 미리 정해야 한다.

해 제23조 열차의 운행시각, 임시열차는 제외한다.

08 선로의 일시 사용중지에 관한 내용으로 <u>틀린</u> 것은?

① 철도사고등이 발생하여 열차를 급히 정지시킬 필요가 있는 경우에는 지체없이 정지신호를 표시하는 등 열차정지에 필요한 조치를 취하여야 한다.
② 공사가 진행 중인 구간에는 작업이나 공사 관계 차량을 포함한 열차 또는 철도차량을 진입시켜서는 안 된다.
③ 공사가 완료된 경우에는 열차의 운행에 지장이 없는지를 확인하고 열차를 운행시켜야 한다.
④ 철도운영자등은 열차를 출발시키는 경우 여객이 객차의 출입문에 끼었는지의 여부, 출입문의 닫힘 상태 등을 확인하는 등 여객의 안전을 확보할 수 있는 조치를 하여야 한다.

해 제30조 선로의 일시 사용중지, 포함한 → 제외한

09 통신식 대용폐색 방식의 통신장치에서 다른 통신설비로 대신할 수 있는 경우가 <u>아닌</u> 것은?

① 철도사고등의 발생 그 밖에 부득이한 사유로 인하여 전용의 통신설비를 설치할 수 없는 경우
② 전용의 통신설비에 고장이 있는 경우
③ 통신을 원활히 하여 고객안전서비스를 향상시키려는 경우
④ 운전이 한산한 구간인 경우

해 제57조 통신식 대용폐색 방식의 통신장치

---

10 지도통신식과 지도표 지도권의 사용구별에 대한 설명으로 틀린 것은?

① 지도통신식을 시행하는 구간에는 폐색구간 양끝의 정거장 또는 신호소의 통신설비를 사용하여 서로 협의한 후 시행한다.

② 지도통신식을 시행하는 경우 폐색구간 한 끝의 정거장 또는 신호소가 서로 협의한 후 지도표를 발행하여야 한다.

③ 지도표는 1폐색구간에 1매로 한다.

④ 지도권은 지도표를 가지고 있는 정거장 또는 신호소에서 서로 협의를 한 후 발행하여야 한다.

해 제59조(지도통신식의 시행) 양끝이다.

11 열차제어장치의 기능으로 옳지 않은 것은?

① 열차를 정지시켜야 하는 경우 자동으로 제동장치를 작동하여 승강장에 정지할 수 있을 것

② 운행 중인 열차를 선행열차와의 간격, 선로의 굴곡, 선로전환기 등 운행 조건에 따라 제어정보가 지시하는 속도로 자동으로 감속시키거나 정지시킬 수 있을 것

③ 장치의 조작 화면에 열차제어정보에 따른 운전 속도와 열차의 실제 속도를 실시간으로 나타내 줄 것

④ 동일 진로상의 다른 열차와의 간격 및 선로 등의 조건에 따라 자동으로 해당 열차를 감속시키거나 정지시킬 수 있어야 한다.

해 제67조 열차제어장치의 기능, 정지목표다.

12 종속신호기의 종류가 아닌 것은?

① 원방신호기: 장내신호기·출발신호기·폐색신호기 및 엄호신호기에 종속하여 열차에 주 신호기가 현시하는 신호의 예고신호를 현시하는 것

② 입환신호기: 입환차량 또는 차내신호폐색식을 시행하는 구간의 열차에 대하여 신호를 현시하는 것

③ 통과신호기: 출발신호기에 종속하여 정거장에 진입하는 열차에 신호기가 현시하는 신호를 예고하며, 정거장을 통과할 수 있는지에 대한 신호를 현시하는 것

④ 중계신호: 장내신호기·출발신호기·폐색신호기 및 엄호신호기에 종속하여 열차에 주 신호기가 현시하는 신호의 중계신호를 현시하는 것

해 제82조 상치신호기의 종류, 입환신호기는 주신호기다.

13 상치신호기(장내신호기,출발신호기)의 현시방식으로 옳지 않은 것은?

① 4현시 경계신호 색등식은 상위: 등황색등 하위:등황색등이다.

② 2현시 정지신호 색등식은 적색등이다.

③ 5현시 주의신호 색등식은 등황색등이다.

④ 2현시 진행신호 완목식은 완 좌하향45도이다.

해 제84조 신호현시방식, 4현시는 경계신호가 없다.

14 상치신호기의 현시방식으로 옳지 <u>않은</u> 것은?

① 유도신호기 : 백색등열 좌 하향 45도

② 입환신호기 - 등열식 정지신호 : 백색등열 수평, 무유도등 소등

③ 입환신호기 - 등열식 색등식 진행신호 : 녹색등

④ 입환신호기 - 색등식 진행신호 차내신호폐색 밖의 구간 : 청색등, 무유도등 점등

해 제84조 신호현시방식, 입환은 위험을 내포하기에 진행도 등 황색등이다.

15 차내신호의 현시방식으로 옳지 <u>않은</u> 것은?

① 정지신호 : 적색사각형등 점등

② 진행신호 : 적색원형등(해당신호등) 점등

③ 15신호 : 적색원형등 점등("15"지시

④ 야드신호 : 적색 직사각형등과 적색원형등(25등신호) 점등

해 제84조 신호현시방식, 노란색 직사각형등

16 신호의 원칙으로 옳지 <u>않은</u> 것은?

① 선로의 상태가 일시 정상운전을 할 수 없는 상태인 경우에는 그 구역의 안쪽에 임시신호기를 설치하여야 한다.

② 서행신호기 및 서행예고신호기에는 서행속도를 표시하여야 한다.

③ 서행신호 - 야간 : 등황색등 또는 반사재

④ 서행예고신호 - 주간 : 흑색삼각형 3개를 그린 백색 삼각형

해 제90조 임시신호기, 바깥쪽에 설치하여야 한다.

17 빈칸에 들어갈 말로 맞는 것은?

> (   ) 및 (   )에는 서행속도를 표시하여야 한다.

① 서행예고신호기 - 서행신호기

② 서행신호기 - 서행해제신호기

③ 서행예고신호기 - 서행해제신호기

④ 임시신호기 - 서행신호기

해 제92조 신호현시방식

18 신호에 대한 설명으로 옳지 <u>않은</u> 것은?

① 열차를 정지시켜야 하는 경우 : 철도사고등이 발생한 지점으로부터 400미터 이상의 앞 지점에서 정지 수신호를 현시할 것

② 열차를 서행시켜야 하는 경우 : 서행구역의 시작지점에서 서행수신호를 현시하고 서행구역이 끝나는 지점에서 진행수신호를 현시할 것

③ 열차를 출발시키고자 할 때에는 출발전호를 하여야 한다.

④ 위험을 경고하거나 비상사태가 발생한 경우 기관사는 기적전호를 하여야 한다.

해 제94조 선로에서 정상 운행이 어려운 경우, 200미터 이상의 앞 지점에서이다.

19 빈칸에 들어갈 말로 맞는 것은?

> 열차 또는 차량에 대한 전호는 전호기로 현시하여야 한다. 다만, 전호기가 설치되어 있지 아니하거나 고장이 난 경우에는 (   ) 또는 (   )로 현시할 수 있다.

① 수신호 - 무선전화기

② 수전호 - 무선전화기

③ 수신호 - 연락부저

④ 수전호 - 연락부저

해 제98조 전호현시

---

20 빈칸에 들어갈 말로 맞는 것은?

> 열차를 출발시키고자 할 때에는 (   )를 하여야 한다.

① 출발수신호　　　　② 출발신호
③ 출발전호　　　　　④ 연락부저

🅷 제99조 출발전호

21 기적전호를 하여야 하는 경우인 것은?

① 신호기가 현시되지 않을 때 운전자가 주의를 환기시키는 경우
② 철도차량의 출발 준비가 완료되었음을 알리는 경우
③ 열차가 정거장에 진입할 때 여객에게 도착을 알리는 경우
④ 위험을 경고하는 경우

🅷 제100조 기적전호

22 무선전화를 사용하여 입환전호를 할 수 있는 경우로 옳지 <u>않은</u> 것은?

① 1인이 승무하는 동력차로 입환하는 경우
② 지형 및 선로여건 등을 고려할 때 작업자를 배치하는 것이 용이한 경우
③ 무인역 또는 1인이 근무하는 역에서 입환하는 경우
④ 신호를 원격으로 제어하여 단순히 선로를 변경하기 위하여 입환하는 경우

🅷 제101조 입환전호 방법, 어려운 경우이다.

23 전호의 방식을 정하여 작업을 하는 경우로 옳지 <u>않은</u> 것은?

① 퇴행 또는 추진운전시 열차의 맨 앞 차량에 승무한 직원이 철도차량운전자에 대하여 운전과 관계없는 연락을 할 때
② 검사·수선연결 또는 해방을 하는 경우에 당해 차량의 이동을 금지시킬 때
③ 열차의 관통제동기의 시험을 할 때
④ 여객 또는 화물의 취급을 위하여 정지위치를 지시할 때

🅷 제102조 작업전호, 운전에 필요한 연락을 할 때

24 빈칸에 들어갈 말로 맞는 것은?

> 열차 또는 (   ) 중인 동력차는 표지를 게시하여야 한다.

① 운행　　　　　　　② 정차
③ 정지　　　　　　　④ 입환

🅷 제103조 열차의 표지

25 빈칸에 들어갈 말로 맞는 것은?

> 열차 또는 차량의 안전운전을 위하여 (   )를 설치하여야 한다.

① 안전표지　　　　　② 운행표지
③ 안전표시　　　　　④ 운행표시

🅷 제104조 안전표지

도시철도 운전규칙

<table><tr><td>1회</td><td>/15</td><td>2회</td><td>/15</td><td>3회</td><td>/15</td></tr></table>

01 도시철도 운전규칙에서 사용하는 용어의 뜻으로 틀린 것은?

① "선로"란 궤도 및 이를 지지하는 인공구조물을 말하며, 열차의 운전에 상용(常用)되는 본선(本線)과 그 외의 측선(側線)으로 구분된다.

② "운전장애"란 열차등의 운전으로 인하여 그 열차등의 운전에 지장을 주는 것 중 운전사고에 해당하지 아니하는 것을 말한다.

③ "정거장"이란 여객의 승강, 화물의 적하, 열차의 조성 및 교차 대피를 위한 장소를 말한다.

④ "운전사고"란 열차등의 운전으로 인하여 사상자(死傷者)가 발생하거나 도시철도시설이 파손된 것을 말한다.

해 제3조 정의, 여객의 승차 하차 열차의 편성 차량의 입환을 위한 장소(도시철도는 지하철이라, 화물을 실거나 열차를 조성하는 공간이 아닙니다)

02 도시철도 운전규칙의 열차의 편성에 관한 내용으로 틀린 것은?

① 차량은 열차에 함께 편성되기 전에는 정거장 외의 본선을 운전할 수 없다.

② 열차의 비상제동거리는 600미터 이하로 하여야 한다.

③ 열차등의 운전은 열차등의 종류에 따라 운전면허를 소지한 사람이 하여야 한다.

④ 3번의 경우, 무인운전의 경우에도 운전면허를 소지한 사람이 운전을 하여야 한다.

해 제32조 열차등의 운전, 무인운전의 경우에는 그러하지 아니한다.

03 도시철도 운전규칙의 내용으로 <u>틀린</u> 것은?

① 둘 이상의 열차는 동시에 출발시키거나 도착시켜서는 아니 된다. 다만, 열차의 안전운전에 지장이 없도록 신호 또는 제어설비 등을 완전하게 갖춘 경우에는 그러하지 아니하다.

② 정거장 외의 본선에서는 운전사고 등 특별한 사유가 있을 경우를 포함하여 승객을 승차·하차시키기 위하여 열차를 정지시킬 수 없다.

③ 도시철도운영자는 공사나 그 밖의 사유로 선로를 차단할 필요가 있을 때에는 미리 계획을 수립한 후 그 계획에 따라야 한다.

④ 열차등은 정지신호가 있을 때에는 즉시 정지시켜야 한다.

🖩 제40조 정거장 외의 승차 하차금지, 운전고 등 특별한 사유가 있을 때에는 그러하지 아니한다.

04 도시철도 열차의 제동에 관한 내용으로 <u>틀린</u> 것은?

① 열차를 편성하거나 편성을 변경할 때에는 운전 직후 제동장치의 기능을 시험하여야 한다.

② 열차에 편성되는 각 차량에는 제동력이 균일하게 작용하고 분리 시에 자동으로 정차할 수 있는 제동장치를 구비하여야 한다.

③ 열차는 차량의 특성을 고려하여 안전운전에 지장이 없도록 편성하여야 한다.

④ 열차는 선로 구간의 시설 상태를 고려하여 안전운전에 지장이 없도록 편성하여야 한다.

🖩 제31조 열차의 제동장치시험, 운전하기 전에

05 노면전차의 시계운전에 관한 내용으로 맞는 것은?

① 앞서가는 열차와 안전거리를 최대한 좁힐 것

② 운전자의 가시거리 범위에서 신호 등 주변상황에 따라 열차를 정지시킬 수 있도록 적정 속도로 운전할 것

③ 교차로에서는 앞서가는 열차를 따라서 동시에 통과할 것

④ 앞서가는 열차와의 거리가 충분히 확보되면 필요 시 신호를 제한하고 진입할 수 있을 것

🖩 제44조의2(노면전차의 시계운전)

06 차량의 결합 해체에 관한 설명으로 <u>틀린</u> 것은?

① 차량을 결합·해체할 때에는 신호에 따라 하여야 한다.

② 본선을 이용하여 차량을 결합·해체하거나 열차등의 차선을 바꾸는 경우에는 다른 열차등과의 충돌을 방지하기 위한 안전조치를 하여야 한다.

③ 정거장이 아닌 곳에서는 본선만을 이용하여 차량을 결합·해체하거나 차선을 바꾸어야 한다.

④ 차량의 차선을 바꿀 때에는 신호에 따라 하여야 한다.

🖩 제45조 차량의 결합 해체 등, 본선을 이용하여 차량을 결합 해체 하여서는 아니된다.

07 차량의 구름 방지에 관한 설명으로 <u>틀린</u> 것은?

① 동력을 가진 차량을 선로에 두는 경우에는 그 동력으로 움직이는 것을 방지하기 위한 조치를 마련하여야 한다.

② 동력을 가진 동안에는 차량의 움직임을 감시하여야 한다.

③ 차량을 선로에 두는 경우에는 저절로 구르지 않도록 필요한 조치를 하여야 한다.

④ 차량기지 안에 있는 차량의 경우에는 구내입환을 위하여 제동을 완해해야 한다.

🖽 제50조(차량의 구름 방지)

08 지령식 및 통신식에 관한 설명으로 <u>틀린</u> 것은?

① 상용폐색방식 또는 지령식에 따를 수 없을 때에는 폐색구간에 열차를 진입시키려는 역장 또는 소장이 상대 역장 또는 소장 및 관제사와 협의하여 폐색구간에 열차의 진입을 지시하는 통신식에 따른다.

② 폐색장치 및 차내신호장치의 고장으로 열차의 정상적인 운전이 불가능할 때에는 관제사가 폐색구간에 열차의 진입을 지시하는 통신식에 따른다.

③ 지령식 또는 통신식에 따르는 경우에는 관제사 및 폐색구간 양쪽의 역장 또는 소장은 전용전화기를 설치·운용하여야 한다.

④ 3번의 경우, 부득이한 사유로 전용전화기를 설치할 수 없거나 전용전화기에 고장이 발생하였을 때에는 다른 전화기를 이용할 수 있다.

🖽 제56조(지령식 및 통신식), 지령식이다.

09 도시철도의 신호의 종류에 대한 설명으로 <u>틀린</u> 것은?

① 상설신호기는 일정한 장소에서 색등 또는 등열에 의하여 열차등의 운전조건을 지시하는 신호기를 말한다.

② 진로표시기를 부설한 신호기는 하나의 선로에서 하나의 목적으로 사용되어야 한다.

③ 상설신호기 또는 임시신호기의 신호와 수신호가 각각 다를 때에는 열차등에 가장 많은 제한을 붙인 신호에 따라야 한다.

④ 신호가 필요한 장소에 신호가 없을 때 또는 그 신호가 분명하지 아니할 때에는 정지신호가 있는 것으로 본다.

🖽 제63조 신호의 겸용금지, 진로표시기를 부설한 신호기는 그러하지 아니하다.

10 도시철도 운전규칙에서 말하는 주신호기의 종류로 <u>틀린</u> 것은?

① 유도신호기   ② 입환신호기

③ 출발신호기   ④ 폐색신호기

🖽 제65조 상설신호기의 종류, 도시철도(지하구간)은 유도신호기(추가적으로 장내 진입신호)가 없다.

11 도시철도 운전규칙에서 말하는 신호기의 종류와 설명으로 <u>틀린</u> 것은?

① 입환신호기: 차량을 결합·해체하거나 차선을 바꾸려는 차량에 대하여 신호기 뒷방향으로의 진입이 가능한지를 지시하는 신호기

② 원방신호기: 장내신호기 및 폐색신호기에 종속되어 그 신호상태를 예고하는 신호기

③ 중계신호기: 주신호기에 종속되어 그 신호상태를 중계하는 신호기

④ 진로표시기: 장내신호기, 폐색신호기, 진로개통표시기 또는 입환신호기에 부속되어 열차등에 대하여 그 진로를 표시하는 것

해 제65조 상설신호기의 종류, 출발신호기에 부속되어 진로를 보여줄 뿐, 단순 폐색신호기에는 부속되지 않는다.

12 도시철도 운전규칙에서 말하는 상설신호기의 종류와 설명으로 <u>틀린</u> 것은?

① 진로개통표시기 – 진로가 개통되었을 경우: 등황색등

② 진로표시기 – 색등식 – 좌측진로: 백색바탕에 좌측방향 흑색화살표

③ 진로개통표시기 – 진로가 개통되지 않았을 경우: 적색

④ 중계신호기 – 주신호기가 진행을 지시하는 신호일 경우: 주신호기가 한 진행을 지시하는 신호

해 제66조, 상설신호기의 종류 및 신호 방식, 흑색바탕에 백색화살표이다.

13 도시철도 운전규칙에서 말하는 입환전호 방식으로 <u>틀린</u> 것은?

① 접근전호 – 야간: 녹색등을 좌우로 흔든다.

② 퇴거전호 – 야간: 녹색등을 상하로 흔든다.

③ 정지전호 – 주간: 적색기를 흔든다. 다만, 부득이한 경우에는 한 팔을 높이 드는 것으로 대신할 수 있다.

④ 정지전호 – 야간: 적색등을 흔든다.

해 제74조 입환전호, 두 팔이다.

14 도시철도 운전규칙에서 신호 전호 및 표지에 대한 설명으로 <u>틀린</u> 것은?

① 도로교통 신호기와 겸용하여 사용할 것

② 도시철도운영자는 열차등의 안전운전에 지장이 없도록 운전관계표지를 설치하여야 한다.

③ 크기와 형태가 눈으로 볼 수 있도록 뚜렷하고 분명하게 인식될 것

④ 열차를 출발시키려 할 때에는 출발전호를 하여야 한다.

해 제76조 노면전차 신호기의 설계, 도로교통 신호기와 혼동되지 않을 것

15 다음 중 맞는 것은?

① 국토교통부장관은 열차등의 안전운전에 지장이 없도록 운전관계표지를 설치하여야 한다.

② 시도지사는 열차등의 안전운전에 지장이 없도록 운전관계표지를 설치하여야 한다.

③ 작업책임자는 열차등의 안전운전에 지장이 없도록 운전관계표지를 설치하여야 한다.

④ 도시철도운영자는 열차등의 안전운전에 지장이 없도록 운전관계표지를 설치하여야 한다.

해 제75조 표지의 설치

01 철도사고 · 장애, 철도차량고장 등에 따른 의무보고 및 철도안전 자율보고에 관한 지침의 적용범위로 틀린 것은?

① 철도차량 등에 발생한 고장 등의 보고와 관련하여 보고절차 및 방법

② 철도안전관리체계 승인 및 변경에 관한 절차와 방법

③ 철도안전 자율보고의 접수 · 분석 및 전파에 필요한 절차와 방법

④ 철도사고 · 준사고 및 운행장애의 보고절차 및 방법

해 제3조(적용범위)

02 자율보고 분석에 대한 설명으로 <u>틀린</u> 것은?

① 공단 이사장은 접수한 자율보고에 대하여 초도 분석을 실시하고 분석결과를 월 1회 국토교통부장관에게 제출하여야 한다.

② 공단 이사장은 초도분석에 이어 위험요인(Hazard) 분석, 위험도(Safety Risk) 평가 등을 실시하여야 한다.

③ 공단 이사장은 심층분석 결과를 분기 1회 국토교통부장관에게 제출하여야 한다.

④ 공단 이사장은 매년 3월말까지 전년도 자율보고 접수, 분석결과 및 경향 등을 포함하는 자율보고 연간 분석결과를 국토교통부장관에게 보고하여야 한다.

해 제19조(자율보고 분석), 2월말이다.

01 교육 훈련 대상자의 선발등에 관한 내용으로 틀린 것은?

① 교육훈련대상자로 선발된 자는 교육훈련기관에 교육훈련을 개시하기 전까지 교육훈련에 필요한 등록을 하여야 한다.

② 운전교육훈련기관 및 관제교육훈련기관장은 교육훈련 과정별 교육생 선발에 관한 기준을 마련하고 그 기준에 적합한 자를 교육훈련 대상자로 선발하여야 한다.

③ 교육훈련기관의 장은 교육훈련 과정별 교육대상자가 적어 교육과정을 개설하지 아니하거나 교육훈련 시기를 변경하여 시행 할 필요가 있는 경우에는 모집공고를 할 때 미리 알려야 한다.

④ 교육과정을 폐지하거나 변경하는 경우에는 국토교통부장관에게 신고하여야 한다.

해 제4조(교육훈련 대상자의 선발 등), 승인사항이다.

02 철도운영자등이 관제자격 취득자에 대한 실무수습을 종료하는 경우 평가하여야 하는 부분이 아닌 것은?

① 역사 내 안전관리 및 질서유지 업무 수행능력

② 열차집중제어(CTC)장치 및 콘솔의 운용

③ 작업의 통제와 이례상황 발생시 조치요령

④ 각종 응용프로그램의 운용능력

해 제9조(실무수습의 평가)

CHAPTER

형태별 실제 기출
변형 모의고사

1회차: 긴 지문과 ㄱㄴㄷㄹ 선지방식 그리고 입교기관들의 까다로운 문제들 수록

50문제 50분, 커트라인 '75 (25문제 15 문제 8문제 2문제)

2회차: 짧고 정석적 문제들 수록

80문제 80분, 커트라인 80 (40문제 25 문제, 15문제)

4, 7장은 모두 제외, 474p 입교기관별 형태를 읽어보시기 바랍니다.

형태별 실제 기출 변형 모의고사 1회차

| 1회 | /50 | 2회 | /50 | 3회 | /50 |

01 다음 중 맞는 것끼리 모아진 것은?

> ㄱ. 일반여객열차 20분 지연 – 운행장애
> ㄴ. 열차운행을 중지하고 공사 또는 보수작업을
> 시행하는 구간으로 열차가 주행한 경우
> – 철도준사고
> ㄷ. 철도사고로 인한 고속열차의 30분 운행 지연
> – 운행장애
> ㄹ. 철도차량이 다른 철도차량 또는 장애물(동물 및
> 조류는 제외한다)과 충돌하거나 접촉한 사고
> – 철도사고

① ㄴ, ㄷ
② ㄴ, ㄷ, ㄹ
③ ㄱ, ㄴ, ㄷ
④ ㄱ, ㄴ, ㄷ, ㄹ

🖩 제1조의3(철도준사고의 범위)
제1조의4(운행장애의 범위) 일반여객열차 30분 이상
운행장애

02 안전관리체계 승인을 받으려는 자가 국토교통부 장관에게 제출해야 하는 서류가 아닌 것은?

① 종합시험운행 실시 결과 보고서

② 철도차량 유지보수 계획서

③ 철도안전관리체계 승인신청서

④ 철도안전관리시스템에 관한 서류

🖩 규칙 제2조 안전관리체계 승인 신청 절차 등

03 철도안전법에 관한 설명으로 틀린 것은?

① 철도운영자등이 승인받은 안전관리체계를 변경하려는 경우에는 변경된 철도운용 또는 철도시설 관리 개시 예정일 30일 전까지 철도안전관리체계 변경승인 신청서에 서류를 첨부하여 국토교통부장관에게 제출하여야 한다.

② 국토교통부장관은 안전관리체계의 승인 또는 변경승인 신청을 받은 경우에는 14일 이내에 승인 또는 변경승인에 필요한 검사 등의 계획서를 작성하여 신청인에게 통보하여야 한다.

③ 철도운영자 및 철도시설관리자가 안전관리체계를 승인받으려는 경우에는 철도운용 또는 철도시설 관리 개시 예정일 90일 전까지 철도안전관리체계 승인신청서에 서류를 첨부하여 국토교통부장관에게 제출하여야 한다.

④ 철도운영자등은 법 제7조제3항 단서에 따라 경미한 사항을 변경하려는 경우에는 별지 제1호의3서식의 철도안전관리체계 변경신고서에 서류를 첨부하여 국토교통부장관에게 제출하여야 한다.

🖩 규칙 제2조 안전관리체계 승인 신청 절차 등, 15일 이내이다.

04 안전관리체계의 승인 방법 및 증명서 발급에 관한 설명으로 옳은 것은?

① 서류검사 : 안전관리체계의 이행가능성 및 실효성을 현장에서 확인하기 위한 검사

② 안전관리체계 승인 검사에 관한 세부적인 기준, 절차 및 방법 등은 대통령령으로 정하여 고시한다.

③ 안전관리에 필요한 기술기준에 적합 여부를 판단할 수 있는 경우에는 서류검사를 생략할 수 있다.

④ 협의 요청을 받은 시·도지사는 협의를 요청받은 날부터 20일 이내에 의견을 제출하여야 하며, 그 기간 내에 의견을 제출하지 아니하면 의견이 없는 것으로 본다.

해 규칙 제4조 안전관리체계의 승인 방법 및 증명서 발급
1번 현장검사, 2번 국토부령, 3번 현장검사

05 안전관리체계 처분기준 일수 20일 이상인 것을 고르시오

ㄱ. 시정조치명령을 정당한 사유 없이 이행하지 않은 경우 – 1차 위반
ㄴ. 변경승인을 받지 않고 안전관리체계를 변경한 경우 – 2차 위반
ㄷ. 안전관리체계를 지속적으로 유지하지 않고 철도사고로 인한 중상자 수 5명 이상 10명 미만
ㄹ. 변경신고를 하지 않고 안전관리체계를 변경한 경우 – 3차 위반

① ㄱ, ㄴ, ㄷ　　　　　② ㄱ, ㄴ, ㄹ
③ ㄱ, ㄷ, ㄹ　　　　　④ ㄱ, ㄴ, ㄷ, ㄹ

해 [별표 1] 안전관리체계 관련 처분기준(제7조 관련)
3번은 업무정지 15일이다.

06 빈칸에 들어갈 말로 맞는 것은?

안전관리체계 관련 과징금의 부과기준(제6조 관련)
과징금 금액이 해당 철도운영자등의 전년도 (위반행위가발생한 날이 속하는 해의 직전 연도를 말한다) 매출액의 100분의 (　　　)를 초과하는 경우에는 전년도 매출액의 100분의 (　　　)에 해당하는 금액을 과징금으로 부과한다.

① 1　　　　　　　② 2
③ 3　　　　　　　④ 4

해 안전관리체계 관련 과징금의 부과기준(제6조 관련)

07 철도차량 운전면허 종류별 운전이 가능한 철도차량에 관한 설명으로 틀린 것은?

① 시속 100킬로미터 이상으로 운행하는 철도시설 검측장비 운전은 고속철도차량운전면허, 제1종 전기차량운전면허, 제2종 전기차량운전면허, 디젤차량 운전면허 중 어느 하나의 운전면허가 있어야 한다.

② 동력장치가 집중되어 있는 철도차량을 기관차, 동력장치가 분산되어 있는 철도차량을 동차로 구분한다.

③ 선로를 시속 250킬로미터 이상의 최고운행 속도로 주행할 수 있는 철도차량을 고속철도차량으로 구분한다.

④ 철도차량운전면허 소지자는 차량기지 내에서 시속 25킬로미터 이하로 운전하는 철도차량을 운전할 수 있다.

해 시행규칙 별표1의2 철도차량 운전면허 종류별 운전이 가능한 철도차량, 200킬로미터다.

08 운전교육 훈련기관의 인력기준 자격기준으로 틀린 것은?

① 책임교수 - 박사학위 소지자로서 철도교통에 관한 업무에 10년 이상 또는 철도차량 운전 관련 업무에 5년 이상 근무한 경력이 있는 사람

② 책임교수 - 교수 경력이 5년 이상 있는 사람

③ 선임교수 - 석사학위 소지자로서 철도교통에 관한 업무에 10년 이상 또는 철도차량 운전 관련 업무에 5년 이상 근무한 경력이 있는 사람

④ 교수 - 철도차량 운전과 관련된 교육기관에서 강의 경력이 1년 이상 있는 사람

圂 철도안전법 시행규칙 [별표 8] 운전교육훈련기관의 세부 지정기준, 선임교수 경력이 3년 이상 있는 사람

09 제2종 전기차량 운전면허 소지자가 제1종 전기차량 운전면허를 취득할 때 들어야 하는 과목으로 틀린 것은?

① 철도시스템 일반

② 전기기관차의 구조 및 기능

③ 비상시 조치

④ 전기기관차 운전관련 규정

10 철도 관제자격취득자가 디젤차량 면허 취득시 들어야하는 총 교육시간은?

① 170시간 　　　　② 215시간

③ 260시간 　　　　④ 290시간

圂 철도안전법 시행규칙 별표7, 운전면허 취득을 위한 교육훈련과정 교육시간 및 교육훈련과목

11 운전면허 취득을 위한 교육훈련에 관한 설명 중 잘못된 것은 무엇인가?

① 이론교육의 과목별 교육시간은 100분의 10 범위 내에서 조정 가능

② 철도관련법은 "철도안전법"과 그 하위법령 및 철도차량운전에 필요한 규정을 말한다.

③ 고속철도차량 운전면허를 취득하기 위해 교육훈련을 받으려는 사람은 디젤차량 제1종 전기차량 또는 제2종 전기차량의 운전업무 수행 경력이 3년 이상 있어야 한다.

④ 모의운행훈련은 전기능 모의운전연습기를 활용한 교육훈련과 병행하여 실시하는 기본기능 모의운전연습기 및 컴퓨터지원교육시스템을 활용한 교육훈련을 포함한다.

圂 100분의 20범위 내에서 조정 가능하다.

12 철도안전법 시행규칙 [별표 11] 실무수습·교육의 세부기준(제37조관련) 관련 내용으로 옳지 않은 것은?

① 운전업무종사자가 운전업무 수행경력이 없는 구간을 운전하려는 때에는 60시간 이상 또는 1,200킬로미터 이상의 실무수습·교육을 받아야 한다.

② 1번의 경우 철도장비 운전업무를 수행하는 경우는 50시간 이상 또는 900킬로미터 이상으로 한다.

③ 운전업무종사자가 기기취급방법, 작동원리, 조작방식 등이 다른 철도차량을 운전하려는 때는 해당 철도차량의 운전면허를 소지하고 30시간 이상 또는 600킬로미터 이상의 실무수습·교육을 받아야 한다.

④ 운전업무 실무수습의 방법·평가 등에 관하여 필요한 세부사항은 국토교통부장관이 정하여 고시한다.

圂 철도안전법 시행규칙 [별표 11] 실무수습·교육의 세부기준(제37조관련), 30시간 이상 또는 600킬로미터 이상으로 한다.

13 관제교육훈련의 과목 및 교육훈련시간으로 틀린 것은?

① 철도 관제자격증명의 교육훈련시간은 280시간으로 한다.

② 철도 관제자격증명의 과목은 열차운행계획 및 실습 열차운행선 관리 및 실습을 포함한다.

③ 도시철도 관제자격증명은 280시간으로 한다.

④ 도시철도 관제자격증명도시철도관제 시스템 운용 및 실습을 포함한다.

해 철도안전법 시행규칙 [별표 11의2] 관제교육훈련의 과목 및 교육훈련시간, 360시간

14 다음 중 직무교육 시간이 똑같은 것끼리 묶인 것은?

> ㄱ. 철도에 공급되는 전력의 원격제어장치 운영자
> ㄴ. 열차의 조성업무 수행자
> ㄷ. 운전업무종사자
> ㄹ. 여객승무원
> ㅁ. 철도신호기 · 선로전환기 · 조작판 취급자
> ㅂ. 철도차량 점검 · 정비 업무 종사자

① ㄱ, ㄴ - ㄷ, ㄹ, ㅁ, ㅂ

② ㄱ, ㄴ, ㄷ - ㄹ, ㅁ, ㅂ

③ ㄱ, ㄴ, ㅁ - ㄷ, ㄹ, ㅂ

④ ㄱ, ㄴ, ㄷ, ㄹ - ㅁ, ㅂ

해 철도안전법 시행규칙 [별표 13의3] 철도직무교육의 내용 · 시간 · 방법 등
ㄱ. - 5년마다, 21시간 이상
ㄴ. - 5년마다, 21시간 이상
ㄷ. - 5년마다, 35시간 이상
ㄹ. - 5년마다, 35시간 이상
ㅁ. - 5년마다, 21시간 이상
ㅂ. - 5년마다, 35시간 이상

15 철도직무교육의 내용 · 시간 · 방법 에 관한 내용으로 틀린 것은?

① 철도직무교육시간의 10분의 3의 범위에 부서별 직장교육으로 할 수 있다.

② 철도운영자등은 철도직무교육을 철도관련 학회, 협회에 위탁하여 실시할 수 있다.

③ 2가지 이상의 직무에 동시에 종사하는 사람의 교육시간은 종사하는 가장 긴 시간으로 한다.

④ 부서별 직장교육을 실시하려는 경우에는매년 12월 31일까지 다음 해에 실시될 부서별 직장교육 실시계획을 수립해야 한다.

해 철도안전법 시행규칙 [별표 13의3], 철도직무교육의 내용 · 시간 · 방법 등 10분의 5범위

16 정비교육훈련의 실시시기 및 시간 등에 관한 내용으로 틀린 것은?

① 정비교육훈련은 실기교육을 30% 이상 포함해야 한다.

② 철도차량정비기술자는 질병 · 입대 · 해외출장 등 불가피한 사유로 정비교육훈련을 받아야 하는 기한까지 정비교육훈련을 받지 못할 경우에는 정비교육훈련을 연기할 수 있다.

③ 철도차량정비업무의 수행기간 5년마다 28시간 이상으로 한다.

④ 새로운 철도차량 차종의 정비에 관한 업무를 수행하는 경우 그업무를 수행하는 날부터 1년 이내 35시간 이상으로 한다.

해 철도안전법 시행규칙 [별표 13의4] 정비교육훈련의 실시시기 및 시간 등, 35시간 이상이다.

---

17 빈칸에 들어갈 말로 맞는 것은?

규칙 제76조의3(영상기록의 보관기준 및 보관기간)
① 철도운영자등은 영상기록장치에 기록된 영상기록을 영상기록장치 운영 · 관리 지침에서 정하는 보관기간동안 보관하여야 한다. 이 경우 보관기간은 (   )일 이상의 기간이어야 한다.

① 1
② 3
③ 5
④ 7

📖 규칙 제76조의3(영상기록의 보관기준 및 보관기간)

18 위해물품의 종류에 대한 설명으로 틀린 것은?

A. 섭씨 (   )도 미만의 임계온도를 가진 물질
B. 섭씨 37.8도에서 (   )킬로파스칼으로 초과하는 절대가스압력을 가진 액체상태의 인화성 물질
C. 밀폐식 인화점 측정법에 따른 인화점이 섭씨 (   )도 이하인 액체
D. 개방식 인화점 측정법에 따른 인화점이 섭씨 (   )도 이하인 액체

① A: 45, B: 300, C: 60.5, D: 65.6

② A: 50, B: 280, C: 60.5, D: 65.6

③ A: 45, B: 300, C: 60.5, D: 65.6

④ A: 50, B: 280, C: 65.6, D: 60.5

📖 제78조(위해물품의 종류 등)

19 국토교통부령으로 정하는 질서유지를 위한 금지행위에 해당하지 않는 것은?

① 철도종사자의 허가를 받고 선로변에서 총포를 이용하여 수렵하는 행위

② 역시설에서 철도종사자의 허락 없이 기부를 부탁하거나 물품을 판매 · 배부하거나 연설 · 권유를 하는 행위

③ 철도종사자의 허락 없이 철도시설이나 철도차량에서 광고물을 붙이거나 배포하는 행위

④ 흡연이 금지된 철도시설이나 철도차량 안에서 흡연하는 행위

📖 규칙 제85조(질서유지를 위한 금지행위)

20 보안검색장비 정기 성능점검의 주기는 얼마인가?

① 매 반기 1회
② 매년 1회
③ 매월 1회
④ 매 분기 1회

📖 제85조의7(보안검색장비의 성능점검)

21 철도안전 자율보고에 관한 설명으로 빈칸에 들어갈 말이 옳바르게 짝지어진 것은?

- 철도안전을 해치거나 해칠 우려가 있는 철도위험요인을 발생시켰거나 철도 안전위험요인이 발생한 것을 안 사람 또는 철도안전위험요인이 발생할 것이라고 예상된다고 판단하는 사람은 (ㄱ)에게 그 사실을 보고할 수 있다.
- 법 제61조의3제1항에 따른 철도안전 자율보고를 하려는 자는 별지 서식의 철도안전 자율보고서를 제출하거나 국토교통부장관이 정하여 고시하는 방법으로 (ㄴ)에게 보고해야한다.

① ㄱ 철도산업위원회장, ㄴ 시 도지사

② ㄱ 시 도지사, ㄴ 국토교통부 장관

③ ㄱ 대통령, ㄴ 국토교통부 장관

④ ㄱ 국토교통부장관, ㄴ 한국교통안전공단 이사장

📖 제88조(철도안전 자율보고의 절차 등)

22 국토교통부장관이 청문을 해야하는 처분과 관련한 내용으로 옳지 않은 것은?

① 철도운행안전관리자의 자격 취소

② 안전관리체계의 승인 취소 및 업무정지

③ 위험물 포장·용기검사기관의 지정 취소 또는 업무정지

④ 철도안전전문기술자의 자격 취소

해 법 제75조 청문, 안전관리체계는 업무정지가 없다.

23 ㄱ, ㄴ, ㄷ, ㄹ에 맞는 기관을 고르시오.

> ㄱ. 철도안전 자율보고의 접수
> ㄴ. 술을 마셨거나 약물을 사용하였는지에 대한 확인 또는 검사
> ㄷ. 철도교통에 따른 이동, 출발 등의 명령화 운행기준등의 지시, 조언, 정보의 제공 및 안전조치 업무
> ㄹ. 표준규격의 제정·개정·폐지 및 확인에 대한 처리결과 통보

① ㄱ : 한국교통안전공단, ㄴ : 철도특별사법경찰대장
　　ㄷ : 시 도지사, ㄹ : 한국철도기술연구원

② ㄱ : 한국교통안전공단, ㄴ : 시 도지사
　　ㄷ : 한국철도기술연구원, ㄹ : 철도특별사법경찰대장

③ ㄱ : 철도특별사법경찰대장, ㄴ : 한국철도기술연구원
　　ㄷ : 시 도지사, ㄹ : 한국교통안전공단

④ ㄱ : 한국철도기술연구원, ㄴ : 한국교통안전공단
　　ㄷ : 철도특별사법경찰대장, ㄹ : 시 도지사

해 제62조(권한의 위임), 영 제63조(업무의 위탁)

24 과태료가 큰 순서로 나열된걸 고르시오.

> ㄱ. 이력사항을 위조·변조하거나 고의로 훼손한 자
> ㄴ. 폭언 또는 고성방가 등 소란을 피우는 행위를 한 사람
> ㄷ. 안전관리체계의 변경신고를 하지 아니하고 안전관리체계를 변경한 자
> ㄹ. 공중이나 여객에게 위해를 끼치는 행위를 한 사람

① ㄱ - ㄷ - ㄴ - ㄹ

② ㄷ - ㄹ - ㄴ - ㄱ

③ ㄴ - ㄹ - ㄱ - ㄷ

④ ㄹ - ㄱ - ㄷ - ㄴ

해 제82조(과태료)
　　ㄱ 1,000만원, ㄴ 100만원, ㄷ 500만원, ㄹ 50만원 과태료

25 사람이 탑승하여 운행 중인 철도차량에 소훼한 사람, 탈선 또는 충돌하게 하거나 파괴한 사람이 받는 벌칙은?

① 10년 이하의 징역 또는 1억원 이하의 벌금

② 사형, 무기징역 또는 7년 이상의 징역

③ 무기징역 5년 이상의 징역

④ 5년 이하의 징역 또는 5천만원 이하의 벌금

해 제78조(벌칙) 1번 철도시설 또는 철도차량을 파손하여 철도차량 운행에 위험을 발생하게 한 사람

26 진행지시신호에 해당하지 않는 것은?

① 임시신호

② 감속신호

③ 차내신호(정지신호 제외)

④ 유도신호

해 제2조 정의

27 열차가 운전방향 맨 앞 차량의 운전실에서 운전하여야 하는 예외가 <u>아닌</u> 것은?

① 철도시설 또는 철도차량을 시험하기 위하여 운전하는 경우
② 기관차를 2 이상 연결한 경우로서 열차의 맨 앞에 위치한 기관차에서 열차를 제어하는 경우
③ 공사열차 · 구원열차 또는 제설열차를 운전하는 경우
④ 선로 · 전차선로 또는 차량에 고장이 있는 경우

해 제13조 열차의 운전위치, 2번은 동력차의 연결위치 예외사항이다.

28 열차가 퇴행할 수 있는 경우가 <u>아닌</u> 것은?

① 무인운전을 하는 경우
② 철도사고등의 발생 등 특별한 사유가 있는 경우
③ 선로 · 전차선로 또는 차량에 고장이 있는 경우
④ 뒤의 보조기관차를 활용하여 퇴행하는 경우

해 제26조 열차의 퇴행 운전, 무인운전과 퇴행은 관계가 없다.

29 열차의 동시 진출 · 입 금지 예외 사항이 <u>아닌</u> 것은?

① 열차를 유도하여 서행으로 진입시키는 경우
② 안전측선 · 탈선선로전환기 · 탈선기가 설치되어 있는 경우
③ 다른 방향에서 진입하는 열차들이 출발신호기 또는 정차위치로부터 200미터(동차 · 전동차의 경우에는 100미터) 이상의 여유거리가 있는 경우
④ 단행기관차로 운행하는 열차를 진입시키는 경우

해 제28조 열차의 동시 진출 · 입 금지, 150미터

30 화재발생시의 운전에 관한 내용으로 <u>틀린</u> 것은?

① 열차에 화재가 발생한 경우에는 조속히 소화의 조치를 하고 여객을 대피시켜야 한다.
② 열차에 화재가 발생한 장소가 교량 또는 터널 안인 경우에는 우선 철도차량을 교량 또는 터널 밖으로 운전하는 것을 원칙으로 한다.
③ 지하구간인 경우에는 가장 가까운 역 또는 지하구간 밖으로 운전하는 것을 원칙으로 한다.
④ 화재가 발생한 차량을 다른 차량에서 격리시키는 등의 조치를 하여서는 안 된다.

해 제32조 화재발생시의 운전, 필요시 격리하여야 한다.

31 열차 또는 차량의 운전제한속도를 따로 정하여하는 경우가 <u>아닌</u> 것은?

① 수신호 현시구간을 운전하는 경우
② 총괄제어법에 따라 열차의 맨 앞에서 제어하는 경우
③ 서행신호 현시구간을 운전하는 경우
④ 쇄정(鎖錠)되지 않은 선로전환기를 대향(對向)으로 운전하는 경우

해 제35조 운전방법 등에 의한 속도제한, 총괄제어법에 따라 맨 앞에서 제어하는 경우를 제외한다.

32 열차 또는 차량의 정지에 관한 내용으로 <u>틀린</u> 것은?

① 열차 또는 차량은 서행신호의 현시가 있을 때에는 그 속도를 감속하여야 한다.

② 열차 또는 차량은 진행을 지시하는 신호가 현시된 때에는 신호종류별 지시에 따라 제한속도 이하로 그 지점을 지나 다음 신호가 있는 지점까지 진행할 수 있다.

③ 열차 또는 차량이 서행해제신호가 있는 지점을 통과한 때에는 정상속도로 운전할 수 있다.

④ 서행허용표지를 추가하여 부설한 자동폐색신호기가 정지신호를 현시하는 때에는 정지신호 현시중이라도 정지하지 아니하고 운전속도의 제한 등 안전조치에 따라 서행하여 그 현시지점을 넘어서 진행할 수 있다.

해 제36조 열차 또는 차량의 정지, 지정속도

33 선로전환기의 쇄정 및 정위치 유지에 관한 내용으로 틀린 것은?

① 선로전환기를 사용한 후에는 지체없이 사용한 그 위치에 두어야 한다.

② 쇄정되지 아니한 선로전환기를 대향으로 통과할 때에는 쇄정기구를 사용하여 텅레일(Tongue Rail)을 쇄정하여야 한다.

③ 상시 쇄정되어 있는 선로전환기 또는 취급회수가 극히 적은 배향(背向)의 선로전환기의 경우에는 아니할 수 있다.

④ 본선의 선로전환기는 이와 관계된 신호기와 그 진로 내의 선로전환기를 연동쇄정하여 사용하여야 한다.

해 제40조 선로전환기의 쇄정 및 정위치 유지, 미리 정하여진 위치다.

34 열차간의 안전확보에 관한 내용으로 <u>틀린</u> 것은?

① 복선(復線)구간에서 폐색을 한 경우 상대역의 열차가 동시에 당해 구간에 진입하도록 하여서는 아니된다.

② 구원열차를 운전하는 경우 또는 공사열차가 있는 구간에서 다른 공사열차를 운전하는 등의 특수한 경우로서 열차운행의 안전을 확보할 수 있는 조치를 취한 경우에는 열차 간의 안전 확보의 예외 규정이 될 수 있다.

③ 열차 또는 차량의 진로에 지장이 있는 경우에는 이에 대하여 진행을 지시하는 신호를 현시할 수 없다.

④ 철도운영자등은 철도사고등이 발생하여 인접 선로의 열차 운행에 지장을 주는 등 다른 열차의 정차가 필요한 경우에는 방호 조치를 해야 한다.

해 제46조 열차간의 안전확보, 단선구간이다.

35 하나의 폐색구간에는 둘 이상의 열차를 동시에 운행할 수 <u>없는</u> 예외 사항이 <u>아닌</u> 것은?

① 서행허용표지를 추가하여 부설한 자동폐색신호기를 따라 열차를 진입시키려는 경우

② 사전에 정한 특정한 구간을 운전하는 경우

③ 선로가 불통된 구간에 공사열차를 운전하는 경우

④ 그 밖에 특별한 사유가 있는 경우

해 제49조 폐색에 의한 열차 운행

36 통표폐색장치에 대한 설명으로 옳지 <u>않은</u> 것은?

① 인접 폐색구간의 통표는 넣을 수 없는 것일 것

② 통표는 폐색구간 양끝의 정거장 또는 신호소에서 협동하여 취급하지 아니하면 이를 꺼낼 수 없을 것

③ 폐색구간 양끝에 있는 통표폐색기에 넣은 통표는 1개에 한하여 꺼낼 수 있으며, 꺼낸 통표를 통표폐색기에 넣은 후가 아니면 다른 통표를 꺼내지 못하는 것일 것

④ 열차는 당해 구간의 통표를 휴대하지 아니하면 특별한 사유가 있는 경우를 포함하여 절대 그 구간을 운전할 수 없다.

해 제55조 통표폐색장치의 기능 등, 특별한 사유 있는 경우 제외

37 주신호기에 대한 설명으로 옳지 <u>않은</u> 것은?

① 장내신호기 : 정거장을 진출하려는 열차에 대하여 신호를 현시하는 것

② 엄호신호기 : 특히 방호를 요하는 지점을 통과하려는 열차에 대하여 신호를 현시하는 것

③ 유도신호기 : 장내신호기에 정지신호의 현시가 있는 경우 유도를 받을 열차에 대하여 신호를 현시하는 것

④ 입환신호기 : 입환차량 또는 차내신호폐색식을 시행하는 구간의 열차에 대하여 신호를 현시하는 것

해 제82조 상치신호기의 종류, 정거장에 진입하려는 열차에 대하여 신호를 현시하는 것

38 차내신호의 현시방식으로 옳지 <u>않은</u> 것은?

① 정지신호 : 적색사각형등 점등

② 진행신호 : 적색원형등(해당신호등) 점등

③ 15신호 : 적색사각형등 점등(“15”지시)

④ 야드신호 : 노란색 직사각형등과 적색원형등(25등신호) 점등

해 적색원형등 점등

39 신호현시의 기본원칙으로 옳지 <u>않은</u> 것은?

① 폐색신호기(자동폐색신호기를 포함한다) : 정지신호

② 유도신호기 : 신호를 현시하지 아니한다.

③ 출발신호기 : 정지신호

④ 원방신호기 : 주의신호

해 제85조 신호현시의 기본원칙, 자동폐색신호기 제외한다. (진행)

40 임시신호기의 종류로 옳지 <u>않은</u> 것은?

① 서행예고신호기   ② 서행발리스

③ 서행종료신호기   ④ 서행신호기

해 제91조 임시신호기의 종류, 서행해제신호기다.

41 운전사고에 포함되지 <u>않는</u> 경우는 무엇인가?

① 열차 운행 중 신호기가 꺼진 경우

② 열차 등의 운전으로 사망자 발생

③ 열차 등의 운전으로 역건물 파손

④ 열차 등의 운전으로 중상자 발생

해 제3조(정의), “운전사고”란 열차등의 운전으로 인하여 사상자(死傷者)가 발생하거나 도시철도시설이 파손된 것을 말한다.

42 차량의 검사 및 시험운전으로 맞는 것은?

① 접지저항시험 ② 비파괴시험

③ 진동측정시험 ④ 절연저항시험

해 제24조(차량의 검사 및 시험운전)
③ 제1항 및 제2항에 따른 검사를 할 때 차량의 전기장치에 대해서는 절연저항시험 및 절연내력시험을 하여야 한다.

43 도시철도 운전규칙의 내용으로 틀린 것은?

① 열차등은 서행신호가 있을 때에는 지정속도 이하로 운전하여야 한다.

② 열차등이 서행신호가 있는 지점을 통과한 후에는 정상속도로 운전할 수 있다.

③ 열차등은 진행을 지시하는 신호가 있을 때에는 지정속도로 그 표시지점을 지나 다음 신호기까지 진행할 수 있다.

④ 열차등은 정지신호가 있을 때에는 즉시 정지시켜야 한다.

해 제43조 열차등의 서행, 서행해제신호 통과 후에 정상속도로 운전할 수 있다.

44 운전속도에 관한 내용으로 틀린 것은?

① 도시철도운영자는 전차선로의 구조와 강도 등을 고려하여 열차의 운전속도를 정하여야 한다.

② 도시철도운영자는 열차등의 특성, 선로 등을 고려하여 열차의 운전속도를 정하여야 한다.

③ 노면전차의 경우 도로교통과 주행선로를 공유하는 구간에서는 「도로교통법」에 따른 최고속도를 초과하지 않도록 열차의 운전속도를 정하여야 한다.

④ 오르막이나 곡선선로에서는 제동거리 및 열차등의 안전도를 고려하여 그 속도를 제한하여야 한다.

해 제48조 운전속도, 내리막이다.

45 자동폐색식에 대한 설명으로 틀린 것은?

① 폐색구간에 있는 선로전환기가 올바른 방향으로 되어 있지 아니할 때 또는 분기선 및 교차점에 있는 다른 열차등이 폐색구간에 지장을 줄 때: 서행신호

② 차내신호폐색식에 따르려는 경우에는 폐색구간에 있는 열차등의 운전상태를 그 폐색구간에 진입하려는 열차의 운전실에서 알 수 있는 장치를 갖추어야 한다.

③ 상용폐색방식은 자동폐색식 또는 차내신호폐색식에 따른다.

④ 폐색장치에 고장이 있을 때: 정지신호

해 제53조 자동폐색식, 정지신호가 현시된다.

46 도시철도의 신호의 종류에 대한 설명으로 틀린 것은?

① 신호가 필요한 장소에 신호가 없을 때 또는 그 신호가 분명하지 아니할 때에는 정지신호가 있는 것으로 본다.

② 표지: 형태·색 등으로 물체의 위치·방향·조건을 표시하는 것

③ 차내신호방식 및 지하구간에서의 신호방식은 야간방식에 따른다.

④ 상설신호기 또는 임시신호기의 신호와 수신호가 각각 다를 때에는 열차등에 가장 적은 제한을 붙인 신호에 따라야 한다.

해 제62조 제한신호의 추정, 가장 많은 제한신호

---

47 도시철도 운전규칙에서 말하는 신호기의 종류와 설명로 <u>틀린</u> 것은?

① 진로개통표시기 : 장내신호기, 출발신호기, 진로개통표시기 또는 입환신호기에 부속되어 열차등에 대하여 그 진로를 표시하는 것

② 차내신호 : 열차등의 가장 앞쪽의 운전실에 설치하여 운전조건을 지시하는 신호기

③ 원방신호기 : 장내신호기 및 폐색신호기에 종속되어 그 신호상태를 예고하는 신호기

④ 중계신호기 : 주신호기에 종속되어 그 신호상태를 중계하는 신호기

해 제65조 상설신호기의 종류, 진로표시기에 대한 설명이다.

48 도시철도 운전규칙에서 말하는 신호기의 종류와 설명로 <u>틀린</u> 것은?

① 선로가 일시 정상운전을 하지 못하는 상태일때에는 그 구역의 앞쪽에 임시신호기를 설치하여야 한다.

② 서행예고신호기 서행운전을 필요로 하는 구역에 진입하는 열차등에 대하여 그 구간을 서행할 것을 지시하는 신호기

③ 임시신호기 표지의 배면(背面)과 배면광(背面光)은 백색으로 하고, 서행신호기에는 지정속도를 표시하여야 한다.

④ 신호기를 설치하지 아니한 경우 또는 신호기를 사용하지 못할 경우에는 다음 각 호의 방식으로 수신호를 하여야 한다.

해 제68조 임시신호기의 종류, 서행신호기에 대한 설명이다.

49 둘 이상의 기관과 관련된 사고의 처리에 대한 설명으로 <u>옳지 않은</u> 것은?

① 둘 이상의 철도운영자 등이 관련된 철도사고등이 발생된 경우 해당 철도운영자등은 공동으로 조사를 시행할 수 있다.

② 최초보고는 사고 발생구간을 관리하는 철도운영자등이 한다.

③ 보고 기한일 이전에 사고원인이 명확하게 밝혀진 경우 철도차량 관련사고 등은 철도시설관리자가 보고하여야 한다.

④ 보고 기한일 이전에 사고원인이 명확하게 밝혀지지 않은 경우는 사고와 관련된 모든 철도차량 운영자 및 철도시설관리자가 보고하여야 한다.

해 자율보고등 지침 제9조 둘 이상의 기관과 관련된 사고의 처리, 철도차량 관련사고는 철도차량 운영자다.

50 철도운영자등이 실시해야 하는 직무교육의 종류와 방법으로 <u>틀린</u> 것은?

① 원격교육　　　　　② 현장교육
③ 집합교육　　　　　④ 위탁교육

해 교육훈련 등 시행지침, 제 14조의 3 직무교육 실시방법 등, 집원부위로 외운다.

| 1회 | /80 | 2회 | /80 | 3회 | /80 |

01 철도안전법 정의에서 말하는 "철도용품"에 해당하지 않는 것은?

① 철도시설 및 철도차량 등에 사용되는 기기

② 철도시설 및 철도차량 등에 사용되는 부품

③ 철도시설 및 철도차량 등에 사용되는 설비

④ 철도시설 및 철도차량 등에 사용되는 장치

🔑 1장 제2조(정의), 5의2. "철도용품"이란 철도시설 및 철도차량 등에 사용되는 부품 · 기기 · 장치 등을 말한다.

02 철도준사고로 분류되지 않는 경우는?

① 철도안전에 중대한 위해를 끼쳐 철도사고로 이어질 수 있었던 것으로 대통령령으로 정하는 것

② 열차운행을 중지하고 공사 또는 보수작업을 시행하는 구간으로 열차가 주행한 경우

③ 열차 또는 철도차량이 승인 없이 정지신호를 지난 경우

④ 안전운행에 지장을 주는 레일 파손이나 유지보수 허용범위를 벗어난 선로 뒤틀림이 발생한 경우

🔑 1장 제2조 정의, 국토교통부령으로 정하는 것

03 철도안전투자를 공시하는 주체는 누구인가?

① 철도운영자

② 기획재정부장관

③ 시도지사

④ 국토교통부장관

🔑 규칙 제1조의5(철도안전투자의 공시 기준 등) 철도운영자는 철도안전투자의 예산 규모를 매년 5월말까지 공시해야 한다.

04 안전관리체계 승인을 받으려는 자가 국토교통부 장관에게 제출해야 하는 서류가 아닌 것은?

① 종합시험운행 실시 결과 보고서

② 승인받은 안전관리체계를 변경하려는 경우에는 안전관리체계의 변경내용과 증빙서류

③ 조직, 직책별 기능 및 권리 현황표

④ 유지관리체계에 관한 서류

🔑 규칙 제2조 안전관리체계 승인 신청 절차 등

05 철도운영자 등이 안전관리체계 승인을 신청할 때 국토교통부장관에게 제출하는 열차운행체계에 관한 서류에 포함되는 것은?

① 교육훈련

② 철도사업면허

③ 문서화

④ 철도안전경영

🔑 규칙 제2조 안전관리체계 승인 신청 절차 등

06 안전관리체계의 경미한 사항 변경에서 제외하는 항목이 아닌 것은?

① 철도노선의 신설 또는 개량

② 위탁 계약자의 변경에 따른 열차운행체계 또는 유지관리체계의 변경

③ 교량, 터널, 옹벽의 감소

④ 사업의 합병 또는 양도 · 양수

🔑 규칙 제3조 안전관리체계의 경미한 사항 변경

---

07 다음 중 빈칸에 들어갈 말로 맞는 것은?

> 국토교통부장관은 안전관리기준을 정할 때 전문기술적인 사항에 대해 (   )의 심의를 거칠 수 있다.

① 철도산업발전위원회
② 철도기술심의위원회
③ 철도안전관리위원회
④ 철도사고조사위원회

🔟 규칙 제5조 안전관리기준 고시방법

08 철도운영자 등이 철도사고 및 운행장애 등을 발생시키거나 발생시킬 우려가 있는 경우에 안전관리체계 위반사항 확인 및 안전 관리체계 위해요인 사전예방을 위해 수행하는 검사는?

① 특별검사
② 최초검사
③ 정기검사
④ 수시검사

🔟 제8조(안전관리체계의 유지 등), 수시검사

09 안전관리체계 관련 처분기준의 내용이 옳지 않게 짝지어진 것은?

① 철도사고 또는 운행장애로 인한 재산피해액 10억원 이상 20억원 미만 - 업무정지(업무제한) 30일
② 변경신고를 받지 않고 안전관리체계를 변경한 경우 1차 위반 - 경고
③ 시정조치명령을 정당한 사유 없이 이행하지 않는 경우 2차 위반 - 업무정지(업무제한) 60일
④ 철도사고로 인한 사망자수 1명 이상 3명 미만 - 업무정지(업무제한) - 30일

🔟 안전관리체계 관련 처분기준 시행규칙 별표1, 업무정지40일이다.

10 철도운영자등에 대한 안전관리 수준평가에 관한 내용으로 <u>틀린</u> 것은?

① 국토교통부장관은 매년 5월말까지 안전관리 수준평가를 실시한다.
② 안전관리 수준평가는 서면평가의 방법으로 실시한다. 다만, 국토교통부장관이 필요하다고 인정하는 경우에는 현장평가를 실시할 수 있다.
③ 국토교통부장관은 안전관리 수준평가 결과를 해당 철도운영자등에게 통보해야 한다.
④ 안전관리 수준평가의 기준, 방법 및 절차 등에 관해 필요한 사항은 국토교통부장관이 정해 고시한다.

🔟 규칙 제8조(철도운영자등에 대한 안전관리 수준평가의 대상 및 기준 등), 3월말이다.

11 철도안전 우수운영자 지정에 관한 내용으로 <u>틀린</u> 것은?

① 철도안전 우수운영자 지정의 대상, 기준, 방법, 절차 등에 필요한 사항은 국토교통부령으로 정한다.
② 철도안전 우수운영자 지정의 유효기간은 지정받은 날부터 1년으로 한다.
③ 지방자치단체장은 안전관리 수준평가 결과가 최상위 등급인 철도운영자등을 철도안전 우수운영자로 지정하여 철도안전 우수운영자로 지정되었음을 나타내는 표시를 사용하게 할 수 있다.
④ 국토교통부장관은 철도안전 우수운영자에게 포상 등의 지원을 할 수 있다.

🔟 규칙 제9조(철도안전 우수운영자 지정 대상 등), 국토교통부장관이다.

12 운전면허 없이 운전할 수 있는 경우에 해당하지 않는 것은?

① 철도차량을 제작·조립·정비하기 위한 공장 안의 선로에서 철도차량을 운전하여 이동하는 경우

② 철도차량 운전에 관한 전문 교육훈련기관에서 실시하는 운전교육훈련을 받기 위하여 철도차량을 운전하는 경우

③ 운전면허 취득 후 운전실력을 늘리기 위하여 운전하는 경우

④ 철도사고등을 복구하기 위하여 열차운행이 중지된 선로에서 사고복구용 특수차량을 운전하여 이동하는 경우

🖥 영 제10조 운전면허 없이 운전할 수 있는 경우

13 운전면허 결격사유로 틀린 것은?

① 만 19세 미만인 사람

② 운전면허가 취소된 날부터 2년이 지나지 아니하였거나 운전면허의 효력정지기간 중인 사람

③ 철도차량 운전상의 위험과 장해를 일으킬 수 있는 약물 또는 알코올 중독자로서 대통령령으로 정하는 사람

④ 두 귀의 청력 또는 두 눈의 시력을 완전히 상실한 사람

🖥 법 제11조(운전면허의 결격사유 등), 19세 미만이다.

14 운전면허 결격사유 확인 목적의 개인정보 제공을 요청할 수 없는 기관장은 누구인가?

① 해병대사령관

② 병무청장

③ 시장·군수·구청장

④ 국토교통부장관

🖥 제12조의2(운전면허의 결격사유 관련 개인정보의 제공 요청)

15 운전업무종사자 등에 대한 신체검사 불합격기준의 검사항목이 틀린 것은?

① 일반결함 - 신체 각 장기 및 각 부위의 악성종양

② 흉부질환 - 심부전증

③ 내분비계통 - 중증의 갑상선 기능 이상

④ 신경계통 - 다리 머리 척추 등 그 밖의 이상으로 앉아 있거나 걷지 못하는 자

🖥 심부전증은 순환기 계통이다.

16 운전면허 적성검사기관 지정기준으로 틀린 것은?

① 운전적성검사기관의 운영 등에 관한 업무규정을 갖출 것

② 운전적성검사 시행에 필요한 사무실, 검사장과 검사장비를 갖출 것

③ 운전적성검사 업무를 수행할 수 있는 전문검사인력을 5명 이상 확보할 것

④ 운전적성검사 업무의 통일성을 유지하고 운전적성검사 업무를 원활히 수행하는데 필요한 상설 전담조직을 갖출 것

🖥 제14조(운전적성검사기관 지정기준) 3명

17 인식 및 기억력에 해당하는 검사는?

① 복합기능·민첩성　　② 시각변별·공간지각

③ 민첩성·공간지각　　④ 복합기능·시각변별

🖥 철도안전법 시행규칙 별표4, 적성검사 항목 및 불합격 기준

---

18 적성검사에 관한 설명 중 사실이 <u>아닌</u> 것은 무엇인가?

① 문답형 검사 판정은 합격 또는 불합격으로 한다.

② 반응형 검사 점수 합계는 30점으로 한다.

③ 안전성향검사는 전문의(정신건강의학) 진단결과를 대체할 수 있으며, 부적합 판정을 받은 자에 대해서는 당일 1회에 한하여 재검사를 실시하고 그 재검사 결과를 최종적인 검사결과로 할 수 있다.

④ 철도차량 운전면허 소지자가 다른 종류의 철도차량 운전면허를 취득하려는 경우에는 해당 적성검사를 받아야 한다.

해 철도안전법 시행규칙 [별표 4], 적성검사 항목 및 불합격 기준

19 운전적성검사기관을 지정받으려는 자가 첨부해야 하는 서류가 <u>아닌</u> 것은?

① 운전적성검사장비 또는 관제적성검사장비 내역서

② 운전적성검사기관 또는 관제적성검사기관에서 사용하는 직인의 인영

③ 사업계획서

④ 운전적성검사 또는 관제적성검사를 담당하는 전문인력의 보유 현황 및 학력·경력·자격 등을 증명할 수 있는 서류

해 규칙 제17조(운전적성검사기관 또는 관제적성검사기관의 지정절차 등)

20 일반인이 운전면허 취득을 위한 과정별 교육시간 중 제일 긴 것은?

① 제1종 전기 차량 운전면허

② 제2종 전기 차량 운전면허

③ 철도장비 운전면허

④ 노면전차 운전면허

해 1번-810시간, 2번-680시간, 3번-340시간, 4번-440시간

21 운전면허 재발급 사유로 인정되지 <u>않는</u> 것은?

① 운전면허증의 기재사항이 변경되었을 때

② 운전면허증이 헐어서 쓸 수 없게 되었을 때

③ 행정구역이 변경되거나 법령이 개정된 때

④ 운전면허증 분실

해 제18조(운전면허증의 발급 등)

22 운전면허를 갱신할 때 필요하지 <u>않은</u> 경력은 어느 것인가?

① 운전교육훈련기관에서의 운전교육훈련업무에 1년 이상 종사한 경력

② 철도운영자등에게 소속되어 철도차량 운전자를 지도·교육·관리하거나 감독하는 업무에 2년 이상 종사한 경력

③ 운전면허의 유효기간 내에 6개월 이상 해당 철도차량을 운전한 경력

④ 관제업무에 2년 이상 종사한 경력

해 규칙 제32조(운전면허 갱신에 필요한 경력 등) 2년 이상이다.

23 일정한 요건을 갖춘 운전면허의 효력이 실효된 사람이 동일한 운전면허를 취득하려는 경우 면제되는 사항은?

① 필기시험 면제

② 운전교육훈련과 필기시험 면제

③ 운전교육훈련 면제

④ 기능시험 면제

해 영 제20조(운전면허 취득절차의 일부 면제)

24 운전면허 효력 정지 기간 중 철도차량 운전 시 적용되는 처분 기준은 무엇인가?

① 효력정지 3개월　　② 효력정지 6개월

③ 효력정지 9개월　　④ 면허취소

해 운전면허의 취소 정지 등

25 제2종 전기차량 실무수습 및 교육 항목에 포함되지 않는 것은 무엇인가?

① 선로·신호 등 시스템

② 운전취급 관련 규정

③ 속도관측 및 제동기 취급

④ 이례사항 조치

해 철도안전법 시행규칙 [별표 11], 실무수습·교육의 세부기준

26 운전업무종사자 철도직무교육 내용 중 잘못된 것은 무엇인가?

① 철도시스템 일반

② 철도차량의 구조 및 기능

③ 비상시 조치

④ 운전취급 규정

해 철도안전법 시행규칙 [별표 13의3], 철도직무교육의 내용·시간·방법 등

27 영상기록장치의 설치 운영해야 하는 변전소 등 대통령령으로 정하는 안전확보가 필요한 철도시설에 해당하지 않는 것은?

① 「철도의 건설 및 철도시설 유지관리에 관한 법률」에 따른 고속철도에 설치된 길이 1킬로미터 이상의 터널

② 변전소, 무인기능실

③ 노선이 분기되는 구간에 설치된 분기기(선로전환기를 제외한다), 역과 역 사이에 설치된 건넘선

④ 「통합방위법」에 따라 국가중요시설로 지정된 교량 및 터널

해 영 제30조 영상기록장치 설치대상, 선로전환기를 포함한다.

28 영상기록장치와 관련한 안내판에 표시되어야 하는 사항이 아닌 것은?

① 영상기록장치 관리 책임 부서, 관리책임자의 성명 및 연락처

② 영상기록장치의 설치 목적

③ 영상기록장치의 제조사 및 일련번호

④ 영상기록장치의 설치 위치, 촬영 범위 및 촬영 시간

해 영 제31조 영상기록장치 설치 안내

29 운전업무종자사자의 준수사항 중 철도차량 운행에 관한 안전수칙에 관한 내용으로 **틀린** 것은?

① 운행구간의 이상이 발견된 경우 일단 지나간 후에 관제업무종사자에게 즉시 보고할 것

② 관제업무종사자의 지시를 따를 것

③ 열차를 후진하지 아니할 것. 다만, 비상상황 발생 등의 사유로 관제업무종사자의 지시를 받는 경우에는 그러하지 아니하다.

④ 운행구간의 이상이 발견된 경우 관제업무종사자에게 즉시 보고할 것

📖 규칙 제76조의4(운전업무종사자의 준수사항), 정지신호의 준수 등 철도차량의 안전운행을 위하여 정차를 하여야 하는 경우에는 그러하지 아니하다.

30 관제업무종사자가 행해야 하는 철도사고등의 수습에 관한 조치가 **아닌** 것은?

① 2차 사고 예방을 위하여 철도차량이 구르지 아니하도록 하는 조치 지시

② 전차선의 전기 공급 조치

③ 구원열차 또는 임시열차의 운행 지시

④ 안내방송 등 여객 대피를 위한 필요한 조치 지시

📖 규칙 제76조의5 관제업무종사자의 준수사항, 차단 조치다.

31 철도종사자 중 음주 제한의 강도가 **다른** 하나는?

① 여객승무원　　　　② 관제업무종사자

③ 작업책임자　　　　④ 운전업무종사자

📖 법 제41조(철도종사자의 음주 제한 등), 나머지는 0.02퍼센트로 더 엄격하다.

32 철도보호지구에서 제한 받는 대통령령으로 정하는 나무의 식재의 경우가 **아닌** 것은?

① 나무로 인하여 철도 주변 CCTV 화면이 일부 가려질 우려가 있는 경우

② 철도차량 운전자의 전방 시야 확보에 지장을 주는 경우

③ 나뭇가지가 전차선이나 신호기 등을 침범하거나 침범할 우려가 있는 경우

④ 호우나 태풍 등으로 나무가 쓰러져 철도시설물을 훼손시키거나 열차의 운행에 지장을 줄 우려가 있는 경우

📖 영 제47조(철도보호지구에서의 나무 식재)

33 법 제47조제1항제7호(그 밖에 공중이나 여객에게 위해를 끼치는 행위)에서 국토교통부령으로 정하는 행위에 해당하지 **않는** 것은?

① 타인에게 전염의 우려가 있는 법정 감염병자가 철도종사자의 허락 없이 여객열차에 타는 행위

② 철도종사자의 허락 없이 여객에게 기부를 부탁하거나 물품을 판매·배부하거나 연설·권유 등을 하여 여객에게 불편을 끼치는 행위

③ 여객에게 위해를 끼칠 우려가 있는 동식물을 안전조치 없이 여객열차에 동승하거나 휴대하는 행위

④ 철도차량을 향하여 돌이나 그 밖의 위험한 물건을 던져 철도차량 운행에 위험을 발생하게 하는 행위

📖 규칙 제80조(여객열차에서의 금지행위), 4번은 철도시설에서의 금지행위다.

---

34 여객의 동의를 받아 직접 신체나 물건을 검색하거나 특정 장소로 이동하여 검색을 할 수 있는 경우는?

① 위해물품을 휴대하거나 숨기고 있다고 의심되는 경우
② 보안검색장비의 오류 등으로 제대로 작동하지 아니하는 경우
③ 보안검색장비를 통한 검색 결과 그 내용물을 판독할 수 있는 경우
④ 보안검색장비의 경보음이 울리는 경우

해 규칙 제85조의2 보안검색의 실시 방법 및 절차, 판독할 수 없는 경우이다.

35 철도사고등 발생 시 후속조치로 틀린 것은 무엇인가?

① 여객의 안전을 확보하기 위하여 필요한 경우 철도차량의 비상문을 개방할 것
② 여객의 안전을 확보하기 위하여 필요한 경우 철도차량 내 여객을 대피시킬 것
③ 사고 수습을 위해 필요한 경우 철도종사자를 현장에 즉시 파견할 것
④ 사상자 발생 시 응급환자를 응급처치하거나 의료기관에 긴급히 이송되도록 지원할 것

해 제76조의8(철도사고등의 발생 시 후속조치 등)

36 철도사고등이 발생 했을 때 철도운영자등이 준수하여야 하는 사항이 <u>아닌</u> 것은?

① 사상자가 발생한 경우에는 안전관리체계에 포함된 비상대응계획에서 정한 절차에 따라 응급처치, 의료기관으로 긴급이송, 유관기관과의 협조 등 필요한 조치를 신속히 할 것
② 철도차량 운행이 곤란한 경우에는 비상대응절차에 따라 대체교통수단을 마련하는 등 필요한 조치를 할 것
③ 사고수습이나 복구작업을 하는 경우에는 인명의 구조와 보호에 가장 우선순위를 둘 것
④ 비상상황에서 관제 지시 없이도 현장 책임자가 자체적으로 운행 재개 여부를 판단할 수 있을 것

해 영 제56조 철도사고등의 발생 시 조치사항

37 국토교통부장관이나 관계 지방자치단체가 자료의 제출을 명할 수 있는 사유가 <u>아닌</u> 것은?

① 안전관리 수준평가를 위하여 필요한 경우
② 운전적성검사기관의 업무 수행 또는 지정기준 부합 여부에 대한 확인이 필요한 경우
③ 철도안전 종합계획 또는 시행계획의 수립 또는 추진을 위하여 필요한 경우
④ 영상기록장치 관련 규정의 준수 및 이행여부를 확인하기 위하여

해 제73조 보고 및 검사

38 국토교통부장관이 국가철도공단에게 위탁할 수 있는 사항으로 옳은 것은?

① 철도차량정비기술자의 인정 취소에 관한 청문
② 손실보상과 손실보상에 관한 협의
③ 정비조직운영기준의 작성
④ 기술기준의 제정 또는 개정을 위한 연구·개발

해 영 제63조 업무의 위탁

39 3년 이하의 징역 또는 3천만원 이하의 벌금에 해당하는 경우가 아닌 것은?

① 철도용품 제작자승인을 받지 아니하고 철도용품을 제작한 자
② 국토교통부장관의 운행제한 명령을 따르지 아니하고 철도차량을 운행한 자
③ 철도사고등이 발생하는 경우 현장을 이탈하여 사람을 사상(死傷)에 이르게 한 자
④ 안전관리체계의 유지를 위반하여 철도운영이나 철도시설의 관리에 중대하고 명백한 지장을 초래한 자

해 제78조(벌칙), 2년이다.

40 철도안전법 과태료로 옳지 않은 것은?

① 안전관리체계의 변경승인을 받지 않고 안전관리체계를 변경한 경우 2차 위반: 600만원
② 우수운영자로 지정되었음을 나타내는 표시를 하거나 이와 유사한 표시를 한 경우 1차 위반: 90만원
③ 형식승인 변경승인을 받지 않은 경우 1차 위반: 300만원
④ 철도관계기관등에 대하여 필요한 자료제출을 거부, 방해 또는 기피한 경우 1차 위반: 150만원

해 300만원이다.

41 철도차량 운전규칙에 관한 내용으로 **틀린** 것은?

① 다른 철도운영자등이 관리하는 구간에서 열차를 운행하려는 경우 철도운영자등은 다른 철도운영자등과 사전에 협의해야 한다.
② "운전취급담당자"란 철도 신호기·선로전환기 또는 조작판을 취급하는 사람을 말한다.
③ "구내운전"이라 함은 본선과 측선에서 입환신호에 의하여 열차 또는 차량을 운전하는 것을 말한다.
④ "무인운전"이란 사람이 열차 안에서 직접 운전하지 아니하고 관제실에서의 원격조종에 따라 열차가 자동으로 운행되는 방식을 말한다.

해 제2조 정의, 정거장 내에서 운전하는 것이 구내운전이다.

42 열차의 운전방향 지정에도 불구하고 지정된 선로의 반대선로로 열차를 운행할 수 있는 경우가 **아닌** 것은?

① 퇴행(退行)운전을 하는 경우
② 무인운전을 하는 경우
③ 철도운영자등과 상호 협의된 방법에 따라 열차를 운행하는 경우
④ 정거장과 그 정거장 외의 본선 도중에서 분기하는 측선과의 사이를 운전하는 경우

해 제20조 열차의 운전방향 지정 등, 무인운전과 운전방향은 관계가 없다.

43 열차가 퇴행할 수 있는 경우가 <u>아닌</u> 것은?

① 철도사고등의 발생 등 특별한 사유가 있는 경우

② 공사열차·구원열차 또는 제설열차가 작업상 퇴행할
필요가 있는 경우

③ 철도시설 또는 철도차량을 시험하기 위하여 운전하는
경우

④ 퇴행하는 경우에는 다른 열차 또는 차량의 운전에 지
장이 없도록 조치를 취하여야 한다.

해 제26조 열차의 퇴행 운전, 시험운전과 퇴행은 관계가 없다.

44 열차의 동시 진출·입 금지 예외 사항이 <u>아닌</u> 것
은?

① 단행기관차로 운행하는 열차를 진입시키는 경우

② 동일방향에서 진입하는 열차들이 각 정차위치에서
150미터 이상의 여유거리가 있는 경우

③ 열차를 유도하여 서행으로 진입시키는 경우

④ 안전측선·탈선선로전환기·탈선기가 설치되어 있는
경우

해 제28조 열차의 동시 진출·입 금지, 동일방향 100미터

45 철도차량 운전규칙 중 무인운전에 관한 내용으
로 <u>틀린</u> 것은?

① 긴급상황에 신속하게 대처하기 위하여 정거장 등에
안전요원을 배치하거나 순회하도록 할 것

② 열차가 정지선을 지나친 경우 : 후속 열차의 해당 정
거장 진입 차단 후 철도운영자등이 지정한 철도종사
자를 해당 열차에 탑승시켜 수동으로 열차를 정지선
으로 이동 의 순서대로 조치한다.

③ 관제업무종사자는 열차의 운행상태를 실시간으로 감
시하고 필요한 조치를 할 것

④ 출고한 후 또는무인운전 구간으로 진입한 직후 운전
방식을 무인운전 모드(mode)로 전환하고, 관제업무
종사자로부터 무인운전 기능을 확인받을 것

해 제32조의 2 무인운전 시의 안전확보 등, 출고하기 전

46 열차 또는 차량의 정지에 관한 내용으로 <u>틀린</u>
것은?

① 수신호에 의하여 정지신호의 현시가 있는 경우 현시
지점 넘어서 진행할 수 없다.

② 열차 또는 차량은 정지신호가 현시된 경우에는 그 현
시지점을 넘어서 진행할 수 없다.

③ 안전조치에 따라 서행하는 경우 그 현시지점을 넘어
서 진행할 수 있다.

④ 신호기 고장 등으로 인하여 정지가 불가능한 거리에
서 정지신호의 현시가 있는 경우 현시지점 넘어서 진
행할 수 있다.

해 제36조 열차 또는 차량의 정지, 수신호는 예외사항이다.

47 입환에 관한 내용으로 <u>틀린</u> 것은?

① 단순히 선로를 변경하기 위하여 이동하는 입환의 경우에는 입환작업계획서를 작성하지 아니할 수 있다.

② 입환 시 다른 열차의 운행에 지장을 주지 않도록 할 것

③ 차량과 열차가 이동할 때에 차량을 분리하는 입환작업을 할 것

④ 여객이 승차한 차량이나 화약류 등 위험물을 적재한 차량에 대하여는 충격을 주지 않도록 할 것

해 제39조 입환 이동할 때에는 입환을 하여서는 아니된다.

48 정거장외 입환에 관한 내용으로 <u>틀린</u> 것은?

① 차량을 측선 등에 정차시켜 두는 경우에는 차량이 움직이지 아니하도록 필요한 조치를 하여야 한다.

② 다른 열차가 인접정거장 또는 신호소를 출발한 후에는 그 열차에 대한 장내신호기의 안쪽에 걸친 입환을 할 수 없다.

③ 열차의 도착 시각이 임박한 때에는 그 열차가 정차 예정인 선로에서는 입환을 할 수 없다.

④ 3번의 경우 열차의 운전에 지장을 주지 아니하도록 안전조치를 한 후에는 그러하지 아니하다.

해 제43조 정거장외 입환, 장내신호기 바깥쪽이다.

49 하나의 폐색구간에는 둘 이상의 열차를 동시에 운행할 수 <u>없는</u> 예외 사항이 <u>아닌</u> 것은?

① 고장열차가 있는 폐색구간에 구원열차를 운전하는 경우

② 폐색에 의한 방법으로 운전을 하고 있는 열차를 열차제어장치로 운전하거나 시계운전이 가능한 노선에서 열차를 서행하여 운전하는 경우

③ 정거장과 그 정거장 외의 본선 도중에서 분기하는 측선과의 사이를 운전하는 경우

④ 폐색구간에서 뒤의 보조기관차를 열차로부터 떼었을 경우

해 제49조 폐색에 의한 열차 운행

50 차내신호폐색장치가 자동으로 정지신호를 현시해야 하는 경우가 <u>아닌</u> 것은?

① 열차 정상운행선로의 방향이 다른 경우

② 열차제어장치의 차상장치에 고장이 있는 경우

③ 다른 선로에 있는 열차 또는 차량이 폐색구간을 진입하고 있는 경우

④ 폐색구간에 있는 선로전환기가 정당한 방향에 있지 아니한 경우

해 제54조 차내신호폐색장치의 기능, 지상장치에 고장이 있는 경우

51 통표폐색장치에 대한 설명으로 옳지 <u>않은</u> 것은?

① 통표폐색기에는 그 구간 전용의 통표만을 넣어야 한다.

② 열차를 통표폐색구간에 진입시키려는 경우에는 폐색구간에 열차가 없는 것을 확인하고 운행하려는 방향의 정거장 또는 신호소 운전취급담당자의 승인을 받아야 한다.

③ 폐색구간 양끝에 있는 통표폐색기에 넣은 통표는 2개에 한하여 꺼낼 수 있으며, 꺼낸 통표를 통표폐색기에 넣은 후가 아니면 다른 통표를 꺼내지 못하는 것일 것

④ 열차는 당해 구간의 통표를 휴대하지 아니하면 그 구간을 운전할 수 없다. 다만, 특별한 사유가 있는 경우에는 그러하지 아니하다.

🖩 제55조 통표폐색장치의 기능 등, 1개

52 지도표의 기입할 사항이 <u>아닌</u> 것은?

① 사용열차번호　　　② 사용구간
③ 양끝의 정거장명　　④ 발행일자

🖩 제62조 지도표 지도권의 기입사항, 권구라고 외운다.

53 지령식을 시행하기 위한 요건으로 옳지 <u>않은</u> 것은?

① 운전용 통신장치 기능이 정상일 것

② 운전업무종사자가 열차 운행을 감시할 수 있을 것

③ 지령식을 시행할 폐색구간의 경계를 정할 것

④ 지령식을 시행할 폐색구간에 열차나 철도차량이 없음을 확인할 것

🖩 제64조의2 지령식의 시행, 관제업무종사자가 감시할 수 있어야한다.

54 시계운전에 관한 설명으로 옳지 <u>않은</u> 것은?

① 시계운전에 의한 방법은 신호기 또는 통신장치의 고장으로 상용폐색방식을 사용할 수 없을 경우 한하여 시행하여야 한다.

② 단선구간에서는 하나의 방향으로 열차를 운전하는 때에 반대방향의 열차를 운전시키지 아니하는 등 사고예방을 위한 안전조치를 하여야 한다.

③ 반대 방향으로 운전하는 열차는 선행 열차와 충분한 간격을 두고 운전하여야 한다.

④ 철도차량의 운전속도는 전방 가시거리 범위 내에서 열차를 정지시킬 수 있는 속도 이하로 운전하여야 한다.

🖩 제70조 시계운전에 의한 방법, 동일 방향이다.

55 격시법 및 지도격시법에 관한 설명으로 옳지 <u>않</u>은 것은?

① 격시법 폐색구간의 한끝에 있는 정거장 또는 신호소의 운전취급담당자가 시행한다.

② 지도격시법은 폐색구간의 한끝에 있는 정거장 또는 신호소의 운전취급담당자가 적임자를 파견하여 상대의 정거장 또는 신호소 운전취급담당자와 협의한 후 시행해야 한다.

③ 지도통신식을 시행 중인 구간에서 통신두절이 된 경우 지도표를 가지고 있는 정거장 또는 신호소에서 출발하는 최초의 열차에 대해서는 적임자를 파견하지 않고 시행할 수 있다.

④ 격시법 또는 지도격시법을 시행하는 경우에는 최초의 열차를 운전시키기 전에 폐색구간에 열차 또는 차량이 있음을 확인하여야 한다.

🖩 제73조 격시법 또는 지도격시법의 시행, 없음을 확인

---

56 전령법에 관한 설명으로 옳지 <u>않은</u> 것은?

① 전령법은 그 폐색구간 양끝에 있는 정거장 또는 신호소의 운전취급담당자가 협의하여 이를 시행해야 한다.

② 선로고장 등으로 지도식을 시행하는 폐색구간에 전령법을 시행하는 경우 협의하지 않고 시행할 수 있다.

③ 전화불통으로 협의를 할 수 없는 경우 협의하지 않고 시행할 수 있다.

④ 당해 열차 또는 차량이 정차되어 있는 곳을 넘어서 열차 또는 차량을 운전할 수 있다.

🈐 제74조 전령법의 시행, 없다.

57 철도신호와 관련된 설명으로 옳지 <u>않은</u> 것은?

① 일출 후부터 일몰 전까지는 주간 방식으로, 일몰 후부터 다음 날 일출 전까지는 야간 방식으로 한다.

② 일출 후부터 일몰 전까지의 경우에도 주간 방식에 따른 신호·전호 또는 표지를 확인하기 곤란한 경우에는 야간 방식에 따른다.

③ 지하구간 및 터널 안의 신호·전호 및 표지는 야간의 방식에 의하여야 한다.

④ 길이가 짧아 빛이 통하는 지하구간 또는 조명시설이 설치된 터널 안 또는 지하 정거장 구내의 경우 야간의 방식에 의하여야 한다.

🈐 제78조 지하구간 및 터널 안의 신호, 야간 방식에 의하지 아니함

58 빈칸에 들어갈 말로 맞는 것은?

> **제80조(신호의 겸용금지)**
> 하나의 신호는 하나의 선로에서 하나의 목적으로 사용되어야 한다. 다만, (   )를 부설한 신호기는 그러하지 아니하다.

① 진로표시기 　② 진로개통표시기
③ 서행신호기 　④ 서행해제신호기

🈐 제80조 신호의 겸용금지, 진로표시기는 숫자 등을 표현할 수 있다.

59 신호부속기의 종류가 <u>아닌</u> 것은?

① 진로표시기 : 장내신호기·출발신호기·진로개통표시기 및 입환신호기에 부속하여 열차 또는 차량에 대하여 그 진로를 표시하는 것

② 진로개통표시기 : 차내신호를 사용하는 열차가 운행하는 본선의 분기부에 설치하여 진로의 개통 상태를 표시하는 것

③ 진로예고기 : 장내신호기·출발신호기에 종속하여 다음 장내신호기 또는 출발신호기에 현시하는 진로를 열차에 대하여 예고하는 것

④ 차내신호: 동력차 내에 설치하여 신호를 현시하는 것

🈐 제82조 상치신호기의 종류, 차내신호는 신호부속기가 아니다.

60 신호기에 대한 설명으로 옳지 <u>않은</u> 것은?

① 원방신호기 : 장내신호기 · 출발신호기 · 폐색신호기 및 엄호신호기에 종속하여 열차에 주 신호기가 현시하는 신호의 예고신호를 현시하는 것

② 입환신호기 : 입환차량 또는 차내신호폐색식을 시행하는 구간의 열차에 대하여 신호를 현시하는 것

③ 통과신호기 : 장내신호기에 종속하여 정거장에 진입하는 열차에 신호기가 현시하는 신호를 예고하며, 정거장을 통과할 수 있는지에 대한 신호를 현시하는 것

④ 중계신호 : 장내신호기 · 출발신호기 · 폐색신호기 및 엄호신호기에 종속하여 열차에 주 신호기가 현시하는 신호의 중계신호를 현시하는 것

해 제82조 상치신호기의 종류, 출발신호기에 종속한다. (급행 등 정거장 통과를 보여줌)

61 차내신호에 대한 설명으로 옳지 <u>않은</u> 것은?

① 진행신호 : 열차를 지정된 속도 이하로 운전하게 하는 것

② 15신호 : 정지신호에 의하여 정지한 열차에 대한 신호로서 1시간에 15킬로미터 이하의 속도로 운전하게 하는 것

③ 정지신호 : 열차운행에 지장이 있는 구간으로 운행하는 열차에 대하여 정지하도록 하는 것

④ 야드신호 : 입환차량에 대한 신호로서 1시간에 15킬로미터 이하의 속도로 운전하게 하는 것

해 제83조 차내신호, 야드는 25킬로미터다.

62 상치신호기의 현시방식으로 옳지 <u>않은</u> 것은?

① 원방신호기 - 주신호기가 정지신호를 할 경우: 색등식 - 적색등

② 통과신호기 - 주신호기가 진행을 지시하는 신호를 할 경우: 완목식 - 주간: 완 좌하향 45도

③ 중계신호기 - 주신호기가 정지신호를 할 경우: 색등식 : 적색등

④ 중계신호기 - 주신호기가 진행을 지시하는 신호를 할 경우: 색등식 : 주신호기가 진행을 지시하는 색등

해 제84조 신호현시방식, 원방신호기는 주신호기를 예고하는 것으로 등황색등이다.

63 차내신호의 현시방식으로 옳지 <u>않은</u> 것은?

① 정지신호: 적색사각형등 점등

② 진행신호: 녹색원형등(해당신호등) 점등

③ 15신호: 적색원형등 점등("15"지시)

④ 야드신호: 노란색 직사각형등과 적색원형등(25등신호) 점등

해 제84조 신호현시방식, 적색원형등이다.

64 신호현시의 기본원칙으로 옳지 <u>않은</u> 것은?

① 상치신호기의 현시를 후면에서 식별할 필요가 있는 경우에는 배면광(背面光)을 설비하여야 한다.

② 기둥 하나에 같은 종류의 신호 2 이상을 현시할 때에는 맨 위에 있는 것을 맨 오른쪽의 선로에 대한 것으로 하고, 순차적으로 왼쪽의 선로에 대한 것으로 한다.

③ 원방신호기는 그 주된 신호기가 진행신호를 현시하거나, 3위식 신호기는 그 신호기의 배면쪽 제1의 신호기에 주의 또는 진행신호를 현시하기 전에 이에 앞서 진행신호를 현시할 수 없다.

④ 열차가 상치신호기의 설치지점을 통과한 때에는 그 지점을 통과한 때마다 유도신호기는 신호를 현시하지 아니하며 원방신호기는 주의신호를, 그 밖의 신호기는 정지신호를 현시하여야 한다.

🖩 제87조(신호의 배열), 순차적으로 오른쪽의 선로에 대한 것으로 한다.

65 수신호의 현시방법으로 옳지 <u>않은</u> 것은?

① 정지신호 - 주간 : 적색기. 다만, 적색기가 없을 때에는 양팔을 높이 들거나 또는 녹색기외의 것을 급히 흔든다.

② 서행신호 - 주간 : 적색기와 녹색기를 모아쥐고 머리 위에 높이 교차한다.

③ 서행신호 - 야간 : 깜빡이는 등황색등

④ 진행신호 - 주간 : 녹색기. 다만, 녹색기가 없을 때는 한 팔을 높이 든다.

🖩 제93조 수신호의 현시방법 - 깜빡이는 녹색등

66 도시철도 운전규칙에서 사용하는 용어의 뜻으로 <u>틀린</u> 것은?

① "폐색(閉塞)"이란 선로의 일정구간에 둘 이상의 열차를 동시에 운전시키지 아니하는 것을 말한다.

② "운전장애"란 열차등의 운전으로 인하여 그 열차등의 운전에 지장을 주는 것 중 운전사고에 해당하지 아니하는 것을 말한다.

③ "시계운전(視界運轉)"이란 사람이 열차 안에서 직접 운전하지 아니하고 관제실에서의 원격조종에 따라 열차가 자동으로 운행되는 방식을 말한다.

④ "전차선로"란 전차선 및 이를 지지하는 인공구조물을 말한다.

🖩 제3조 정의, 시계는 맨눈 운전

67 도시철도 운전규칙의 용어에서 말하는 운전보안장치의 종류로 <u>틀린</u> 것은?

① 경보장치   ② 건널목장치

③ 열차자동정지장치   ④ 선로전환장치

🖩 제3조 정의

68 도시철도 운전규칙에 관한 내용으로 <u>틀린</u> 것은?

① 도시철도운영자는 안전운전과 이용승객의 편의 증진을 위하여 장기·중기 단기계획을 수립하여 시행하여야 한다.

② 도시철도운영자는 도시철도의 안전과 관련된 업무에 종사하는 직원에 대하여 적성검사와 정해진 교육을 하여 도시철도 운전 지식과 기능을 습득한 것을 확인한 후 그 업무에 종사하도록 하여야 한다.

③ 도시철도운영자는 선로·전차선로 또는 운전보안장치를 신설·이설(移設) 또는 개조한 경우 그 설치상태 또는 운전체계의 점검과 종사자의 업무 숙달을 위하여 정상운전을 하기 전에 60일 이상 시험운전을 하여야 한다.

④ 3번의 경우 이미 운영하고 있는 구간을 확장·이설 또는 개조한 경우에는 관계 전문가의 안전진단을 거쳐 시험운전 기간을 줄일 수 있다.

🖪 제8조(안전운전계획의 수립 등), 장기 단기만 있음

---

69 선로 및 설비의 보전에 관한 내용으로 <u>틀린</u> 것은?

① 전력설비는 매일 한 번 이상 순회점검을 하여야 한다.

② 통신설비는 항상 통신할 수 있는 상태로 보전하여야 한다.

③ 전차선로는 매일 한 번 이상 순회점검을 하여야 한다.

④ 선로는 열차등이 도시철도운영자가 정하는 속도(이하 "지정속도"라 한다)로 안전하게 운전할 수 있는 상태로 보전(保全)해야 한다.

🖪 제2장 선로 및 설비의 보전, 전력설비의 각 부분은 도시철도운영자가 정하는 주기에 따라 검사를 하고 안전운전에 지장이 없도록 정비하여야 한다.

---

70 도시철도운영자가 재해·고장·운전사고 또는 운전장애 발생 시 응급복구에 필요한 기구 및 자재를 보관·정비해야 하는 시설이 <u>아닌</u> 것은?

① 전력설비 ② 운전보안장치

③ 차량 ④ 통신설비

🖪 제6조(응급복구용 기구 및 자재 등의 정비) 차량, 선로, 전력설비, 운전보안장치, 그 밖에 열차운전을 위한 시설

---

71 선로·전력설비·통신설비 또는 운전보안장치의 검사를 하였을 때 기록하여 일정 기간 보존하여야 하는 것이 <u>아닌</u> 것은?

① 검사일 ② 검사인원

③ 검사상태 ④ 검사자의 성명

🖪 제22조(선로 등 검사에 관한 기록보존)

---

72 폐색구간에서 둘 이상의 열차를 동시에 운전할 수 없는 경우의 예외가 <u>아닌</u> 것은?

① 하나의 열차를 분할하여 운전하는 경우

② 다른 열차의 차선 바꾸기 지시에 따라 차선을 바꾸기 위하여 운전하는 경우

③ 고장난 열차가 있는 폐색구간에서 구원열차를 운전하는 경우

④ 시험운전을 하는 경우

🖪 제37조 폐색구간

---

73 추진운전과 퇴행운전 금지사항의 예외가 <u>아닌</u> 것은?

① 차량을 결합·해체하거나 차선을 바꾸는 경우

② 공사열차나 구원열차를 운전하는 경우

③ 관제의 승인을 받아 무인운전을 하는 경우

④ 선로나 열차에 고장이 발생한 경우

해 제38조 추진운전과 퇴행운전

74 선로의 차단으로 옳은 것은?

① 도시철도운영자는 공사나 그 밖의 사유로 선로를 차단할 필요가 있을 때에는 미리 계획을 수립한 후 그 계획에 따라야 한다. 다만, 긴급한 조치가 필요한 경우에는 관제사의 지시에 따라 선로를 차단할 수 있다.

② 국토교통부장관은 공사나 그 밖의 사유로 선로를 차단할 필요가 있을 때에는 미리 계획을 수립한 후 그 계획에 따라야 한다. 다만, 긴급한 조치가 필요한 경우에는 운전업무를 총괄하는 사람의 지시에 따라 선로를 차단할 수 있다.

③ 시 도지사는 공사나 그 밖의 사유로 선로를 차단할 필요가 있을 때에는 미리 계획을 수립한 후 그 계획에 따라야 한다. 다만, 긴급한 조치가 필요한 경우에는 국토교통부장관 지시에 따라 선로를 차단할 수 있다.

④ 작업책임자는 공사나 그 밖의 사유로 선로를 차단할 필요가 있을 때에는 미리 계획을 수립한 후 그 계획에 따라야 한다. 다만, 긴급한 조치가 필요한 경우에는 운전업무를 총괄하는 사람의 지시에 따라 선로를 차단할 수 있다.

해 제41조 선로의 차단

75 도시철도 운전규칙에서 사용하는 대용폐색방식으로 <u>틀린</u> 것은?

① 전령법 ② 지도통신식

③ 지령식 ④ 통신식

해 제55조 대용폐색방식

76 도시철도의 신호의 종류에 대한 설명으로 맞는 것은?

① 신호: 형태·색 등으로 열차등에 대하여 운전의 조건을 지시하는 것

② 전호(傳號): 형태·색 등으로 직원 상호간에 의사를 표시하는 것

③ 표지: 형태·색 등으로 물체의 위치·방향·조건을 표시하는 것

④ 표지: 형태·색·음 등으로 물체의 위치·방향·조건을 표시하는 것

해 제60조(신호의 종류), 표지: 형태·색 등으로 물체의 위치·방향·조건을 표시하는 것

77 도시철도의 신호의 종류에 대한 설명으로 <u>틀린</u> 것은?

① 차내신호방식 및 지하구간에서의 신호방식은 야간방식에 따른다.

② 일출부터 일몰까지의 사이에 기상상태로 인하여 상당한 거리로부터 주간방식에 따른 신호를 확인하기 곤란할 때 또한 주간방식을 시행한다.

③ 신호: 형태·색·음 등으로 열차등에 대하여 운전의 조건을 지시하는 것

④ 주간과 야간의 신호방식을 달리하는 경우에는 일출부터 일몰까지는 주간의 방식에 따라야 한다.

해 제61조 주간 또는 야간의 신호, 신호 확인 곤란 시 야간 따른다.

78 도시철도 운전규칙에서 말하는 신호기의 종류와 설명로 <u>틀린</u> 것은?

① 진로개통표시기 : 차내신호기를 사용하는 본선로의 분기부에 설치하여 진로의 개통상태를 표시하는 것

② 진로표시기 : 장내신호기, 출발신호기, 진로개통표시기 또는 입환신호기에 부속되어 열차등에 대하여 그 진로를 표시하는 것

③ 원방신호기 : 출발신호기 및 장내신호기에 종속되어 그 신호상태를 예고하는 신호기

④ 중계신호기 : 주신호기에 종속되어 그 신호상태를 중계하는 신호기

해 제65조 상설신호기의 종류, 장내신호기 및 폐색신호기에 종속 예고한다.

79 도시철도 운전규칙에서 말하는 신호기의 종류와 설명로 <u>틀린</u> 것은?

① 차내신호기 정지신호 - 0속도를 표시

② 차내신호기 진행신호 - 녹색등 현시

③ 폐색신호기 - 경계신호 상하위 등황색등

④ 원방신호기 주신호기가 정지신호 현시할 경우 등황색등

해 제66조 상설신호기의 종류 및 신호 방식, 지령속도를 표시한다.

80 도시철도 운전규칙에서 말하는 전호 방식으로 <u>틀린</u> 것은?

① 야간 - 정지전호 : 적색등을 흔든다.

② 주간 - 정지전호 : 적색기를 흔든다. 다만, 부득이한 경우에는 두 팔을 높이 드는 것으로 대신할 수 있다.

③ 주간 - 퇴거전호 : 녹색기를 좌우로 흔든다. 다만, 부득이한 경우에는 한 팔을 상하로 움직이는 것으로 대신할 수 있다.

④ 위험을 경고할 경우 기적전호를 하여야 한다.

해 제74조 입환전호, 퇴거는 가거라 상하로

CHAPTER

2종 면허필기 대비 기출베이스

20문제, 제한시간 20분
최신 2종면허필기 문제 참고 반영
철도안전법 과목의 커트라인은 60점입니다.

01 철도안전사고에 해당하지 <u>않는</u> 것은?

① 탈선사고 ② 철도화재사고

③ 철도시설파손사고 ④ 기타철도안전사고

[해] 규칙 제1조의2(철도사고의 범위), 충탈화는 교통사고다.

02 철도안전종합계획 포함될 사항이 <u>아닌</u> 것은?

① 철도종사자의 안전 및 근무환경 향상에 관한 사항

② 철도운영 유지관리비 절감 및 효율화에 관한 사항

③ 철도안전에 관한 시설의 확충, 개량 및 점검 등에 관한 사항

④ 철도안전 관련 연구 및 기술개발에 관한 사항

[해] 법 제5조(철도안전 종합계획)

03 안전관리체계 승인 신청 시 제출해야하는 철도안전관리시스템에 관한 서류가 <u>아닌</u> 것은?

① 철도사고 조사 및 보고

② 내부 점검

③ 열차 운행계획

④ 안전정보

[해] 규칙 제2조(안전관리체계 승인 신청 절차 등) 3번은 열차운행체계에 관한 서류다.

04 제2종 전기차량 운전면허를 보유한 사람이 디젤차량 운전면허를 취득할 때 요구되는 교육시간 총합으로 옳은 것은?

① 50 ② 90

③ 110 ④ 130

[해] 시행규칙 [별표 7], 운전면허 취득을 위한 교육훈련 과정별 교육시간 및 교육훈련과목

05 제2종 전기차량 운전면허 시험응시자의 반응형 검사 항목으로 <u>옳지 않은</u> 것은?

① 민첩성 ② 공간지각

③ 일반성격 ④ 지속주의

[해] 시행규칙 [별표 4] 적성검사 항목 및 불합격 기준

06 철도사고등의 발생 시 후속조치에 대한 설명으로 <u>틀린</u> 것은?

① 여객의 안전을 확보하기 위하여 필요한 경우 철도차량 내 여객을 대피시킬 것

② 사상자 발생 시 응급환자를 응급처치하거나 의료기관에 긴급히 이송되도록 지원할 것

③ 철도차량 내 안내방송을 실시할 것. 다만, 방송장치로 안내방송이 불가능한 경우에는 생략할 수 있다.

④ 2차 사고 예방을 위하여 철도차량이 구르지 아니하도록 하는 조치를 할 것

[해] 규칙 제76조의8(철도사고등의 발생 시 후속조치 등), 확성기 등을 활용하여야 한다.

07 철도 보호 및 질서유지를 위한 금지행위에 해당하지 않는 것은?

① 철도교량 등 국토교통부령으로 정하는 시설 또는 구역에 국토교통부령으로 정하는 폭발물 또는 인화성이 높은 물건 등을 쌓아 놓는 행위

② 선로(철도와 교차된 도로를 포함한다) 또는 국토교통부령으로 정하는 철도시설에 철도운영자등의 승낙 없이 출입하거나 통행하는 행위

③ 열차운행 중에 타고 내리거나 정당한 사유 없이 승강용 출입문의 개폐를 방해하여 열차운행에 지장을 주는 행위

④ 철도시설 또는 철도차량을 파손하여 철도차량 운행에 위험을 발생하게 하는 행위

해 법 제48조(철도 보호 및 질서유지를 위한 금지행위), 제외한다.

08 국토교통부장관이 처분을 하는 경우에는 청문을 하여야 하는 경우로 옳은 것은?

① 철도운행안전관리자의 자격 취소 및 효력정지

② 안전관리체계의 승인 취소 및 효력정지

③ 관제자격증명의 취소 또는 효력정지

④ 운전적성검사기관의 지정취소 및 효력정지

해 법 제75조(청문), 나머지는 효력정지가 없다.

09 무기징역 또는 5년 이상의 징역에 처하는 경우로 옳은 것은?

① 과실로 사람이 탑승하여 운행 중인 철도차량을 탈선 또는 충돌하게 하거나 파괴한 사람

② 업무상 과실이나 중대한 과실로 운행 중인 철도차량에 불을 놓아 소훼한 사람

③ 사람이 탑승하여 운행 중인 철도차량에 불을 놓아 소훼한 사람

④ 철도시설 또는 철도차량을 파손하여 철도차량 운행에 위험을 발생하게 한 사람

해 법 제78조(벌칙)
1번 1년 1천만원, 2번 3년 3천만원, 4번 10년 1억

기출변형

10 과태료 부과기준으로 옳지 않은 것은?

① 철도운영자 등이 안전교육 실시 여부를 확인하지 않거나 안전교육을 실시하도록 조치하지 않은 경우 2차 위반: 300만원

② 조사·열람·수거 등을 거부, 방해 또는 기피한 경우 1차 위반: 300만원

③ 이력사항을 과실로 입력하지 않은 경우 1차 위반: 300만원

④ 여객열차에서 흡연을 한 경우 1차 위반: 30만원

해 150만원이다.

11 철도차량 운전규칙에서 정의로 옳지 않은 것은?

① "측선"이라 함은 본선이 아닌 선로를 말한다.

② "신호소"라 함은 차량의 입환 또는 열차의 조성을 위하여 사용되는 장소를 말한다.

③ "차량"이라 함은 열차의 구성부분이 되는 1량의 철도차량을 말한다.

④ "운전취급담당자"란 철도 신호기·선로전환기 또는 조작판을 취급하는 사람을 말한다.

해 제2조(정의), 조차장의 정의다.

12 열차 맨 앞 운전의 예외에 해당하지 않는 것은?

① 보조기관차를 사용하는 경우

② 철도종사자가 차량의 맨 앞에서 전호를 하는 경우로서 그 전호에 의하여 열차를 운전하는 경우

③ 정거장과 그 정거장 외의 본선 도중에서 분기하는 측선과의 사이를 운전하는 경우

④ 공사열차·구원열차 또는 제설열차를 운전하는 경우

해 제13조(열차의 운전위치), 1번은 동력차 연결위치의 예외다.

13 철도차량 운전규칙에서 말하는 주신호기의 종류와 설명으로 틀린 것은?

① 출발신호기 : 정거장을 진출하려는 열차에 대하여 신호를 현시하는 것

② 유도신호기 : 출발신호기에 정지신호의 현시가 있는 경우 유도를 받을 열차에 대하여 신호를 현시하는 것

③ 폐색신호기 : 폐색구간에 진입하려는 열차에 대하여 신호를 현시하는 것

④ 입환신호기 : 입환차량 또는 차내신호폐색식을 시행하는 구간의 열차에 대하여 신호를 현시하는 것

해 제82조(상치신호기의 종류)

14 입환신호기에 대한 설명으로 틀린 것은?

① 정지신호 - 색등식 차내신호폐색구간 : 적색등

② 정지신호 - 등열식 : 백색등열 수평, 무유도등 소등

③ 진행신호 - 등열식 : 백색등열 우하향 45도, 무유도등 점등

④ 진행신호 - 색등식 그 밖의 구간 : 청색등 무유도등 점등

해 제84조(신호현시방식), 좌하향이다.

15 임시신호기의 신호현시방식으로 틀린 것은?

① 서행신호 야간 : 등황색등 또는 반사재

② 서행예고신호 주간 : 흑색삼각형 3개를 그린 백색삼각형

③ 서행해제신호 주간 : 흑색테두리를 한 녹색원판

④ 서행해제신호 야간 : 등황색등 또는 반사재

해 제92조(신호현시방식), 백색테두리다.

16 도시철도 운전규칙에서 용어의 정의로 틀린 것은?

① "차량"이란 선로에서 운전하는 열차 외의 전동차·궤도시험차·전기시험차 등을 말한다.

② "정거장"이란 여객의 승차·하차, 열차의 편성, 차량의 입환(入換) 등을 위한 장소를 말한다.

③ "폐색(閉塞)"이란 선로의 일정구간에 둘 이상의 열차를 동시에 운전시키는 것을 말한다.

④ "운전장애"란 열차등의 운전으로 인하여 그 열차등의 운전에 지장을 주는 것 중 운전사고에 해당하지 아니하는 것을 말한다.

해 제3조(정의), 운전시키지 않는 것

17　도시철도 운전규칙에서 운전진로를 달리할 수 있는 경우로 <u>틀린</u> 것은?

① 구원열차(救援列車)나 공사열차(工事列車)를 운전하는 경우

② 구내운전(構內運轉)을 하는 경우

③ 보조기관차를 이용하여 운행하는 경우

④ 선로 또는 열차에 고장이 발생하여 퇴행운전을 하는 경우

해　제36조(운전 진로)

기출변형

18　도시철도 운전규칙에서 장내신호기의 색등식 신호에 대한 설명으로 <u>틀린</u> 것은?

① 진행신호 : 녹색등

② 경계신호 : 상하위 등황색등

③ 감속신호 : 상위는 녹색등 하위는 등황색등

④ 주의신호 : 등황색등

해　제66조(상설신호기의 종류 및 신호 방식), 위가 등황색등이다.

19　철도차량 등에 발생한 고장 등의 의무 보고에서 고장보고는 보고자가 관련사실을 인지한 후 며칠 이내로 하여야 하는가?

① 즉시　　　　　② 3일

③ 5일　　　　　④ 7일

해　제11조(고장보고의 기한)

20　직무교육 종류와 방법에대한 설명으로 <u>틀린</u> 것은?

① 집합교육 : 적합한 교육교재와 적절한 교육장비 등을 갖추고 실습 또는 시청각교육을 병행하여 실시

② 현장교육 : 현장소속(근무장소를 포함한다)에서 교육교재, 실습장비, 안전교육 자료 등을 활용하여 실시

③ 위탁교육 : 교육훈련기관 · 철도안전전문기관 · 정비교육훈련기관 등에 위탁하여 실시

④ 원격교육 : 철도운영자등의 자체 또는 외부위탁 전산망을 활용하여 실시

해　제14조의3(직무교육 실시 방법 등), 부서별 직장교육이다. 집원부위로 외운다.

서울교통공사 인재개발원: 80문제, 80분, 문제수가 가장 많음, 40 20 20, 3장의 관제, 정비도 조금 나옴

인천교통공사 인재개발원: 50문제, 50분, 30 10 10, 쉬운 편, 커트 높음

서울과학기술대학교 인재개발원: 운전이론 포함, 60문제, 60분, 40 20

교통대학교 HRD센터: 50문제, 50분

부산교통공사 인재개발원: 50문제, 50분, 3장에서 관제랑 정비 출제,

ㄱㄴㄷㄹ 고르는 문제 형태, 소요시간 길고 난이도 높음, 별표의 세부내용까지 자주 출제

우송대학교: 60문제, 60분(철도왕 철도관련법 기본문제 수준)

동양대학교 :50문제, 50분

경일대학교: 50문제, 50분, 2장 별표 세부내용 출제

송원대학교: 50문제, 50분, 3장 관제 출제

한라대학교: 40문제, 40분

2종 면허 필기: 입교만큼 지엽적이지 않음

CHAPTER

부록:
철도교통관제 운영규정 빈출문제
(관제 시험 대비)

철도교통관제 운영규정 빈출문제 커트라인 60점

01 관제업무를 수행하는 구역에서 제외되는 철도 차량은?

① 정상운행을 하기 전의 신설선에서 철도차량을 운행하는 경우

② 철도차량을 보수하기 위한 차량유치시설에 철도차량을 운행하는 경우

③ 정상운행을 하고난 직후 개량선에서 철도차량을 운행하는 경우

④ 철도차량을 정비하기 위한 차량정비기지

해 제2조(정의), 하기 전의

02 관제기관에 해당하는 철도교통관제시설이 아닌 것은?

① 예비철도교통관제실　② 철도교통관제센터

③ 관제상황실　④ 관제운영실

해 제2조(정의)

03 관제설비에 해당하지 않는 것은?

① 관제전화설비　② 관제운영콘솔

③ 열차집중제어장치　④ 열차무선설비

해 제2조(정의), 제어(관제)콘솔

04 관제 업무에 해당하지 않는 것은?

① 철도교통관제시설의 관리

② 철도시설의 운용상태 및 철도차량 등의 운행과 관련된 조언과 정보의 제공

③ 철도차량 등의 운행시간 준수 여부에 대한 지도·감독

④ 선로사용계획에 따라 철도차량의 운행을 제어·통제·감시

해 제2조(정의), 철도차량 등의 적법운행 여부에 대한 지도·감독

05 철도교통관제 운영규정에서 말하는 정의로 틀린 것은?

① "선로사용계획"이란 열차운행을 위한 선로사용계획(열차운행시각표를 포함한다)과 선로 등의 건설과 개량·유지보수를 위한 선로사용계획을 말한다.

② "관제업무수행자"란 관제업무수행자의 직원으로 관제기관에서 관제업무를 수행하는 사람을 말한다.

③ "선로배분시행자"란 선로용량의 배분에 관한 업무를 수행하는 자를 말한다.

④ "선로작업시행자"란 선로 등의 건설과 개량·유지보수를 수행하는 자를 말한다.

해 제2조(정의), "관제업무종사자"

06 운전정리에 관한 내용중 올바르지 <u>않은</u> 것은?

① 대피변경 : 복선구간에서 열차의 대피정거장을 변경하는 것

② 운행순서변경 : 먼저 운행할 열차의 운행시각을 변경하지 않고 운행순서를 변경하는 것

③ 특발 : 지연열차의 도착을 기다리지 아니하고 따로 열차를 조성하여 출발시키는 것

④ 운행선로변경 : 열차운행방향과 운행선로를 변경하는 것

해 제2조(정의), 소정의 열차운행방향을 변경하지 않고 운행선로를 변경하는 것

07 철도교통관제 운영규정 정의에서 말하는 "철도종사자"로 <u>틀린</u> 것은?

① 여객에게 승무 및 역무 서비스를 제공하는 사람

② 철도시설 또는 철도차량을 보호하기 위한 순회점검업무 또는 경비업무를 수행하는 사람

③ 철도사고, 철도준사고 및 운행장애가 발생한 현장에서 조사·수습·복구 등의 업무를 수행하는 사람

④ 철도차량의 운전업무에 종사하는 사람

해 제2조(정의)

08 관제업무 관련 전문가가 갖춰야 하는 요건이 <u>아닌</u> 것은?

① 의사소통, 문제인식 및 분석능력 등이 탁월한 사람

② 5년 이상의 관제업무 근무경력이 있는 사람

③ 철도관제업무를 담당하고 있는 공무원

④ 철도안전업무 전반에 관한 전문적인 지식을 가진 사람

해 제6조(관제운영 감독관의 지정 등), 3년

09 관제업무수행자 관제업무종사자가 업무를 적정하게 수행할 수 있도록 해야하는 사항이 <u>아닌</u> 것은?

① 관제업무 의사결정의 투명성을 확보하고, 관제업무 수행에 있어서 선로사용자 간에 차별을 두지 말 것

② 철도운영자등이 불평등한 관계에서 불이익을 받지 않도록 할 것

③ 철도를 운행하는 철도차량에 대한 현상태, 예측정보는 시급성에 따라 구분하여 제공할 것

④ 관제업무에 대한 의사결정은 반드시 관제운영조직에 명시된 인원에 의하여 수행할 것

해 제5조(관제업무의 독립성 확보 등) 선로사용자, 철도운영자 등에게 공정하게 제공할 것

10 철도교통의 안전과 질서를 유지하기 위해 해야 하는 관제업무 범위로 <u>틀린</u> 것은?

① 귀빈 승차 및 국가적 행사 등으로 특별열차가 운행하는 경우 조치

② 열차 출발 또는 작업 개시 48시간 이내에 시행하여야 하는 사전계획 되지 아니한 긴급·임시 철도차량의 운행설정·승인 및 작업구간의 열차운행 통제

③ 철도차량의 정상적인 운행 유지 및 적법운행 여부에 대한 지도·감독

④ 긴급한 선로작업을 포함한 열차운행선 지장작업에 대한 승인·조정·통제

해 제7조(관제업무의 범위), 72시간

01 관제업무에 관한 내용으로 틀린 것은?

① 관제업무수행자는 관제기관을 24시간 계속 운영하여야 한다.

② 관제업무수행자는 관제업무를 효율적으로 수행하기 위하여 본사에는관제센터를 두고, 소속기관으로 관제실과 관제운영실을 운영하여야 한다.

③ 열차운행 횟수 및 운행조건 등에 따라 관제업무량이 증감된 경우 관제구간을 일시적으로 합병할 수 있다.

④ 철도사고등의 발생으로 관제구역을 분할하여 관제업무를 수행하는 것이 안전하다고 판단되는 경우 관제구간을 일시적으로 합병할 수 있다.

해 제9조, 10조, 본사 - 관제실과 관제운영

02 업무일지에 기록하는 내용이 아닌 것은?

① 관제권역(구간)의 근무인원 및 교대관계

② 관제권역(구간)의 열차 운행상황

③ 열차운행과 관계된 자들 사이에 행하여진 통신기록

④ 관제시설의 고장·장애 발생 및 보수의뢰 내용

해 제12조(관제업무종사자 구분 및 관제업무책임자 지정)

03 철도교통관제업무를 행함에 있어 공개하지 아니할 수 있는 내용이 아닌 것은?

① 철도사고 등과 관계된 자들에 대한 의학적인 정보 또는 사생활 정보

② 사고조사과정에서 관계인들로부터 청취한 진술

③ 철도차량의 구조 및 기능

④ 열차운행관련 기록장치 등의 정보와 그 정보에 대한 분석 및 제시된 의견

해 제13조(관제업무 기록 관리)

04 철도운영자등이 관제업무수행자에게 사전 제공하여야 하는 사항이 아닌 것은?

① 관제업무에 필요한 철도시설물의 위치, 구조 및 기능

② 열차운행계획 및 선로작업계획

③ 작업구간, 작업내용 및 작업시간

④ 철도차량의 구조 및 기능

해 제15조(철도운영 관계자 등의 의무)

05 변경하는 경우 관제업무수행자에게 승인을 받아야 하는 것이 아닌 것은?

① 열차의 편성형태(편성형태, 열차중량, 길이) 및 운전제한사항

② 철도사고등이 발생하였거나 발생할 우려가 있는 경우의 보고 및 조치

③ 열차의 시발역 출발시각 및 출발선로

④ 도중 역에서 철도차량을 해결하는 경우 해결역 정차시간, 해결방법

해 제15조(철도운영 관계자 등의 의무)

06 비상대응계획에 포함되어야 하는 것이 <u>아닌</u> 것은?

① 관제시설 구성요소의 치명적인 고장·장애시 관제업무의 지속성에 관한 사항

② 비상대응계획과 관련된 관계기관간 합의서(협약서)

③ 귀빈 승차 및 국가적 행사 등과 관련 운행되는 특별열차의 운영에 관한 사항

④ 군·경, 구조·구호기관 및 철도운영자, 유지보수자 등 관계기관 연락처

해 제21조(비상대응계획 수립 운영)

07 관제업무수행자가 관제기관의 보안유지를 위하여 따라야 하는 것이 <u>아닌</u> 것은?

① 인가된 인솔자가 동행할 경우 한하여 시설방문을 할 수 있다.

② 보안 규정을 위반하지 않을 경우 한하여 시설방문을 할 수 있다.

③ 업무상 보안 및 관리 책임자를 지정할 것

④ 관제시설을 공공대피소로 사용할 것

해 사용하지 말 것이다.

08 운전정리를 하는 경우 따라야하는 순서에 관한 내용으로 <u>틀린</u> 것은?

① 열차등급에 따른 상위 열차가 우선한다.

② 동일한 철도운영자의 동급열차는 속도가 빠르거나 운전구간이 짧은 열차가 우선한다.

③ 공용역 운행 열차 : 10분 이상 지연예상시 운전정리 시행할 수 있다.

④ 열차의 안전운행을 위하여 관제업무종사자가 필요하다고 판단하는 경우 운전정리 시행할 수 있다.

해 제25조(관제업무종사자의 업무방법), 긴 열차가 먼저다.

09 반드시 환호응답하여야 하는 것이 <u>아닌</u> 것은?

① 선로작업 및 통행 방법 등 지시사항

② 철도차량의 운행 경로 허가사항

③ 열차운행 실적(횟수, 거리 등)

④ 착발선(본선)의 진입, 도착, 출발, 대기, 대피, 퇴행 등에 대한 허가 또는 지시사항

해 제30조(철도안전 관련 정보의 환호응답)

10 중·장기 관제업무종사자 인력수급계획을 세울 때 고려할 사항으로 <u>틀린</u> 것은?

① 철도교통량의 급격한 증가 등의 원인으로 인하여 관제업무종사자의 인력소요가 갑자기 증가했을 때 적절히 대처할 수 있는 방안

② 관제업무 증감을 고려한 관제업무종사자 교육훈련계획

③ 최근 1년 이상의 철도교통관제량과 관제인력 증감 추이

④ 관제업무종사자 업무량 분석 결과

해 제34조(관제인력수급계획), 5년 이상이다.

2026 철도왕 철도관련법 3주 완성 철도왕 유튜버 무료강의 제공

- 입교시험, 면허, 입사시험대비 -

발행일 2026년 1월 2일

발행처 인성재단(지식오름)

발행인 조순자

편저자 철도왕

디자인 서시영

정 가   33,000원   **ISBN** 979-11-7491-031-8